中国社会科学院近代史研究所中华民国史研究室
总编 李 新

中华民国史

第一卷

(1894—1912)

上

李 新 主编

中 华 书 局

1896 年孙中山留影。

陆皓东。

陈天华。

邹容。

秋瑾。

徐锡麟。

黄兴。

章炳麟。

蔡元培。

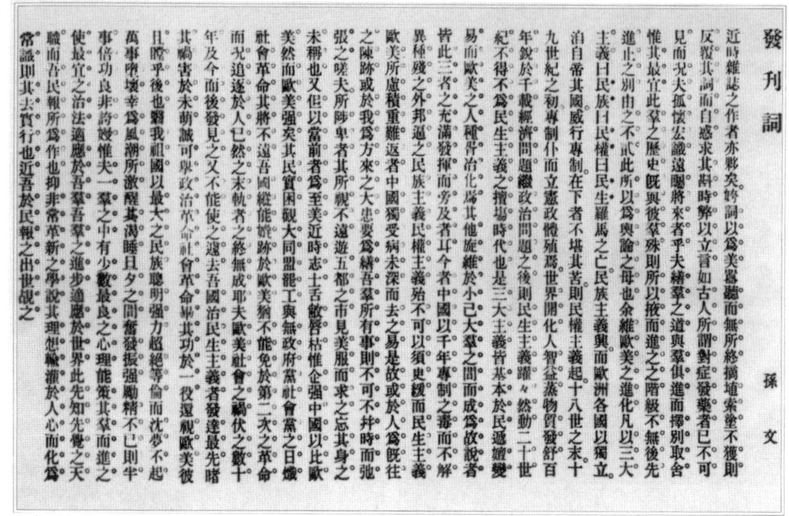

發刊詞

孫文

近時雜誌之作者亦夥矣。姱詞以爲美囂聽而無所終摘埴索塗不獲則反覆其詞而自惑求其斟時弊以立言如古人所謂對症發藥者已不可見而況夫孤懷宏識遠矚將來者乎夫繕羣之道與羣俱進而擇別取舍惟其最宜此羣之歷史既與彼羣殊則所以掖而進之之階級不無後先進止之別由之不貳此所以爲輿論之母也余維歐美之進化凡以三大主義曰民族曰民權曰民生羅馬之亡民族主義興而歐洲各國以獨立。洎自帝其國威行專制。在下者不堪其苦。則民權主義起。十八世之末。十九世紀之初專制仆而立憲政體殖焉。世界開化人智益蒸物質發舒百年銳於千載經濟問題繼政治問題之後則民生主義躍々然動二十世紀不得不爲民生主義之擅場時代也是三大主義皆基本於民遞嬗變易而歐美之人種胥冶化焉其他旋維於小己大羣之間而成爲故說者皆此三者之充滿發揮而旁及者耳今者中國以千年專制之毒而不解異種殘之外邦逼之民族主義民權主義殆不可以須臾緩而民生主義歐美所慮積重難返者中國獨受病未深而去之易是故或於人爲既往之陳跡或於我爲方來之大患要爲繕吾羣所有事則不可不并時而弛張之嗟夫所陟卑者其所覗不遠遊五都之市見美服而求之忘其身之未稱也又但以當前者爲至美近時志士舌敝唇枯惟企強中國以比歐美然而歐美強矣其民實困觀大同盟罷工與無政府黨社會黨之日熾社會革命其將不遠吾國縱能媲跡於歐美猶不能免於第二次之革命而況追逐於人已然之末軌者之終無成耶夫歐美社會之禍伏之數十年及今而後發見之又不能使之遽去吾國治民生主義者發達最先睹其禍害於未萌誠可舉政治革命社會革命畢其功於一役還視歐美彼且瞠乎後也翳我祖國以最大之民族聰明強力超絕等倫而沈夢不起萬事墮壞幸爲風潮所激醒其渴睡旦夕之間奮發振強勵精不已則半事倍功良非誇嫚惟夫一羣之中有少數最良之心理能策其羣而進之使最宜之治法適應於吾羣吾羣之進步適應於世界此先知先覺之天職而吾民報所爲作也抑非常革新之學說其理想輸灌於人心而化爲常識則其去實行也近吾於民報之出世覘之

孙中山为同盟会机关报《民报》所撰的发刊词。

1906 年孙中山在新加坡与同盟会会员合影。

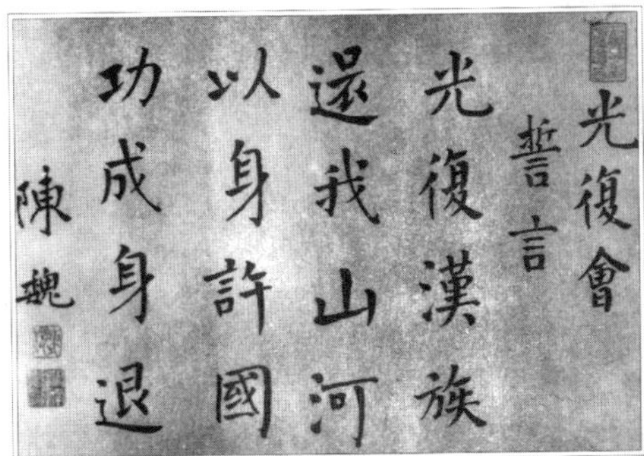
光復會誓言
光復漢族
還我山河
以身許國
功成身退
陳魏

光复会誓言。

陶成章、徐锡麟等光复会领导人在日本合影。

黄兴、宋教仁等华兴会领导人在日本合影。

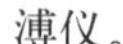

溥仪。

载沣。

广州黄花岗烈士墓。

林觉民。

喻培伦。

武昌起义军。

1911 年 10 月 11 日，中华民国军政府在武昌成立。

蒋翊武。

孙武。

黎元洪。

长沙起义军。

上海軍政分府示

照得武昌起義
凡我義旗所指
各省名城恢復
上海東南巨埠
一經大兵雲集
今奉軍政府命
茲已紛紛歸順
惟願親愛同胞
洋人生命財產
轉瞬民國成立

同胞萬眾一心
罔不踴躍歡迎
從未妨害安寧
通商世界著名
損害自必非輕
但令各界輸誠
具見敵愾同情
仍各安分營生
切勿乘此相侵
人人共享太平

上海军政分府示。

上海起义胜利后的南京路。

陈其美。

向南京进发的起义军。

1912 年 1 月 1 日，孙中山在南京就任中华民国临时政府大总统留影。

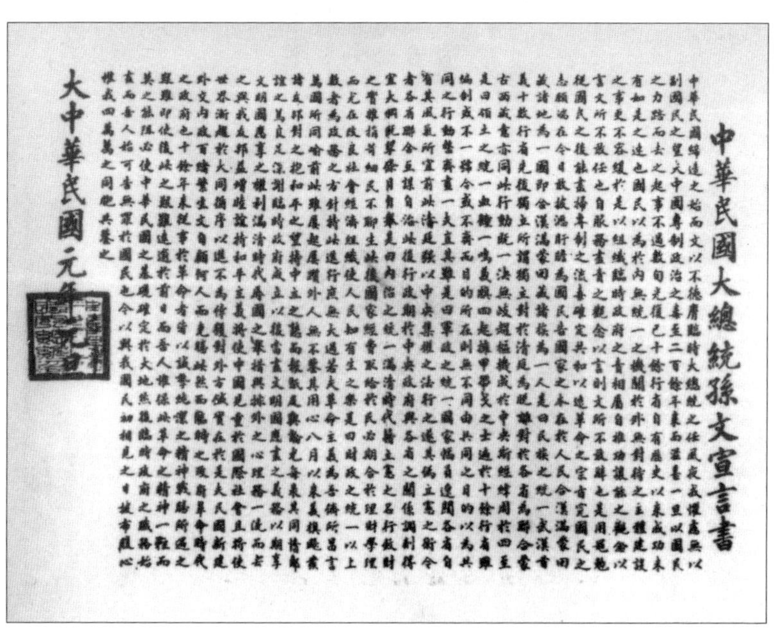

中華民國大總統孫文宣言書

中華民國締造之始而文以不德膺臨時大總統之任夙夜戒懼慮無以副國民之望夫中國專制政治之毒至二百餘年來而滋甚一旦以國民之力踣而去之起事不過數旬光復已十餘行省自有歷史以來成功未有如是之速也國民以為於內無統一之機關於外無對待之主體建設之事更不容緩於是以組織臨時政府之責相屬自推功讓能之觀念以言文所不敢任也自服務盡責之觀念以言則文所不敢辭也是用黽勉從國民之後能盡掃專制之流毒確定共和以達革命之宗旨完國民之志願端在今日敢披瀝肝膽為國民告國家之本在於人民合漢滿蒙回藏諸地為一國即合漢滿蒙回藏諸族為一人是曰民族之統一武漢首義十數行省先後獨立所謂獨立對於清廷為脫離對於各省為聯合蒙古西藏意亦同此行動既一決無歧趨樞機成於中央斯經緯周於四至是曰領土之統一血鐘一鳴義旗四起擁甲帶戈之士遍於十餘行省雖編制或不一號令或不齊而目的所在則無不同由共同之目的以為共同之行動整齊畫一夫豈其難是曰軍政之統一國家幅員遼闊各省自有其風氣所宜前此清廷強以中央集權之法行之遂其偽立憲之術今者各省聯合互謀自治此後行政期於中央政府與各省之關係調劑得宜大綱既挈條目自舉是曰內治之統一滿清時代藉立憲之名行斂財之實雜捐苛細民不聊生此後國家經費取給於民必期合於理財學理而尤在改良社會經濟組織使人民知有生之樂是曰財政之統一以上數者為政務之方針持此進行庶無大過若夫革命主義為吾儕所昌言萬國所同喻前此雖屢起屢躓外人無不鑒其用心八月以來義旗飆發諸友邦對之抱和平之望持中立之態而報紙及輿論尤每表其同情鄰誼之篤良足深謝臨時政府成立以後當盡文明國應盡之義務以期享文明國應享之權利滿清時代辱國之舉措與排外之心理務一洗而去之與我友邦益增睦誼持和平主義將使中國見重於國際社會且將使世界漸趨於大同循序以進不為倖獲對外方針實在於是夫民國新建外交內政百緒繁生文自顧何人而克勝此然而臨時之政府革命時代之政府也十餘年來從事於革命者皆以誠摯純潔之精神戰勝所遇之艱難即使後此之艱難遠逾於前日而吾人惟保此革命之精神一往而莫之能阻必使中華民國之基礎確定於大地然後臨時政府之職務始盡而吾人始可告無罪於國民也今以與我國民初相見之日披布腹心惟我四萬萬之同胞共鑒之

大中華民國元年

中华民国大总统宣言书。

孙中山、黄兴等与南京临时政府陆军部职员合影。

孙中山、黄兴等与南京临时参议院议员合影。

孙中山率南京临时政府成员拜谒明孝陵。

孙中山主持南京临时政府内阁会议。

参加直隶滦州起义的部分清军官兵合影。

1912年2月,北上迎接袁世凯使团成员合影。

袁世凯出任清政府内阁总理大臣留影。

出版前言

《中华民国史》十二卷本由中华书局出版，完成了中华民国史研究室成立以来最重要的工作任务。

《中华民国史》编撰的由来，最早可以追溯到 1956 年。其时正值“向科学进军”的热潮和“百花齐放、百家争鸣”方针的提出，在那年制订的国家科学发展十二年规划中，列入了民国史研究的计划。曾经亲历辛亥革命的董必武先生和吴玉章先生，始终关注民国史研究的计划，并曾在 1961 年辛亥革命五十周年纪念之际重提纂修民国史事。当然，由于可以理解的原因以及研究条件的不够周全，这时的民国史研究还停留在科研计划的层面，未及进入实际写作。

1971 年，在全国出版工作会议期间，根据周恩来总理的指示精神，将撰写中华民国史列入了全国重点出版规划，并将民国史的撰写任务交由中国科学院近代史研究所(现中国社会科学院近代史研究所)负责组织进行。为此，近代史研究所在 1972 年组建中华民国史研究组(1978 年改称中华民国史研究室)，由李新先生负责，拟订了编写多卷本《中华民国史》和《中华民国大事记》、《中华民国人物志》、《中华民国的政治、经济和文化(专题资料)》的编撰计划。

众所周知，在当时的条件下，学术研究事业面临着种种的困难。尤其是对民国史研究这个过去并无研究基础、而又存在着相当政治敏感性的新兴学科而言，其研究起步之难，非亲历其事者恐未必能够体认。但是，民国史研究组的全体同仁，在李新先生的主持下，迎难而上，集思广益，拟出了民国史研究的基本方案，确定了民国史研究的指导思想、研究对象、研究原则和研究方法，即以马克思主义为指导，从唯物史观出发,以民国时期的统治政权为主要研究对象,充分占有材料,如实记叙历史,评价公允平实,文字力求简练,等等。以此为开端,在当时艰难的环境下,民国史组的同仁开始了最初的研究工作,并积累了一些研究的成果。

1978年以后,随着国家实行改革开放的路线和政策,科学的春天到来了,民国史研究也因此而焕发活力,真正成为科学的研究。经过将近十年的积累和努力,1981年,《中华民国史》第一卷由中华书局公开出版发行,这是1949年以后中国大陆公开出版的第一部民国史,并以其史料丰富、立论平实而引起了海内外学界乃至社会各界的广泛关注和好评。

《中华民国史》第一卷的出版,是民国史研究作为学科诞生的重要标志及奠基之作,其所确立的民国史研究的基本对象、原则与方法,至今仍为学界所大体沿用,从而引领了民国史研究的潮流,确定了民国史研究的前沿地位,于此亦反映出民国史研究前辈当年所秉持的科学精神和求实立场,反映出学术研究的客观规律,并已为民国史研究的实践所证明。

以《中华民国史》第一卷的出版为契机,民国史研究事业由蹒跚起步而迅速发展而繁荣兴盛,并已在今日当之无愧地成为中国历史学研究中最具活力的断代史研究领域,成为中国历史学中具有国际性影响的学科之一。抚今追昔,我们对前辈学者当年筚路蓝缕的开创之功及其远见卓识,实当铭感于心,永志不忘!并对在《中华民国史》编撰过程中卓有贡献但已故去的前辈学者李新、孙思白、李宗一、彭明、周天度、朱宗震诸位先生,致以我们由衷的敬意!

自1981年起,《中华民国史》各卷接续出版,1987年出版第二编第一、第二卷,1996年出版第二编第五卷,2000年出版第三编第五、第六卷,2002年出版第三编第二卷。但是,因为内外环境的变化,《中华民国史》的撰写工作也遇到了一定的困难,原先拟订的十二卷本编撰计划迟迟未能完成,以至我们不断接到学界乃至社会各界的催询。在此,我们向那些多年来始终关注着民国史研究计划的各方学者和读者表示诚恳的歉意，让你们久等了！

自2003年起，民国史学科被列为中国社会科学院重点学科，得到各方面的支持，我们也对民国史研究计划作了调整，努力督促民国史未出各卷的写作，终在2010年底全部完成，交付中华书局。在2011年辛亥革命百年纪念之际，《中华民国史》十二卷本全部出齐，这是民国史研究室老中青几代学者多年辛勤努力的结果，也是民国史学科多年发展的阶段性总结，我们亦以此而可告慰于所有为民国史研究计划作出贡献的前辈学者、后辈学人和各界读者！

在《中华民国史》十二卷本出版之际，需要说明的是：一、考虑到全书命名的简洁统一，此次统一以“卷”命名，而不再使用以前“编”的定名，各卷大体以其研究时段为分隔，不再使用已出各卷的主题性标题。二、全书十二卷所涉方面和问题甚多，作者不一，写作时间也不一，故有些问题的叙述可能在书中出现时有所重叠、强调或有所缺失、精简，时限衔接也未必严格按前后顺序。三、以前出过的七卷，此次付印前订正了书中的史实讹误之处，修改了个别的文字，但因为原书作者有些已故，有些离退，再加时间有限，我们对原书并未有大的改动，仍然保留了当年出版时的基本面貌。四、以前未出的五卷为新撰，但因各卷作者的学术经历与学术风格有别，其中某些卷的某些章或与其他卷章的写作风格有异，本着百花齐放的精神，我们尊重作者的处理，基本保持了作者写作的原貌。五、各卷的人名、地名及注释的版本和体例，因其史料来源不一，外文译法不一，旧今地名不一，等等原因，可能间有参差，我们已经尽量将其统一，但因全书篇幅较大，或仍可能有漏网之鱼，有待今后再版时订正。六、原先已出各卷的图片，因为技术原因无法再用，此次十二卷的图片全部重新选取、制作；也是因为技术的原因，各卷卷首均未附地图，读者可参考各类已出地图集。七、各卷所附参考文献和人名索引全部以汉语拼音为序统一重新编制。

《中华民国史》十二卷本的提纲由各卷作者拟定，经研究室内外同仁讨论,再由李新先生审定;第一至三卷文稿由李新、李宗一先生审定;第六、第八、第十一、第十二卷文稿由李新先生审定,第四、第五、第七、第九、第十卷的部分文稿由李新先生审定;各卷作者及写作的具体情况,详见各卷前言。此次十二卷本出版的组织、联络工作由汪朝光负责,已出各卷订正责任人:第一、第三、第十一卷汪朝光,第二卷曾业英,第六卷杨天石,第八卷黄道炫,第十二卷陶文钊。全书清样由汪朝光通读订正,金以林、李在全参加部分工作。参考文献、人名索引、图片统一编排制作,其中参考文献及人名索引编纂者:第一、第三卷李在全,第二、第六卷吕迅,第四、第十一卷汪朝光,第五卷杨天宏,第七、第八卷黄道炫,第九卷吴景平、徐昂,第十卷曹玮、印超,第十二卷马晓娟;图片选取人:第一至第四、第六、第十一、第十二卷李在全、邬逸飞,第五卷杨天宏、李在全、邬逸飞,第七、八卷黄道炫、邬逸飞,第九卷吴景平、宋青红,第十卷马建标。

我们深知,《中华民国史》十二卷本虽然全部出齐,但囿于我们的水平及种种主客观因素,全书仍然存在着一些不足之处,诸如研究对象主要局限在当年统治政权的政治、军事、外交层面,而于经济层面有所欠缺,思想、文化、社会层面则基本未涉及;有些评价或仍有苛求之处,还可以发见时代局限所留下的痕迹;历史资料的运用尤其是海外藏民国史料的运用还有不及;全书在技术方面还有不协调之处;等等。所有这些不足,正反映出民国史研究发展的历程,也是其从一株幼苗发育、成长为参天大树的过程中所难以完全避免的。也正是因为有这些不足,才激励着我们和代代学人继续努力,在未来撰写涵盖面更广、评价更公允、史料运用更丰富、总体更成熟的民国史,将民国史研究的事业不断发扬光大。

《中华民国史》的作者队伍,并不限于民国史研究室的研究人员,还包括了不少其他大学和研究机构的研究人员,正是他们对于本书撰写的热心支持,才使本书最终得以完成,并保证了本书撰写的学术质量。对于所外各单位的学者为《中华民国史》撰写所付出的辛勤努力,我们表示由衷的感谢！

中国社会科学院、近代史研究所历任领导、近代史所科研处和图书馆、海内外不少学术机构和档案图书典藏部门、民国史研究的诸多学者，以及其他一些单位（如中国建设银行信托投资公司）与个人，都对《中华民国史》的编写工作予以各种形式的支持。在《中华民国史》十二卷本完成出版之际，对于所有曾经为本书撰写作出贡献的各界人士，我们谨在此致以由衷的谢意！

负责出版《中华民国史》的中华书局，从已故的前总编辑李侃先生、副总编辑何双生先生，到书局历任领导以及近代史室、历史室的刘德麟先生、陈铮先生及编辑诸君，对于《中华民国史》的编辑出版始终如一，无论出版市场和内外环境如何变化，总是为《中华民国史》的出版提供方便，倾尽其力，充分体现了出版人的坚守与责任。在此次《中华民国史》十二卷本编辑出版的过程中，中华书局总经理李岩，总编辑徐俊，历史编辑室李静、欧阳红等，对于全书的编辑成稿贡献良多。在此，我们谨对中华书局及与《中华民国史》编辑出版相关的人士表示我们发自内心的感谢！

《中华民国史》十二卷本的编纂工作虽已告成，但我们的民国史研究工作却远未结束。作为中国社会科学院的重点学科，我们有志在未来的民国史研究中推出更多的成果，培养更多的新人，与海内外民国史研究学界携手合作，共同推动民国史研究事业的不断进步。

中国社会科学院近代史研究所中华民国史研究室
2011 年 5 月 28 日

序　言

要了解中国的今天，就必须了解中国的昨天和前天。了解前天是必要的，了解昨天则尤其必要。中华民国（1911—1949）是中国剥削制度旧社会的最后一个朝代，它就是消灭了剥削制度的社会主义新中国——中华人民共和国的昨天。因此，研究和编写中华民国的历史，具有非常重要的意义。

编写中华民国的历史要由它的兴起一直写到灭亡。中华民国是由中国共产党领导中国人民在一个长时期的人民大革命的过程中把它推翻的，这个过程就是新民主主义革命。中华民国覆灭的过程和中国新民主主义革命胜利的过程，是同一个历史过程的两个方面。详细地阐述中国共产党领导中国人民进行反对帝国主义、封建主义和官僚资本主义的革命斗争过程，是中国共产党党史和新民主主义革命史的任务。《中华民国史》主要地是写民国时期帝国主义在中国的势力怎样由扩大、深入而逐渐被赶走和被消灭；封建主义如何由没落而走向灭亡；官僚资本主义如何形成、发展和被消灭；民族资本主义又怎样在受压迫、排挤中得到发展，民族资产阶级怎样由领导中国旧民主主义革命、几经挫折和反复动摇而最后接受中国共产党的领导。这些力量的消长兴亡以及它们之间的互相关系，就构成为民国史的主要内容。但这些都是和新民主主义革命的发展分不开的。换句话说，是以新民主主义革命的发展为前提的。写民国史离不开革命史，正如写革命史离不开民国史一样。中华民国之亡以中国人民革命之兴为前提，中国人民革命之兴则以中华民国之亡为背景。民国史与革命史二者密不可分，但又各有其侧重点。也可以说，它们研究的对象有联系，但还是可以区别、而且是应该加以区别的。

中华民国有它的创立时期(1905—1911),民国成立以后又可以分为南京临时政府时期(1912 年 1 月—1912 年 3 月)、北洋政府时期(1912—1928)和国民党政府时期(1927—1949)。我们编写的《中华民国史》,把中华民国创立时期的历史和南京临时政府时期的历史合在一起,作为第一编;把北洋政府时期的历史作为第二编;把国民党政府时期的历史作为第三编。

现在呈现在读者面前的是《中华民国史》的第一卷,共十二章。开卷两章写的是中华民国产生的背景,写了"清朝统治的衰落"、"外国资本主义的侵入"和"中国民族资本主义的产生和初步发展"三个问题。

为什么要从清朝统治的衰落写起呢?因为中华民国是通过由同盟会领导的反清革命推翻清朝政府的统治而建立起来的。中华民国的兴起和清朝统治的灭亡是同一个历史过程的两个方面。中华民国创立的过程也就是清朝统治覆灭的过程。清朝统治是由兴而衰、最后才走向灭亡的。详细地阐述清朝兴亡的全过程是清史的任务。简要地说明清朝统治衰落的过程,则是编写中华民国创立的历史所必需的。而且,不仅写反清革命史需要,就是写全部中华民国史也需要。因为前一朝代的历史和后一朝代的历史有着密切的关系。例如民国时期 1917 年发生的张勋复辟事件,1932 年以后日本在东北建立的傀儡政权"满洲国",都和有清一代的历史分不开。树有根,水有源,从根源上写起,脉络清楚。粗看起来,似乎扯得太远;从全局看来,却最省笔墨。

资本主义、帝国主义对中国的侵略,既是反清革命产生的根本原因之一,又是中华民国史的重要内容之一,所以必须从它的开始写起,一直写到它被中国人民赶走,它在中国的势力灭亡为止。要实写,不能虚写,虚写容易概念化。当然,作为民国史,开头可以简要些,后面要写得详细些。即便这样,也会与中国近代史有所重复。但这种重复是不可避免的,是完全必要的。

民族资本主义的产生和初步发展，是民族资产阶级领导的反清革命产生的前提条件。没有民族资本主义，连资产阶级的改良运动也不会发生。只是因为民族资本主义有了初步的发展，才产生了由资产阶级政党同盟会领导的反清革命，并于1911（辛亥）年取得推翻清朝封建专制政府的胜利。也正因为民族资本主义发展不足，使得民族资产阶级的力量不够强大，因而它在政治上表现软弱，这就导致了辛亥革命不能不以失败告终。写反清革命，写中华民国的创立，必须把这个问题写清楚。人民的自发斗争，对于瓦解清政府的统治有很大的作用。但无论是农民、手工业者和士兵（穿军衣的农民），都不代表新的生产力，太平天国起义之所以终归失败，义和团的斗争形式之所以很原始和落后，其根本原因就在于此。到二十世纪初年，农民、手工业者和士兵自发斗争的历史作用，已逐渐让位于资产阶级的革命运动了。因此凡与资产阶级革命派有关的（如某些会党和新军中的革命活动以及保路斗争等），我们都写得较为详细；凡与革命派无关的，我们就写得较为简略，并指出它如何向资产阶级革命潮流汇合的趋势。

在封建社会里，资本主义的出现是一种巨大的进步。在清政府的反动统治下，资产阶级的政治活动是有进步意义的。十九世纪后半期的洋务运动，不属于资产阶级运动的范畴，我们只是简单地提了一笔。在资产阶级革命运动没有真正兴起、资产阶级形成为强大的政治势力以前，资产阶级改良运动是进步的政治运动。在九十年代，不但以康有为、梁启超为首的维新派是进步的力量，就是光绪皇帝也是进步势力的代表，因为他于戊戌（1898）年下诏变法，代表了资本主义发展的要求。到二十世纪初，当改良主义的道路已经证明在中国行不通之后，康、梁等人仍然反对革命，成为保皇派。其后以张謇等人为代表的立宪派，与康、梁虽有相同之处，但又有所不同。他们反对革命，但又与清廷斗争，最后在时代潮流的推动下，甚至与清政府分裂。他们虽不是进步力量的代表，但对辛亥革命的爆发和清政府的倒台，客观上起了一定的促进作用。我们根据他们与中华民国创立过程的关系，对他们写得有详有略。大体说来,对改良派写得简略,对立宪派写得比较详细。

以孙中山为首的资产阶级革命派,特别是1905年成立的资产阶级革命政党同盟会,是二十世纪初年发生的资产阶级革命的领导力量。我们写中华民国创立的历史,自然要以它为主体。对它的酝酿和成立,我们尽可能详细地写了;对它成立后领导的各项革命活动,我们也尽量搜集材料,详细地写了;尤其是对辛亥年的革命运动(从保路运动到武昌起义、各省响应以至南京临时政府的成立),我们写得更为详细。凡是与后来整个民国时期关系较多的人物和史实,我们都尽力不使遗漏;反之则略而不详。由于材料和篇幅的限制,所谓的详细,也只是相对而言;因为中华民国创立的历史,仅仅是中华民国史的开篇,它只能占相应的比例,而不能像写辛亥革命专史那样的详尽。中华民国创立的历史,按理写到中华民国成立就可以打住,南京临时政府时期应该另写一编。但是南京临时政府只存在三个月,时间短,内容少,不足单独成编,所以我们把它和中华民国的创立合写在一起。不过,由于它在中国历史上具有特殊的重要意义,我们还是为它专门列了一章。

辛亥革命是中国历史上空前的一次伟大的革命运动。在中国漫长的封建社会中,曾经发生过无数次农民斗争和起义,这些农民斗争和起义是正义的反压迫斗争,推动了封建社会的发展,但却不能革故鼎新,改变封建社会形态,建立起新的社会制度。因此,从严格的科学意义上说,还不能算是革命。只有以孙中山为首的同盟会领导的辛亥革命,才明确地提出了发展资本主义、建立西方式的民主共和国的纲领,并用武装斗争推翻了清朝的封建统治,建立了以民族资产阶级为主体的南京临时政府,算得上是真正的资产阶级民主革命。这场革命由于客观条件的限制和主观指导的错误,让袁世凯这样的帝国主义和封建势力的代理人、大地主大资产阶级的代表篡夺了革命胜利果实。中国的半殖民地半封建的社会性质并没有根本改变,资产阶级革命家想在中国建立资本主义经济制度和资产阶级政治制度的愿望并没有实现。但是,经过这场革命,资本主义还是向前发展了,人民的民主主义觉悟还是提高了。从此以后，任何人想复辟君主专制制度，想穿龙袍、当皇帝，没有不遭到彻底失败的。我们在这卷书里，根据客观事实，充分肯定了辛亥革命和南京临时政府的历史成就和伟大意义，同时也指出了其弱点和错误。要用马克思主义的唯物史观来研究和编写历史，就要绝对尊重历史事实，还历史以本来的面目，而不容作任何歪曲。在编写过程中，我们搜集和利用了国内收藏的大量书籍报刊、中国第二历史档案馆以及其他地方档案馆的档案、全国政协和各地方政协有关辛亥革命和民国时期的历史资料，同时也尽可能地参考了台湾和国外出版的有关著作、文章和资料。但限于人力、物力和我们的水平，因此，在资料和立论上的缺点和错误一定不少，希望读者不吝批评指教！这一卷书，还只是初稿，我们将博采一切好的意见，尽快加以修订。

继第一编之后，我们还要继续撰写第二、第三编。第二编的主要内容是：一、袁世凯的窃国和败亡（1912—1916）；二、皖系军阀的兴衰（1916—1920）；三、直系军阀的兴衰（1920—1924）；四、国民革命的兴起和北洋军阀的覆灭（1924—1928）。第三编的主要内容是：一、国民党政权的建立（1927—1930）；二、国民党安内攘外政策的破产（1931—1936）；三、国民党走上抗战的道路（1937—1938）；四、国民党的消极抗战和积极反共（1939—1944）；五、国民党窃夺抗战果实和玩弄和平阴谋（1945—1946）；六、国民党军攻守的失败和国民党政府的覆亡（1946—1949）。

编写《中华民国史》，是编写整个一代的历史，既要求内容翔实，又要求立论公允，我们虽全力以赴，但兹事体大，非合众力不能成功。我们热烈地希望各方面的同志们和海内外的专家们来共襄盛举！

李 新

1980 年 10 月

目 录

前　言

本书是集体编写的。参加本卷编写工作的有下列诸同志:提供初稿的有彭明、孙健、孙思白、李宗一、耿云志、王学庄、杨天石、夏良才、包子衍、钟沛璋、张振鹤等同志;参加整理和修改的有李新、李宗一、王学庄、杨天石、耿云志等同志;最后由李新、李宗一两同志定稿。

在本书编写过程中,得到中国第一、二历史档案馆、全国政协文史资料编辑委员会、湖北省博物馆、北京图书馆、中国科学院图书馆、中国革命博物馆、广东社会科学院等单位的大力支持,提供了查阅资料的方便;李侃同志审阅了部分初稿,并提出了许多宝贵的改进意见;何双生同志负责本书的编辑事项,作了大量细致的工作。谨在此一并表示诚挚的谢意。

编　者

1980 年 10 月

第一章　清朝统治的衰落和资本主义列强的侵入

第一节　清朝统治的衰落

清朝是中国封建社会的最后一个王朝，又是半殖民地半封建社会开始的一个王朝。

从1644年七岁小儿福临（顺治）在吉特太后的怀抱中入关登极，至1911年又一个七岁小儿溥仪（宣统）在隆裕太后的携提下退位，清王朝经历了二百六十八年①。这二百六十八年，可以1840年鸦片战争为界，区分为两种社会形态：前一百九十六年，中国仍是一个封建社会；后七十二年，中国开始丧失独立，逐渐沦为半殖民地半封建社会。

在鸦片战争前的一百九十六年中，虽然仍和前一代统治下的封建社会一样，社会的主要矛盾是地主阶级和农民阶级的矛盾，但是，满洲

---

①　二百六十八年中，在北京紫禁城的皇位上，前后轮换了十个皇帝：
福临（顺治）1644年—1661年，在位十八年。
玄烨（康熙）1662年—1722年，在位六十一年。
胤禛（雍正）1723年—1735年，在位十三年。
弘历（乾隆）1736年—1795年，在位六十年。
颙琰（嘉庆）1796年—1820年，在位二十五年。
旻宁（道光）1821年—1850年，在位三十年。
奕詝（咸丰）1851年—1861年，在位十一年。
载淳（同治）1862年—1874年，在位十三年。
载湉（光绪）1875年—1908年，在位三十四年。
溥仪（宣统）1909年—1911年，在位三年。

贵族入主关内所造成的满汉矛盾十分尖锐，清朝开国初年，这一矛盾甚至掩盖了其他各种社会矛盾。

鸦片战争后的七十二年，在中国沦为半殖民地半封建社会的过程中，帝国主义和中华民族的矛盾，封建主义和人民大众的矛盾，成为社会主要的矛盾。而帝国主义和中华民族的矛盾，又是各种矛盾中的最主要的矛盾。由于清朝统治者对外采取妥协政策并逐步与帝国主义合作，因此在表现形式上使曾经一度缓和的满、汉矛盾，在清朝末年又显得尖锐起来。

一 清朝初年立国的各项政策

满族是我国多民族国家的成员之一。他们的祖先长期在祖国的东北地区生活着和斗争着。明朝中央政府曾在女真族（满族前身）聚居地区设有行政机构，其长官都由女真族首领担任。努尔哈赤在世袭建州卫长官后，由于“忠于大明”和“保塞有功”，曾多次被明朝晋级加封。

在中国历史上，少数民族的统治者，成为主宰全国的皇帝，并不是鲜见的。因此把已经成为中国少数民族之一的满族排斥于中国各民族之外，把满汉之间的斗争说成是外国和中国的斗争，是不符合历史事实的，因而也是十分错误的。满族入关，只是说明了中国内部的一个少数民族，由被统治地位转化为统治地位而已。

但是，入关前的满族是比较落后的。明初置建州卫时，建州女真人数很少。他们过着渔猎生活，在汉族和朝鲜族的经济、文化影响下，才逐步转向定居，经营农牧业。努尔哈赤和皇太极时代，特别是从努尔哈赤进入辽沈地区后，满族社会有了很大的发展，人口也有了急剧的增加。康熙称颂他的祖父皇太极“务农桑，广渔猎，以丰民食，皆可为万世法”①。大约这时满族社会正处于从奴隶制的向封建制的过渡中。

① 清《圣祖（康熙）实录》卷138，第11页。

由落后性而带来的野蛮性，是毋庸讳言的。努尔哈赤晚年在进入辽沈地区后，曾大肆屠戮，甚至把大批降人也杀掉。皇太极时期，清兵曾三次入关，每次入关都攻掠城市数十个，甚至上百个，屠杀了大批民众。

顺治入关之初，这种落后性和野蛮性仍然是很严重的。征服者对被征服者强制推行自己的制度，遇到抵抗，就格杀勿论。最突出的即以剃发与否作为判断顺逆的标准。“留头不留发，留发不留头”，无数不堪忍受屈辱的汉族及其他各族人民，或自杀，或被迫逃亡。清军进入大江南北，遭遇抵抗愈烈，其屠掠亦愈加惨酷。“扬州十日”，“嘉定三屠”，死者几达百万。江阴人民在“头可断，发决不可薙”的口号下，守城八十一日。城破之日，无一降者，表现了汉族人民不畏强暴、反抗奴役的光荣传统。

按照历史发展的规律，“野蛮的征服者总是被那些他们所征服的民族的较高文明所征服”①。“比较野蛮的征服者，在绝大多数情况下，都不得不适应征服后存在的比较高的‘经济情况’……而且大部分甚至还不得不采用被征服者的语言”②。

中国各民族在历史上的斗争和融合，也是符合这一规律的。社会制度比较落后的民族，在军事上征服了社会制度比较先进的民族之后，必须逐步改变自己的落后制度，而采纳比较先进的社会制度。不如此，征服者便无法建立自己的稳固统治。

满族的统治，也有类似情况。以圈地为例，顺治入关之初，曾大量圈占土地。但是，“旗人不习耕种”，所圈占的土地，有的则作为“畋猎放鹰往来下营之所”③。结果，“满洲兵丁虽分给土地，而历年并未收成”④。这样，清朝圈占的土地既无钱粮可收，满洲兵丁仍须由清政府

---

① 马克思:《不列颠在印度统治的未来结果》,《马克思恩格斯选集》第 2 卷，人民出版社 1972 年版，第 70 页。

② 恩格斯:《反杜林论》,《马克思恩格斯选集》第 3 卷，第 222 页。

③ 清《世祖(顺治)实录》卷 53，第 27 页。

④ 清《世祖(顺治)实录》卷 80，第 10 页。

供给口粮，而原来的汉族人民也流离失所，无法从事生产。因此，清朝入关以后不久，就停止了大规模圈地，到了康熙亲政以后，便决定完全停止圈占。1669年，康熙给户部的“上谕”中说：“比年以来，复将民间房地，圈给旗下，以致民生失业，衣食无资，流离困苦，深为可悯，自后圈占民间房地，永行停止。”①此后，清政府采取了一些措施，陆续停止圈占，清理旗田，以至“回赎旗地，仍归原佃”②，等等。这样，汉族原有的一套土地制度就逐步恢复了。

清朝统治者从它自身的利益出发，还接受了汉族历代统治者的经验，相继采取了“蠲减田赋”、“地丁合一”、“奖励垦荒”、“兴修水利”、“整理漕运”等一系列有利于恢复和发展农业生产的措施。同时，也很注意推广新的生产方法。例如康熙本人就曾积极在江南推广双季稻③。

这样，经过康熙、雍正、乾隆等朝一百多年的恢复阶段，满洲贵族控制的清政府就在封建主义的经济基础之上暂时稳固起来。顺治初年，全国土地荒芜，人口锐减。据清政府记载，1651年（顺治八年），全国土地仅有二百九十多万顷，人丁仅有一千零六十三万多口④。而到了1753年（乾隆十八年），全国耕地面积已达七百三十五万顷，人丁已达一万八千三百多万口⑤。从这个统计数字可以大致看出恢复增长的总趋势。随着人口、土地的增加和生产的恢复、发展，清朝国库收入也显著增加了。1651年“征银二千一百一十万一百四十二两有奇，米、麦、

---

① 清《圣祖（康熙）实录》卷30，第8页。

② 《清史稿》卷127，志101，食货1，田制。

③ 康熙五十四年八月二十日，《苏州织造李煦奏散发御种稻谷情形并进新谷新米折》云：“臣蒙赐谷之后，凡苏州官绅人等，咸知御种谷子，一年可收两次，无不欢欣羡慕。今臣煦既种有新谷，则此后凡有求种者，俱可遍给。而江南地方，从前止一次秋收，今将变为两次成熟，于是南方万万生民，无不家给人足，群沐圣天子教养之弘恩，永永无极也。”见故宫博物院明清档案部编：《关于江宁织造曹家档案史料》，第133页。

④ 清《世祖（顺治）实录》卷61，第16页。

⑤ 清《高宗（乾隆）实录》卷453，第31页。

豆五百七十三万九千四百二十四石四斗有奇”①。1753年“各省通共存仓米、谷二千九百二万八百二十四石三斗六升九合三勺”②。而到了1794年(乾隆五十九年),全国人口已增加到三亿以上,“各省通共存仓米、谷四千五百万三千三百九十七石二斗三升五合四勺”③。

在政治制度方面,满洲贵族也吸取了汉族统治者的经验,“一切职官,悉仿明制”。皇帝享有至高无上的绝对权力,其下设内阁、六部(吏、户、礼、兵、工、刑)④、诸院(都察、理藩、翰林)⑤、诸寺(大理、太常、光禄、太仆、鸿胪)⑥,掌管中央大权。

清政治制度虽然沿袭明制,但为了加强满族的统治,也有所变通。例如:内阁大学士,其名额虽说是满汉各二员,而实权则操在品级较高的满族大学士手中。参预决定军国要务的议政王大臣数员,则全部由满人充任。1730年(雍正八年),清廷设立军机处,在皇帝直接掌握下,综揽全国军政大权。内阁虽仍存在,但已形同虚设。在军制方面,清政府建立了自己的基本武装——八旗,一部分驻防禁城,称“禁旅”八旗;一部分驻京城附近和各省重要城市,称“驻防”八旗。此外,也因袭明军建制,收编汉族武装组成“绿营”。当时八旗兵定额二十二万人,而“绿营”兵则为其两三倍,甚至更多。为了防范“绿营”,清政府特定“绿营”中的重要官职为满缺,以便控制。在法制方面,1646年(顺治三年),清政府沿袭明律修成《大清律例》,规定了刺字、鞭打、监禁、充军、绞杀、砍头、凌迟、灭族、戮尸等酷刑。但这也主要是对付汉族和其他少数民族

---

① 清《世祖(顺治)实录》卷61,第16页。

② 清《高宗(乾隆)实录》卷1467,第23页。

③ 清《高宗(乾隆)实录》卷453,第31页。

④ 吏部管人事,户部管财政,礼部管教育,兵部管军事,工部管建设,刑部管司法。

⑤ 都察院管监察,理藩院管边疆藩属,翰林院管制诰文史。

⑥ 大理寺近似最高法院,太常寺管祭祀礼乐,光禄寺管飨祭酒宴,太仆寺管马政,鸿胪寺管赞礼。

人民的。因为满人在法律上享有许多特权,如:“凡重囚应刺字者,旗人刺臂,奴仆刺面,民人(汉人)徒罪以上刺面”;“凡私行买赎……旗人枷两月,鞭一百;民人杖一百,流三千里”①。

在文化思想方面,满洲贵族一方面大兴文字狱,以防范和镇压汉族知识分子的反抗;另一方面也采取科举等办法,对汉族知识分子加以笼络。

清初的文字狱,是很惊人的。仅据现有材料的约略统计,康、雍、乾三朝,著名文字狱即达一百余起。1663年(康熙二年),庄廷钺因撰《明史》,被人告讦,时庄已死,亦被剖棺戮尸,并株连其兄弟及作序、参校、刻板、卖书、买书者,达二百二十一人。1726年(雍正四年),礼部侍郎查嗣廷,因到江西主考,出了“维民所止”的试题,被人告讦“维止”是砍掉“雍正”之首,“应照大逆罪凌迟处死”。查虽病死狱中,但也要戮尸枭首;并株连其兄弟子侄,或被杀害,或被流放。1778年(乾隆四十三年),东台举人徐述夔,著诗中有“明朝期振翮,一举去清都”句,被人告讦为借朝夕之朝射朝代之朝,不言“到清都”而云“去清都”,显系复明灭清之意。时徐已死,亦被剖棺戮尸,株连子孙及校对诸人俱坐死。礼部尚书沈某曾为作传称其文章品行可法,亦被一并革职。其他事例,不胜枚举。总之,诗文中一字一句被认为讽刺当朝者,本人及家属即被处刑。

1645年(顺治二年),清代开始科举。其制度基本上沿袭明代,即以《四书》、《五经》的内容出题,写一种空洞无物的“八股文”。在不同等级考中的可以得到相应的“功名”:初级的(院试,在县、府举行)称“秀才”;中级的(乡试,在省城举行)称“举人”;高级的(会试、殿试,在京城举行)可以得到“进士”以至“状元”、“榜眼”、“探花”等称号。有了功名的人可以享受不同程度的特权,并可以此作为猎取官位的阶梯。清政府就是利用这种办法来束缚、麻痹汉人的思想,防止他们反抗,以功名

① 《清朝通典》卷80,刑1。

利禄诱使他们为统治者服务。

清政府还用大规模编修《康熙字典》、《古今图书集成》、《四库全书》等办法，来笼络汉族知识分子。这种办法不仅可以达到开科取士的同样目的，而且可以借此篡改，甚至销毁对清朝统治不利的书籍。

1773年(乾隆三十八年)，清政府聚集了三百多名知识分子，开馆编纂《四库全书》，其中包括不少知名学者。《全书》历时十载，至1782年完成，分经、史、子、集四部，名曰“四库”。《全书》总计选录书籍三千四百五十七种，七万九千零七十卷(仅存书目者尚不在内)，使明朝的《永乐大典》(二万二千九百卷)、康熙年间的《古今图书集成》(一万卷)等大类书，均望尘莫及。在编纂《四库全书》期间，清政府大规模销毁不利于清朝统治的所谓禁书五百三十八种，一万三千八百六十二卷。

在清政府的文化统治下，汉族知识分子，大都“避席畏闻文字狱，著书只为稻粱谋”。有些颇具天才的学者，也只是注力于繁琐的考据，虽然对于整理古代典籍作出相当的贡献，但却窒息了反抗的思想和进取的精神。

清政权既然在本质上仍然是地主阶级的统治，而满洲贵族在入关前也没有什么独立的先进的意识形态，因此，满洲贵族在成为新的统治者后，只有利用前朝统治者的精神资料，来作为自己的精神统治工具。所以，清政权对于佛、道、儒等三教九流，各种统治人民的精神武器，只要能利用的都加以利用。

清朝历代皇帝，从顺治起，都是佛教的皈依者，康熙曾亲临佛教胜地五台山朝拜；雍正登位后，把自己住过的王府改为雍和宫，作为供奉和宣扬喇嘛教(佛教的一支)的场所。道教张天师的后裔和儒家孔子的后裔，都受到清政府的诰封隆遇；江西上清的天师府和山东曲阜的孔府一样，成为信众朝拜之地。

清初统治者对在历史上有助于封建统治的儒家，表示出特殊的兴趣。1645年(顺治二年)，孔子就有了“大成至圣文宣先师”的封号。顺治说:“先圣孔子为万世道统之宗,本朝开国之初,一代纲常,培植于此。”①1684 年,康熙亲到曲阜谒孔庙行三跪九叩礼,并亲笔为大成殿题了“万世师表”的匾额②。1712 年,他又极力表彰程朱理学,说孔孟之后,“朱子(熹)之功,最为宏巨”,并把朱熹的偶像从孔庙的两庑抬入大成殿内,列为“十哲”之次。

清政府在采取了经济、政治、文化一系列的统治措施,并在各方面取得相对安定的基础上,积极用兵,对内镇压了叛乱,对外抵抗了侵略,使中国出现了再一次的统一局面。1681 年,康熙平定了吴三桂等人的“三藩”之乱。1683 年,统一了孤悬海中、时刻为殖民主义国家觊觎的台湾。1685 年、1686 年,先后两次进行雅克萨战争,击败了沙俄侵略军。1689 年 9 月签订的中俄《尼布楚条约》,从法律上肯定了黑龙江和乌苏里江流域的广大地区都是中国的领土。1690 年、1695 年、1696 年,康熙三次亲征准噶尔,转战漠北,击败准噶尔部的噶尔丹。乾隆时又完全平定了准噶尔叛乱,使全国在宏伟的版图上实现了统一。

康熙时尖锐的民族矛盾和阶级矛盾得到表面的暂时的缓和,形成了所谓“盛世”规模。但清政府凶残的民族屠杀和民族压迫政策,在汉族人民心里留下了巨大的伤痕。当包括地主阶级及其知识分子等上层势力在内的公开的反抗运动被镇压之后,民族反抗的意识便主要在下层群众中保存着、滋蔓着,并逐渐与阶级反抗的意识混合起来,产生了以反清复明为宗旨的秘密会党。其中主要有:三合会③,即天地会,又称三点会,大约产生于乾隆年间,初发源于福建、台湾一带,后逐渐扩展至浙江、江西、两广、两湖、云南、贵州、四川以及河南等省,并在海外华侨中得到发展。还有哥老会,实际上也是天地会的一个支派,又称哥弟

---

① 《孔府档案》卷 79。

② 《孔府档案》卷 4914。

③ 三合会有许多分支,如清水会、匕首会、双刀会、小刀会、小红旗会等都是。三合会与哥老会对内又统称“洪门”。

会,其势力主要在长江沿岸一带,如浙江、两湖、四川等省,后来也扩展到云南、贵州、两广、山西、陕西等地。另外在北部和中部各省则有白莲会,即白莲教①,也是汉人为反抗清朝统治而起的。清中叶以后,南方的会党和北方的白莲教成为农民起义的重要组织者。

二　清朝中叶的开始衰落

康熙在位六十一年,统一了中国,使社会经济得到了一定的恢复和发展,因此康熙年代被称为“盛世”。但是,这种“盛世”是建立在封建主义的残酷剥削和压迫的基础上的。

中国封建社会每一朝代建立之初,统治者所实行的“轻徭薄赋”、“与民休息”等政策,都只是为了巩固其统治,而不是为了农民的利益,虽然这些政策对社会生产的发展是有利的。即使在所谓“盛世”,农民的生活较战乱时期略为改善,但仍然是很痛苦的。这一点,连康熙本人也多少道出了一些真实情况:“小民生计,最多苦辛。今人动称耕九余三,谈何容易?农家终岁勤动,幸遇有秋,而谷价又贱,欲办八口衣食与来岁耕种之资,犹恐不足,安得宽然有一余。一遇歉岁,不免颠连困苦矣。惟富饶业户,陈陈相因,贱买贵卖,每获厚利。”②

康熙晚年,在其统治集团内部,产生了很大危机。围绕着皇位的继承问题,他的二十三个儿子,特别是次子、长子、四子、八子之间,展开了激烈的争夺。所谓皇太子(次子)党、皇长子党、皇四子党、皇八子党……彼此勾心斗角,互相倾轧,连年不息。康熙曾不得不公开承认,朝廷内外诸臣及皇亲贵戚,各树朋党,把持朝政,“自大学士以下,各职掌官员以上,全不恪勤乃职,惟知……三五成群,互相交结,同年门生,相为援引倾陷,商谋私事,徇庇同党,图取货赂,作弊营私”。对于其皇

---

① 白莲教有许多分支:如天理教、八卦教、小刀会等等。

② 清《圣祖(康熙)实录》卷142,第4—5页。

子，康熙也亲自下令一并指参，他在给吏部、都察院的“上谕”中说：“自皇子诸王及内外大臣官员有……交相比附，倾轧党援，理应纠举之事，务必大破情面，据实指参。”①

1722年，康熙死去，其第四子胤禛（雍正）夺得政权。雍正上台以后，立即把他的皇位争夺者加上种种罪名，予以消灭，就是他们的子孙、亲戚以及追随者，亦通通受到禁锢、充军、革职等各种惩罚。这场残酷的斗争持续了很久。

雍正在位十三年死去，由其第四子弘历（乾隆）继承皇位。乾隆在位六十年，后人把他治理下的年代和康熙年代并称为“康乾盛世”，某些史学家也称乾隆年代为“鼎盛时期”。其实，乾隆年代是不能同康熙年代相提并论的，它已是清王朝由盛到衰的转折点。

清代前四朝的土地占有关系，大致可以分为两个阶段。从清初到十七世纪八十年代（即康熙的中期），是地主兼并土地趋势暂时缓和的阶段。而到十七世纪八十年代以后，随着全国耕地面积的扩大、农业生产力的提高和商品经济的发展，中国封建社会内部固有的促进土地集中的因素又恢复了作用，从而掀起了新的土地兼并浪潮，使得农民辛勤开垦的土地集中到地主手里，使得中小地主的土地集中到大地主手里。

乾隆年间，全国各地占有良田千顷以至万顷的地主，比比皆是。清皇族昭梿在《啸亭杂录》里记载：“怀柔郝氏，膏腴万顷……纯皇帝（乾隆）尝驻跸其家，进奉上方水陆珍错至百余品，其他王公近侍以及舆台奴隶皆供食馔，一日之餐，费至十余万！”

最大的官僚往往即是最大的地主。乾隆末年，当了二十年宰相的和珅，竟占有土地八千余顷，其两名家人也各占有土地六百余顷②。乾隆死后，和珅被抄家，有人对其家产约略估计，可抵清政府十

---

① 清《圣祖（康熙）实录》卷180，第4115页。

② 薛福成：《庸庵笔记》卷3，李文治编：《中国近代农业史资料》第1辑，第69页。

年的收入①。民间谚语说:“和珅跌倒,嘉庆吃饱。”

富者田连阡陌,贫者无立锥之地。贫苦农民用自己的工具长期附着在地主、贵族和皇室的土地上进行艰苦的劳动,而要将收获的百分之五十以上奉献给地主、贵族和皇室。广大农民除受残酷的地租剥削外,还兼受商业资本和高利贷的剥削。此外,农民还要向清政府缴纳各种贡税和从事各种名目的无偿劳役。加以天灾人祸接踵而至,贫苦农民无以为生,只有铤而走险。1774 年(乾隆三十九年),山东临清州王伦以清水教名义,聚众数千人,连陷堂邑、阳谷等县。连清朝官吏也不得不承认:“山东吏讳灾不报,反加征激变,非尽邪教。”②

乾隆在位六十年,当他传位于第十五个儿子颙琰(嘉庆)的时候③,各地的群众起义已经是接连不断了。

1796 年(嘉庆元年),四川、湖北地区爆发了白莲教大起义,这次起义延续近十年之久,有数百万群众参加,波及河南、陕西、甘肃等省,严重地打击了清王朝的统治。1813 年(嘉庆十八年),北方又爆发了天理教(白莲教的支派)的起义,起义首领为河南省滑县的李文成(木匠)和顺天府大兴的林清(药铺学徒)。李文成起义军曾攻占滑县城。林清则率众二百人潜入北京城内,分别由东西华门攻入皇宫,在隆宗门一带与清军展开了激烈战斗。至今,隆宗门匾额上,还保存着起义军当年射中的箭头。这次斗争虽被扑灭下去,但它给予清王朝的震动是巨大的,以至嘉庆不得不下诏“罪己”,惊呼此次事件为“亘古以来未有之奇变”。在天理教起义的同年,又有陕西三才峡伐木工人的起义。次年,河南的捻军起义也开始了。除内地各省外,清王朝在边疆的统治也不是那么稳固了。甘肃、新疆地区的回民起义,

① 和珅家产共一百零九号,已估者二十六号合计银二万三千三百八十九万五千一百六十两。以此推算,不下八万万两。当时清政府岁入七千万两。

② 给事中李漱芳奏言。

③ 乾隆在位六十年,传位于嘉庆,表示不敢超越他的祖父(康熙)在位六十一年之数。1799 年(嘉庆四年),乾隆方死去。

旋起旋落。1820 年(嘉庆二十五年)开始的新疆回民起义,延续达十年之久。

各地的起义,引起了统治阶级的极大恐慌。1819 年(嘉庆二十四年)秋冬之交,嘉庆曾多次召见七十三代衍圣公孔庆镕,其中有些对话,很生动地反映了这种恐慌状态。现节录几段如下①:

嘉庆:我想到曲阜去,山东的民情到底安静不?……你那里有邪教么?你好生与我严拿邪教!

孔:臣世受国恩,应报效。此等事不是臣衙门所管,容臣回去寄信山东抚臣程国仁严拿。

嘉庆:好生教地方与我严拿邪教。你回去好生读书,林庙树木吩咐该官巡查,不可教人盗伐一枝一叶。你好生保护,祭祀都要虔诚行礼。

(又一次谈话)

嘉庆:我赏你的书籍等,早已发在军机处,你领了去么?

孔:臣领了去了。

嘉庆:曲阜的庙里圣像是牌位?是像?

孔:是像。

嘉庆:庙内有黄伞么?

孔:蒙圣祖(康熙)赐过一把,高宗(乾隆)赐过一把。

嘉庆:我登基已是二十四年,总不能去,是个大缺点。我从前虽然随着高宗去过两回,到底不算。你看河水这样大,山东民情亦不好。一路行宫也都破坏了。到底怎么好?弄的真没法,了不得!

从以上的对话,可以看出,嘉庆到曲阜去乞灵于孔子的心情是很迫切的。可是他在位二十五年却始终未能去成。所以没去成,原因有两个,一是天灾,即大水;二是"人祸",即农民起义,就是嘉庆所说的"邪

① 《孔府档案》卷 6312。

教”。封建皇帝有着无上的尊严，但这时的嘉庆却向下属诉苦，露出了一副可怜相。

就在上述对话的第二年（嘉庆二十五年），嘉庆便死去了。继位的皇次子旻宁（道光），虽然因镇压起义、守卫宫门有功，曾被嘉庆誉为“有胆有识、忠孝兼备”，但这时他的日子也是很不好过的。道光年间，土地集中比以前更加严重，大官僚琦善占有土地竟达二百五十六万多亩①，比乾隆时和珅的土地还多三倍。由于各地不断发生农民起义，致使财政收入减少。1837 年（道光十七年），户部说：“查明积年欠解银数，除盐务悬引未完及帑利等款分别展缓者外，拖欠有二千九百四十余万之多。”拖欠愈多，说明造反者的范围愈来愈广。

龚自珍（1792—1841），这位当过二十年京官（礼部主事）的“有识之士”，已经看出了当时清朝的统治是“履霜之屩，寒于坚冰；未雨之鸟，戚于飘摇；痹痨之疾，殆于痈疽；将萎之华，惨于槁木”②。他甚至预感到人民的反抗运动已经临近，清朝的统治已经到了日薄西山、朝不保夕的地步了。他说：“俄焉寂然，灯烛无光，不闻余言，但闻鼾声，夜之漫漫，鹖旦不鸣，则山中之民，有大音声起，天地为之钟鼓，神人为之波涛矣。”③

龚自珍是有志于改革的，但是面对着清王朝衰落的总形势，他也不得不发出“四海皆秋气，一室难为春”的浩叹。

综观清王朝从 1644 年入关至 1840 年鸦片战争将近二百年的统治，如果说前一百年还能称为“盛世”的话，而到后一百年的开始，当曹雪芹写《红楼梦》时，就已感到这个“盛世”是：“如今外面的架子虽未甚倒，内囊却已尽上来了。”又过了七八十年，在龚自珍的笔下，这个“盛世”就完全成了一个“四海皆秋气”的“衰世”，“内囊”已将兜底翻了出来。

---

① 李文治编：《中国近代农业史资料》第 1 辑，第 69 页。

② 《乙丙之际著议第九》，《龚自珍全集》上册，中华书局 1959 年版，第 7 页。

③ 《尊隐》，《龚自珍全集》上册，第 88 页。

屋漏又遭连阴雨。清朝统治阶级除面临着严重的“内乱”之外，还遇到了空前的“外患”。

第二节 资本主义列强的侵入

一 中国开始丧失独立自主的地位

在清朝以前，中国就已遭到西方国家的侵略。1516年(明朝正德十一年)，葡萄牙人到达广东，占据东莞县的屯门、南头等处，五年以后被中国政府用武力赶走。后来，葡萄牙人又和“倭寇”(日本海盗)相勾结，骚扰中国的浙、闽沿海一带达二十年之久，直到1549年(嘉靖二十八年)，才被赶跑。1557年(嘉靖三十六年)，葡萄牙人又用欺诈和贿赂的方法，窃取了澳门。1575年(万历三年)，西班牙人也来到中国，先派传教士，后进行“商品贸易”。

十七世纪荷兰人排挤了葡萄牙人在东方海上的势力，于1604年(万历三十二年)来到中国，1622年(天启二年)以武力谋夺澳门，并一度侵占澎湖列岛。不久，澎湖列岛被中国用武力收回，它又于1624年(天启四年)占据中国的台湾，统治达三十八年之久，直到1661年，才被郑成功驱逐出去。

十九世纪上半期，西方资本主义处于迅速上升阶段，英国成为世界第一个资本主义强国。随着世界资本主义的发展，资产阶级必然要加强对外掠夺和扩大海外贸易以寻找殖民地市场。当时处于封建主义统治下的落后的中国，正是西方资本主义侵略的最好对象。

清朝统治者对西方资本主义的入侵，采取闭关自守的政策。

外交是内政的继续。清政府最初确定这种政策，是和镇压汉族人民的反满斗争，消除“内乱”相联系的。如马克思所说：“推动这个新的王朝实行这种政策的更主要的原因，是它害怕外国人会支持很多的中国人……所怀抱的不满情绪。”①

中国封建社会自给自足的自然经济，支持了这种闭关政策成为可能。1789年乾隆给英王乔治三世的上谕说：“天朝物产丰盈，无所不有，原不借外夷货物，以通有无。”②

清政府的闭关自守政策，阻碍了中国人对外部世界的了解，窒息了生机，并助长了清朝统治者的狂妄自大和愚昧无知。这种政策，虽然抵制了正常的商品贸易，却抗不住外国的鸦片和大炮。马克思说：“与外界完全隔绝曾是保存旧中国的首要条件，而当这种隔绝状态在英国的努力之下被暴力所打破的时候，接踵而来的必然是解体的过程，正如小心保存在密闭棺木里的木乃伊一接触新鲜空气便必然要解体一样。”③

1840年开始的鸦片战争，是中国历史的转折点。清政府在这次战争中被英国侵略军打败之后，被迫于1842年8月29日（道光二十二年七月二十四日）签订了近代史上第一个不平等条约——《中英江宁条约》（即《南京条约》）。1843年7月10日，英国侵略者又强迫清政府订立了《中英五口通商章程》和《五口通商附粘善后条款》（即《虎门条约》），作为《江宁条约》的补充。接着，美、法侵略者也趁火打劫，于1844年胁迫清政府签订了《中美望厦条约》和《中法黄埔条约》。

除英、美、法外，许多资本主义小国，如葡萄牙、比利时、瑞典、荷兰、西班牙等也纷纷要求和清政府订立不平等的条约，清政府一概应允。

第一次鸦片战争后，中国人民同外国侵略者之间的矛盾逐渐成为主要矛盾，而且，它还加剧了中国社会固有的各种矛盾。随着阶级斗争的日益激化，终于在1851年—1864年爆发了太平天国起义。太平军曾席卷大半个中国，并以南京为中心建立了太平天国政权。起义极大地打击了清朝统治者。清政府依靠曾国藩、左宗棠、李鸿章等组织的

---

① 《中国革命和欧洲革命》，《马克思恩格斯选集》第2卷，第6—7页。

② 《熙朝纪政》卷6，“纪英夷入贡”。

③ 《中国革命和欧洲革命》，《马克思恩格斯选集》第2卷，第3页。

湘、淮军和外国侵略者的武力相勾结,共同镇压了这次起义。

在镇压太平天国的过程中,清政府变得更加虚弱了。继第一次鸦片战争之后,清政府又在五十年代败于英法联军发动的第二次鸦片战争,被迫和英法侵略者分别签订了《天津条约》和《北京条约》。在此前后,俄国和美国也胁迫清政府分别签订了《天津条约》;俄国还和清政府签订了《瑷珲条约》和《北京条约》。

通过上述这些条约,外国侵略者不仅迫使清政府割地、赔款,更重要的是取得了进一步侵略中国的各种特权。这些特权的范围极其广泛。从这些特权可以看出,中国不再是一个独立自主的国家了。现将各种特权分述如下:

(一)协定关税和海关行政权。

《江宁条约》中规定:英国商人“应纳进口、出口货税、饷费,均宜秉公议定则例”。这一规定使中国的海关丧失了自主权,成为一种“协定关税”。第一次“协定关税”是1843年3月签订的。在1843年7月签订的《中英五口通商章程》中,将中国关税税率极力压低,规定进口货物率,大体上在百分之六上下,比鸦片战争前大大降低了①。这自然有利于外国侵略者。1858年《中英天津条约》订立后,明文规定了值百抽五原则,主要进口货物税率又比1843年降低了13%到65%不等。

外国侵略者为了逃避中国的内地税,还用一次交纳“子口税”的办法,以代替交纳厘金。1858年签订的《中英天津条约》中,对中国内地税作了严格的限制:洋货进入内地,或洋商从内地收购土货出口,只需交纳一次百分之二点五的子口税,就可“遍运天下”,不必像中国商品一样,必须“逢关纳税,遇卡抽厘”了。从此以后,外商可以“免各子口征收纷繁”,而中国商人则仍须受各关卡的层层苛敛。

---

① 如粤海关实征税率,1843年以前,本色洋布每匹税率为货价的20.74%,1843年新税率是货价的5.56%,新税率较旧税率减少73.19%。见严中平等:《中国近代经济史统计资料选辑》第59页。

外国侵略者还进一步攫取了中国海关的行政权和中国关税收入的支配权。1853 年上海“小刀会”，响应太平天国起义占领上海县城时，也占领了上海海关。上海英领事阿礼国(R. Alcock)于小刀会起义被镇压后，乘机提出外国人参与管理海关的主张，美、法领事表示赞同。三国领事遂与上海道台吴健彰议定，于同年 7 月成立了有英、美、法各派一人组成的税务司。上海海关的管理权就这样落到了外人手里。

第二次鸦片战争后，根据中英、中美、中法通商章程规定，“任凭总理大臣邀请英(美、法)人帮办税务，并严查漏税……等事”。由于英国势力较大，英人李泰国(H. N. Lay)于 1859 年被委任为中国海关总税务司。当年他就按照上海海关的一套办法，在广州组织关税务司。1860 年至 1863 年，又设潮州、宁波、福州、镇江，天津、九江、厦门、汉口、烟台(东海)等关。1863 年英人赫德(Robert Hart)继任总税务司。从 1863 年到 1907 年的期间里，赫德又设海关三十余处。

至此，中国的海关行政权完全落到外国侵略者的手里。

(二)沿海贸易权。

任何独立的国家，外国商船只能在限定的口岸进行贸易，而不能在沿海口岸之间转口贸易。

《江宁条约》订立后，我国沿海贸易权开始丧失。《江宁条约》中规定，英人可在五口“贸易通商无碍”。这含有应允英国商船可自由航行于五口之间的意思。后在中法、中美《天津条约》中正式承认了外国商船可以自由在各通商口岸转口，而不重复课税。1861 年上海税务司制定的《沿海贸易法》中，更明文规定，外商在一口纳税后，即可进行沿海贸易，自由出入。而中国商船，反不能享受此种权利。

(三)内河航行权和内地通商权。

内河航行权与内地通商权，也是一切独立国家不容侵犯的主权。这种主权的丧失，由《中英天津条约》开其端。《天津条约》中规定，“长江一带各口，英商船只俱可通商。……自汉口溯流至海口各地，选择不逾三口，准为英船出进货物通商之区”。这种规定，名义上自汉口以下只开三口,实际上沿江各处城镇均可上下客货,并且可以从议定口岸前往各地各处游历通商。这些条款订立后,根据“利益均沾”原则,未订条约国家,也可享受此种权利。

(四)开放商埠和领事裁判权。

两次鸦片战争后,中国被迫对外国开辟了许多商埠。沿海沿江有:广州、汕头、琼州、福州、厦门、台湾、宁波、上海、烟台、天津、营口、镇江、九江、汉口等十四个商埠,陆路上新为俄国开辟的有伊犁、塔尔巴哈台、喀什噶尔、库伦、张家口等五埠。根据《中英天津条约》,外人可以在开辟的商埠内,租地盖房,设立栈房,修建礼拜堂,开设医院,购买坟基等。这些外人居留区,后来发展成为“租界”,这不但严重地破坏了中国领土主权的完整,而且成为外国侵略者对中国进行政治、经济和文化侵略的根据地。

领事裁判权开始于《虎门条约》。在这个条约中规定,凡中国人与英国侨民交涉诉讼,英国领事有权“听诉”,“其英人如何科罪,由英国议定章程、法律发给管事官照办”。这是破坏中国司法主权的领事裁判权的开端。后来《中法黄埔条约》、《中英天津条约》中又都作了具体的规定。《中法黄埔条约》中规定:“佛兰西人在五口地方,如有不协争执事件,均归佛兰西官办理。”《中英天津条约》中规定:“英国民人有犯事者,皆由英国惩办。”

领事裁判权严重地破坏了中国的主权,是一种政治性的侵略。

(五)最惠国待遇。

最惠国条款,完全是对外国侵略者的一种片面的优惠,首先开其端的是《虎门条约》,其中规定,中国将来如“有新恩施及各国,亦应准英人一体均沾”。后来《中美望厦条约》、《中法黄埔条约》,都有类似的规定。

“最惠国待遇”的范围非常广泛,而且只要一个国家取得这种特权,其他国家皆可沿用。六十年代后,这项条款适用范围又扩大了,竟荒谬地规定,中国政府如对本国商民有何优待时,外国人也一体均沾。这种情况实在是世界上独一无二的怪现象。

总之，经过两次鸦片战争，外国侵略者迫使清政府签订了一系列不平等条约，通过这些不平等条约，外国侵略者在中国获得了种种政治、经济特权，将其侵略势力伸进中国，使中国逐渐丧失独立自主的地位。

二　外国资本主义侵入中国初期的特点

外国资本主义侵入中国的过程，是和它本身的发展过程相适应的。从1840年鸦片战争到1894年中日战争以前的一段时期内，资本主义列强对中国的侵略是以商品输出为主要形式，侵略中国的目的是把中国市场纳入世界资本主义市场的范围，以便大量地向中国倾销商品和掠夺原料。因此，这一时期，外国资本主义的侵入表现在以下几个方面：

（一）鸦片输入继续增加。鸦片战争后，鸦片贸易由非法的秘密活动变为公开活动。因此，鸦片输入数量大大增加。英、美来中国的商人，几乎毫无例外地利用机会进行贩运活动，从事贩运和销售鸦片的外国洋行，有名可查的就有五十几家。鸦片输入量，四十年代末，每年达四万余箱；五十年代，增至六万多箱；七十年代，增至七万四千多箱；九十年代初，又增至八万六七千箱。

（二）商品倾销和原料掠夺。洋货输华在第二次鸦片战争前数量不大。第二次鸦片战争后，即从十九世纪六七十年代到九十年代，洋货输入大增。如以棉纱为例：1871年—1873年，进口棉纱三万七千七百九十一公担，1881年—1883年增加为十一万八千另二十公担；到1891年—1893年，更增长为七十万另四千八百七十七公担①。在进口洋货中，除大宗的鸦片、棉制品、棉花外，还有煤油、糖类、粮食、铁和钢等。

在出口贸易方面，中国主要的出口物资，一直是农产品，其中以丝、茶为大宗。在整个十九世纪下半期，丝、茶两项占出口总值的百分之五

① 严中平等：《中国近代经济史统计资料选辑》，第74页，表16。

十到百分之九十①。鸦片战争后，由于外国资本主义国家的需要，丝、茶出口不断增加。茶叶出口，在鸦片战争前每年出口五千多万磅，1845年超过了八千万磅，1853年增至一亿磅以上。丝的出口，鸦片战争前每年出口几千包，最多不超过一万包；1847年达二万二千多包，1853年增至五六万包②。从七十年代以后，到甲午战争前，中国茶的出口，由于在国际市场上受到印度茶和锡兰茶的竞争，出口数量没有增长，还有所下降。1871年—1873年，茶出口一百零二万公担，1881年—1883年为一百二十三万公担，1891年—1893年为一百零五万公担。丝出口增加：1871年—1873年为三万七千多公担，1881年—1883年为三万九千多公担，1891年—1893年增至五万九千九百多公担③。

丝、茶出口的增加，刺激了国内养蚕缫丝业及植茶业的发展。广州、上海等地缫丝厂不断增加。

这时中国的丝、茶等商品的出口贸易，都操纵在外国商人，特别是英国商人手中。无论在贸易数量方面或价格方面，皆受其左右。一部分中国商人也开始为外国洋行服务，帮助外国洋行收购丝、茶等商品。中国丝、茶贸易开始走上依赖外国资本的道路，被迫服从外国资本的需要。

（三）建立租界和初期的资本输出。鸦片战争后，中国沿海沿江的一些城市变为外国侵略者的侵略基地。根据不平等条约，中国的许多地方开设商埠后，外国人就在这些商埠中建立起租界或居留地。他们在那里开设商行、银行，经营商业，贩运鸦片，以及从事其他罪恶活动。这些租界成为外国资本主义的侵略基地。外国侵略者在租界占有大量土地，如上海的英、法、美所划租界，占地面积在一千亩以上，租界中外国商行的数目不断增加，如上海的外国商行数，在四十年代初，只有十

① 严中平等：《中国近代经济史统计资料选辑》，第76页，表19。

② 马士：《中华帝国对外关系史》第1卷，第413页，附表：茶和丝的出口。

③ 严中平等：《中国近代经济史统计资料选辑》，第74页，表16。

一家，到五十年代初，即增加为一百二十多家。

外国人在中国开设的第一家银行，是1845年进入中国的“丽如银行”。丽如银行又叫英国东方银行。1854年，英国的有利银行在上海设立分行。以后，英国的麦加利银行(1857年)，汇丰银行(1867年)，德国的德华银行(1890年)和日本的横滨正金银行(1893年)，都先后在上海设立分行。此外，1896年沙俄在中国设华俄道胜银行。1899年法国的东方汇理银行进入中国。这些外国银行，控制着中国的进出口贸易，操纵中国的财政金融，同时也是外国侵略者向中国进行资本输出的枢纽。在1897年以前，中国还没有本国的银行，外国在中国的银行操纵了中国的金融。

以英国的银行来说，它在中国的支行数目，1870年有十七个，1880年有十九个，1890年有三十个。其中汇丰银行的势力最为雄厚。它在中国的对外贸易中处于支配地位，也是外国贸易商行的庇护人。在甲午战争以前，从1875年—1886年间，英国对华投资绝大部分由汇丰银行经手。而这些投资主要是对中国政府的贷款，其中最重要的是1877年五百万两贷款。这笔贷款指定由广州、上海、汉口三地的海关税收作为担保。从此开了把中国关税作为外债担保品的先例。

此外，外国银行还利用中国旧式金融业为其服务。特别是利用钱庄来为他们推销洋货、收购土特产品的进出口贸易服务。

为了便于进行商品倾销和原料掠夺，外国侵略者在中国先后开设了一些轮船公司，比较大的有：美国的旗昌轮船公司(1861年)、英国的太古洋行(1867年)和怡和洋行(1877年)等。这些轮船公司垄断了中国的远洋和内河的航运。如1877年，外国轮船占各通商口岸进出中外轮船总吨位的63.3％，1892年则占到77.8％①。

第一次鸦片战争后不久，外国侵略者不顾中国的主权，擅自在中国投资设厂。这些工厂，绝大部分是为了发展他们在中国的航运业而办

① 见严中平等：《中国近代经济统计资料选辑》第221页，表1。

的船舶修造厂和为了掠夺中国的原料,土特产品而经营的各种加工工业,如砖茶厂、缫丝厂、制糖厂、制蛋粉厂、轧花厂、打包厂等。此外,还有为了利用中国的廉价原料和劳动力以便就地制造、就近销售而经营的一些轻工业,如火柴、肥皂、制药、玻璃、造纸、纸烟、铁器等工厂。在1895年外国侵略者正式取得在中国设厂权以前,外国资本在中国非法设立的工厂已有一百多家。不过,这一时期外国资本主义尚以商品输出与掠夺原料为主要侵略方式,因此,这时的资本输出(投资设厂),也主要是为商品输出服务的。

由于外国资本主义进行了大量的商品输入和一些资本输入,结果促使中国旧有的封建经济结构发生了重大变化,使中国经济日益带有殖民地性质,使中国的农工商业日益成为外国资本主义的附庸。另一方面,外国资本主义侵入中国,也对中国原来的封建自然经济结构起了很大的分解作用,促使中国逐渐产生了资本主义经济。

(四)中国买办阶级的出现。早在鸦片战争以前,当外国商人来到中国进行贸易时,在一些通商口岸就已经出现了买办。这时的买办,主要任务是代理外国商人推销商品,买进货物。当时的买办是由中国的公行(如广州十三行)所雇用的人形成的。这些人是官厅特许的,他们在公行中做管事。这些管事,除代理外国商人居间买卖货物之外,还管理外人商馆内部的经济和其他事务,包括贸易账目、现银存款、文件与信件保管等等。广州的中国公行也雇用一些人看视进口货样,议定价格,开舱起货,并代洋商购办土货。所有这些为洋商服务的人,因为主要是替洋商购办物品,所以通称为买办。

鸦片战争后,垄断进出口贸易的公行制度废除了,外国侵略者可以自由地选择代理人,因而买办的性质发生了根本的变化。鸦片战争前,买办是受公行商人控制的,战后则为外国侵略者所控制。随着外国资本主义侵略的加深,在外国侵略者的豢养下,中国买办阶级逐渐形成和发展起来。

中国各地经济情况十分复杂,货币和度量衡制度也很不统一,外国侵略者要在中国推销商品、购买货物，创办企业，特别是要深入到中国内地，都不能不借助于中国的“买办”。于是他们就在中国培养了这样一批人，作为他们的附庸，为他们在中国进行经济侵略活动服务。

买办的势力很大，如当时的吴健彰、唐廷枢、徐宝亭、徐润等都是大买办商人。唐廷枢是怡和洋行总买办。他帮助英国侵略者推销鸦片、棉毛织品，收购茶、丝等产品。此外，如宁波籍的穆炳元、杨坊，钱塘人吴煦等，都是当时上海有名的买办商人。

中国的买办和买办商人，是外国资本主义对中国进行经济剥削和掠夺的过程中产生的，由于外国侵略者在中国获得了巨额利润，因此中国的买办阶级也从中得到不少好处。有人曾说过，在上海的买办商人，“顷刻间千金赤手可致”①。徐宝亭就是一个“致富巨万”的买办。

中国的买办阶级不仅在经济上帮助外国侵略者剥削和掠夺中国人民，他们在政治上也是与外国侵略者和清政府合作的。如大买办、上海道台吴健彰，1853 年就拱手把上海海关的行政管理权送给了外国侵略者。太平天国起义爆发后，他帮助清政府设法购买军火，雇用外国舰船运兵，镇压太平军。他还联合买办商人粤董李少卿、闽董李仙云等筹饷组织团练，对抗太平军。买办商人徐宝亭，由于“毁家助饷”，“积功擢游击赏花翎”②。1860 年苏松太道买办商人吴煦与苏松粮道买办商人杨坊和美国侵略分子华尔合作，招募外人组织洋枪队（1862 年改名“常胜军”），由吴煦任督军，华尔、杨坊任管带，其军费大部分由吴煦、杨坊筹给③。1860 年太平军围攻上海时，吴煦邀请士绅开会向曾国藩乞援。李鸿章到上海时，淮军的军饷大部分也是吴煦筹给的。徐润还因为助饷有功，特“保加四品衔”④。

① 王韬：《瀛壖杂志》（《小方壶斋舆地丛钞》）。

② 徐润：《徐愚斋自叙年谱》，第 93 页。

③ 《近代史资料》，1955 年第 3 期，第 1—2 页。

④ 徐润：《徐愚斋自叙年谱》，第 93 页。

三 帝国主义在中国划分势力范围的斗争

从十九世纪末叶起，世界资本主义开始过渡到帝国主义阶段。帝国主义是资本主义的垄断阶段。这时垄断已经代替了自由竞争，并在社会经济生活中取得了统治地位。原来作为中介人的银行资本已经变成了万能的垄断者。垄断的银行资本与垄断的工业资本融合为一，形成了金融资本。国内市场和投资场所也已经被垄断完了，社会上出现了大量“过剩”的资本。资本输出有了特殊意义。殖民地有了新作用（作为商品市场、投资场所和原料来源地）。正如列宁所说的：“在殖民政策的无数‘旧的’动机以外，金融资本又增加了争夺原料来源，争夺资本输出，争夺‘势力范围’（即进行有利的交易、取得租让、取得垄断利润等等的范围）以及争夺一般经济领土等等的动机。”①但是，世界殖民地早已被瓜分完了，因此帝国主义之间为争夺殖民地的斗争更加剧烈。

十九世纪末叶，世界上只有中国、波斯、土耳其等少数国家，还没有被帝国主义独占或瓜分。特别是中国，幅员广阔，物产丰富，而在政治、经济上又极其落后，因此，就特别为帝国主义所垂涎。鸦片战争后，各资本主义国家除了在中国沿海攫得种种特权外，还逐渐把它们的势力伸到中国的内地和边疆。如 1871 年俄国占领伊犁（1881 年由清政府出价九百万卢布赎回）；英国把长江流域各省作为它的势力范围，1876 年又强迫中国签订《烟台条约》，取得了派员驻云南、甘肃、青海、四川、西藏等地的权利。但各帝国主义国家并不以此为满足，它们还准备进一步侵略中国，以便获得更多的权益。

在当时的帝国主义国家中，除英、德、法、俄以外，日本和美国是两个后起的国家。日本从 1868 年明治维新以后，资本主义开始发展起

① 列宁：《帝国主义是资本主义的最高阶段》，人民出版社 1964 年版，第 113 页。

来。在日本资本主义开始发展的时候，正值世界资本主义向帝国主义阶段过渡。日本资本主义是与残余的封建经济以及天皇制这样的国家机构结合在一起的。所以，它一开始走上近代国际舞台，就带有强烈的军事侵略性，而其侵略的主要对象就是中国。在明治时代，日本就规定了征服中国和全世界的“大陆政策”。其基本内容是：首先征服台湾，然后征服朝鲜，征服满蒙，征服全中国，征服世界。按照这个计划，1874年，日本在美国的支持下，出兵进犯我国的台湾，虽然没有达到侵占的目的，但不久却吞并了琉球。接着，它又在美国的支持下，入侵朝鲜，以便夺取这个通向“满洲的桥梁”，然后侵入我国的东北。

美国资本主义发展较晚，但十九世纪后期发展很快，工业产值在八十年代已经超过了英国。美国并且先英国而走上垄断阶段。但是美国对殖民地的掠夺，特别是对远东殖民地的掠夺，却落后了一步。所以它急起直追，向远东和中国伸展势力，也想获得一个新的市场。

沙俄企图把满洲放在自己势力控制之下，并且也想插足朝鲜，在朝鲜占领一个港湾，作为向太平洋的出口。英国要阻止沙俄南下。这样，远东的国际矛盾，就集中到朝鲜半岛上了。为了共同对付沙俄，英美的利益是一致的。日本的资本主义发展还相当落后，一时还不足以威胁英美的势力。于是，英美决定利用日本来排除俄国的势力，而日本也乐得利用英美的支持来实现它的侵略政策。在这样一种国际形势下，日本帝国主义终于发动了侵略朝鲜和中国的战争。

中日甲午战争从1894年7月开始，8月1日正式宣战，到1895年3月结束，中国以失败而告终。清政府被迫于同年4月17日在日本马关（今下关）和日本签订《马关条约》。条约的主要内容是：

一、清政府承认“朝鲜国为完全无缺之独立自主”（朝鲜原为中国藩属，这一条实际上是承认日本对朝鲜的控制）。

二、中国割让辽东半岛、台湾全岛以及附属各岛屿、澎湖列岛给日本。

三、赔偿日本军费二亿两。

四、开沙市、重庆、苏州、杭州为商埠，日船得沿内河驶入以上各口，搭客载货。（根据《马关条约》，第二年又订立《通商行船条约》，承认日本在华享有领事裁判权和片面最惠国待遇。）

五、日本臣民得在中国通商口岸、城邑，任便从事各项工艺制造，又得将各项机器任便装运进口；日本在中国制造货物，与进口货物一样，免征一切杂捐，并享受在内地设栈寄存的优待。

《马关条约》是继《江宁条约》以来又一个最严重的卖国条约，它标志着帝国主义对中国侵略进入一个新的时期，中国殖民地化的程度从此更加深了。

《马关条约》中规定，中国割让台湾等大片领土给日本，严重地破坏了中国的独立和主权。《马关条约》规定清政府必须偿付大量赔款，加剧了清政府的财政危机。过去战败赔款最多不超过二千万两，这次赔款数竟高达二亿两之多。当时清政府每年的财政收入不超过七八千万两，这次赔款数目大大超过了财政收入的数字。这样就迫使清政府因财政困难而不得不举借外债，进一步投靠帝国主义，帝国主义则通过贷款进一步对清政府实行控制。《马关条约》允许外国资本在中国设厂制造，并给予种种特权，这样，帝国主义就可以把大量“过剩”资本输出到中国来，使中国不仅成为帝国主义的商品销售市场，而且也成为它们的投资场所，严重地阻碍中国民族生产力的发展。另外，《马关条约》的订立，也加剧了帝国主义对中国的争夺。各帝国主义国家争相对中国进行投资和划分“势力范围”，于是，《马关条约》订立后，投资竞争和割地狂潮接踵而来。沙俄对中国东北素有野心，《马关条约》签字的当天，沙俄得知割辽东半岛给日本后，立即正式邀请法、德两国，共同对日进行干涉。法国是俄国的盟国。德国也想在远东伸展势力，攫得一个军港。因此三国在干涉日本占据辽东半岛的立场上一致。

日本对三国的干涉，不甘接受，极力开展外交活动，企图争取英、美支持，以牵制三国。但英、美支持不力，日本被迫妥协。

4 月 30 日，日本通知三国，表示愿意“放弃永远占有辽东半岛”，惟须“作偿金之担保”。三国议定，清政府交付“偿金”三千万两后，三个月内日军全部撤出辽东半岛。11月8日，中日两国签订《交还奉天省南边地方条约》，规定：清政府在11月16日前交付日本三千万两白银，作为退还辽东半岛的“报酬”；款项交清后三个月，日军全部撤出辽东半岛。“还辽”问题，就这样解决了。

中日甲午战争和三国干涉还辽后，各帝国主义国家在中国展开了划分势力范围的斗争，妄图瓜分中国。

沙俄首先以干涉还辽有功，向中国索取报酬。甲午战争后，清政府为偿付巨额赔款，急需举借外债。而各帝国主义国家争向中国贷款。经过相互斗争，沙俄联合法国，合借银一亿两，年息四厘，以海关收入作担保。1896年，沙俄和清政府签订了《中俄密约》，规定在必要时俄国军队可以开往中国任何港口；并允许它在东北修筑东清铁路。沙俄取得修筑东清铁路特权后，又把势力伸进辽东半岛，企图夺取旅顺和大连。1897年11月，沙俄乘德国强占胶州湾之机，占领旅顺和大连。沙俄对清政府进行欺骗说：“俄国并无夺取中国领土之意，占领旅大，系为保护中国免受德国之侵略。德国军队撤退后，俄国亦立即撤退。”①1898年初，清政府被迫接受德国租借胶州湾等要求后，沙俄则提出租借旅顺、大连湾以及自东清铁路筑一支线“通至黄海”②等无理要求。沙俄为了达到以上目的，除采取威胁恫吓手段外，还使用巨款贿赂李鸿章等。结果李鸿章、张荫桓代表清政府与俄国驻华代办巴甫洛夫签订了《旅大租地条约》。接着，莫拉维诺夫和许景澄又续订《旅大租地续约》。条约规定，清政府将旅顺租给俄国为军港，大连为商港，租借期二十五年。允许东清铁路修一支线通到大连。此外，沙俄还向清政府提出，俄国在满洲和蒙古有铁路和工业的独占权。这样，整个满洲和蒙古就成为俄国的势力范围。

---

① 王芸生：《六十年来中国与日本》第3卷，第213页。

② 《清季外交史料》卷129，第13页。

法国也以干涉还辽有功,向清政府索取报酬。1895年法国逼迫清政府订立《中法续议商务条款》和《中法续议界务条款》,要求划云南、广东、广西为势力范围。并规定这三省开矿时必须先向法国商人或矿师商办。云南、广西开放通商、减税。法国还不满足,又提出要求:一、中国政府声明海南岛不割与别国;二、延长龙州铁路,开采两广和云南的矿山,修筑滇越间通商铁路;三、租借广州湾九十九年,等等。清政府完全应允。

德国也于1895年要求设立天津、汉口两处租界,作为"还辽"的报酬,当时未得结果。1897年,便借口山东曹州两个德国传教士被杀事件,派海军强占胶州湾。在德国的武力压迫下,清政府和德国签订了《中德胶澳租界条约》。根据这个条约,德国强占胶州湾为租借地,租期九十九年;并取得在山东修筑铁路的权利,沿铁路三十里内的矿藏允许任便开采。这样,整个山东省便成为德国的势力范围。

与俄、法、德掠夺中国同时,英、日等帝国主义也纷纷向中国政府提出要求。如:1897年英国强占山东的威海卫为租界地。日本从1896年到1898年,陆续在杭州、苏州、重庆、沙市、天津、上海、汉口等地设立了租界。1898年4月,日本政府又以福建省接近台湾,要求清政府总理衙门应允不将福建省割让或租借给其他国家,总理衙门表示接受。于是,福建省成了日本的势力范围。

为了划分势力范围,各国除胁迫清政府外,它们之间的争夺,经妥协后达成各种协定。1896年订立英法协定,规定云南、四川两省一切权利由英,法两国共同享受;1898年订立英德协定,规定天津到山东省南部的铁路由德国修建,而山东省南部到镇江的铁路,由英国修建;1899年又订立英俄协定,规定长江流域为英国的势力范围,而长城以北为俄国的势力范围。帝国主义这种分割势力范围的行动,实际上是在瓜分中国。正如列宁所说:"欧洲各国政府(最先恐怕是俄国政府)已经开始瓜分中国了。不过它在开始时不是公开瓜分的,而是像贼那样偷偷摸摸进行的。它们盗窃中国，就像盗窃死人的财物一样。”①

1900年，在华北广大土地上，中国人民自发地掀起了一次反帝国主义的运动——义和团运动。这次运动，虽然被清政府所利用和出卖，最后被帝国主义联军（所谓“八国联军”）镇压下去了。但是，它给予帝国主义阴谋瓜分中国的打击是沉重的，以致使八国联军头子瓦德西也不得不承认：“无论欧美、日本各国，皆无此脑力与兵力可以统治此天下生灵四分之一”，“故瓜分一事，实为下策”②。

帝国主义既然无法直接瓜分中国，只好继续扶植以西太后为首的清政府，作为奴役中国和扩大侵略的工具。

第三节　清政府成了“洋人的朝廷”

外国资本主义列强侵入中国，使外国侵略者和中华民族的矛盾上升为主要矛盾后，曾经给了清王朝挽救自己衰落的一个机会。这就是：坚决抵抗外国侵略者。清政府如果这样做，必然会得到全国各民族各阶层人民群众的广泛支持。但是，腐朽的清朝统治者却反其道而行之。道光已失去了康熙当年的那种锐气，道光以后，咸丰、西太后更等而下之，一代不如一代。和历代封建王朝一样，清王朝也是由盛而衰，愈衰愈朽，而且愈是衰朽，愈是怯于对外，狠于对内。

在第二次鸦片战争以前，清朝统治者与外国侵略者，还没有完全结合起来。在第二次鸦片战争以后，情况就不同了。

在第二次鸦片战争中，英法联军攻入北京。这时清朝统治者以为自己的统治将被推翻，非常恐慌。但是，当《北京条约》签订后，英法联军撤出了北京，他们的统治仍然照旧维持下去，这时才知道外国人是以

① 列宁：《中国的战争》，《列宁全集》第4卷，第335—336页。

② 佐原笃介：《八国联军志》，中国史学会主编：《义和团》第3册，第244页。

兵“胁和”,使自己成为他们的代理人,并非取而代之。1861 年 1 月,清政府在北京设总理各国事务衙门,由奕䜣、桂良等人主持。外国侵略者对此表示欢迎,认为这是控制清政府的好办法。总理衙门确实按照外国人的意图办事。在总理衙门成立后不久,就任命英国人李泰国为海关总税务司。李不久回国,总税务司由赫德继任,赫德在中国任总税务司长达四十多年。

清政府与外国侵略者相勾结,到西太后专政时,进入新的阶段。西太后是在咸丰死后,经过一次宫廷政变上台的。

西太后(1835—1908),叶赫那拉氏,本是咸丰的宠妃,常代批阅奏章。当英法联军进攻北京时,咸丰及怡亲王载垣、协办大学士户部尚书肃顺等一同逃往热河。在英法联军撤走后,咸丰并没有立刻回京,当时清政府实际上形成了两个中心:一个在热河,一个在北京(北京是以恭亲王奕䜣为首),实权在热河。奕䜣一派竭力奏请咸丰回京,肃顺一派则力劝暂缓回京,两派斗争十分激烈。1861 年 8 月咸丰病死热河,年仅六岁的载淳(同治)继帝位,根据咸丰遗嘱,由载垣、肃顺等八人为赞襄政务大臣,掌管朝政。恭亲王奕䜣被排斥在外。同治的生母叶赫那拉氏于咸丰死后称慈禧太后,也称西太后,即西宫皇太后。咸丰的另一个皇后称慈安太后,也称东宫皇太后。西太后权力欲望极重,她与奕䜣勾结一起,又得到外国使臣的支持,于 1861 年 11 月免除载垣、肃顺等八人赞襄政务大臣职务,并将载垣、肃顺等人逮捕处死。两宫太后(实际上只是西太后)垂帘听政。

西太后夺取政权后,决心投靠外国侵略者,她给肃顺等人所定罪名之一,就是“不能尽心和议……以致失信于各国,淀园被扰”①。什么叫“尽心和议”,就是尽力取得洋人的欢心。对西太后等人的这种姿态,外国侵略者十分满意。当时英国在中国的报纸就这样说道:“在这个特别的关头,我们要比同中国发生联系的其他任何时期,更有必要去支持帝

① 清《穆宗(同治)实录》卷 5,第 26 页。

国的现存政府。”①

由西太后、奕䜣当权的清政府，也争取到了汉族湘、淮军阀首领曾国藩、左宗棠、李鸿章等人的支持。这不仅因为汉族大地主阶级在镇压太平天国方面与满洲贵族的利害完全一致，而且还因为这些湘、淮军阀首领又是主张用西洋武器来镇压农民起义的，这与西太后一派的基本政治方针也非常契合。从此以后，在清朝统治者中主张学习西方船坚炮利的所谓“自强”运动即时兴起来。

西太后及其当政群体力图依靠外国侵略者的支持，来维持其统治地位；而外国侵略者也乐得有西太后这样的当政者来供其驱使，受其控制。于是，从1860年《北京条约》签订后，中外反动势力就勾结起来。轰轰烈烈的太平天国运动，就是在这种勾结下被镇压下去的。

1873年，当同治（载淳）已经十八岁的时候，西太后虽然不得不宣布撤帘归政，但实际上仍然一手控制朝政，同治形同傀儡。“归政”不到两年，当同治病死的时候（1875年1月12日），她又施展阴谋，首先将自己的只有四岁的姨外甥（醇亲王奕譞之子）载湉迎进宫去，继承帝位（载淳无子），改元光绪，自己再度垂帘听政，把大权掌握在手中。

1889年光绪十九岁了，西太后又假惺惺地再度撤帘归政，退居颐和园“颐养冲和”，但实际上仍掌握着最后裁决的大权。

光绪是个比较有头脑，愿意有所作为的青年皇帝，他不愿充当西太后的傀儡。光绪的志向得到他的老师翁同龢等人的支持，这些人便是所谓帝党，他们同追随西太后的所谓后党之间展开了争夺权力的斗争。但后党已经营有年，实力要比帝党大得多。

甲午中日战争后，帝国主义在瓜分中国的斗争中，形成了两个侵略集团：以沙俄为首的俄、德、法集团；以英国为首的英、美、日集团。前者支持后党，后者倾向帝党。由于帝国主义争夺中国的斗争是激烈的，后党和帝党的斗争也是激烈的。这种激烈斗争，在1898年的戊戌政变中

① 《北华捷报》，1861年12月21日。

充分地表现出来。西太后依靠荣禄掌握的武力和袁世凯的告密，把维新运动镇压下去，囚禁光绪于南海瀛台，屠杀谭嗣同等“六君子”于菜市口。康有为、梁启超则逃亡海外。

1900年爆发的势如燎原的义和团运动，使清政府惊慌得不知所措。狡猾的西太后在“洋人”要逼其“归政”的传言下，曾一度企图利用这个运动，来保持自己的权力，甚至不惜对外“宣战”。但是，就在正式“宣战”之后，西太后仍然通过驻外使节向各国政府作了如下解释：“朝廷非不欲将此乱民下令痛剿，而肘腋之间，操之太蹙，深恐各使保护不及，激成大祸”；“兵端已启，却非衅自我开。且中国即不自量，亦何至与各国同时开衅，并何至恃乱民以与各国开衅。此意当为各国所深谅。”并且立下保证说：“此种乱民，设法相机自行惩办。”①

八国联军攻陷北京，西太后挟光绪远逃西安。在西安，她日夜思虑的就是赶快求和。当她得知公使团已提出《议和大纲》，而且在惩办“祸首”一节中将她的名字删掉时，她立即表示全部接受。

1901年2月（光绪二十六年十二月），西太后以光绪的名义下达了批准《议和大纲》的电令。在这个电令中，西太后极尽媚敌之能事，竟说出“量中华之物力，结与国之欢心。既有悔祸之机，宜颁自责之诏”和“今兹议约，不侵我主权，不割我土地。念列邦之见谅，疾愚暴之无知，事后追思，惭愤交集”②这样的话。

1901年9月7日（光绪二十七年七月二十五日），李鸿章代表清政府和十一国公使签订《辛丑和约》十二条，其主要内容为③：

一、赔款四亿五千万两，分三十九年还清。

二、惩办祸首，斩决或革去清政府一批官员的职务；抚恤被害的德

---

① 《军机处寄出使俄国大臣杨儒等电旨》，故宫博物院明清档案部编：《义和团档案史料》上册，中华书局1979年版，第202、203页。

② 故宫博物院明清档案部编：《义和团档案史料》下册，第945—946页。

③ 原文见《中外旧约章汇编》第1册，三联书店1957年版；第1002—1008页。

公使及日本书记官，派大臣分赴德、日两国谢罪。

三、虐杀外人的城市，停止科举考试五年。

四、下令永禁组织或加入排外团体，违者处死。

五、各省督抚及文武官吏均须切实保护外人，遇有伤害外人事件，不能立时弹压惩办者，革职永不叙用。

六、改总理衙门为外务部，位在六部之上。

七、划定各国使馆界，不准中国人民居住。使馆区域内，由各国公使管理，并得常驻卫兵保护使馆。

八、将大沽炮台及有碍北京城至海滨间交通的各炮台，一律平毁。

九、由北京至山海关沿铁路重要地区，由外国派兵驻守。

从以上各项内容来看，前三项是对清政府的惩罚；第四、五、六项是要清政府强制中国人民永远俯顺帝国主义；第七、八、九项，允许帝国主义铁蹄纵横，甚至中国的首都亦允外兵驻守，其丧权辱国之甚真是无以复加了。

《和约》签字，列强完全满意，西太后也大为欢喜。她从西安回京途中在开封办了一次“万寿庆典”；回京后，更“大修颐和园，穷极奢丽，日费四万两，歌舞无休日”。

西太后的统治地位由于《和约》而“保全”下来了。由此，她更懂得了卖国的妙用。

1902 年 1 月 28 日（光绪二十七年十二月十九日），西太后第一次公开接待外国使节。“召见从头到尾是在格外多礼、格外庄严和给予外国代表以前所未有的更大敬意的情形下进行的”。2 月 1 日，她又接待“外交团中的各位夫人”，“在问候这些夫人的时候，表示出极大的同情，并且一边和她们说话，一边流泪”①。此后，她“慑于外人之威，凡所要求，曲意徇之；各国公使夫人，得不时入宫欢会，间或与闻内政”。

上述情况，充分地说明了清政府已是“洋人的朝廷”。正如同盟会

---

① 马士：《中华帝国对外关系史》第 3 卷，第 388 页。

著名宣传家陈天华在《猛回头》中所说:“列位!你道现在的朝廷,仍是满洲的吗?多久是洋人的了!列位!若还不信,请看近来朝廷所做的事,那一件不是奉洋人的号令?我们分明是拒洋人,他不说我们与洋人做对,反说与现在的朝廷做对,要把我们做谋反叛逆的杀了。”①

帝国主义在瓜分中国的过程中既受到义和团坚决抵抗的教训,又得到清政府对其矢忠矢信的保证,因此它的侵华政策由大规模地直接武装干涉,改变为通过清政府进行间接的统治。

帝国主义这种方针的转变,在许多国家的舆论中都有所阐述,而以英国人赫德说的最为清楚。这个长期窃据清政府总税务司的“中国通”,在分析如何才能达到瓜分中国的目的时,毫无掩饰地说:“各国于支那问题,大率不外三策,一曰瓜分其土地,二曰变更其皇统,三曰扶植满洲政府。然变更皇统之策,无人足以当之,骤难施行。今日之计,惟有以瓜分为一定之目的,而其达此目的之妙计,则莫如扶植满洲政府,使其代我行令,压制其民。民有起而抗者,则不能得义兵排外之名,而可以叛上之名诛之。我因得安坐以收其实利,此即无形瓜分之手段也。”②

这种方针当时被一些人称作“保全主义”。所谓保全,即保全清朝政府,维持中国形式上的独立,帝国主义可以通过清政府对中国进行政治、经济、文化等各方面的侵略和渗透,而不必再进行领土的分割,1900年10月16日签订的《英德协定》,大体上反映了帝国主义的这一意图。《协定》认为各国在中国的贸易及其他经济活动,均应遵循“自由开放,毫无差别”的原则,规定“不得利用现时之纷扰在中国获得任何领土利益,其政策应以维持中国领土不使变更为指归”。这一《协定》中的原则,先后得到各主要帝国主义国家的赞同。

但是,帝国主义之间的妥协,只能是暂时的。即使在这暂时的妥协

---

① 中国史学会主编:《辛亥革命》(二),第151—152页。

② 《辛亥革命前十年间时论选集》第1卷上册,第254页。

期间，它们对中国的争夺仍然是很激烈的。例如，1904 年—1905 年在中国领土上爆发的日俄战争，便反映了日、英、美和俄国矛盾的尖锐化。

日俄战争以沙俄的失败而告终。一度尖锐化的矛盾又缓和下来。接着，1907 年 6 月至 8 月，日法、日俄、英俄诸协定先后订立。这样，帝国主义各国在“保全主义”的幌子下所造成的侵占中国的格局，就基本上定了下来。

帝国主义推行“保全主义”的结果，使它在中国攫得了巨大的侵略权益。清王朝最后的十年，铁路交通、航海贸易、财政金融、工矿企业，几乎全部操纵在帝国主义手中。至于政治上的控制，文化上的渗透，就更不待言了。对此，有人十分沉痛地分析说：“二十世纪以来，灭国政策，愈出愈奇。土地不必占领，人民不必杀戮，官吏不必驱逐，职业不必侵扰，及其结果，则不占领土地，而吸取土地之精华；不杀戮人民，而灭绝人民之种族；不驱逐官吏，而利用官吏之贪横；不侵扰职业，而暗攫职业之权利。迟之则数十寒暑，早之则十余春秋，万里河山皆他人之殖民地、游牧场矣！”①

由于帝国主义推行“保全主义”，而清政府又成了“洋人的朝廷”，因此，反对帝国主义和封建主义的中国资产阶级民主革命，在清王朝的最后十年间，便主要地表现为国内革命的形式，即革清朝政府的命（反清革命），当然，这一斗争的最后结果，也是对帝国主义的打击。

---

① 义侠：《为滇越铁路告成警告全滇》，《云南杂志选辑》，第 575 页。

第二章　中国资本主义的产生和初步发展

第一节　中国资本主义近代工业的产生

一　封建自然经济的解体和资本主义产生条件的出现

在中国,资本主义生产关系的萌芽,出现的时间并不晚。早在明朝中叶(十六世纪中叶),在一些商品经济比较发达的地区和若干手工业部门里,已经可以看到这种萌芽。到清朝中叶以后,这种萌芽还有所发展。不过,直到1840年鸦片战争前夕,中国封建社会中的资本主义生产关系,还只是孕育在封建社会母体中的一个胚胎。真正资本主义性质的手工业、制造业,只是少量地、稀疏地存在于沿江、沿海商品经济比较发达的地区和有限的几个手工业部门中。就当时整个中国社会经济状况看,封建性的自给自足自然经济仍占主要地位。在手工业中,大量的仍然是与农业结合在一起的家庭手工业和城乡个体手工业,封建的官办手工业也占不小比重,而真正资本主义性质的手工业为数极少。所以,十九世纪四十年代鸦片战争前夕的中国社会,仍然是一个封建社会,它距离产生资本主义的大机器工业,距离真正的资本主义社会,还是非常遥远的。

可是,在鸦片战争以前,当中国还停留在封建社会阶段时,欧美一些国家,早已完成产业革命而进入了资本主义社会。当这些国家的资本主义还在初步发展时,就已经开始向外侵略,寻找和占领海外市场;在它们建立起资本主义制度后,更加积极向外扩张。中国是一个地大物博、资源丰富的落后的封建国家，自然成为它们侵略的对象。于是它们纷纷来到中国，要求打开中国的大门，把中国变为推销工业品的市场和原料来源地。

外国资本主义侵入中国的初期，遇到了中国方面的顽强抵抗。这种抵抗在政治上，是清政府所实行的闭关政策，在经济上就是中国的封建自然经济结构。而闭关政策又是以封建的自然经济结构为基础的。

第一次鸦片战争后，外国侵略者迫使清政府签订了一系列不平等条约，取得了种种特权，清政府的闭关政策被打破了。但是，外国侵略者对中国的商品输入，却没有取得进展。

1852 年，英国驻广州代办密切尔(Mitchell)曾对英国商品不能畅销的原因，专门做过调查。他在调查报告中描述中国当时的社会经济状况说："秋收以后，农家一切人手，老老少少，全都动手清棉、纺纱、织布，他们就用这种自家织成的材料，一种厚重耐穿的布匹，自己做衣服穿……至于自用而有余，便运到最近的城市上去，城市的店铺则买下来……福建农民不独是一个农夫，而且还是园艺家、制造家合而为一的人物。"①

密切尔认为就是这种自给自足的经济结构阻碍着外来商品的销售。要使外来商品能够畅销无阻，就必须打破这种小农业和家庭手工业相结合的经济结构。

为了打破中国的封建自然经济结构，彻底把中国变为殖民地，外国侵略者又发动了第二次鸦片战争，迫使清政府又签订了许多新的不平等条约，取得了一些新的特权。这时通商口岸已由五口增加到二十余口(不只沿海，内地的许多重要商埠也为外国开放了)；海关行政管理权落到了外国侵略者手中，进口关税税率再次降低，内河航行、沿海贸易以及内地通商等权利也为外国侵略者所攫得。特别是《北京条约》签订后，清政府与外国侵略者勾结在一起，并且逐渐成为它们的侵略工具。

---

①　转引自严中平：《英国资产阶级纺织利益集团与两次鸦片战争的史料》(下)，《经济研究》，1955 年第 2 期。

在这种形势下，外货、外资大量地输进中国，一直顽强抵抗外国商品侵入的小农业与家庭手工业的结合体，封建自然经济结构开始解体了。中国封建自然经济的解体，为资本主义的产生提供了前提条件。这些前提条件是：扩大的商品市场、劳动力市场以及货币财富的积累。

资本主义生产，是一种使用机器的大规模的商品生产。它的产生，首先必须有充分发展的商品经济和日益扩大的商品市场。

鸦片战争后，外国资本主义的侵入，破坏了中国封建自然经济基础，破坏了农民的家庭手工业和城市手工业，因而促进了商品经济的发展，扩大了商品市场。不少农民已经不再亲手制造工业品，而到市场上去购买；很多手工业者也不再为市场提供手工业品，反而是变成了外国工业品的消费者。以手工棉纺织业来看，在洋纱、洋布的打击下，手纺业与手织业相分离，手织业又与农业相分离，许多原来能自给衣料，或者有剩余出卖的人，现在则成了洋纱、洋布的消费者。这样，洋纱、洋布在中国的销售量大大增加。如1880年—1890年十年间，进口棉纱值从三百六十四万五千一百十二关两，增加为一千九百三十九万一千六百九十六关两；棉布进口值始则为一千六百万关两，继而超过二千万关两，最高达三千另九十四万关两①。洋纱洋布销售量的大量增加，标志着棉布市场的扩大。

棉布市场的扩大是一个典型例子，其他如煤油、火柴、五金等商品市场的情况，也是这样。

应该看到，中国商品市场的扩大，是在外国资本主义侵入，中国封建自然经济开始分解的基础上形成的。这个扩大了的国内市场主要是为外国资本主义所霸占，中国资本主义则是在外国资本主义没有占据的一些市场空隙中产生和发展起来的。

资本主义产生的另外一个重要条件是劳动力市场的扩大。鸦片战争后，外国资本主义的侵入，破坏了中国的农业和城乡手工业，使得千

① 严中平：《中国棉纺织史稿》，第79页。

千万万的农民和手工业者破产失业，变成了劳动力的出卖者。所以鸦片战争后，中国的劳动市场在不断扩大。1893年薛福成曾谈到这方面的情况。他说："近年洋货骤赢，土货骤绌，中国每岁耗银至三四千万两，则以洋布、洋纱畅销故也。盖其物出自机器，洁白匀细，工省价廉，华民皆乐购用，而中国之织妇机女束手坐困者，奚啻千百万人。"①有人估计，家庭手工纺织业每十小时劳动日只能纺纱四两，1890年进口洋纱共一百零八万二千担，合一亿四千三百九十万六千斤，相当于五亿七千六百多万个劳动日的手纺车产量。1880年进口洋布一千八百六十六万四千匹（每匹长四十码，宽一码），则相当于两亿两千四百多万个劳动日的手织机产量（按每十小时劳动日能织宽一呎的土布十码计）②。这是就棉纱布而论，其他各种进口洋货无不造成大量的破产失业者。

此外，由于农产品商品化，很多农民与市场的联系日益密切，在外国资本主义的掠夺下，往往遭到破产。外国侵略者向清政府勒索大量赔款，这些赔款的负担大部分要转嫁到农民身上。同时，大量的鸦片输入引起了白银外流，也加重了农民的负担。这一切都加剧了农民的破产过程。还有，土地兼并和封建剥削的加强，也往往迫使农民离开土地，变为劳动力的出卖者。

总之，外国资本主义侵入后，失去了生产资料，依靠出卖劳动力为生的人，越来越多。这样，就为资本主义（包括外国资本主义）的发展提供了廉价劳动力的来源。

资本主义的发展，除了需要有广阔的商品市场和廉价劳动力来源外，还必须有充足的货币积累，作为建设厂房、购买机器设备、购买原材料和劳动力的资金。

鸦片战争前，中国社会上大量的货币财富，主要是掌握在官僚、地主和商人手中。他们通过贪污、勒索、兼并土地以及从事商业、高利贷

① 薛福成：《强邻环伺谨陈愚计疏》，《庸庵海外文编》卷2，第9页。

② 严中平：《中国棉纺织史稿》，第80页。

等活动,积累起大量的货币财富。由于当时还没有出现发展资本主义的条件,所以这些货币财富,主要是用于奢侈消费,或者用来继续兼并土地和从事商业高利贷等活动,并没有投入产业,没有转化为兴办近代企业的货币资本。

鸦片战争后,出现了发展资本主义近代工业的条件。这时社会上大量的货币财富,仍然掌握在地主、官僚和商人手中。官僚们除了继续使用贪污、勒索等手段搜刮钱财外,还有了新的发财之道。这就是办洋务、办外交、购买军火、借洋债等。随着通商口岸的增加和进出口贸易的发展,商人,特别是从事进出口贸易的商人,他们获得了优厚的利润。同时,为外国资本主义侵略中国服务的买办们,在帮助侵略者推销商品和收购原料的过程中,得了大量的佣金。此外,地主通过收取地租、经营商业或放高利贷,也积累了大量货币。总之,鸦片战争后,中国社会上的地主、官僚、商人和买办等,他们拥有大量的货币财富。这些财富中,就有一部分会被投入产业,转化为兴办资本主义近代企业所需要的货币资本。此外,还有一些华侨商人在海外经商致富,在国内发展资本主义条件具备时,也将资金带回国内,投资兴办近代企业。

二 洋务派兴办的资本主义近代企业

在中国,最早出现的中国人所创办的近代企业,是清政府洋务派兴办的军事工业。

第二次鸦片战争后,清朝统治者已经完全屈服于外国侵略者,并和他们勾结起来,共同镇压了太平天国运动。在这期间,清政府中一部分带有买办倾向的官僚,如奕䜣、曾国藩、左宗棠、李鸿章等,他们看到外国资本主义的船坚炮利,认为要维持封建主义的统治,必须学习西方资本主义的生产技术和军事技术,于是开始了以所谓"求强"为中心内容的洋务活动,建立起新式军队并创办起近代军事工业。

1861 年曾国藩在安庆创办军械所。1862 年李鸿章又在苏州设立制炮局(上海制炮局移来)。太平天国被镇压后,清政府继续创办军事工业。1865年,李鸿章在上海设江南制造局,制造轮船、枪炮、水雷、火药等,这是清政府所办的规模最大的军事工业。同年,李鸿章又将苏州制炮局移至南京,设金陵制造局。1866年,左宗棠在福州设福州船政局。1867年,崇厚、李鸿章又设天津机器局。以后,在西安、兰州、昆明、广州、济南、成都、吉林、北京、杭州、汉阳等地陆续设置十几个中小局厂,制造枪炮军械。

洋务派所办的近代军事工业,并不是资本主义性质的,而是封建性的,它是历代封建政府所设制造军械的官办手工业的继续和发展。其企业经费由官款拨充,制造出来的产品如枪炮、弹药、轮船等,由政府调拨各军使用,并不以商品形式进入市场,企业经营的目的,也不是为了利润,而是为了镇压人民以维护封建统治。在经营管理方面,完全是一套腐朽的官僚制度,由清政府派员经办,营私舞弊,贪污中饱的现象十分严重。所以这种军事工业基本是封建性的官办工业。

从十九世纪七十年代起,清政府的洋务派官员又开始了以"求富"为中心内容的洋务活动,创办了一批"官办"、"官督商办"和"官商合办"的民用企业。

清政府创办军事工业以后,发生了一系列新的问题。首先是原料和燃料问题。军事工业的兴办需要大量的铜、铁原料和煤炭燃料,"船炮机器之用,非铁不成,非煤不济"①。其次是交通运输问题。新式的军事工业必须有新式运输工具与之相配合。再次是经费问题,由于发展近代军事工业,需要大量经费,清政府在财政上发生了支绌现象。

基于以上原因,洋务派官僚深切地感到,只靠发展军事工业还不能达到"求强"的目的,必须在发展军事工业的同时,发展民用工业以"求富","必先富而后能强"②。这样他们就又开始兴办起近代民用工业来

① 《李文忠公全集》奏稿,卷19,第49页。

② 《李文忠公全集》奏稿,卷43。

了。当时，国内已经具备发展资本主义近代工业的条件。而外资在华投资设厂，获得优厚利润，也刺激了洋务派官僚创设资本主义近代工业的兴趣。

洋务派官僚主张兴办近代工业，曾经遇到了政府中守旧势力的阻挠。但洋务派是政府中的实力派，他们得到了皇帝的批准，因而取得了兴办工业的某些特权。

洋务派创办近代民用企业，除依旧采取“官办”形式外，还采取了“官督商办”和“官商合办”的形式。

所谓“官督商办”，就是商人出资，政府派官管理。郑观应说过：“全恃官力，则巨资难筹；兼集商资，则众擎易举。然全归商办，则土棍或至阻挠；兼倚官威，则吏役又多需索。必官督商办，各有责成；商招股以兴工，不得有心隐漏；官稽查以征税，亦不得分外诛求；则上下相维，二弊俱去。”①郑观应的话，只不过是一种设想，实际上不可能办到。洋务派采用“官督商办”形式，乃是为了招收商股，吸收和利用商人股本，实际上企业的控制权仍然掌握在官府手中。稍晚些时候，在洋务派经办的民用企业中，还采用“官商合办”的形式。这种形式，就是政府出一部分股本，商人出一部分股本。“官商合办”企业，名义上是“合办”，实际上多半是“合而商不办”，还是由官方操纵。

洋务派所兴办的资本主义近代企业，从十九世纪七十年代起到九十年代甲午战争前，一共约有二十个。包括采矿业、冶炼业、交通运输业、纺织业等部门。其中规模较大的有 1872 年李鸿章在上海创设的轮船招商局。设立的目的是，“无事时可运官粮客货，有事时装载援兵军火”②。轮船招商局总局设上海，在南京、汉口、天津、青岛、广州等地设分局。招商局是洋务派官僚所办民用企业中规模最大的一个，资本最多时达二百几十万两。原为官商合办，中法战争后(1885 年)，因亏折

---

① 郑观应:《盛世危言》卷 5，开矿。

② 《李文忠公全集》奏稿，卷 25，第 4 页。

甚巨,改为官督商办,1909年(宣统元年),又改为商办。还有1874年福建船政大臣沈葆桢在台湾创办基隆煤矿,1881年煤的产量达五万四千吨。还有1876年李鸿章派轮船招商局总办唐廷枢创办开平煤矿,1882年该矿资本达一百二十万两,1884年起年产量达二十万吨以上,1894年日产量一千五百吨,为洋务派所办采矿企业中最有成绩的一个。此矿于1900年为英人夺去。还有1878年,李鸿章批准候补道彭汝琮倡办上海机器织布局,并派人经办,1889年正式开工生产,为官督商办企业。李鸿章还奏请给予该厂减税和十年专利权,以垄断棉纺织工业。1893年,该厂被火焚毁。李鸿章又令盛宣怀负责规复,改名华盛纺织总厂。还有1877年左宗棠在兰州筹设兰州织呢局,1880年开工,投资官款二十万两。此外有张之洞于1889年筹设汉阳铁厂,1890年又设湖北织布局和湖北纺纱官局,1891年又设大冶铁矿和马鞍山煤矿,1894年又设湖北缫丝局和湖北制麻局。

以上这些企业在创办时,主要着眼于军事目的。如轮船招商局的创立,就是为了"有事时装载援兵军火";开平矿务局的创设是为了"兵商轮船及机器制造各局用煤"等。这些企业名义上为官督商办或官商合办,实际上企业管理大权仍然掌握在官方手中。这些企业形同衙门,洋务派任意安插私人担任总办、帮办、坐办、提调等职务。他们把持一切,贪污中饱,无所不为,商人根本无权过问。洋务派还利用官督商办形式控制和侵吞私人资本。由于洋务派在政府中的特殊地位,他们所经办的民用企业享有减税、专利等特权,借此限制和排挤一般私人资本主义企业的发展。洋务派所办民用企业,许多重要职务,任用洋人,信赖洋人,甚至由洋人左右一切,表现了它的买办性。

总之,洋务派所经办的近代民用企业,虽然已经具有资本主义的性质,但并非一般资本主义的企业,而是一些官僚资本主义企业,这些企业是在中国半殖民地半封建社会形成过程中产生的,具有浓厚的封建性、买办性和垄断性。当私人资本主义企业产生后,它限制和排挤私人资本主义企业,对于民族资本主义经济的发展主要方面是起了阻碍的作用。

三 民族资本主义近代工业的产生

中国民族资本主义近代工业，产生于十九世纪七十年代。从七十年代起到甲午战争前，民族资本近代工业，一共创办了约一百多个。有些企业开办不久，就停办歇业，所以，到甲午战争时，民族资本近代工业，大约只有七八十家①。

中国第一家民族资本近代工业，是1872年华侨商人陈启源在广东南海创办的继昌隆机器缫丝厂。广东珠江三角洲一带，很早以来，手工缫丝业就比较发达。鸦片战争后，由于外国资本主义对中国生丝原料的需要，中国生丝出口数量大增，经营缫丝业十分有利。陈启源"岁甲寅(1854年)至南洋，遍游各埠，考求汽机之学。壬申岁(1872年)返粤，在简村乡(属南海县)创设缫丝厂，名曰继昌隆，容女工六七百人，出丝精美，行销于欧美两洲，价值之高，倍于从前，遂获厚利"②。继昌隆创设后，"南(南海)、顺(顺德)各属，群相仿效。今(1910年)则全省缫丝均用机器，多至百数家"③。1881年，黄佐卿在上海创办公和永机器缫

---

① 1872年—1894年中国民族资本近代企业数目，在现在出版的几种书中各不相同。如严中平等:《中国近代经济史统计资料选辑》中，为54家(据该书第93页表计算)；孙毓棠:《中国近代工业史资料》中为75家(据该书第一辑，上册，第1166—1169页表计算)；陈真等:《中国近代工业史资料》中为77家(据该书第一辑第38页计算)。这三种书中在统计这一时期民族资本企业数目时，有以下不足:(一)都将"源昌机器五金厂"列入在内。按此厂现已查明为一"虚构材料"(见《上海民族机器工业》上册，第72、102—110页)。(二)重复计算。如将上海机器织布局与华盛纺织总厂都列入在内，而实际上只能按一厂计算，因华盛系上海织布局火焚后规复建成。(三)在1872—1894年期间，不少厂是投资筹建并未建成，或开工后不久即停歇，但书中皆列入在内。(四)三书皆为工业统计，未将民族资本所办矿业计入。(五)有些新材料未补入，如《上海民族机器工业》一书中的材料。现经查对、订正和补充，得出此一时期民族资本近代企业为76家(包括矿业在内)。

② 桂坫等:《宣统南海县志》卷21。

③ 桂坫等:《宣统南海县志》卷21。

丝厂，资本二十万元。后来又陆续创办了几个厂。江苏、浙江本来是我国传统的丝织业中心，上海又是重要的生丝出口口岸，条件本来优于广州，但是由于上海的几家丝厂经常受到外资丝厂的压迫和竞争，经营困难较多，所以缫丝业的发展，反而不如广州。

棉纺织业中近代工业出现的时间，比缫丝业晚几年。1893 年，官商合办的上海机器织布局被火焚毁后，盛宣怀负责规复，于 1894 年，成立华盛纺织总厂。后来，盛通过招收新股，排挤和顶替原有的投资者，将企业控制在自己手中。辛亥革命后，盛在香港英政府注册，将该厂完全侵吞。最后由无锡荣家购去，成为申新九厂。

此外，1891 年，上海道台唐松岩还开办了华新纺织新局，官商合办，资本二十九万两。后因经营不善，改组时为大股东聂缉槼收买，改名恒丰纱厂。1898 年，张之洞在湖北所办武昌四局（织布局、纺纱局、缫丝局和制麻局），原为官办企业，因"官款支出不易维持"，1902 年改为招商承办，1907 年由韦尚文接办，改名应昌股份有限公司。以上几厂，都是由官僚资本企业转化为商办企业的。

棉纺织业中，最初真正商办的企业为朱鸿度于 1894 年在上海所办的裕源纱厂，和严信厚在宁波所办的通久源纱厂（1896 年正式开车）。除此之外，在福州、重庆、天津、镇江、扬州，广州等地，都有人酝酿兴办纺纱厂，但在甲午战争前，均未实现。

在轧花业方面，1886 年，在宁波出现了第一家机器轧花厂。在上海也开设了几家机器轧花厂，每家机器数十台至百余台不等。

在面粉业方面，1878 年，朱其昂（知府）在天津创办贻来牟机器磨坊。后来上海、福州、北京等地，都有机器面粉公司出现。

火柴业方面，从八十年代起，在上海、天津、重庆、广州、福州、太原等地，都办起火柴厂，其中较大的是上海的燮昌火柴厂、天津自来火公司（后改为中外合办）和重庆的森昌泰、森昌正火柴厂。

造纸方面，1882 年，在广州建立了第一个机器造纸厂；1891 年，李鸿章又在上海开办了伦章纸厂，集股开办，但因与外国纸竞争不过，停歇了。在印刷方面，1882年，徐润在上海创办了同文书局，影印古版书籍，规模较大，营业尚好。

此外，在制茶、制糖、制冰、制药等方面都有近代工厂设立，但因规模较小，有的经营不久就停业了。

在轮船修造和机器制造方面，这一时期，民族资本在上海、广州、汉口等地经营了一些船舶修造厂。上海有两家规模较大，能够造小型汽船。其他都是从事船舶的修理和装配工作，并没有出现真正的造船工业。在机器制造方面，上海也有几家机器厂，但规模都很小，只能进行机器修理和配制零件，也没有出现真正的机器制造工业。

在采矿业方面，这一时期民族资本也经营了一些使用机器的小矿（在个别程序上使用机器，基本上还是土法开采）。采煤业开办较早，如徐州煤矿、贵州煤矿、湖北荆门煤矿、山东峄县枣庄煤矿、广西富川及贺县煤矿、直隶临城煤矿等，都是在1880年前后创办的。金属采矿业开办较晚，八十年代以后，约有十个左右。其中热河承德三山银矿、福建石竹山铅矿、直隶顺德铜矿和广东香山天体银矿等，都因集资试采不成功，不久即停办。湖北长乐、鹤峰和施宜铜矿，海南岛琼州大艳山铜矿，广西贵县平天寨银矿，吉林珲春天宝山银矿，热河建平金矿以及吉林三姓金矿等，维持的时间较长。不过这些企业规模都比较小，只使用少量机器，主要依靠人工开采。金属矿中规模最大的是1883年广东富商李宗岱等创办的山东平度招远金矿。这个企业开采区域达好几个县，前后投资总额达八十万两，其中除官款、商款、借款外，还有不少华侨资本。但因经营不善及地方政府不肯支持，最后完全失败。

从上述中国民族资本近代企业的创办过程中，首先我们可以看到中国民族资本近代工业，主要不是在手工业工场的基础上产生，而是外国资本主义侵入中国，促使中国封建自然经济开始解体后，直接从外国输入机器创办起来的。由手工业工场主投资兴办近代工业或是在手工工场基础上进一步采用机器生产的为数极少。

其次，中国民族资本近代工业，是从轻工业开始创办的，而且一直以轻工业为主。这些企业一般都是投资少、规模小的，大型的很少。如外资祥生船厂有资本八十万两，耶松船厂七十五万两，香港船坞公司一百五十六万五千二百元，宝昌丝行八十万两，而这时中国商办企业中，最大的资本也只有二十万两。中国民族资本企业的规模，不仅比外资企业小，而且也比官办、官商合办企业小。1894 年以前，包括全部新式采矿业及资本在一万元以上的制造业在内的五十三个商办企业，一共只有资本四百七十万四千余元，平均每个企业只有八万八千余元。而同一时期，十九个"官办"和"官商合办"企业，却有资本一千六百二十万三千多元，平均每个企业有资本八十五万二千余元，为商办企业的九倍以上①。

第三，中国民族资本近代工业的分布非常集中，主要是建立在通商口岸或靠近通商口岸的地方，以上海为最多，广州次之。造成这种情况的原因，首先是为了出口便利，如缫丝、制茶和轧花等厂，实际上是为了原料出口加工而创设的。其次是为了运输的便利，原料的获得和技术依赖的便利，以及地方市场特殊的需要等。如棉纺织、火柴、造纸、印刷、面粉各业都是如此。此外，有些企业建立在上海、天津的外国租界内，目的是为了依靠洋人势力的保护。另外还有一些船舶修造和机器修理业，则只是依附于各口岸的航运和工厂而存在。

第四，中国民族资本近代企业的投资人，多为官僚、买办和商人（特别是华侨商人）。在中国半殖民地半封建社会中，投资兴办新式企业，并不是一件容易的事。首先是官府的控制和封建势力的束缚。要兴办新式企业，没有官府的支持是不行的。官僚有政治上的特权，他们兴办近代企业，是有政治保障的。当外国资本主义侵入后，中国出现了发展资本主义的客观条件，他们看到外国资本在华经营近代企业颇能获利，于是就把自己搜刮来的货币财富，投资兴办近代企业。

买办投资创办近代企业，是因为他们与外国资本主义势力有联系。他们在为外国资本主义服务的过程中，不但积累了大量的货币财富，同

① 见本书第 51 页《历年设厂数和资本额表》。

时也学会了一套经营管理近代化企业的方法和经验。因此,当经营新式企业变得有利可图时,他们就将自己财富的一部分,拿来投资创办新式企业(如怡和洋行买办唐廷枢投资招商局、开平煤矿,太古洋行买办郑观应经办上海机器织布局,怡和洋行买办祝大椿创办源昌机器碾米厂,宝顺洋行买办徐润办同文书局,等等)。

商人投资兴办近代企业,主要是因为有利可图。不过,一般商人因为没有政治势力作后盾,投资的并不多。他们积累的财富,主要还是用来继续从事商业活动,或者开设钱庄进行高利贷,再就是到农村购买土地。只有一些与官府有关系的大商人(捐有官衔或亦官亦商者),才投资创办一些新式企业。

在商人中,有一部分华侨商人比较积极地投资兴办新式企业。华侨商人在海外经商,早已接触到资本主义的生产方法,同时手中又积累了一定数量的货币财富,当国内发展资本主义的条件出现时,他们中间的一些人就回国投资兴办新式企业。

综上所述,从十九世纪七十年代起,中国出现了民族资本主义经济。在当时的历史条件下,民族资本主义经济是一种新的生产方式,它代表着一种新的社会力量。尽管它受到外国资本主义的阻挠和封建势力的束缚,力量十分微弱,但毕竟在缓慢地发展起来。

第二节 中国民族资本主义的初步发展

一 民族资本主义初步发展的情况

中国民族资本主义到十九世纪末、二十世纪初,又有了初步发展。其发展情况和发展趋势,可以从下面的两个统计图表中看出,

下面统计表中的数字和设立厂矿趋势图表明,1895 年—1911 年间,中国资本主义的发展是十分明显的。1895 年设厂资本总额为二千四百二十一万四千元,到 1911 年,则增加到一亿三千二百余万元,比

1895年增长了330.9%。1895年—1911年期间，中国资本主义发展总的趋势是：1895年—1898年是设厂运动的第一个高潮。这一高潮是在甲午战争后，创设新式企业有利可图以及社会舆论要求“设厂自救”的激励下出现的。1900年以后由于外资和外货的压迫，设厂出现低落现象。到1905年左右，由于日俄战争的关系，某些工业（如面粉工业）得到了一些发展的机会；特别是由于抵制美货和收回利权运动的推动，在1904年—1908年间，又出现一个新的更大的高潮。但时间不长，又开始退落。

1895年—1911年历年设立的厂矿资本额及其指数[①]①

年度	资本（本年度投资）（万元）	指数 1895=100	资本总额（万元）	指数 1895=100
1895	330.7	100	2421.4	100
1896	434.8	131.1		
1897	577.6	174.7		
1898	438.4	132.6		
1899	491.0	57.8		
1900	330.4	100		
1901	14.5	4.4		
1902	405.9	122.7		
1903	62.2	18.8		
1904	612.1	185.1		
1905	813.8	246.1		
1906	2290.1	692.5		
1907	1405.8	425.1		
1908	1612.2	487.5		
1909	663.8	200.7		
1910	739.8	223.7		
1911	203.7	63.1	10434	430.9

① 本表系据汪敬虞：《中国近代工业史资料》第2辑下册，第649页表(一)改制而成。其中“资本”栏，是指本年度新投资的资本额。“资本总额”栏内，1895年的数字，系1872年—1894年所设厂矿资本额2090.7万元加上1895年设厂资本额330.7万元所得；1911年的数字，系从1896年—1911年历年设厂投资额累计所得。

历年设立的厂矿趋势图①

1895 年—1911 年

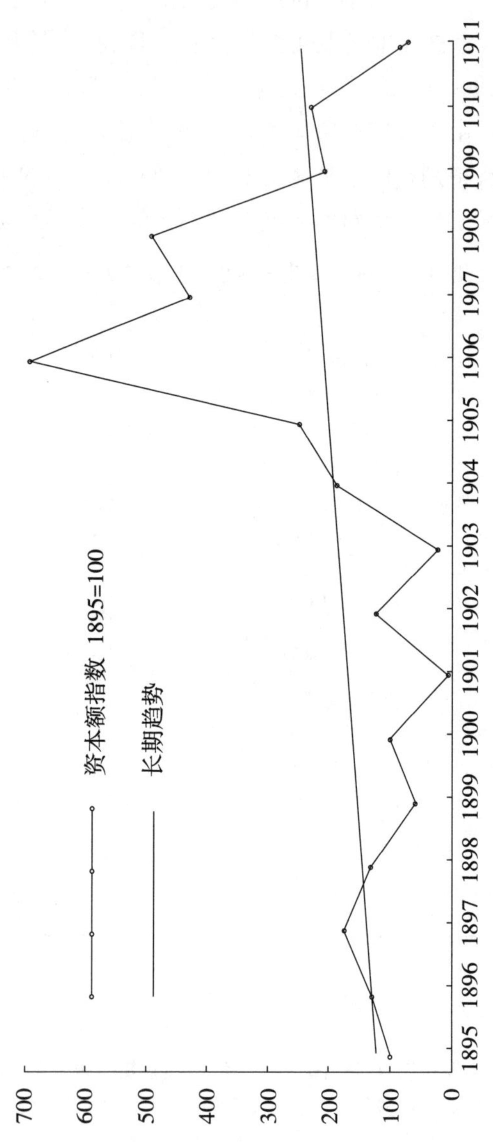

①根据汪敬虞:《中国近代工业史资料》第 2 辑下册,第 650 页,表(二)改制。

由上可见，从甲午战争后到辛亥革命发生前，在这段时期内，中国资本主义的发展，是起伏不定的，波浪式前进的。但总的趋势是向上发展的。

以上统计表中所反映的中国资本主义的发展，其中既包括民族资本企业，也包括官办、官商合办企业。下面我们再把民族资本企业（即商办企业）和官办、官商合办企业分开，并和甲午战争前的情况相比较，由此来看民族资本企业发展的情况。见下表：

历年设厂数和资本额表[①]①

年代	合计		商办企业				官办和官商合办企业	
	设厂数	资本（万元）	设厂数	资本（万元）	资本所占比重	投厂数	资本（万元）	资本所占比重
1872—1894	72	2090.7	53	470.4	22%强	19	1620.3	78%
1895—1911	491	10855.6	416	8277.7	77%弱	75	2577.9	23%强

从上表中可以看出：

首先，甲午战争后，各类企业设厂数和资本额都增加了。甲午战争前共设厂七十二家，资本额为二千零九十万七千元。甲午战争后，新设厂四百九十一家，资本额为一亿零八百五十五万六千元。

其次，甲午战争后，商办企业无论在设厂数或资本额方面，增加都比较快，而且占据了优势地位。甲午战争前，商办企业共设厂矿五十三

① 本表制作说明：1. 表中1872年—1894年数字，系据严中平等：《中国近代经济史统计资料选辑》第93页表1制作。删除了原表商办厂矿数中祝大椿所办源昌机器五金厂一家，资本额10万元。因该厂乃系虚报，并未设立。2. 1895年—1911年数字，系据汪敬虞：《中国近代工业史资料》第2辑下册，第870—919页，历年设立的厂矿名录（1895年—1913年）计算制作的。表中厂数均系资本在一万元以上者。3. 1895年—1911年数字，为1911年实存的厂矿企业数，在1895年—1911年间开业而又停办者不计在内。

家，资本额共四百七十万四千元，占资本总额的22%。甲午战争后，新设厂矿四百十六家，资本额为八千二百七十七万七千元，占资本总额的77%。

在上表中，我们是把官商合办的企业和官办企业合在一起计算的，官商合办企业实际上包括了三种形式：即官办招商集股、官商合办和官督商办。这三种形式的企业，无论哪一种都不能与官办企业等同。它们都在很大程度上具有商办性质。根据这种情况，将1895年—1911年所设厂矿企业的构成，列表如下：

历年所设厂矿企业统计①①

1895年—1911年

企业形式	设厂数	资本(万元)	资本所占比重
官　办	37	1007.8	9.2%
官办招商集股	6	356.4	3.2%
官督商办	2	73.8	0.7%
官商合办	30	1139.9	10.5%
商　办	416	8277.7	76.4%
合　计	491	10855.6	

从上表中可见，官办企业只有三十七家，官办招商集股、官督商办和官商合办企业与纯商办企业合计则为四百五十四家。资本额：官办企业为一千零七万八千元，占资本总额9.2%，商办及其他三种企业则为九千八百四十七万八千元，占90.8%，可见商办及带有商办性质的企业已占绝对优势。

此外，这一时期民族资本主义的发展，还可以从个别资本家的资本

① 本表系据汪敬虞：《中国近代工业史资料》第2辑下册，第869—919页附录一"历年设立的厂矿名录"(1895年—1913年)计算制作。设厂数与资本额为1911年实存的厂矿企业数，在1895年—1911年间开业而又停办者不计在内。

积累中得到一些反映。以买办出身的祝大椿为例，从甲午战争后到辛亥革命前，他所创办和参加投资的企业有八个①，资本共达二百八十七万五千元，投资范围包括缫丝、纺纱、碾米、面粉、造纸、水电等部门。工厂有六个在上海，苏州、无锡各一个，雇佣工人共达四千余人。

再如，士绅出身的张謇，在甲午战争后到辛亥革命时，所办企业更多，资本积累更快。

张謇(1853—1926)，字季直，号啬庵，江苏南通人。出生于一个富裕的农民家庭。早年中秀才，后出外谋生，在淮军统领吴长庆幕府办理公文。1885 年参加顺天府乡试，中举人。中法战争后，鉴于“国势日蹙”，产生“中国须兴实业，其责任须士大夫先之”的思想②。1894 年赴京会试，中进士，又殿试中状元，授翰林院修撰。甲午战争后，张目睹国事日非，虽科举成名，但不愿为官，认为应兴办教育与振兴实业，“为士今日，固宜如此”③。这在当时确是难能可贵的。

张謇兴办实业，得力于封建政府的支持，取得经营垄断特权，再加上其他优越条件，因此企业发展很快。从 1899 年开办第一个企业——南通大生纱厂起，到 1911 年辛亥革命止，十余年间，陆续创办和参加投资的工、农、垦牧、航运等企业，共二十七个单位(其中自己创办的十八个，参加投资的九个)④。资本额达九百多万元，企业资本积累十分迅速。以他创办的大生纱厂为例，最初资本六十九万九千元，到 1911 年资本积累为二百七十九万一千元，纱锭数由二万零三百五十锭，增加为六万六千七百锭；公积金累计六十三万五千元，账面盈利累计为三百五十三万三千元，这两项相当于大生纱厂最初创办时资本六十九万九千元的 600%。张謇所办的其他企业，大部分都是在大生纱厂丰厚利润的基础

① 详见汪敬虞：《中国近代工业史资料》第 2 辑下册，第 1091 页，附录。

② 张孝若：《南通张季直传记附年谱年表》年谱，第 54 页。

③ 张孝若：《南通张季直传记附年谱年表》年谱，第 54 页。

④ 汪敬虞：《中国近代工业史资料》第 2 辑下册，第 1069 页。

上发展起来的。他自己就说过,“周转之资,诚以大生厂公积款为母”①。

此外,这一时期资本主义的发展,我们还可以看到这样一种情况,即官办企业在向商办企业方面转化。如 1896 年湖南巡抚陈宝箴委员开办的中路久通矿务公司(即西村锑矿,在湖南益阳),试办数年,由梁端甫承顶,改为商办;1897 年开办的木李坪锑矿(官办,湖南安化),后由华昌公司接办;1908 年吉林盘石嘴铜矿,1910 年由商人唐鉴章承办;1909 年开办的湖北针钉厂,1911 年因亏折,由侨商梁柄农承办等。

下面我们再从工业部门的分类考察一下这一时期(1895 年—1911 年)民族资本主义发展的情况。

在四百一十六家商办企业中,纺织部门(包括轧花、纺织、织染、缫丝、呢绒、织麻等)占一百五十五家,资本额为二千七百三十三万六千元;其次是面粉工业三十九家,资本额七百零三万一千元;再次是榨油、火柴、卷烟等部门。重工业很少。燃料采掘、金属开采冶炼和金属加工三个部门一共只有三十九家,资本额九百六十三万六千元。这种情况说明,民族资本主义企业在这一时期中,虽然得到了发展,但发展的主要是一些轻工业,所以经济力量仍然是很薄弱的②。

另外,从设厂地区看,这一时期的商办企业,主要集中在江浙、两广和两湖三个地区。江浙地区共新设厂一百四十八家;两广地区七十一家;两湖地区三十二家,三地区共设厂二百五十一家。占商办企业总数四百十六家的一半以上③。

中国民族资本主义的发展,是中国资产阶级政治运动发生的经济

① 《张謇致两江总督端方书》,《张季子九录》实业录,卷 4,第 10—11 页。

② 据汪敬虞:《中国近代工业史资料》第 2 辑下册,第 869—919 页,附录 1,“历年设立的厂矿名单”(1895 年—1913 年)计算。厂矿数及资本额为 1911 年实存的厂矿企业数,在 1895—1911 年间开业而又停办者不计在内。

③ 据汪敬虞:《中国近代工业史资料》第 2 辑下册,第 869—919 页,附录 1,“历年设立的厂矿名单”(1895 年—1913 年)计算。厂矿数及资本额为 1911 年实存的厂矿企业数,在 1895—1911 年间开业而又停办者不计在内。

基础。同盟会领导的革命活动，其中心之所以在江浙、两广和两湖地区，就是与这三个地区资本主义经济比较发达有密切的关系。

二　民族资本主义的发展与帝国主义、封建主义的关系

中国民族资本主义虽然有了初步的发展，但是在发展中却表现出了很大的弱点。这些弱点是：资力薄弱、规模较小以及技术落后等等。造成这些弱点的原因，主要是由于民族资本主义受到帝国主义和封建主义压迫束缚。中国民族资本主义在自己的发展过程中，一方面受到帝国主义的压迫和封建势力的束缚，因而同它们有矛盾，但另一方面却又同它们存在着不少的联系，对它们有依赖性。这种情况就决定了中国民族资本主义不可能独立地、充分地得到发展，它的发展始终带有很大的局限性。

甲午战争以后，帝国主义加紧对中国的侵略。它们依靠强大的经济和政治力量，对中国进行大量的资本输出和商品输出，控制中国的财政经济命脉、原料产地和商品市场。这样，就对中国民族资本主义的发展造成了极大的压力。

首先，民族工业在资本力量上受到帝国主义的压迫。

甲午战争前，外国在华投资数量不大，总额不过二三亿美元。甲午战争后，帝国主义取得了在中国开办工厂的特权，投资数量大为增加。1902 年外国在华投资额增加到十五亿美元，1914 年更增加为二十二亿美元，比甲午战争前增加了九倍①。

帝国主义在华所设厂矿，一般规模较大，资力雄厚，而华人厂矿则一般规模较小，资力薄弱。如 1895 年—1911 年间，外资在华设厂共一百二十家，资本总额为九千八百二十三万三千元，同期华厂共设四百九

① 吴承明：《帝国主义在旧中国的投资》，第 35、56 页。

十一家，资本总额为一亿零八百五十五万六千元。华厂虽然设立数目较多，但每家资本额却很小。外厂平均每家资本额为八十一万八千元；而华厂每家平均资本额仅为二十二万一千元。（以上华厂乃包括官办和官商合办企业在内，如单以商办企业计算，则每家平均资本额仅为十九万四千元，且资本在一万元以下者未计在内。）①1895 年—1911 年间，华资厂矿中，资本在一万元以上的金属加工工厂共十三家，资本总额为二百七十八万七千元；而同期，外国一家机器厂——耶松船厂，其资本额即为五百五十七万两。中国两家最大的机器厂是上海求新机器轮船制造厂和汉口扬子机器厂，这两个厂的资本额共为八十五万两，仅为耶松厂资本额的七分之一②。

中国民族资本主义企业在资本力量上与外资企业相比，相差如此悬殊，自然很难与它们竞争，不能不受到巨大的压力。

其次是商品市场上的压力。

甲午战争前，外国资本主义侵夺中国市场，主要是通过本国的商品输出进行的。甲午战争后，外资在华设厂增加，民族资本企业在商品市场上所受的压力，除了外国输进的商品外，还有外资在华企业的产品。因此所受的压力就更大。以棉纱市场为例，1891 年—1893 年间，洋纱输入量为七十多万公担，到 1909 年—1911 年间，增加为一百三十二万公担③。大量的进口洋纱再加上外国在华纱厂所生产的棉纱，于是在中国棉纱市场上洋纱占据了压倒的优势地位。如 1903 年，外国棉纱在中国棉纱市场上所占的比重为 88.69%，而中国棉纱只占 11.31%④。

从市场价格上看民族工业产品也处于劣势地位。再以棉纱为例，1904 年上海市场上，华纱与印纱（印度棉纱）相比较，华纱（十四支）每

---

① 汪敬虞：《中国近代工业史资料》第 2 辑上册，第 399 页，表 2。下册，第 870—919 页，附录 1，历年设立的厂矿名录（1895—1913 年）。

② 汪敬虞：《中国近代工业史资料》第 1 辑，序；《商埠志》，第 456—458 页。

③ 严中平等：《中国近代经济史统计资料选辑》，第 74—75 页，表 16。

④ 汪敬虞：《中国近代工业史资料》第 2 辑下册，第 1157、1164 页。

包价规银九十二两四钱,印纱(十六支)每包只规银八十八两。十四支纱在制造成本上本来应低于十六支纱二两,现在却比十六支纱的价格高四两四钱①。在这种情况下,华纱自然难以与洋纱相竞争。

此外,在金融方面,中国民族工业的流动资金,主要靠钱庄、银号或外国银行的贷款来周转。而中国的钱庄、银号,其资金又大多来自外国银行的拆款,因此,外国银行一旦压缩金融,便直接影响到民族工业。所以中国民族工业往往要受外国银行的控制。

在帝国主义强大经济压力下,中国民族工业难以抗衡,因此,不少企业由于竞争不过而倒闭。如卷烟业,英美烟公司自 1900 年在中国各地普遍设立销售机构以来,销烟数量大量增加,华商烟厂无法与之竞争,"计自二十九年(1903 年)以后,华商制烟公司大小约有三十余家,现在(1909 年)能幸存者寥寥无几……均断送于此英美公司"②。又如火柴业,十九世纪末期,中国各地陆续兴办了一些半机械化的工厂,但在日本火柴的倾销下,沿海各埠的火柴厂多因竞争不过,被迫倒闭③。此外,棉纺织业、缫丝业、水泥业以及面粉、造纸、水电等部门,也是同样情况,不少华资企业都被外资企业所吞并④。

华商使用机器的工厂尚且不能与外资厂商相抗衡,至于一些小手工场,自然更经不住帝国主义经济势力的打击。如扬州地方,在 1905 年全国抵制美货高潮中,机器手工织布厂纷纷建立,1906 年已有四十多处。1907 年抵制美货高潮过去,这些工厂大多不能支持,剩下的只

① 汪敬虞:《中国近代工业史资料》第 2 辑下册,第 1157、1164 页。

② 《盛宣怀未刊信稿》,第 199—200 页。

③ 1902 年九江、胶州两火柴厂倒闭,1908 年琼州某火柴厂倒闭,此外,上海荣昌、燧昌二厂亦为日本火柴压倒。

④ 如十九世纪末,上海华商缫丝厂,因外资丝厂争夺丝茧,遭受亏损,二十几家丝厂,能"经年开业者寥寥无几"。1913年以前,中国商办纱厂共18家,被外国纱厂或金融机构通过货款关系加以兼并的就有4家,即裕晋、兴泰、大纯、九成。1913年,湖北大冶水泥厂因无力偿还债款,为日本三菱公司所封闭。上海求新机器轮船制造厂后来转到法国金融资本手中,汉口扬子公司因摆脱不了日本资本的关系,最后被迫停工。

有十四、五家，其余一概停工了。二十世纪初年，中国的机器手工毛巾厂增设不少，但都不能与外资匹敌。如广东三水，1910 年，在“西南市镇又增开织造毛巾工厂二间，但因外洋棉纺价格昂贵，该厂所出之货，究不足与日本运赴中国毛巾销路相敌，盖彼货取值更廉也”①。

由上可见，在帝国主义强大经济压力下，中国民族资本主义企业不可能得到充分的发展。

中国民族资本主义经济不只受外国帝国主义的压迫，而且还受国内封建势力的束缚。清政府在甲午战争后，虽然也颁布过一些“鼓励”发展工业的所谓奖励条例，但实际上对民族资本主义企业的压迫和束缚并没有放松。这表现在：苛捐杂税的不断增加；封建性高额借贷利率的长期存在；清政府和清朝封建大官僚对发展工矿业的垄断，以及他们对民族资本主义企业的公开掠夺等方面。

在苛捐杂税中为害最大的是厘金。厘金本来是清政府为了镇压太平天国而设立的捐税之一。太平天国失败后，厘金制度不仅没有取消，反而因清政府举办洋务、偿付外债而不断增加。因此自同治以后，“卡若栉比……一局多卡，一卡多人。只鸡尺布，并计起捐，碎物零星，任意扣罚”②。后来虽然不断有人主张裁撤，但事实上已不可能。甲午战争后，清政府财政困难，已陷于不能维持的地步，当然更不能裁撤了。

厘金的税率原为 1％，但实际上许多地区都高达 5％—10％。许多省份还实行“遇卡完纳”制，即每经一卡须完纳厘金一次。在江西，除正式厘金外，还有“补抽”。“如由赣州府运货至江省（南昌），须经十卡，应完二十九分有奇”。即税率高达 29％以上。且计货时往往加多计算，“故定章名为取十，其实乃取三十、四十”。“又况查验不时，羁滞留难，无卡无之”③。

① 《关册》（中文本），1910 年，三水口，第 130 页。

② 《清朝续文献通考》征榷考 21，厘金。

③ 《江西商务说略》，第 18 页。

由于厘金严重地损害了民族资产阶级的利益，所以一般资产阶级都对厘金深恶痛绝。1906 年张謇为此曾致书张之洞说："士大夫习闻人言厘捐病民也，时而相语，亦曰厘捐病民也，而不若民之病于厘捐者怨毒之深也。故尝以为过捐卡而不思叛其上者非人情，见人之酷于捐卡而非人之叛其上者非人理。"①

厘金如此之重，对民族工业是个很大的负担，如中国纱厂到内地收购棉花，有人估计需要缴纳大约相当于棉花价格的 5%—20% 的厘金②。而外商企业在华销售货物则不纳厘金。这样，民族工业产品的成本自然要比洋货为高。又如"洋煤……进中国口岸，每吨止完税五分……中国土法所挖之煤，每吨税三钱，机器所挖之煤，每吨税一钱，所过厘卡，仍须完纳……所以缴费多而价值贵，不及洋产之廉也"③。

外国在华所设厂矿不纳厘金，只纳关税一项，而华商则负担重重，因此许多华商纷纷要求清政府对华商与洋商一律对待，取消厘金等苛捐杂税。后来也确实曾有过一种不成文的规定，即对华商机制货物出厂时也只完一次正税（即值百抽五的关税），运往外地，概免重征。但这种规定并未通行，各省地方政府仍然照旧征收厘金。

中国金融市场上借贷利息率很高，也是民族资本主义发展的一大障碍。甲午战争后，在帝国主义加紧侵略下，中国封建自然经济虽然遭到破坏，但是封建剥削关系并没有消除，"封建剥削制度的根基——地主阶级对农民的剥削，不但依旧保持着，而且同买办资本和高利贷资本的剥削结合在一起，在中国的社会经济生活中，占着显然的优势"④。

在封建剥削关系大量存在的基础上，高利贷资本非常活跃，金融市场上借贷利息率很高。当时土地、典当业、商业和高利贷是社会上流动

① 《张季子九录》实业录，卷 4。

② 高柳松一著：《中国关税制度论》，第 13 页。

③ 郑观应：《盛世危言》卷 4，开矿。

④ 《中国革命和中国共产党》，《毛泽东选集》第 2 卷，第 593 页。

资本的主要投放市场。在这种情况下，如果工业中提供的利润不能超过(或者至少相等于)地租或商业利润、高利贷利息收入，要使社会上的资本投向工业是很困难的。

据上海等二十三个大中城市的统计，1910 年银行放款的年利率平均大约在 12.5%—14.8%之间，见下表①：

各地银行放款利率

(1910 年)

主要地区	放款利率(年利，厘)	主要地区	放款利率(年利，厘)
		湘潭	6.0—7.2
营口	9.6	沙市	12.0
北京	6.6—12.0	宜昌	12.0—18.0
天津	8.4—9.6	重庆	10.0—12.0
芝罘	10.0—20.0	南昌	11.0
上海	7.2—9.6	宁波	6.0—8.4
汉口	9.6	福州	8.0—20.0
镇江	8.4—9.6	厦门	10.0—25.0
南京	12.0	汕头	12.0
芜湖	12.0	温州	15.0—30.0
九江	9.6—18.0	广州	18.0—36.0
长沙	9.6—11.0	梧州	12.0—15.0

中国城市中放款利率之高，确实惊人。1910 年，有的城市年利率竟高达 36%。而同时期西欧资本主义国家的年利率一般只在 3%—4%之间。两相比较，更加证明中国经济的封建落后性。

① 见汪敬虞：《中国近代工业史资料》第 2 辑下册，第 1016 页。

中国金融市场上，放款利率如此之高，以及各城市间的放款利率相差又如此之大，说明在中国、资本主义的平均利润率是不存在的，产业资本在资本市场上没有取得独立的优势地位，而商业高利贷资本却在统治着利息水平。

在这样落后的金融市场上，工业资金的筹措十分困难。工业资金短缺，自然会影响到民族工业的顺利发展。

此外，民族工业还受到清朝封建专制政府的公开掠夺。封建制度与资本主义制度是两种根本对立的社会制度。清政府历来对民间发展资本主义采取限制政策。甲午战争后，在举国上下要求设厂自救的浪潮中，清政府被迫允许民间可以设厂制造，但仍然采用各种手段来打击民族资本的发展。其手段之一就是对商办的一些获利较大的厂矿任意收归官办。如 1905 年直隶省永平府卢龙县城东有一山，名骆驼营，“金矿大发，经本山地主用土法开挖”，地方官即往查封，改为官办①。同年，广东曲江东硬岭地方煤矿向产煤斤，“曾由冯姓等集股采取，获利甚厚，旋为官场查知该矿之畅旺，勒令交出，改归官办”②。又如湖南湘乡乌云山“产煤极旺，向由民间自行开采，窿口数十，历办无异”。湖南南路矿务公司，看到利润丰厚，“亦于其间另开一窿”，后来就禁止其他各矿开采③。

以上事例说明，在封建势力的压迫和束缚下，中国民族资本主义的发展是何等的困难。

总之，甲午战争后，中国民族资本主义确实得到了一些发展，但由于帝国主义和封建主义的压迫和束缚，却又使它的发展遇到极大的阻碍。中国民族资本主义在经济上和帝国主义、封建主义之间所存在的这种矛盾，正是资产阶级革命——辛亥革命爆发的经济根源。

---

① 《时报》，1905 年 9 月 9 日。

② 《各省矿务汇志》，《东方杂志》，1905 年第 9 期。

③ 《时报》，1906 年 1 月 31 日。

中国民族资本主义在初步发展过程中，除了和帝国主义、封建主义有矛盾的一方面之外，还和它们存在着不少的联系。主要表现在对它们，特别是对帝国主义的依赖方面。

首先是在资金上依赖于帝国主义。中国民族资本主义企业，一般都是规模较小、资力薄弱，因此不得不向帝国主义借款。如 1900 年武昌织布局，“因经费支绌，工作久停，现向某国借得洋款若干，足资周转”①。又 1901 年汉口纺纱厂，“创设以来，因销路欠佳，积亏甚巨。现……向某洋商筹借银四十万两，以资周转”②。张謇办的南通大生纱厂，在 1912 年也曾向日本大仓洋行借款二十万两。又 1911 年创办的上海闸北水电公司，“民国元年(1912 年)，将全部厂房机器，向日商大仓抵押四十万元，以备扩充业务”③。1907 年广州电灯公司筹建以来，“未能成功，征集的资本太小了……听说公司已经在私下清理，并且在求助于日本的资本来加以复兴”④。

以上只是略举几例，便足以说明中国民族资本主义企业在资金方面对帝国主义的依赖关系。

中国民族资本主义企业，在机器设备和技术方面也要依赖帝国主义。中国原来根本没有新式工业，自然也就没有“工业之母”的机器制造业。中国新式工业建立后，始终不能建立起自己的机器制造业，更不可能建立完整的工业体系。中国的新式工业，只是一些轻工业，机器设备等基本上都是从外国进口的。甲午战争后，虽然也有少数机器工厂设立，但那只是一些机器零件的修配厂，称不上真正的机器制造厂。中国许多工厂在购买机器设备时，往往都是一面购买“洋机”，一面雇用随机的“洋匠”。

---

① 《中外日报》，1900 年 11 月 17 日。

② 《中外日报》，1901 年 7 月 2 日。

③ 汪敬虞：《中国近代工业史资料》第 2 辑下册，第 1052、1055 页。

④ 汪敬虞：《中国近代工业史资料》第 2 辑下册，第 1058 页。

中国民族资本主义企业与封建势力之间也存在不少的联系。中国民族工业产生时，投资者主要是官僚、地主和商人。中国的民族资产阶级主要是由这些人转化而来的。以上海织布局最初的六个投资人的情况来看，据记载说，“戴子辉(恒)太史为京口望族，其尊甫富而好善；龚君(寿图)系蔼仁(易图)廉访之介弟，亦八闽殷宦；李君(培松)久业淮鹾；蔡君(鸿仪)业宏沪甬，均当今之巨室；香山郑君陶斋(官应)；上虞经君莲珊(元善)久居沪上，熟谙洋务商情”①。可见上海织布局乃是现任的封建官僚、官宦世家和大盐商、大买办的结合体。

封建官僚创办新式企业，有特殊的便利条件。他们或者是当权的统治者，或者是有势力的“士绅”，不论哪一种，都与封建官府有着密切的关系。因而可以取得一般商人所得不到的特殊权利和便利条件，如在某一地区进行垄断经营，获得减免捐税的特权以及取得某项专利等。以山东峄县中兴煤矿公司为例，它是山东盐运使张莲芬所创办，与封建官府关系密切，取得了该矿区周围百里之内的开采垄断权。在该公司添招新股章程中就明确写着：“本公司虽系商办，全赖官家维持保护。……本公司矿界于光绪二十五年奏明，距矿百里内他人不得再用机器开采煤斤，十里内不许民人用土法取煤。”②

再如张謇创办大生纱厂也是这样。张謇所办企业，在甲午战争后到辛亥革命前的一段时期内，曾经获得了较大的发展。其重要原因之一，就是因为他取得了南通地区的经营垄断权和免除捐税的特权。张謇在筹办大生纱厂时，就提出仿照李鸿章创办华盛纱厂的办法，要对通州地区的纺纱业进行垄断。他的要求得到清政府的批准，即“二十年内百里之间不得有第二厂”③。后来他又提出如果有人在通州新设纱厂，

① 《申报》，1880年10月16日。《书机器织布招商局章程后》，转引自严中平：《中国棉纺织史稿》，第142页。

② 《北洋公牍类纂续编》卷18，第16页。

③ 《张季子九录》实业录，卷6，第7—8页。

则必须在出厂的每包棉纱中，向大生厂交纳贴费一两（以十年为限）。这一请求也得到批准①。张謇取得的经营垄断权实际上并不限于通州。1904年上海棉纱业资本家朱畴拟在崇明设立大有纺织公司，清政府的商部便出来助张加以制止。后来朱畴改在海门设立裕泰纺织分厂，也因张的反对而未办成②。张謇实际上垄断了通州、崇明、海门一带的棉纺业经营③。

张謇的大生纱厂还享有免除捐税的特权。一般纱厂到外地采购棉花，远道运输，都要缴纳不少厘金，约当货价的5%—20%。至于棉纱运输外地，一律须完关税5%。大生厂则一概不负担厘金和关税。后来张謇在崇明创办大生二厂，也和大生一厂享有同样权利。

大生纱厂既进行垄断经营又享有免税的特权，自然会得到迅速的发展。张謇和许鼎霖创办的耀徐玻璃厂（1907年），也取得了“在徐州境内专办十年”④的专利权。又如华侨商人张振勋在烟台创办的张裕酿酒公司（1895年）也获得“专利十五年”⑤。

张謇和张振勋等人之所以能够取得这样优惠的条件，就是因为他们和封建政权有着密切的关系。张謇和张之洞、刘坤一等大官僚的关系十分密切。张謇在筹办通州纱厂时，张之洞（当时任两江总督）就曾为他申请免税。张振勋原是南洋华侨商人，因回国投资兴办新式企业，清政府特授予“太仆寺正卿侍郎衔，头品顶戴，南洋商务大臣”，他和清朝封建政府的关系也是十分密切的。

---

① 《通州兴办实业之历史》下册，第1—2页。

② 《张季子九录》实业录，卷2，第19—21页。

③ 南通盛产棉花，而且质量很好，可以就地取材（后来他还自设垦殖公司为大生厂提供一部分棉花），同时工人工资低，棉花价格也便宜，上海就高得多。因上海中外纱厂很多，“花价因争买而益涨，工资因争雇而益昂”（盛宣怀：《愚斋存稿初刊》，卷5，第42页），南通纱厂只此一家，张謇既可压低工资，又可取得廉价棉花。

④ 《各省矿务汇志》，《东方杂志》，1904年第10期。

⑤ 《各省工艺汇志》，《东方杂志》，1907年第12期。

中国民族资本主义与封建势力的联系，还表现在与土地的关系以及和封建高利贷资本的联系方面。一些投资于新式企业的官僚、地主或士绅之类人物，他们一方面投资经营新式企业，一方面又在农村拥有土地，进行封建剥削。如恒丰纱厂主聂缉椝，是曾国藩的女婿，大官僚，1890 年为上海道道台，1899 年署理江苏巡抚，1903 年调补浙江巡抚，1905 年因浙省铜元局舞弊案被撤职。1909 年春，他曾以三十二万五千两的代价，以他儿子的名义收买了华新纺织新局，改名为恒丰纺织新局，即恒丰纱厂①。而他自己却在"领垦湖田"的名义下，用三千余缗的垦照费，领得湖南省洞庭湖旁的圩田四万多亩。圩田不能马上利用，必须整理，聂缉椝又积极筑堤、排涝，并收买邻近的刘公垸等土地，建立了种福垸。种福垸总面积有五万多亩，东滨大通湖（洞庭湖的内湖），筑堤高二十二至二十四市尺，长约十六华里。种福垸南北宽十华里。聂缉椝完成种福垸的经营，成了湖南的大地主②。

再如创办无锡业勤纱厂的杨宗濂、杨宗瀚兄弟，他们的父亲做过肥城县官，在做官期间"置田二百亩"。杨宗濂做过长芦盐运史，杨宗瀚曾总办台北商务，都做过官。他们兄弟二人于 1896 年集股二十四万两创办业勤纱厂。然而他们又以其母亲的名义，在其父死后三十年间，置田"足成千亩"，并"庄屋一区"③。再如创办启新洋灰厂（官商合办，1906 年）及京师自来水厂（1908 年）的周学熙，也拥有大量的土地。其母死后"乃就芜湖万顷圩购田二千亩为义庄"④。

中国民族资本和封建高利贷资本也有密切的联系。如创办申新纺织公司和茂新、福新面粉公司的荣宗敬、荣德生兄弟，就是经营钱庄出身的。1896 年他们兄弟二人开办了广生钱庄。1900 年荣氏兄弟利用

① 曾纪芬：《崇德老人自订年谱》。

② 曾纪芬：《崇德老人自订年谱》，亦见《恒丰纱厂的发生发展与改造》，第 26—29 页。

③ 《侯太夫人行述》，第 15—16 页。

④ 《周悫慎公全集》卷首，行状，第 49 页。

从经营钱庄积累起来的资金和一个“从事政界数十年”的老官僚合伙在无锡开办了保兴面粉厂①。五年后，荣氏兄弟又开始筹建其第一个纺纱厂——振兴纱厂。荣氏兄弟的资本，主要来自钱庄的积累②。从这里可以看出新式工业与封建高利贷资本之间的联系。

此外，还有不少民族资本家为了发展自己的企业，往往主动去依赖和投靠清政府，并和它相勾结。有的资本家自己就做了清政府的大官。如上述侨商张振勋便是一例。还有些民族资本家，竟千方百计地企图弄到一个官爵头衔，用以显示自己和封建势力的紧密关系。如祝大椿就是用虚报资本的办法取得了清政府特赏四品卿衔、二品顶戴。

由于中国民族资本主义的力量十分薄弱，又与帝国主义、封建主义存在着许多的联系，因此中国的民族资产阶级具有很大的软弱性，并在政治活动中表现出两面性，既有反对帝国主义和封建主义的革命要求，又可能随时和它们妥协。

如前所述，中国的民族资本主义经济，在十九世纪七十年代已经产生。甲午战争后又得到了初步的发展。与民族资本主义经济的发展相适应，中国的民族资产阶级也发展起来。因此，到十九世纪末，二十世纪初，中国民族资产阶级逐渐形成为社会上一支独立的政治力量。

十九世纪九十年代，中国发生了一次自上而下的资产阶级改良运动。这次运动之所以遭到失败，具体原因很多，但当时中国的民族资本主义经济过于弱小，因而资产阶级力量薄弱则是主要的原因。二十世

① “荣熙泰与两个儿子（指荣宗敬、荣德生），以积蓄创办了一个广生钱庄……荣宗敬为经理，德生管正账……庚子年间（1900年）洋兵入京，天津帮到上海办面粉，卖给外人有暴利，于是面粉业大发其财。失了业的朱仲甫说：我从政数十年（为厘差，相当于后来县税务局长）乏味得很，要做实业。……于是商定集股三万元，朱认一半，荣认一半，在产麦地无锡开厂。那年钱庄为办麦汇款多而赚钱五千两，也加入投资。那个粉厂叫保兴”（见万林：《中国的“棉纱大王”“面粉大王”无锡荣氏家族暴发史》，《经济导报周刊》第50期，1947年12月14日，第1—2页）。

② 荣德生：《乐农自订行年纪事》。

纪初，中国发生了一次旨在推翻清朝封建专制统治的资产阶级民主革命。这次革命之所以发生并且由民族资产阶级来领导，其经济根源就是因为这一时期民族资本主义经济得到了一定程度的发展。

中国民族资产阶级，作为一个阶级来说，它曾经领导了这次反对清朝封建专制统治的革命。但是，民族资产阶级中的不同阶层和人物，对待革命的态度却是不相同的。

民族资产阶级的上层，是民族资产阶级中与帝国主义或封建主义联系比较密切的那一部分人。这些人中的大多数对帝国主义有幻想，不敢使用暴力进行反抗；对清朝封建专制政府也不敢采取革命手段来推翻它；而希望清政府能进行一些带有资本主义色彩的改良，以利于自己的资本主义事业的发展。这部分人是清末维新派和立宪派的社会基础。例如张謇就是这个阶层的最典型的代表人物之一。

民族资产阶级的中层，他们的企业规模较小，资力较弱，与帝国主义、封建势力的联系也较少。如辛亥革命前夕的荣宗敬、荣德生兄弟，即可以作为当时民族资产阶级中层的代表人物。他们的企业只是在帝国主义压力减少的空隙中，在人民抵制外货的斗争中，才得到一些发展。如前面讲到的，荣氏兄弟创办保兴面粉厂，是在1900年八国联军侵入北京后，经营面粉业有利可图时，才在1902年与人合伙办起来的。1904年日俄战争发生，对面粉需要增加，特别是1905年因国内抵制美货，美国面粉进口减少，在这种情况下，他所办的面粉工业才得到发展。但当1908年美货又返回中国市场进行倾销时，他的面粉厂就遭到了亏损①。民族资产阶级的中层人物，对革命是同情的，因为这和他们的经济利益没有矛盾，特别是反对帝国主义，如抵制美货运动，收回利权运动，他们还从中得到了好处。但是他们对革命的态度是动摇的，他们害怕帝国主义，也害怕人民，所以他们对帝国主义和封建势力有很大的妥协性。

---

①　详见《中国的“棉纱大王”“面粉大王”无锡荣氏家族暴发史》。

民族资产阶级的下层分子，一般都是些小资本家。他们深受帝国主义的压迫和封建势力的束缚，革命的要求比较强烈。有的还亲身参加革命，甚至牺牲了自己的生命。如辛亥革命时期的湖南烈士禹之谟，就是一个突出的例子。禹之谟(1867—1907)，在中日甲午战争后即抱着“实业救国”的理想，多次在长江沿岸各地从事开矿事业，但都没有成功。1900 年他参加了唐才常等人领导的自立军起义。事后逃往日本学习应用化学和纺织工艺。1902 年回到湖南湘潭，开了一个小小的毛巾厂，艺徒不到十人，因产品价廉物美，很受欢迎。1903 年，他把工厂迁到长沙，稍加扩大，并附设工艺传习所，制造竹木家具，职工共约四十人。他虽然和职工生徒们一起昼夜辛勤劳动，但终敌不过洋货的倾销，工厂不久就倒闭了。由于“实业救国”的梦想破灭，1904 年他参加了华兴会，1906 年参加了同盟会，最后为革命献出了生命。

以孙中山为领袖的资产阶级革命派，在国内主要是代表了民族资产阶级中下层的利益，同时也代表了当时广大华侨和华侨资产阶级的革命要求。

三 华侨和华侨资产阶级

华侨在二十世纪初年的资产阶级民主革命中，起过重大的作用。孙中山说过：“华侨有功革命”，“华侨是革命之母。”①华侨之所以积极地参加同盟会领导的革命，并不是偶然的。这是和华侨出国的历史以及他们所处的社会地位相联系的。

我国人民移居海外，有悠久的历史。早在秦汉时代，中国已经与南洋一带有所来往。到唐代，由于对外贸易的发达，南洋一带已经有华人在那里定居了。宋、明两代，出国侨居的人更多。在清代以前，华侨出国谋生是比较自由的，既没有受到什么限制，也没有受到任何强制。但

① 张永福：《南洋与创立民国》。

到清代就不同了。

清初，清政府为了维护其统治地位，对人民出国，采取严厉禁止的政策。大清律中规定，私出外境及违禁下海者，处以严刑①。清政府并且把出国华侨视为“不安本分之人”，规定他们必须限期回到国内，逾期不回者，即不得再回。这样，实际上将华侨摈弃于祖国之外②。清政府对海外侨民，根本不予保护，对华侨在国外受歧视，甚至受屠杀，也不过问。如乾隆六年（1741年），荷印总督伐根年（AdriamValekenier）发动对荷印华侨进行了一次大屠杀，死难者达数万人（即爪哇红河之役）。福建总督策楞，提督王郡在上奏此案时说：“被害汉人，久居番地，屡邀宽宥之恩，而自弃王化，按之国法，皆干严谴。今被戕数万人……实则孽由自作。”乾隆对此案也认为：“天朝莠民，不惜背弃祖宗庐墓，出洋谋利，朝廷概不闻问。”可见在清朝统治下，华侨在海外处于毫无保护的地位。

鸦片战争后，外国资本主义侵入中国，华侨出国出现了新的情况。这就是中国人民往往被当作华工掠卖出去。十九世纪下半期，西方殖民主义者在南洋和美洲等地进行殖民开发，亟需大量劳力，于是纷纷来到中国，招募和掠买华工。

外国侵略者来中国招募和掠买华工，遇到了清政府所实行的闭关政策的阻挡。不过，他们很快就把清政府的这种政策打破了。

1860年，清政府与英、法、俄分别订立了《北京条约》，其中规定：“大清大皇帝允于即日降谕各省督抚大吏，以凡有华民情甘出口，或在英国所属各处，或在外洋别地承工，俱准与英民立约为凭，无论单身或愿携带家属，一并赴通商务口，下英国船只，毫无禁阻。该省大吏，亦宜

① 《大清律例全纂》卷20，兵律关津载：“凡官员民兵私自出海贸易，又迁移海岛居住耕种者，但以通贼论斩。又州县同谋或知情隐匿，亦将处斩。”

② 雍正五年上谕：“朕思此等贸易外洋者（指华侨），多系不安本分之人……嗣后应定限制，若逾期不还……不许令其复回内地。”（《皇朝通典》卷80，刑制。）

时与大英钦差大臣查照各口地方情形，会定章程，为保全前项华工之意。”①这是清政府第一次明令废除海禁。1866 年，英、法又与清政府签订招工章程条约，允许英、法籍人，在中国任意招募劳工②。1868 年，中美续增条约规定，华人出洋，清廷不得禁阻③。所有这些，都为外人在中国招募，掠买华工提供了条约依据。

当时华工是被当作“猪仔”贩运而去。所谓猪仔贩运，原来是指十七、十八世纪的黑奴买卖。后来非洲的黑奴贩卖被禁止了，便转来中国掠买华工，继续干贩运“猪仔”的勾当。

“猪仔”贩运在道光三年(1823 年)已经出现，到同治初年(十九世纪六十年代)最为盛行。当时，葡、西、英等国的移民公司，在新加坡、槟榔屿等地设立“猪仔馆”(即招收华工的地方)，与国内汕头、厦门、澳门、香港等地的客馆(即贩卖华工的地方)相勾结，从事这种肮脏的活动。

客馆或用武力胁迫，或以小利相诱，在国内招收华工。得手后，即引入客馆暂住，待船出国。华工在船上受尽非人的待遇，有人称这种贩运“猪仔”的船为“浮动地狱”④。华工在船上死亡率很高，如 1850 年运往秘鲁的华工 740 人，在船中死亡者即达 240 人。又如 1856 年运往古巴的华工 598 人，在船中死亡者亦达 132 人。

华工被送到目的地后，即被卖与“猪仔馆”，或者直接卖与买主。一个华工的售价，一般为 20—24 元，而客贩所费不过十三四元，利润很高⑤。因此“猪仔”贩运制度盛行，被掠华工人数大为增加。华侨

① 《中外旧约章汇编》第 1 册，第 145 页。《续增条约》第 5 款。本条约系在北京签订，通常称为《北京条约》。

② 《中外旧约章汇编》第 1 册，第 242—246 页，《续定招工章程条约》。

③ 《中外旧约章汇编》第 1 册，第 242—246 页，《续定招工章程条约》。第 262 页，《续增条约》。

④ 参见葛兹拉夫：《一八三一、一八三二及一八三三年三次航行中国沿岸日记，涉及暹罗、朝鲜、琉球群岛等地》，转引自《南洋问题资料译丛》，1964 年第 1 期。

⑤ 布莱司：《马来亚华侨劳工简史》，转引自《南洋问题资料译丛》，1957 年第 2 期。

出国，除被掠卖以外，还有因国内生活无着，外出谋生的；也有一部分人是出外经商或做其他事情；少数人是因在国内遭受政治迫害而逃往国外的。到辛亥革命前的1907年，海外华侨总数已达六七百万人①。

华侨主要分布在南洋一带，即印尼、泰国、马来亚、越南、缅甸、菲律宾等地；其次是美洲，欧洲、非洲也有，但数量较少。

华侨的籍贯主要是福建和广东。成分绝大部分是工人②，其次是小商人③，再次是中小资本家、学生、教师、医生等。带买办性的大资本家为数很少。

华侨出国后，在侨居地从事劳动生产，经营商业等，对当地经济和文化事业的发展做出了巨大的贡献。十九世纪中叶，欧洲殖民主义者进入南洋时，当地还是草莱初辟，一切甚为荒凉。华侨去后，披荆斩棘，艰苦劳动，对当地的开发起了很大作用。前马来半岛海峡殖民地总督瑞天咸(Frank Suretenham)对华侨的功绩，曾经这样评价："开始作锡矿之工作者，首推华侨。彼等继续努力之结果，世界用锡之半额，皆由半岛供给，彼等之才能与劳力，造成今日之马来半岛。……英人初经营半岛时，着手建筑道路，及其他公共工程，皆成于华侨之手。至于开矿事业，纯由华侨导其先路，投身蛮荒，冒万死，清森林，辟道路，每有牺牲其生命者。此外，为煤工、伐木工、木匠、泥水匠者尚多……英政府收入十分之九，皆出华侨之手。"④十九世纪八十年代，婆罗洲英属殖民地沙

---

① 《东方杂志》，1907年第10期。又据雷麦：《外人在华投资》："海外华侨的人数，有许多学者曾经加以估计1902年以来的数字，通常在700万至900万之间。"(该书第133页)

② "像马来半岛的树胶园，荷属东印度的锡矿，以及苏门答腊东岸的烟草田，都有华侨在做工"。(雷麦：《外人在华投资》，第132页)

③ "据估计所得，菲律宾的零售商业，华侨占90%"。(雷麦：《外人在华投资》，第134页)

④ 李长傅：《南洋华侨史》，第48页。

捞越王查理·乌拉勿格克(Charles Uyner Brooke)说:“微华侨,吾人将一无能为。”①十六世纪末,西班牙人莫牙,在谈到华侨开发菲律宾的作用时说:“凡一市镇之成立,必不能缺中国人。彼等既系各种事业之经营者,且工作勤苦,而工资低廉。”②美国学者莱丹说,十九世纪六十年代以后,“加里佛尼亚的迅速发展,没有中国劳工是不可能的”③。

华侨对祖国也做出了贡献。华侨对祖国的汇款,是清政府财政上的一项重要收入。据马士(H. B. Morse)估计,海外华侨寄回中国的汇款,1903 年为一亿一千三百七十万元,占中国国际收入总额(六亿六千一百七十万元)的 17.8%④。此外,华侨还回国投资兴办企业和建设铁路等⑤。

华侨对侨居国经济和文化事业的发展作出了巨大的贡献,但在那里却受到残酷的虐待和迫害。特别是华侨工人,流血流汗,却过着牛马不如的生活。如南洋荷兰属地的华侨工人在“日里承种烟叶者,往往系由奸贩诱惑拐骗出洋……立据三年为期,入园后不准自由出入,虽父兄子弟不能晤面。加以克扣工资,盘剥重利,华人忍气吞声,呼吁无门”⑥。在非洲,“华工麕聚矿所,劳筋苦骨……稽查经管之人,重重剥削,几于每食不饱”⑦。华工劳动时间,一般每

① 李长傅:《南洋华侨史》,第65页。

② 李长傅:《南洋华侨史》,第70页。

③ 莱丹:《美国外交政策史》(王造时译),第 487 页。

④ 转引自严中平等:《中国近代经济史统计资料选辑》,第 86—87 页。

⑤ 华侨最早回国投资兴办的企业,是秘鲁华侨黎某在广州开设的进出口商店。以后 1872 年南洋华侨陈启源在广东南海创办了继昌隆机器缫丝厂。1890 年美洲侨商在广州投资创办电灯公司。1892 年印尼华侨张振勋在山东烟台创办了张裕酿酒公司。辛亥革命前华侨还回国投资兴办铁路事业。如爪哇著名华侨张煜南投资 302 万元创办潮汕铁路。该路 1904 年动工,1906 年完成。1910 年通车的漳厦铁路,开办时资本 242 万元,后增至 330 万元,其中三分之二是华侨投资。

⑥ 《清史稿》,邦交志 7。

⑦ 《清季外交史料》卷 202,第 9 页。

天都在十四小时以上，有时夜间也要继续工作，稍有抗拒，即遭工头毒打。

华侨在侨居地，还处处受到歧视。“华民侨居英属新加坡各岛者约计一二十万人……赤体检疫独施之华人”。在澳洲，“凡属有利可图之事，皆禁遏华民营业”。在英属非洲殖民地，华侨“只能与驴马同履车道，西人之行人行道者，可以牵犬随行，不能与华民偕行”①。

华侨在法律上也受到不平等待遇。“和(荷兰)属，于司法行政上分设三种裁判所，有本邦人裁判所，则受和之诉讼，而欧美日本人之诉讼附焉。有地方裁判所，有地方高等裁判所，则受土人巫来由人之诉讼，而华人回教人之诉讼附焉。……又欧美日本人入境之始，给予护照，厥后在境内商贩游历无地不可。而华人则限以区域，域以外住一宿者，有罚；域以外逾一步者，有罚，非别请专照不可。此专照又非易得……又按律输税……欧美日本人于所得税例纳百分之二，而华人所得税则例纳百分之四。又如欧美日本人车马无税，华人则车马有税，其他彼此厚薄之殊，不遑胪举”②。

华侨在侨居国还不断遭受排华袭击。当殖民主义者急需劳动力时，不惜使用种种卑鄙手段拐骗华工。但当世界资本主义经济危机爆发，劳动力相对过剩时，则又采取限制华侨入境政策，甚至煽动排华暴行，使华侨遭受极大涂炭。十九世纪八十年代，美国首先采取此项政策。据寓美华侨司徒芳等上清政府书中说，美国对待华侨，是“苛例百出，令人骇绝。无端诬以疫疠，而有围埠之举，无端目以不洁，而有洗埠之事”。而且，“华人到埠之时，不问其合例与否即囚之于码头木屋中，寝食于斯，内外隔绝。亲友不得一见，律师不得一问。……黑暗秽臭，过于监狱，压制苛暴，甚于犯人。幽囚常数百人，羁留常数阅月，而护照束阁，关吏无一过问。因此之故，有悬梁自缢，投海自尽，失医致毙之惨

① 《清季外交史料》卷202，第10、8、9页。

② 《清季外交史料》卷204，第23页。

者”。至于“埠中华人,辄遇痛殴,亦无如何。巡差任意拿人,良歹不分,即遭重罚。华人以常病致死,亦须戮尸”①。

在帝国主义、殖民主义的迫害下,华侨地位与日俱下。华侨工人自不必说,就连华侨资产阶级也受到很大影响。如“1897 年中国企业家李清河(译音)曾在马来亚的槟榔屿建立一家炼锡厂。1907 年,该厂即转移进英国的‘东方冶炼公司’手中”②。同年,荷属殖民地“华货进口,新例加税,瓜米出口,新例限数。彼行政之条例愈增,即我华人之生计愈绌”③。

华侨在国外遭受如此残酷的压迫和摧残,清政府不仅从不加以保护和关怀,反而对回国华侨进行种种迫害。1893 年,清出使英、法、美、比大臣薛福成曾经指出过:清政府对华侨“凡挟赀回国之人,有指为逋盗者,有斥为通番者,有谓为偷运军火接济海盗者,有谓其贩卖猪仔要结洋匪者,有强取其箱箧肆行瓜分者……有伪造积年契券借索逋欠者。海外羁氓孤行孑立,一遭诬陷,控诉无门”④。1895 年,清会典馆详校官陈璧说:“闽粤商民,出洋谋生,若积有厚资,言归乡井,于汕头、厦门等埠舍轮登陆之时,该处地棍居为奇货,辄串通海关厘卡书役,妄指偷漏,任意拘留,及议罚放行,所费已不赀矣。而到籍后,复有蠹吏劣绅朋比讹诈,既捏为匿税,又捏为抗钱粮,鱼肉百端,必罄其余囊而后已。以致贸易海外者,视家邦为畏途,而藏富于外洋。”⑤

由上可见,华侨在海外受尽了帝国主义者的剥削和奴役,他们不但

---

① 胡绳:《美国“教育”中国学生的“友谊”》,《人民日报》1949 年 9 月 3 日。

② 西莫尼西:《东南亚各国的中国居民》,转引自《南洋问题资料译丛》,1963 年,第 1 期。

③ 《清季外交史料》卷 204,第 21 页。

④ 薛福成:《请豁除旧禁招徕华民疏》(光绪十九年五月十六日),《庸庵全集·出使奏疏》卷下。

⑤ 陈璧:《保护回华商民片》(光绪二十一年六月初六日),《望岩堂奏稿》卷 1,第 4 页。

得不到祖国的任何保护和关怀，相反，清政府还对他们进行种种迫害和打击。这种情况，就使得广大华侨对帝国主义和国内封建势力，怀有极大的愤恨，他们热切地希望能有一个独立、民主、自由和富强的祖国。这也是广大华侨之所以积极参加国内资产阶级民主革命的根本原因。

当然，华侨中各个阶级和阶层，他们在革命斗争中的态度并不是完全一样的。

广大华侨工人，在殖民主义者的皮鞭下劳动，他们流血流汗，受尽了虐待和迫害，过着牛马不如的生活，他们有浓厚的民族意识和爱国热情，怀有强烈的革命要求。

华侨中的中小工商业者，即中小资产阶级，他们的地位比工人好，但也受到殖民主义者的歧视和压迫。他们经营的工商业受到帝国主义者、殖民主义者的排挤和打击，在税率和其他方面受到不平等待遇。他们作为一个中国人，在侨居国要比欧、美、日本人低一等，在有些国家，还要遭到排华暴行的袭击，使自己的财产遭受到很大的损失，甚至生命不保。在国内，他们携资回国，受到清朝政府和官吏的盘剥、敲诈、勒索和诬陷。这一切使得他们具有反对国外殖民主义和国内清朝封建专制统治的革命要求。他们希望有一个强大的祖国来保护自己在海外的权益，同时也希望在国内能有一个良好的投资条件，以便发展资本主义经济。他们是孙中山领导的资产阶级民主革命的积极拥护者和参加者，是这次革命在海外的主要社会基础。孙中山发动革命最早成立的革命团体——兴中会，其主要参加者就是华侨中的中小资产阶级①。

华侨中的中小资产阶级在政治态度上相当于国内的民族资产阶级

---

① 1894 年在檀香山参加兴中会的人数共 126 人，其中最多的是商人(73 人)，再加上畜牧家、农业家、银行家，共 79 人，这是华侨中的中小资产阶级。其次是工人(36 人)；再次是公务人员(8 人)和自由职业者(3 人)。(冯自由:《兴中会会员人名事迹考》,《革命逸史》第四集，第 25—37 页。)

中下层,但也不完全相同。华侨中的中小资产阶级因为侨居海外,无论在政治上、经济上都与国内封建主义联系较少;同时由于生活在资本主义国家,或者是资本主义直接统治下的殖民地社会,接受西方资本主义思想文化比国内民族资产阶级更早些更广泛些。因此,华侨中的中小资产阶级比国内民族资产阶级,其革命性更为坚决和彻底;其政治觉悟也更早些和更高些。由于以上特点,所以,华侨中的中小资产阶级,特别是有觉悟的知识分子,在革命中表现得特别激进,成为中国资产阶级革命派中最激进的一部分。如南洋华侨资本家陈楚楠、张永福、林义顺、黄乃裳、萧竹漪、许雪湫、陈文褒,檀香山华侨资本家孙眉、邓荫南,越南华侨资本家李卓峰,缅甸华侨资本家张文光等,他们积极赞成孙中山所领导的革命运动,不仅捐助大量款项,而且许多人还亲身参加革命起义,有的甚至牺牲了自己的生命。

华侨中的大资本家,即大资产阶级,他们的人数较少,有的人或与当地殖民统治者,或与清朝封建政府有密切联系,因此他们一般对革命采取不支持或者反对的态度。如南洋华侨资本家姚东生,开锡矿发了大财;但让他拿出一点钱来资助革命时,却坚决不肯。又如南洋英国属地大资本家陆祐,死时财产达四五千万元,但请他捐款时,也是一钱不舍。再如顾维钧的岳丈,南洋有名的大财主黄仲涵,他对革命虽不敢明显反对,但也怕拿出钱来。

还有一件事,可以明显地看出与清朝封建政府有联系的大资产阶级,与一般革命的资产阶级,态度迥然不同。清末,美洲、南洋华侨革命思潮磅礴,清廷乃派其大臣杨士琦假名抚慰,巡视南洋各地,实则欲侦察革命党人行动以为防范,且欲攫华侨金银以供内府。当杨士琦"甫至马来半岛,闽籍富商胡某,广集所知,开欢迎大会"。这是大资产阶级的态度。可是一般资本家却不欢迎杨,他们邀陈文褒与会,"座甫定,烈士(即陈文褒,后回国参加1911年广州起义死难)昂然直入,趋座前,怒目斥杨曰:'满奴来何为?岂吸四万万内地国民之脂膏犹不足,而必及此别乡井离骨肉艰难困苦之华侨耶!?若云抚慰,内地国民,日加残虐,何有华侨？华侨回国，日在刀俎，何有外洋？司马昭之心，路人皆见。满奴来何为？速返，勿污乃公刃！'全座失色股栗……各人如鸟兽散。杨即乘军舰当夜回国"①。陈文褒的正义言行代表了广大华侨和华侨中小资产阶级的革命要求。

① 邹鲁:《中国国民党史稿》第5册列传，陈文褒传。

第三章　资产阶级革命运动的兴起

第一节　孙中山创立兴中会

一　孙中山的早期政治活动

十九世纪末年，中国逐步沦为半殖民地半封建社会，产生了严重的民族危机。先进的中国人纷起从古今中外各种思想中去探寻挽救民族危亡的良法。随着民族资本主义的产生和发展而传播日广的西方资产阶级思想（新学），很快成为他们主要的思想武器。在英才辈出的志士仁人当中，孙中山最早选择了革命救国的道路。

孙中山名文，字德明，号逸仙。1897 年在日本流亡时，化名中山樵，后来人们都习惯地称呼他为孙中山①。

1866 年 11 月 12 日（清咸丰五年十月初六日），孙中山诞生在广东省香山县（今中山市）翠亨村一个农民家庭中。

香山县位于珠江三角洲的西南端。翠亨村离县治石岐约三十公里，坐落于自石岐至澳门的大路的西侧，西偎犁头山，东面金槟榔山。登上金槟榔山，珠江口形势一望而收；海天之际，香港一点，依稀可见。鸦片战争后西方资本主义势力的侵入，在这带地方引起了比内地更为

---

① 孙中山用过的名字很多。他幼名帝象。1876 年，塾师为他取名文，稍长取号日新，字德明，1886 年改号逸仙（日新的粤语谐音）。在日本时，除中山樵一名外，后又曾化名高野长雄，信函签名常简称中山、高野或长雄。此外，曾自署载之、公武。在多次赴欧美及南洋各地时，曾化名陈文、陈载之、高达生、杜嘉偌等。

显著的变化。在城镇出现了洋货和从事输入输出的商业。读书人中出现了通达洋务的人士。下层民众,或者为谋生更多地流往外洋做苦工,或者参加三合会,以反抗官府和侵略者。但是,建立在这片肥美的土地上的农村,由于封建地主阶级的顽固统治,依旧贫穷和落后。

孙中山出世前后,家境窘迫。他父亲孙林(德成)是一个缺少土地的农民,两位叔父都出外当华工,胞兄孙眉曾在地主家打长工。他的童年和所有贫苦农家的孩子一样,备尝艰苦,很小就参加农业辅助劳动,熟睹地主阶级统治下农村社会的黑暗和腐败。幼年的遭遇使孙中山始终对中国农民怀抱着深刻的同情,他“认为中国农民的生活不该长期这样苦下去。中国的儿童应该有鞋穿,有米饭吃”①。十岁,孙中山开始入村塾读书,按照传统的方式接受文化教育。十二岁,读完四书五经。

孙眉(1854—1915)于1871年去檀香山(当时华侨对夏威夷群岛的泛称)谋生。开始当雇工,后去茂宜岛垦荒,由自耕进而雇佣工人,开办起商店和牧场,还兼营酿酒、伐木等业,成为华侨资本家。随着孙眉经济地位的变化,翠亨孙家的生活也逐渐富裕起来。1878年5月,孙中山离开故乡赴檀香山依孙眉生活。去国远行开阔了这个少年人的眼界,他“始见轮舟之奇,沧海之阔,自是有慕西学之心,穷天地之想”②。他开始在与故乡不同的社会环境里成长。

1879年秋,孙中山被送进英国教会学校卑涉书馆读书,开始接受西方资产阶级文化。1882年秋,他又入美国教会学校奥阿厚书院肄业。通过对中学课程的努力,孙中山学习了西方社会政治学说和自然科学的基础知识。

檀香山是华侨萃集之区。孙中山生活在这些爱国情绪浓郁的人们之中。当时,美国正在极力吞并夏威夷这个弱小的君主制国家,当地土

① 宋庆龄:《为新中国奋斗》,人民出版社1952年版,第5页。

② 《答翟理斯教授书》,黄季陆编(以下简称黄编):《总理全集·函札》,第16页。

著人民进行了激烈的反美斗争。孙中山在这里,“天天所见所闻,都是关于政治方面的事”①。檀香山的厄运,勾起了孙中山对祖国前途的关注,“改良祖国,拯救同群之愿,于是乎生”②。孙中山憎恶清朝专制统治的腐败和黑暗,认为中国之所以衰弱,是因为满族人掌权的缘故,如果由汉族人管理,情况就会改变。他极为注意外国资产阶级革命的历史,爱读华盛顿、林肯等人的传记。

1883 年秋,孙中山返回香山。他按照国外所见,在家乡尝试改良乡政。同年 11 月,入香港拔萃书室读书,年底加入了基督教。1884 年 4 月,改入香港中央书院攻读。1884 年到 1885 年,发生了法国侵略中国的战争。中国在战争中的失败,深深地刺激了孙中山。他一方面为广大军民的英勇抗敌所鼓舞,另一方面更加痛恨腐败投降的清政府。他说:“予自乙酉(1885 年)中法战败之年,始决倾覆清廷,创建民国之志。”③孙中山加紧了挽救危亡之法的探求。不过,到他鲜明地举起反清革命的旗帜,还有着曲折的历程。

1886 年夏,孙中山毕业于中央书院,入广州博济医院附设南华医学堂学医。他在校经常发表改革中国政治的言论,并因此结识了同学郑士良。郑士良(1863—1901)号弼臣,广东归善(今惠阳)人,三合会成员,后来成为孙中山的忠实同志。为了受到更严格的教育,并能自由地发表政治言论,孙中山于 1887 年 10 月转入香港西医书院学习。这所学校的创办人何启(1859—1914)是一位资产阶级改良主义思想家,他是香港议政局议员,同时又是律师和医生。孙中山在校深得英国教师康德黎(James Cantlie)的器重。在必修课程之外,他还贪婪地研读西方的历史、政治、军事及物理、农学等方面的著作。

香港歌赋街有一家杨耀记商号,是孙中山同村好友杨鹤龄家开设

---

① 陈少白:《兴中会革命史要》,中国史学会主编:《辛亥革命》(一),第 25 页。

② 《非学问无以建设》,黄编:《总理全集·演讲·庚》,第 1 页。

③ 《有志竟成》,黄编:《总理全集·方略·建国方略之一》,第 60 页。

的，孙中山课余常来此同杨鹤龄、陈少白、尢列聚会。杨鹤龄（1868—1934），名仕年，字礼遐。陈少白（1869—1934），原名闻韶，后易名白，字夔石，新会人，是西医书院的同学。尢列（1865—1936）字令季，号少纨，顺德人，孙中山在南华医学堂读书时与他结识。他们高谈造反覆满，兴高采烈，人们称之为“四大寇”。与“四大寇”过从密切的还有陆皓东、郑士良等人。陆皓东（1867—1895）名中桂，字献香，也是孙中山的同村好友。孙中山在幼年时曾听到村中老人讲太平天国的故事，洪秀全起义反清的业绩给他留下了难忘的印象。这时，他不断谈起对洪秀全事业的向往，称洪为反清英雄第一人。朋友们戏呼他做“洪秀全第二”，他也欣然自命。这批青年人的言谈虽然肆无忌惮，但并没有采取任何实际行动。

在知友圈子之外，孙中山的言行就要审慎得多，还明显带有改良主义的色彩。原来，十九世纪七十年代前后，伴随着民族资本主义近代工业的产生和民族危机的加深，在中国出现了反映民族资产阶级利益的改良主义思想。这种思想，由一部分具有资本主义倾向的地主阶级知识分子表达出来。其代表人物有王韬、马建忠、郑观应等。这些人虽然经历和思想各有不同，一般说都要求清政府进行自上而下的改革，并企望在不触动封建地主阶级根本利益的基础上求得一些发展资本主义的机会。他们既然认为改革的关键在于清政府，遂纷纷著书立说，上书当道，游说公卿，极力主张把发展资本主义经济和改革封建弊政，作为谋求民族独立和国家富强的出路。这种改良主义思想，在当时具有同腐朽封建势力作斗争的进步作用，因此迅速传播开来，引起人们的注意。八十年代末和九十年代初，孙中山公诸社会的政治活动基本上是按这些人的思想路线进行的，他希望用和平手段，即改良的方法来改造中国。

还在1883年，孙中山从檀香山返乡，就试办过教育、防盗、街灯、清道、防病等乡政。以后又利用假期返乡，不断加以改进。他想把这种试验推广到更广大的范围。1890年，他上书在乡的清朝官僚郑藻如，提出效法西方兴农桑、禁鸦片和普及教育的建议，请求这位曾任驻外使臣的人支持。孙中山表示："今欲以平时所学，小以试之一邑，以验其无谬，然后仿贾生之《至言》、杜牧之《罪言》，而别为孙某《策略》，质之交世。"他认为这种改革是"吾国之大幸也"①。同年，又呈请香山知县李征庸，在县内推行乡政改良。以后，他又从香山去广州，向各级衙门层层上书②，提出改革的建议。孙中山的上书活动都没有得到结果。他从与官府的接触中更加洞察清朝政治的腐败，但是仍没有轻易地抛弃和平改革的手段。他时常在香港，澳门和上海的报刊上投稿，宣传改革，并和改良主义思想家郑观应等通信往还。1891 年前后，他发表《农功》一文，进一步阐述了改造中国农业的问题，要求采用并推广西方先进农业技术和农业组织，因地制宜地改进农业生产。在《农功》中，孙中山谴责了统治者漠视民间疾苦。他说："今之悍然民上者，其视民之去来生死，如秦人视越人之肥瘠然，何怪天下流亡满目，盗贼载途也。"这篇文章后来被郑观应加以修改，收入自己编著的《盛世危言》一书中，广为流传。

孙中山后来把"四大寇"相处的历史称为"革命的言论时期"。实际上，孙中山这段时期的言行存在着重大矛盾，他一方面倡言造反覆满，一方面又上书当道请求改革。这种矛盾产生于孙中山政治思想的不成熟状态。他从以农民为代表的中国民间反抗传统中吸取营养，希望从事洪秀全那样的事业，推翻满洲贵族支配的清朝，但是却没有告诉人们将建立什么性质的新政府。他循改良主义思想家的道路，要求采用西方科学技术，但是也没有告诉人们这种科学技术将受怎样的经济制度和政治制度支配。在改良主义思想家们当时已经由要求发展新式生产力、采用西方经济制度、进而要求实行资产阶级性质的政治改革的时候，孙中山的改良主义思想还是较为贫弱的，甚至没有同洋务派的主张

① 《致郑藻如书》，《濠头月刊》第 14、15 期合刊，原载于 1892 年澳门报上。

② 《革命思想的产生》，《总理全书》，台北版，第 921—922 页。

严格地区别开来。总之，孙中山还没有把中国社会经济制度和政治制度的根本变革，作为其政治思想的中心内容。他还徘徊于采用暴力的或和平的改革手段之间。

1892年7月，孙中山在西医书院毕业，以优异成绩，获得医学硕士学位。同年在澳门行医，并开设中西药局。次年，改赴广州行医，同时开设东西药局，并在香山石岐镇设立支店。其时，康有为正在广州办万木草堂，授徒讲学。孙中山听说康有为崇信西学，有志于政治改革，便试图与他结交，托人致意。康有为却要孙中山具门生帖子下拜。孙中山不愿接受这种条件，结交的事只好作罢。这是孙中山和康有为发生关系的开始。康有为(1858—1927)，广东南海人，原名祖诒，字广厦，号长素，出身官僚地主家庭。1876年，从学于朱次琦(九江)，深受经世致用思想的影响。同年冬，初游香港，耳闻目睹，观感颇多，产生了对资本主义文明的深刻印象，自此悉心钻研西学。1888年赴京应试，上书提出“变法”的主张。1891年开始在广州授徒讲学，同时写作《新学伪经考》和《孔子改制考》二书，以建立维新变法的理论基础。后来，他和弟子梁启超一起领导了著名的戊戌维新运动。

孙中山和康有为结交虽未成功，却在广州得到了更多的朋友。他经常与陆皓东、陈少白、郑士良、程璧光、程奎光、区凤墀等议论时事。这样密切地同身居下层的朋友探讨革命救国的途径，使孙中山与改良主义者之间的区别日趋显著。1893年冬，孙中山与友人聚会于广州南园抗风轩。他提议创设一个团体，以“驱除鞑虏，恢复华夏”为宗旨，得到大家的赞同。这个以反清为宗旨的团体并没有组织起来。在此后的一段时间内，孙中山也还没有放弃和平改革的希望。

1894年1月，孙中山回到翠亨故里，闭门草拟上李鸿章书稿，表达他要求改革的思想，“冀万乘之尊或一垂听，政府之或可奋起”①。他的密友们也支持他的做法。陆皓东参与其事，陈少白对原稿作了

① 《伦敦蒙难记》，黄编：《总理全集·论著》，第3页。

修改。

李鸿章是当时清廷最有权势的封疆大吏，任直隶总督、北洋大臣二十余年。他虽然忠于反动朝廷，却因讲求洋务被目为“识时务之大员”，不少改良主义思想家都与他有关系，并寄予主持改革的幻想。在《上李鸿章书》中，孙中山提出了他的改革纲领。他说：“欧洲富强之本，不尽在于船坚炮利，垒固兵强，而在于人能尽其才，地能尽其利，物能尽其用，货能畅其流。此四事者，富强之大经，治国之大本也。我国家欲恢扩宏图，勤求远略，仿行西法，以筹自强，而不急于此四者，徒惟坚船利炮之是务，是舍本而图末也。”他条分缕析地阐述了这四事，其纲目是：“所谓人能尽其才者，在教养有道，鼓励以方，任使得法也”；“所谓地能尽其利者，在农政有官，农务有学，耕耨有器也”；“所谓物能尽其用者，在穷理日精，机器日巧，不作无益以害有益也”；“所谓货能畅其流者，在关卡之无阻难，保商之有善法，多轮船、铁道之载运也”。孙中山认为：“四者既得，然后修我政理，宏我规模，治我军实，保我藩邦，欧洲岂能匹哉！”这封书信中反映的孙中山的改良主义思想，较写作《致郑藻如书》、《农功》时有所发展，涉及了工农业生产、商业发展和教育制度、用人行政等方面的改革问题。但是就其内容的深度来说，却进展不大，它没有提出发展民族资本主义的问题，对政治的改革更是淡漠。书中仅仅要求“野无郁抑之士”、“朝无幸进之徒”，这种提出问题的方式，在中国长期的封建社会里早已司空见惯。为了投合李鸿章的心理，书中对李有溢美之词，并表示了进身的愿望，甚至表示对“伏莽时闻”“岂能无忧”。可是，孙中山和他的伙伴们竟未想到，就是这样微末的改革要求，也不能为当权者所接受。

1894 年 2 月，孙中山与陆皓东北上投书，并借机观察清朝统治腹心地区的局势。他们在上海通过郑观应、盛宣怀等觅得进见李鸿章的门路，于 6 月抵达天津投书。这时中日战争即将爆发，李鸿章忙于军务，没有接见。书呈递上去也如石沉大海。孙中山的希望落空了。上书的失败给予孙中山严重的教训，他“怃然长叹，知和平之法，无可复施……不得不稍易以强迫”①。于是,他们由天津去北京等地游历,然后返回上海。在京津所看到的政治上的腐败和地方上一样。当时,中日战事激烈,慈禧太后却挪用海军军费修建颐和园。实地考察加强了他革命的决心。自此以后,孙中山坚定地走上了推翻清朝统治的道路。

二 兴中会的成立

1894年10月,孙中山由上海赴檀香山,在该地华侨中宣传反清主张,酝酿成立革命团体。

11月24日,兴中会在檀香山火奴鲁鲁埠成立。

是日,孙中山召集赞成其主张的侨胞二十余人在何宽住宅中集会,成立团体。孙中山提议将团体定名为兴中会,并宣布所起草的章程九条,获得与会者的赞同。与会者推举刘祥(永和泰杂货商行司理)、何宽(美商卑涉银行华人经理)为檀香山兴中会正副主席,程蔚南(商人)、许直臣(经商,兼任教师)为正副文案,黄华恢(永和泰号司事)为管库,李昌(当地政府译员)、郑金(移民局译员)、邓荫南(农场主)等八人为值理。随后,孙中山让会员们填写盟书,由李昌宣读,各以左手置圣经上,高举右手,向天次第读之。会后,兴中会继续向檀香山各埠发展,孙眉等陆续加入。

兴中会是最早的资产阶级反清革命小团体,它的成立标志着中国资产阶级革命活动的开始。

兴中会在它的章程中揭示了民族危机的严重性,严厉谴责了清朝的反动统治。《兴中会章程》痛切地说:

> 中国积弱非一日矣!上则因循苟且,粉饰虚张;下则蒙昧无知,鲜能远虑。近之辱国丧师,翦藩压境,堂堂华夏,不齿于邻邦,文物冠裳,被轻于异族,有志之士,能无抚膺?夫以四百兆苍生之

① 《伦敦蒙难记》,黄编:《总理全集·论著》,第3页。

> 众，数万里土地之饶，固可发奋为雄，无敌于天下，乃以庸奴误国，荼毒苍生，一蹶不兴，如斯之极。方今强邻环列，虎视鹰瞵，久垂涎于中华五金之富，物产之饶，蚕食鲸吞，已效尤于接踵，瓜分豆剖，实堪虑于目前。有心人不禁大声疾呼，亟拯斯民于水火，切扶大厦之将倾！用特集会众以兴中，协贤豪以共济，抒此时艰，奠我中夏，仰诸同志，盍自勉旃！

它进一步说明建立兴中会的目的说：

> 是会之设，专为振兴中华，维持国体起见。盖我中华受外国欺凌，已非一日，皆由内外隔绝，上下之情罔通，国体抑损而不知，子民受制而无告，苦厄日深，为害何极。兹特联络中外华人创兴是会，以申民志，而扶国宗。

《兴中会章程》将"国"与"朝代"、"政府"加以区分，谴责"庸奴误国，荼毒苍生"，号召振兴"中华"、"中国"，显示了反清的意识，也包含有民主主义的因素。但严格地说，它还只是一篇激烈的救国宣言，并没有正面提出明确的革命纲领。产生这种情况的根本原因，在于革命者们政治思想不成熟，对于改造中国需要采取怎样的措施，达到怎样的目标，他们自己也不明确。但是，帝国主义侵略的不断加深，清朝政府的极端无能，迫使他们不待将这些问题考虑成熟，就不得不担负起挽救民族危亡的责任。至于宣言连明确的反清或"排满"字样也没有写入，则是为照顾檀香山华侨的处境而不得不如此的。清朝严酷的专制统治对华侨也有着无形的震慑力。许多华侨把孙中山的革命行动视为"作乱造反"，生怕被连累得破家灭族。所以孙中山虽多方游说，奔走逾月，所得同志仍是极少数；即使这些人，他们也不能不顾虑故乡的亲眷。考虑到这种情况，兴中会公开的文件都表现得较为温和，它的起义筹饷捐款便是以"集股举办公家事业"名义入簿的。不过，兴中会的章程中没有明确的革命纲领，并不妨碍它是一个革命团体，兴中会在檀香山的活动都是为准备发动反清武装起义而进行的。

孙中山为准备起义引导会员进行了两项活动：教练兵操和筹饷募

捐。他借用当地一所学校，聘请外国军事教习教授兵操，每周操练两次，参加者有二十余人。会员们还踊跃交纳会费并捐款助饷。由于多数会员产业很小，起初只收到一千余元。孙眉的产业此时已经很大，富甲一岛，号称“茂宜王”。他听说弟弟因起义经费不足而焦急异常，便贱价售出一部分牛牲，将所得的钱交给孙中山。在会员们的支持下，孙中山总共募得一万三千美元，便于 1894 年底归国筹备起义。

兴中会成立不久，在檀香山的会员总数即达一百三十余人。其中以小商人和小农牧场主为主的华侨资产阶级占多数，其次是工人、职员、教师、记者。会员中有一多半是孙中山的香山县同乡，相互间沾亲带故。这时追随他先后归国从事革命运动的有邓荫南、宋居仁等二十余人。邓荫南(1848—1924)名松盛，行三，因为年长，人呼邓三伯。广东开平人。三合会会员。他原是一个贫苦的孤儿，随哥哥去海外谋生，后来经商，兼营农业，成为较富的华侨资本家。为了表示一去不复返的决心，他变卖了全部财产。后来，这些钱都在反清起义中用尽，重陷贫困，但他仍坚毅地从事革命活动。他的行为得到革命党人的尊敬，连政敌也为之惊服。梁启超对康有为说：“此人倾家数万以助中山，至今不名一钱，而心终不悔，日日死心为彼办事，阖埠皆推其才，勿谓他人无人也。”①小店主宋居仁等离开檀岛时，也都变卖了产业或辞去工作。他们慷慨赴义的行动反映了华侨革命情绪的高涨。

孙中山归途中经过日本横滨，托人散发大量传单，声明“准九月起旗作反，杀满洲佬，复明之江山”②，并嘱华侨组织会所，以作后援。

1895 年 1 月底，孙中山抵达香港，筹建兴中会总部。兴中会在香港活动的政治基础较檀香山要好。孙中山召集旧友陆皓东、郑士良、陈少白、杨衢云、黄咏商、杨鹤龄等，拟议扩大兴中会组织。杨衢云(1861—1901)名兆春，号飞鸿，福建澄海人，幼年随父至香港读书，后来

① 《梁任公先生年谱长编初稿》上册，第 124 页。

② 冯紫珊：《致冯自由函》，《中华民国开国前革命史》上编，1928 年版，第31 页。

在英商企业中当职员,1892 年结识孙中山。杨衢云是辅仁文社的首领。辅仁文社成立于 1890 年,是香港一些公私职员的俱乐部式组织,他们借此讨论政治,提倡爱国。这些人大都生长在殖民地,受过较完备的西方教育,习惯于欧美的政治生活。他们憎恶封建君主专制,但对中国内部的事情了解得很少。杨衢云与谢缵泰等赞成孙中山的主张,决定取消辅仁文社名义,加入兴中会。1895 年 2 月 21 日,兴中会总部成立。黄咏商被推举为会长,他是香港地方议会的议员。兴中会总部设于香港中环士丹顿路十三号,按照黄咏商的建议,对外以“乾亨行”名义作为掩护。

香港兴中会增订了《兴中会章程》。这个章程提出了“设报馆以开风气,立学校以育人才,兴大利以厚民生,除积弊以培国脉”的发展资本主义的主张。它还强调发动更广泛的群众,要求将救国主张“务使举国之人皆能通晓,联智愚为一心,合遐迩为一德,群策群力,投大遗艰”。不过,香港兴中会的重要成就还在于它的誓词。从香港兴中会成立时起,会员入会时必须朗读誓词:“驱除鞑虏,恢复中国,创立合众政府。”这个誓词尖锐地提出了“反满”问题,把革命锋芒明白指向由满洲贵族当皇帝的清朝政府。“恢复中国”的口号,较之从过去民间反抗斗争中因袭而来的“反清复明”口号,无疑要先进得多。最明显地表现了誓词的历史特点的,是“创立合众政府”的口号。关于“合众政府”的概念,在兴中会的文献中没有作过正式的解释。按照普通政治常识,它应当指的是美国式的合众政府,即联邦政府,这是资产阶级民主共和国的一种形式。“创立合众政府”的口号,鲜明地表现了兴中会反清斗争的资产阶级性质。因此,这个誓词就成为中国资产阶级民主革命的第一个纲领。

三 广州起义

兴中会在香港建立组织后,便以此为基地,将其全部精力都集中于准备在广州发动反清武装起义。孙中山前往广州建立兴中会组织,专任军事准备;杨衢云驻港负责筹款、募兵及运送枪械。

孙中山在广州行过医,与各方面都结有良好的关系,方便了这次行动。他偕郑士良、陆皓东、陈少白、邓荫南等抵穗后,设立了兴中会广州分会,机关在双门底王家祠云冈别墅。程奎光、程璧光、左斗山、魏友琴、陈廷威、朱淇、苏复初等踊跃立誓约入会,会员总数有数百人。孙中山还发起了一个公开团体,叫农学会,借以掩护兴中会的活动。农学会以研讨农桑新法为号召,得到广州官绅潘宝璜、潘宝琳、刘学询等数十人署名赞助,因此外人都不怀疑来往于云冈别墅的人会有什么“不轨”行动。

1895 年 3 月,孙中山到香港与杨衢云、黄咏商、谢缵泰会商起义的策略,他们计划用三千精兵突然袭取广州城。于是,孙中山再回广州,广泛联络可利用的武装力量。兴中会会员程奎光任广东水师镇涛舰管带,负责联络水师官兵响应。郑士良被派往北江,联络英德、清远、花县一带会党首领梁大炮,约定在起义发动后即率大队赴城接应。归国的檀香山华侨会员李杞、侯艾泉被派往石歧,届时率绿林占领香山、顺德等县以为声援。其他如广州的巡防营,三元里的乡团,潮汕、惠州的会党,都联络上了。孙中山又设立了东门外咸虾栏张公馆、双门底圣教书楼后礼拜堂两处机关和多处接待站,以容纳往来之人,贮藏文件、武器。在广州河南头咀,设了炸弹制造处,由美国化学师奇列负责制造。孙中山还购置了两只小火轮作为运输工具。起义的骨干队伍由兴中会自行组织。杨衢云在新安招到一批散勇,并招募了在香港做工的人,准备届时派往广州担任突袭任务。为了接济用款,黄咏商捐出了自己的一所房屋变卖。何启支持兴中会,愿意为起义担负起草英文宣言的任务。中文的《讨满檄文》,则由在广州的朱淇起草。香港两家英国民营报纸的编辑黎德、邓勒也支持兴中会反清起义,愿意在报上进行宣传。兴中会企望帝国主义国家能支持起义,它取得了日本驻港领事的诺言,并请黎德去争取英国政府的支持。到 8 月底,预定的准备工作大体完成,兴中会决定在重阳节(夏历九月初九)举事。重阳是中国自古以来的传统节日，广州的风俗，到那天要郊游登高，街头熙熙攘攘，便于起义行动。

10月10日，兴中会为在起义后成立临时政府，选举总统——伯理玺天德(President)。谢缵泰提名杨衢云，陈少白、郑士良则推举孙中山，双方争执不下。孙中山说服了自己的支持者，将伯理玺天德职位让与杨衢云，使兴中会避免了分裂。

重阳节前夕，各路队伍准备就绪，候命发动。决定以“除暴安良”为口号，以红带缠臂为暗号。陆皓东制作了青天白日旗作为起义军的旗帜。陈清率领炸弹队，预备到时往各军事要点投掷炸弹，壮大声势。万事俱备，只等杨衢云从香港派突击队来。10月26日，重阳节到，各部都派人到指挥部请令。孙中山突然收到杨衢云来电，用暗语报告“货不能来”。孙中山知道，失误了日期，必然走漏风声，便命各路的人回去候命，并即发电给杨衢云，叫他“货不要来，以待后命”。当晚，陈少白撤离广州。27日，孙中山也离开广州，经香山、澳门赴港。果不出孙中山所料，形势突然变化了。会员朱淇的哥哥知道兴中会在准备起义，到期见没能发动，怕事泄被株连，便以朱淇名义向省河缉捕统带李家焯告密，李急忙飞报两广总督谭钟麟。此前，李曾向谭报告孙中山等行动可疑，英香港总督也电告有人运械入粤，谭钟麟都没重视。这次得报后大为惊恐，急忙调兵加强广州防卫，并派兵搜查王家祠、咸虾栏兴中会机关，陆皓东等五人被捕。杨衢云仍在香港积极布置。接到孙中山停止行动的电报后，因为军械已上船，无法搬回，照旧派朱贵全、丘四等随轮到广州。当28日船抵广州时，清兵已在岸边把守，朱、丘等四十余人被捕。至此，起义计划全遭破坏。

陆皓东在敌人的刑庭上表现极为英勇，他痛斥清朝腐败，对从事革命排满，直认不讳。因拒绝供出同谋，他受到钉手足、凿齿等残酷刑罚，始终坚贞不屈。陆皓东在供词中说：“要知今日非废灭满清，决不足以光复汉族，非诛杀汉奸，又不足以废灭满清。故吾等尤欲诛一二狗官，以为我汉人当头一棒。今事虽不成，此心甚慰！”他慷慨地指出，“但一我可杀,而继我而起者不可尽杀”①。11 月 7 日,他与会党领袖丘四、朱贵全同被杀害。程奎光也在军营中被告密,经同事营救,被长期监禁,后病死狱中。陆皓东等是最早为中国资产阶级民主革命牺牲的烈士。

事泄后,孙中山、杨衢云、陈少白、魏友琴、侯艾泉等十六人被清朝官府悬赏通缉,清方给缉拿孙、杨二人开出的赏格是花红银一千元。

广州起义未及爆发就遭到了镇压,但仍然有其重要意义。这次起义是此后革命党人一系列武装起义的起点。资产阶级革命党人一开始就采取武装起义的方法来反对封建统治者,这是他们所领导的革命运动的优点。革命党人在斗争中表现了英勇献身的精神,但是,他们在相对强大的反动统治者面前企图用军事冒险的办法来取得胜利却是不可能的。起义是在广大人民群众对革命党人毫无了解的情况下准备发动的。革命党人没有深入地去组织和发动群众,主要依靠暗中联络会党、绿林和军队。这些力量与革命党的联系是很松懈的,革命党人只能与其上层人物发生关系。革命党人自行组织群众时,也不用革命主张去教育他们。杨衢云在香港招兵,就诡称是省城“招勇”,以十块洋钱鼓励人们前往。在这种情况下,革命党人虽多方努力,却没有组成可靠的战斗力量,没有建成强有力的指挥系统,因此经受不住重大的打击,以致广州起义终不免于失败。

清政府的镇压使兴中会受到严重摧残。它在广州和香港的机关瓦解了。骨干星散,部分人从此脱离了革命运动,兴中会暂时无力再举行起义。但是,资产阶级革命党人作为中国政治舞台上一股新的力量,开始受到国内外的注视。在日本的报纸上,就出现了“中国革命党孙逸仙”等字样,孙中山从此成了著名人物。

---

①　冯自由:《中华民国开国前革命史》上编,第 20 页。

第二节 兴中会与保皇党的合作

一 合作的探索

广州起义失败后，清朝广东当局下令通缉孙中山、杨衢云、郑士良、陈少白等，香港当局宣布对孙中山等的驱逐令，五年内不得入境。1895年11月，孙中山偕陈少白、郑士良东渡日本。他们到横滨后，结识侨商冯紫珊、冯镜如等，设立兴中会横滨分会。12月中旬，孙中山即断发变装，经檀香山赴美、欧游历。清朝总理各国事务衙门曾电各驻外使节，相机缉拿孙中山。他沿途的行踪均受到侦视。1896年9月30日，孙中山抵英国伦敦。10月11日，孙中山被清朝驻英公使馆人员绑架，囚于馆内。公使龚照瑗租定轮船，预备将这个"钦犯"解送回国邀功。孙中山千方百计摆脱危境，最后恳得使馆英国仆人柯尔的帮助，暗中递信给康德黎求救。康德黎和其他英国友人奔走营救，公布了清使馆无耻绑架本国革命党领袖的消息。英国政府迫于国内舆论压力，强制清使馆释放了孙中山。孙中山继续在伦敦逗留，考察政治，并到大英博物院图书室读书。1897年，他经加拿大重到日本。

孙中山于1895年离日前，曾将过去在檀香山认识的日本牧师菅原传介绍给陈少白，陈因菅原认识了退役海军大尉曾根俊虎，又因曾根认识宫崎弥藏、寅藏兄弟。宫崎寅藏(1870—1922)，日本肥后玉名郡人。他的哥哥弥藏有志于中国革命，受哥哥影响，寅藏曾于1891年单身到过上海。1897年5月，经犬养毅推荐，并经首相兼外务大臣大隈重信批准，接受了调查中国秘密结社的任务，曾和同学平山周到过澳门、广州等地。孙中山重抵日本，宫崎寅藏便偕平山周来访。经他们介绍，孙中山随后又认识了大隈重信、犬养毅等不少日本知名人士。这些人政治面目各不相同。有的后台是日本军阀，如黑龙会头目头山满、内田良平；有的本身是工业资产阶级，如平冈浩太郎。他们当时都表示同情孙中山，企图在中国革命的进程中实现各自的目的。而宫崎寅藏、萱野长知等则是真诚地援助中国革命的，孙中山也一直把他们视作自己的忠实朋友。依靠上述日本人士的帮助和掩护，孙中山得以居住下来，时在横滨，时在东京。

1897年冬，横滨侨商冯镜如等发起创办中国学校，以教育华侨子弟，孙中山替它取名“中西学校”。因兴中会里找不出合适的教师，陈少白想起他见过康有为、梁启超，便写信请梁启超代聘教员。梁启超（1873—1929），字卓如，号任公，广东新会人。1890年受教于康有为，自此即成为康有为的得力助手。

康、梁把赴日任教看作扩展维新派势力的良机，派徐勤等前往，康有为并亲书“大同学校”门额相赠。徐到日本后，按照康有为的意思改了校名。孙中山对此并不介意，经常到校和徐等谈论时事。

1898年，康有为领导的变法维新运动达到高潮。6月11日，应康有为等请求，光绪帝颁布“定国是诏”，表明维新旨意。从这一天起，至9月21日西太后发动政变止，前后一百零三天，史称“百日维新”。在这段期间里，康有为等维新志士和同情变法的帝党官僚提出许多新政建议，大部分都经光绪帝诏准，其中主要的有：

政治方面：命大小臣工直抒谠论，准许士民上书；命各督抚保荐人才，诏选宗室王公游历外国；裁撤詹事府等闲散衙门。经济方面：令各省设商务局和农务局，振兴商业和农业，京师设矿务和铁路总局，着手筹办铁路；奖励制作新法，颁发振兴工艺给奖章程，在京师及通商口岸设邮政局，等等。军事方面：用新法练兵，陆军改练洋操；筹款设海军，造兵轮；命各省举办保甲、团练。文化教育方面：废八股取士，京师设大学堂，各省设中小学堂，筹办矿务、铁路，海军等专门学堂；奖励创办学堂，命各地方改书院，废淫祠，设学堂；设译书局，开报馆；命各督抚劝禁妇女缠足；等等。

当康有为得到光绪帝信任的时候，觉得维新有望，不愿再和孙中山等发生关系，便写信要徐勤等与革命派断绝来往。徐等遵命惟谨，暗中制作了“不得招待孙逸仙”的匿名揭贴，拒绝孙中山再进大同学校。教师、校董事、横滨侨商等风闻康有为有做宰相的希望，纷纷倒向徐勤一边。兴中会分会会长冯镜如和他的兄弟冯紫珊等也逐渐挪动了脚跟。

横滨办学是和改良派合作的一次小尝试，其结果是革命派吃亏上当。

在大同学校创办之前，两派还在香港联系过。1896 年 2 月，谢缵泰应友人之邀，与康有为的弟弟康广仁会见。10 月，又会见了康有为。谢缵泰建议“在伟大的维新工作中必须联合与合作”。康有为提出了他的维新计划大纲。次年，谢缵泰、康广仁之间又进行过多次谈判，双方同意合作。但是，维新派的目的不过是为了扩张势力，排斥孙中山，改变兴中会的性质。谈判中，康广仁表示：“我们希望看到对王朝和千百万民众都有好处的‘和平’革命，像孙逸仙那样一些人使我惊骇，他们要毁坏一切。我们不能同这样的轻率鲁莽的人联合。杨衢云是个好人，我想见见他。”①谢、康之间的联系一直持续到 1898 年 7 月，康广仁从北京致函谢缵泰，表示“急欲知道杨衢云的消息”。然而，9 月 21 日西太后突然发动政变，囚禁光绪，通缉康、梁，重新临朝听政。康有为因事先得到光绪帝紧急催促离京的密诏，于政变前一日南下，故得脱险。梁启超也因得到日本使馆相助，经塘沽浮海东渡。清廷逮捕了康广仁、杨深秀、谭嗣同、林旭、杨锐、刘光第等维新志士，不经审讯即予杀害。史称“戊戌六君子”。其他同情变法的帝党官僚，或遭囚禁，或被革职，尽予剪除。已经发布的新政诏令，陆续宣布撤废。维新运动完全失败了。

政变的发生为两派的合作提供了新的机会。前此，兴中会的活动已有所恢复和发展。除原有的檀香山、横滨分会外，1897 年，陈少白、杨心如在台湾组织了台北分会。杨衢云在广州起义后，远走南非，沿途也建立了兴中会的分会。他于 1898 年春到达日本，找到孙中山，继续

① 谢缵泰：《中华民国革命秘史》（中译本未刊稿）。

协力革命。孙中山还和日本友人一起积极支持菲律宾的反美独立运动。1898 年 10 月，平山、宫崎分别将因政变而逃亡的梁启超、康有为护送至日本。日本人想借此机会促成两派的合作，孙中山也燃起了争取他们转向革命的新希望。康有为到达东京的第二天，孙中山便准备亲往慰问，托宫崎、平山致意。康有为自称身奉光绪皇帝的衣带诏，不便与革命党人往还，拒而不见。其后，经犬养毅斡旋，约孙、陈、康、梁等四人会谈。届期，康有为不到，梁启超自称为康的代表。这次会谈，详细地讨论了合作方法。数日后，孙中山派陈少白偕平山去拜会康有为。陈少白痛言满清政府已不可救药，“非革命，国家必无生机”，并说：“先生以前对于清政府，不算不尽力，到现在他们倒要杀你，你又何苦死帮他忙呢？”①康有为则大谈其“今上”如何“圣明”，自己“受恩深重”，“惟有鞠躬尽瘁，力谋起兵勤王”。陈少白反复劝导：不应该受了一人的私恩，便死心塌地地向着他。但这时，康有为已经酝酿了一个以武力使光绪“复辟”的计划，陈少白的话完全听不进，只表示：“无论如何，不能忘记今上！”末了则说：“我不知其他，只知冬裘夏葛而已。”完全关上了谈判之门②。

戊戌变法失败后，康有为一直顽固地坚持改良主义的立场，原因是多方面的，对光绪帝的知遇之感也是原因之一。

由于支持康有为的大隈内阁倒台，清政府又提出交涉，1899 年春，康有为被迫离开日本作欧美之游。到英国时，通过前海军大臣柏丽斯辉子爵要求英国政府支持他的“复辟”计划，未获议院多数票通过。7 月 20 日，在加拿大千岛与侨商李福基、冯秀石等创立“保救大清光绪皇帝会”，简称保皇会（英文译名则为“维新会”）。8 月 4 日（六月二十八

① 陈少白：《兴中会革命史要》，参见冯自由：《戊戌后孙康二派之关系》，《革命逸史》初集，第 49 页。

② 陈少白：《兴中会革命史要》，参见冯自由：《戊戌后孙康二派之关系》，《革命逸史》初集，第 49 页。

日),他带着当地华侨多人到域多利中华会馆庆祝“圣寿”,在龙旗摇飏中叩首如仪,遥祝光绪皇帝康健①。其后,保皇会遍及加拿大各处,又陆续发展到美国、墨西哥、中美,南美等地,共建立总会十一个,支会一百零三个。康有为任正会长,梁启超、徐勤任副会长。保皇会的成立,标志着康有为政治活动中反动性的一面开始日趋增长。

和康有为略有不同,梁启超一度表现了同情革命的倾向。

1898 年 11 月 14 日,梁启超在横滨发刊《清议报》,以激烈的言词攻击以西太后为代表的后党,同时吹捧光绪皇帝。据梁启超说,中国秦汉以来的君主都把百姓看成奴隶,“真能以子弟视其民者,则惟我皇上一人而已”②。这一时期,梁启超的思想大体上仍以康有为作指针。1899 年 6 月 6 日,经冯镜如介绍,梁启超和杨衢云在横滨进行会谈。梁启超表示,现在还不愿意合作,建议双方各自做好自党的工作。杨衢云把他对梁启超的印象写信告诉了谢缵泰,认为康党太骄慢,“不愿意同我们平等相处”,“一心想控制我们,或者要我们服从他们”③。谢缵泰接信后,宛如一盆凉水浇下来,自此打消了合作的念头。但是,戊戌政变毕竟增加了梁启超对清政府的愤懑,康有为离日后,梁启超少了一个牵制者,思想逐渐发生某些变化。这年夏秋间,他和孙中山往来日密,在信中说:“办事宗旨,弟数年来至今未尝稍变,惟务求国之独立而已。若其方略,则随时变通,但可以救我国民者,则倾心助之,初无成心也。”④他在东京创办了高等大同学校,从国内召来林圭、范源濂、蔡艮寅(锷)、周宏业、蔡钟浩、田邦璿、李炳寰等时务学堂旧生,又召来横滨大同学校冯自由、郑贯一、冯斯栾等。梁启超自任校长,教以自由、平等、天赋人权诸说。于是,校中诸生畅言革命,各以卢骚、福禄特尔、丹

---

① 《南海诗集》卷 4。

② 《爱国论》(二),《清议报》第 7 期。

③ 谢缵泰:《中华民国革命秘史》(中译本未刊稿)。

④ 《梁任公先生年谱长编初稿》上册,第 89 页。

敦、罗伯斯庇尔、华盛顿诸人自期。同时，经过多次协商，两派形成了一个合并的初步方案，拟定以孙中山为会长，梁启超为副会长。梁并起草了一份《上南海先生书》，略谓："国事败坏至此，非庶政公开，改造共和政体，不能挽救危局。今上贤明，举国共悉，将来革命成功之日，倘民心爱戴，亦可举为总统。吾师春秋已高，大可息影林泉，自娱晚景。启超等自当继往开来，以报师恩。"署名者为梁启超、韩文举、欧榘甲、罗普、罗伯雅、张智若、李敬通、陈侣笙、梁子刚、谭柏生、黄为之、唐才常、林圭等十三人①。为了实现两派联合，梁启超还赶到香港，和陈少白商量，推陈和徐勤起草联合章程。不料徐当面赞成，背后却与麦孟华一起写信向康有为告变，称梁"渐入行者圈套，非速设法解救不可"。康有为接到梁启超等人的劝退书，本已大怒，接到徐、麦信件后，立即派人携款赴日，勒令梁启超赴檀香山办理保皇会，不许稽延。梁慑于严师之命，于12 月 20 日登程赴檀。

行前，梁启超托孙中山介绍同志，信誓旦旦地保证，要合作到底，至死不渝。孙中山相信梁启超，写信将他介绍给孙眉和该地兴中会其他会员。抵檀后，梁加入了三合会，被举为"智多星"。他利用这一身份活动，声称保皇会"名为保皇，实则革命"。包括孙眉在内的许多兴中会员都因此加入了保皇会，钟木贤还担任了该会副总理。梁启超自诩道："此间保皇会得力之人，大半皆中山旧党。"②何宽等少数人虽不为所动，但檀香山兴中会至此已不能成一团体。兴中会的策源之地，居然成了保皇派的活动之区。在和保皇派的合作中，兴中会又一次吃亏上当。

初时，梁启超还敷衍孙中山，告以他在檀香山所为，不过是"从权办理"，希望孙中山体谅他的境遇，保证"必有调停之善法"③。但事隔一

---

① 冯自由：《康门十三太保与革命党》，《革命逸史》第二集，第 31—32 页。

② 《致南海先生书》，《梁任公先生年谱长编初稿》上册，第 124 页。

③ 《致孙中山书》，《梁任公先生年谱长编初稿》上册，第 90 页。

月，他就向康有为献策："且中山日日布置，我今不速图，广东一落其手，我辈更向何处发轫乎？"①他积极动员华侨捐款，拟筹资百万，派人在两广运动会党，想抢在孙中山的前头，"借勤王以兴民政"②。不过，保皇派的军事活动，很少进展，在自立军失败之后，就全无下文了。

兴中会被破坏并不限于檀香山一地。在横滨，当保皇分会成立之后，冯紫珊、冯镜如都成了活动分子，兴中会只剩下十几个会员。尢列虽还掌握着由华侨下层群众组织的中和堂，但它并不能从事重大的政治行动。

兴中会主要建立在爱国华侨之中。华侨对国内情况了解不够，他们为祖国的独立和强盛而投身兴中会，但是对于革命和救国的关系，革命与改良的区别，却无深刻的认识。孙中山虽然坚定地主张走革命的道路，但他这时尚未认清改良派的本质，对梁启超"流质易变"的特性更缺乏警惕。中国的资产阶级革命民主派还在形成之中，它必然要为自己的年轻幼稚而付出代价。革命派和保皇党之间的严正斗争，还有待历史的发展。

二 自立军起义

除对梁启超之外，兴中会还通过毕永年和唐才常取得了联系。

毕永年（1870—1902），号松甫，湖南长沙人。维新运动时期，成为谭嗣同、唐才常的好友。他与湖南、湖北一带哥老会头目李云彪、杨鸿钧、张尧卿、辜天祐等关系密切，被封为龙头。戊戌政变前夕，他看到维新无法成功，跑到日本求见孙中山，加入了兴中会。

唐才常（1867—1900），号佛尘，湖南浏阳人。长沙岳麓书院学生。与谭嗣同一起受教于浏阳著名学者欧阳中鹄，因而成为好友。1894

① 《与夫子大人书》，《梁任公先生年谱长编初稿》上册，第103页。

② 《致孙中山书》，《梁任公先生年谱长编初稿》上册，第140页。

年，肄业两湖书院。中日战争失败，认识到非变法不足以图强。1897年回湖南，参与维新活动。次年9月，他应谭嗣同电召，动身赴京，刚到汉口，政变就发生了。他哀悼死友，发愤举兵除奸，匆匆经香港、新加坡，转赴日本。

在日本，唐才常会见康有为、梁启超，接受了起兵勤王的任务。同时又经毕永年介绍，和孙中山商谈合作，陈述了在湘、鄂、长江一带发动的计划，得到孙中山的赞同。孙中山表示："倘康有为能皈依革命真理，废弃保皇成见，不独两党可以联合救国，我更可以使各同志奉为首领。"①唐才常很高兴，表示愿约梁启超一起向康有为进言。

1899年春，孙中山派毕永年偕平山周赴湖南、湖北联络哥老会。毕永年化装成和尚，首先到汉口会见林圭。林圭（1875—1900），字述唐，别号悟庵，湖南湘阴人，长沙时务学堂学生。他欣然接受了毕永年的邀请，三人一起入湘②，跑遍了长沙、浏阳、衡州等地哥老会山头，介绍兴中会宗旨与孙中山生平，劝说哥老会领袖与兴中会合作。孙中山听了他们的报告，便主张在湘、鄂、粤同时大举。同年秋，命陈少白去香港筹办《中国日报》，并要他和郑士良等在港设立机关，专事联络广东三合会。香港方面稍有眉目，毕永年等便再入两湖联络。11月，他带领李云彪、杨鸿钧、张尧卿等七名哥老会龙头到香港，与郑士良、陈少白、宫崎及三合会大佬集议，商定兴中会、哥老会、三合会联合，组成一个大的反清团体兴汉会，推举孙中山为总会长。为此，杨衢云应孙中山之请，辞去了兴中会总办职务③。其后，毕永年带着李、杨、张等哥老会头目往日本见孙中山，受到诚挚的招待。孙中山让他们回国候命。12月

① 冯自由：《毕永年削发记》，《革命逸史》初集，第74页。

② 林圭：《致孙中山代表容星桥筹划起义书》："安兄（毕永年）会中峰（孙中山）于东而议定，与平山周游内，至汉会弟，乃三人同入湘。"林受祐藏。

③ 关于此事，杨衢云对谢缵泰说："有一天，孙逸仙博士告诉我，扬子江各省的哥老会已经推选他为会长，并且暗示说，不能有两个会长，如果我不承认他的新职位，那我就必须独立工作。"见谢缵泰：《中华民国革命秘史》（中译本未刊稿）。

他们路过香港，经济上感到拮据。当时，康有为也正在香港停留，企图拉拢这几个哥老会头目，便送给他们一笔钱。李云彪、杨鸿钧等本没有固定的政治信仰，经常以会众为资本，与各方面拉扯。他们接受了康有为的赠款，随即投到保皇党门下。这件事使毕永年大受刺激，他写了一封信给平山周，声言“支那久成奴才世界”，“实不耐与斯世斯人共图私利”，决意“皈命牟尼”，真正当和尚去了①。兴中会和湘、鄂哥老会的关系因此受到削弱。

在与孙中山商谈合作之后，唐才常也于1899年春回到国内。3月，他到上海编辑《亚东时报》。同年秋，再赴日本。他周旋于两派之间，“对康、梁则曰勤王，对留学生则曰保国保种”②，企图得到各方面的支持。当时，林圭已应梁启超之召，到东京高等大同学校学习，唐才常便邀请他和湘籍同学秦力山、田邦璿、蔡钟浩等回国相助。湖北留日学生吴禄贞、傅慈祥、戢翼翚等也都表示愿意参加。1899年11月，梁启超、沈翔云、戢翼翚等在东京红叶馆为唐才常、林圭饯行，孙中山、陈少白、平山、宫崎等出席。双方把酒畅谈，举杯共祝，两派谈判合作以来第一次出现了融洽的气氛。席后，林圭向孙中山请益，孙中山把在汉口的关系——兴中会会员容星桥介绍给了他。

唐才常到上海后，参加了士商各界反对西太后“建储”的活动。1900年1月24日，西太后召集王公、军机大臣、各部尚书集议，准备废光绪，改立端王长子溥儁为帝。同日，光绪发布上谕，自称“痼疾在躬”，经“叩恳圣慈”，决定封溥儁为皇子，“以为将来大统之归”③。这一行动遭到了两江总督刘坤一等汉族大官僚及以资产阶级上层为主的各界人士的反对。1月27日，由上海电报局总办经元善领衔，通电要求光绪

① 关于毕永年愤而为僧的时间地点，冯自由《革命逸史》及以后不少著作都错。此据平山周说，见《总理年谱长编初稿各方签注汇编》(上)，油印本，35之10，又见《中国秘密社会史》和林圭的《致孙中山代表容星桥筹划起义书》。

② 冯自由：《记上海志士与革命运动》，《革命逸史》第二集，第76页。

③ 《己亥立储纪事本末》，《清议报全编》卷21。

皇帝“力疾临御，勿存退位之思”。[①] 签名者有叶瀚、马裕藻、章炳麟、汪贻年、丁惠康、沈荩、唐才常、经亨颐、蔡元培、黄炎培等一千二百三十一人。同时发表《布告各省公启》，要求各省共同力争，“如朝廷不理，则请我诸工商通行罢市集议”[②]。这是上海上层资产阶级和知识分子的一次联合行动，它成为后来许多类似行动的先导。

就在这件事情的前后，唐才常利用日人田野桔次名义，组织东文学社，以此为掩护，秘密筹组正气会。他亲自起草序文，一方面说：“国于天地，必有与立，非我族类，其心必异。”一方面又说：“夫日月所照，莫不尊亲；君臣之义，如何能废？”[③]既要排满，又要“忠君”，既不愿意“低首腥羶”，又割舍不下光绪皇帝。唐才常的这种态度表明他企图调和革命、保皇两派的关系，而他本人的思想也确是非常模棱和矛盾的。

唐才常的态度首先遭到了毕永年的反对。毕在哥老会头目变节之后虽然愤而为僧，但他终不能忘情现实，又跑到上海，力劝唐才常和康有为断绝关系。唐不从，两人辩论了一昼夜，毕永年失望而去，便南下广州，联络广东各地会党[④]。

唐才常等人当时的政治口号是“自立”。为了确切地表现这一意义，不久，唐才常将正气会改称自立会。6月，中国局势出现了纷纭复杂的局面：义和团运动兴起，八国联军入侵，清朝政府对外“宣战”。唐才常觉得时机已到，便又将自立会改称国会，以便公开活动，号召全国。7月26日，他邀请上海名流容闳、严复、章炳麟、文廷式、吴葆初、叶瀚、宋恕、沈荩、张通典、龙泽厚等八十余人，集会于愚园。会议由叶瀚主持，宣布会议宗旨为：不认通“匪”矫诏之伪政府，联合外交，平内乱，保全中国自主，推广支那未来之文明进化。会议并选举容闳为会长，严复

---

① 《己亥立储纪事本末》，《清议报全编》卷21。

② 《己亥立储纪事本末》，《清议报全编》卷21。

③ 《亚东时报》第19号，1900年2月28日。

④ 《总理年谱长编初稿各方签注汇编》（上），油印本，35之10。

为副会长。29 日，第二次集会于愚园，出席者六十余人，选举叶瀚等三人为书记，郑观应、唐才常、汪康年、丁惠康、吴葆初、孙宝瑄等十人为干事①。

国会由容闳起草了英文对外宣言，大意谓："中国自立会有鉴于端王、荣禄、刚毅等之顽固守旧，煽动义和团以败国事也，决定不认满洲政府有统治清国之权，将欲更始以谋人民之乐利，因以伸张乐利于全世界，端在复起光绪帝，立二十世纪最文明之政治模范，以立宪自由之政治权与之人民，借以驱除排外、篡夺之妄举。惟此事须与各国联络，凡租界、教堂以及外人，并教会中之生命财产等，均须力为保护。"②义和团运动有其落后性，但它本质上是中国人民的一次反侵略运动。唐才常的"国会"呱呱坠地时就宣布自己站在这个运动的对立面，这就决定了它不可能真正获得下层群众的支持。

国会内部也并不统一。成立刚三天，章炳麟与唐才常之间就争执起来。章向唐指出："诚欲光复汉绩，不宜首鼠两端，自失名义。果欲勤王，则余与诸君异趣也。"③他毅然割掉辫子，改穿西服，宣布脱离"国会"，"以明不臣满洲之志"。他随即写下了《解辫发》等文，寄交香港陈少白主编的《中国旬报》发表。章炳麟(1869—1936)，又名绛，字枚叔，号太炎，浙江余杭人。原在杭州诂经精舍随经学家俞樾读书。1895 年受维新运动影响加入强学会。1897 年任上海《时务报》撰述。1898 年又任上海《昌言报》主笔。戊戌政变后亡命台湾。1899 年至日本，经梁启超介绍认识了孙中山。同年秋归国，结识唐才常，参预《亚东时报》编务。割辫之举是他转化为革命派的标志。

当唐才常以上海为中心展开政治活动的时候，林圭则以武汉为中心进行军事准备。林圭受毕永年影响较多，毕等在香港推孙中山为兴

---

① 孙宝瑄：《日益斋日记》，转引自《梁任公先生年谱长编初稿》上册，第 131 页。

② 冯自由：《中华民国开国前革命史》上编，第 75 页。

③ 《太炎先生自定年谱》，《近代史资料》1957 年第 1 期，第 118 页。

汉会总会长，他是拥护的；孙中山委容星桥“专办湘、汉之事”，他也表示“甚善甚善”①。1900年1月26日，他致函去港联系的容星桥，催促容与孙中山早订起义计划。信中说：“今日之事，我辈如大舟已行至江中，舵不灵稳则舟将覆，人工不力则将退而不前，倘尚有翻覆而解散之，则不惟贻笑目前之大众，即后来传道，亦属难堪，此我辈实宜竭力之苦衷，亦本公司救世危岌之急候也。”②他在汉口英租界设立机关部，模仿会党散发票布的办法，广泛散发“富有票”；又在汉口、襄阳、沙市、岳州、长沙等地设立旅馆，招待往来会友。经过一段时期经营，联系了湘、鄂、皖、赣各省的哥老会头目，形成了一支以会党和张之洞所辖驻汉各军下级官佐和士兵为基干的军事队伍，称为自立军，共分七路：

前军，起义地点为安徽大通，统领秦力山、吴禄贞。

后军，起义地点为安徽安庆，统领田邦璿。

左军，起义地点为湖南常德，统领陈犹龙。

右军，起义地点为湖北新堤，统领沈荩。

中军，起义地点为湖北汉口，统领傅慈祥、林圭③。

另两路为总会亲军及先锋军。唐才常任诸军督办。

按原约，起义所需款项由康有为，梁启超接济，但实际上仅华侨富商邱炜萲汇到若干，不足以应付各路催款者的需要。哥老会头目李云彪、杨鸿钧投到保皇党名下就是为了钱，这时因所索不遂，带头离去；辜鸿恩、李和生则改发贵为票和回天票，另开山头。起义还未开始，唐才常所依靠的会党队伍就已经四分五裂。

由于八国联军入侵后局势变化急剧，林圭敦促唐才常到汉口发动。8月初，唐才常到达汉口，通过日本人运动张之洞，告以自立军将拥护他宣布两湖独立，张之洞当时无表示。在义和团运动兴起后，张之洞和

① 林圭：《致孙中山代表容星桥筹划起义书》，林受祐藏。

② 林圭：《致孙中山代表容星桥筹划起义书》，林受祐藏。

③ 《庚子革命先烈公墓碑》拓片。

刘坤一等虽然一起抗拒了清朝政府的“宣战’上谕，在帝国主义支持下，实行“东南互保”，但他本质上对清政府仍然是忠驯的。唐才常把起义的最大希望寄托在这样一个洋务派官僚身上，自立军的前途不问可知。

起义日期原订在8月9日，因康、梁的汇款未到延期，但这一消息未能及时通知远在安徽的秦力山。8月7日，桐城地区的会党宰牲祭旗，准备起义，被清吏发觉，急忙向安徽巡抚王之春告警。两天后，秦力山下令起事，宣布“广集同志，大会江淮，以清君侧，而谢万国”。同时宣布“保全中国自立之权”，“请光绪帝复辟”等宗旨四条；“保全善良，革除苛政，共进文明，而成一新政府”等法律九条①。起义军迅速占领了大通，并击沉王之春派来剿办的炮艇八艘。8月11日，清军援兵继至，秦力山挥兵力战，因寡不敌众，败退九龙山。不久，探悉汉口方面失事，便解散所部，辗转逃往国外。

8月21日，张之洞照会汉口各国领事。次日晨，派兵围搜英租界李顺德堂及宝顺里自立军机关部等处，先后逮捕唐才常、林圭、李炳寰、田邦璿、傅慈祥、黎科、蔡成煜等二十人。审讯时，唐才常供称：“因中国时事日坏，故效日本覆幕举动，以保皇上复权。今既败露，有死而已。”②其他人也齐呼速杀。当夜，唐才常、林圭等均被害。其后，张之洞又大兴党狱，残杀百余人。

汉口方面失事之后，沈荩急率新堤右军发动。湖北崇阳、监利等县纷起响应，但因中军已失，人心涣散，结果全师溃败。湖南方面，汪镕等原与唐才常、林圭等有约，计划同时发动。湖南巡抚俞廉三从张之洞处获得消息，大肆逮捕，被杀者有唐才中、蔡钟浩等百余人。

自立军以“勤王”为号召，但它宣布“不认满洲政府有统治清国之权”，准备建立“新造自立之国”，这就使得它不同于中国历史上的旧式

① 冯自由：《中华民国开国前革命史》上编，第71页。

② 冯自由：《中华民国开国前革命史》上编，第77页。

勤王，而是维新派以武力开辟政治道路的一次尝试，也是维新派政治活动的顶点。

血的教训能洗清人们的眼睛，振奋人们的斗志，使柔者变刚，弱者变强。自立军的参加者在揩干自己身上的血迹后，大都踏上了革命的途程，成了坚决的革命分子。从这个意义上说，自立军起义是革命和保皇之间的一个转折点。

第三节　惠州起义与洪全福起义

一　惠州起义

兴中会在广州起义失败后的全部活动，仍然是为着准备一次新的反清武装起义。

孙中山同唐才常商议过联合举义，但他估计康有为性情固执，必多掣肘，并未寄予过多希望，而把主要努力仍然放在广东方面，依靠兴中会及其所联系的力量。

1900 年 1 月，陈少白受孙中山之命在香港创办《中国日报》，成为最早宣传反清革命的报纸。陈少白任总编辑。同月，杨衢云自横滨到香港参加起义筹备。总机关就设在报社三楼。其间，郑士良已经联络了惠州、潮州、嘉应各属会党及绿林首领黄福，黄耀廷、江恭喜、梁慕光等，正在等待命令。4月，杨衢云返日，向孙中山报告准备情况，请示方略。随后，郑士良也接着赶来，拟和孙中山面商。

自从义和团运动兴起之后，孙中山就一直密切注视着中国北方的局势，待机发动。约在 5 月间，香港议政局议员何启认为中国局势危急，应使革命党与两广总督李鸿章联合，宣告两广自主，保存广东。他征得英国香港总督卜力(N. A. Blake)同意后，向陈少白献策，请港督出面劝李鸿章乘机宣告独立。李的幕僚刘学询也为此在孙、李之间拉关系。刘和孙中山同乡，在给孙中山的信中，他声称："李鸿章因北方拳乱，欲以粤省独立，思得足下为助，请速来粤协同进行。”[1]孙中山虽对李鸿章能否有此“魄力”持怀疑态度，但认为不妨一试，同时，也不放松起义的准备。在这期间，孙中山会见了法国驻日本公使哈蒙特(J. Harmond)，向他说明了推翻满清政府的计划，要求法国能给予军械和军事顾问方面的援助。孙中山允诺，一旦革命成功，将容许法国在华设立租界和租借地。哈蒙特向孙中山表示，法国政府深盼能扩大在华南的利益，但是，清政府是得到法国政府承认的合法政府，法国的基本政策是维持原有政府的地位和秩序。倘若孙的革命一旦成功，法国政府当乐于承认。他写了一封信，介绍孙中山与法国驻安南总督韬美(P. Doumet)相见[2]。6月11日，孙中山偕郑士良、杨衢云、宫崎寅藏、清藤幸七郎、内田良平等自横滨启程。舟中，宫崎自荐愿去新加坡说服康有为，使他“复建共和之旗帜，握手协力”，得到众人赞同[3]。17日，舟抵香港海面，李鸿章派兵舰来迎。因传闻李的僚属有借机逮捕孙中山、杨衢云的计划，孙中山便派宫崎、清藤、内田三人前去谈判，自己乘船迳赴西贡。过港时，在一只小舟中和郑士良、陈少白、谢缵泰、邓荫南、史坚如、李纪堂等举行了军事会议，确定起义的主要目标仍在夺取广州，但发动的地点改为广州、惠州并举，广州为正军，惠州为旁军。议定由郑士良率会党领袖赴惠州准备起义，史坚如、邓荫南等赴广州组织机关，杨衢云、陈少白等留港接济饷械，李纪堂担任财务主任，总管经费。

宫崎等过船后，被接到广州刘学询私宅，当夜就进行了谈判。刘学询称，在各国联军未攻陷北京之前，李鸿章不便有所表示，但同意借款六万元，先付一半，希望孙中山早日前来，共策进行。谈判结束，宫崎等

---

① 冯自由：《刘学询与革命党之关系》，《革命逸史》初集，第22页。

② 《法国驻东京公使致印度支那总督》，1900年6月7日，法国国家档案馆，印支，Bll(36)。

③ 宫崎寅藏：《三十三年之梦》。

即转往香港，接受了刘学询之子交来的三万元现金。随后赶赴新加坡，准备和康有为谈判。不料康有为怀疑宫崎此行的目的是行刺，避不见面，并向殖民当局控告。7月6日，宫崎和清藤被捕。

孙中山于6月21日抵达西贡。但是，韬美并没有和他会面，只让随从人员表示：法国殖民当局乐于见到中国内政有所改善，但以不引起革命和骚乱为原则①。孙中山在西贡停留期间，得到宫崎被捕的消息。7月9日，赶赴新加坡营救。12日，宫崎等出狱。英国殖民当局规定，孙中山、宫崎等五年之内均不准入境，孙中山等重返西贡。16日，孙中山等一行自西贡抵达香港，对登轮来访的香港官员说："我们同党现正努力以颠覆北京政府，我们将在中国南部建立一新政府。"并称："我已放弃与康有为协力商讨当前局势的想法。"②宫崎入狱事件使孙中山与康有为合作的希望又一次破灭。

在孙中山一行抵港之前，香港总督卜力曾将孙中山、李鸿章的合作打算报告英国首相，要求允许孙中山在香港登陆。但英国首相坚持香港政府以前对孙中山宣布的驱逐令仍应有效。这样，孙中山只能在船上布置军事。他将惠州起义的指挥权交给郑士良，命毕永年掌握哥老会③。派日本人远藤隆夫为参谋，平山、福本襄理民政，自己则准备去台湾筹备饷械，待适当时机潜入内地指挥。

当孙中山等滞留香港舟中的时候，李鸿章也正在香港停留。7月8日，清政府调李鸿章为直隶总督兼北洋大臣。17日，李鸿章抵港，拜会卜力。卜力重申前议，要李鸿章留下来实行所谓"两广独立"计划，并拟安排孙、李见面。李鸿章坚决不允，只表示"视时局趋势徐徐解决"④，

---

① 《印支总督致殖民部》，1900年10月7日、27日，法国国家档案馆档案，印支，Bll(36)。

② 英国外务部档案，F.O.N.类第1718号：《英国自治领中之中国革命党》。

③ 平山周：《中国秘密社会史》，上海商务印书馆1912年版，第148页。

④ 《孙逸仙谈话》，1900年7月25日兵库县知事报告，发兵秘字第410号，日本外务省档案：《各国内政关系杂纂(支那)(革命党)》。

次日离港北上。

两广独立计划是义和团运动兴起后半殖民地中国的独特产物。几种不同的政治力量都企图利用当时的复杂局面来达到自己的目的，但是，他们之间既存在着矛盾，局势又仍在急遽发展，老奸巨猾的李鸿章是不会轻易地把这个计划付诸实施的。

7月20日，孙中山偕宫崎返日。次日，何启通知谢缵泰等人说：卜力支持在中国南部成立一个共和国①。这以后，曾由孙中山领衔，杨衢云、郑士良等署名，致书卜力，要求英国政府“助力”，“改造中国”，内附《平治章程》六则，提出了具体的政治设想。其内容有迁都于适中之地，于都内设中央政府，各省设自治政府，立议会，公权利于天下，增添文武官俸，平其政刑，变科举为专门之学等②。8月14日，八国联军攻入北京，西太后挟光绪出亡。同月25日，孙中山偕平山周、内田良平登轮离日，潜赴上海。他企图利用这一特定时机，以容闳为首领，联络李鸿章、刘坤一、张之洞以及康有为等，以江苏及两广等省为根据，宣布独立，建立共和政体，渐次向中国北方发展，推倒清朝统治③。28日，孙中山抵上海，和刘学询在船上举行了会谈，没有结果。当时，正值唐才常等被捕之后，张之洞、刘坤一等命令各地严缉新党，孙中山无法在上海活动，于9月1日与容闳同轮离沪。

上海之行虽然无成，孙中山仍不愿失去时机。9月25日，偕内田良平、山田良政等赶赴台湾。抵台后，托平山周带交刘学询一函，要他筹款百万，资助起义。函中写道：“今日事机已发，祸福之间不容发，万无可犹豫，且清廷和战之术俱穷，四百州之地，四百兆之人，有坐待瓜分

---

① 谢缵泰：《中华民国革命秘史》（中译本未刊稿）。

② 关于上书卜力，提出平治章程的时间，说法不一，但上卜力书有“竟因忠谏，惨杀无辜，是谓戮忠臣”等语，显指清政府杀许景澄、袁昶事；许、袁被杀在1900年7月28日，则此书定稿当在事后不久。

③ 《神奈川知事报告》，外务省机密受第1532号；《福冈县知事报告》，外务省机密受第5932号、第9942号；日本外务省档案：《各国内政关系杂纂（支那）（革命党）》。

之势。是可忍,孰不可忍?是以毅然命众发之。"①表现了满腔的忧时爱国之情。当时,台湾总督儿玉源太郎根据日本政府指示,企图乘列强瓜分中国之机,霸占福建和中国东南沿海一带。因此他表示"赞成"中国革命,命民政长官与孙中山接洽,许以起义后设法相助,企图借中国革命者达到自己的目的。孙中山不了解儿玉的阴谋,他将购得的军械储存在台湾,准备内运;答应前往助战的日本退役军人,也集中于此。

10 月 6 日,惠州起义爆发。

郑士良入惠州后,就选择了归善县属的三洲田作为根据地。三洲田是会党啸聚之区,三合会深入于周围农村之中。他集中了六百名精壮,但武器弹药不足,军粮又日渐匮缺,只好将所部分散,仅留八十人守大寨。可是起义风声已渐传出,粤督德寿命广东水师提督何长清部进驻深圳,陆路提督邓万林部驻淡水、镇隆,对三洲田取包围态势。郑士良急电孙中山请速接济。孙中山复电称,筹备未竣,暂时解散。起义将领认为敌军不足惧,续电孙中山表示,将沿海岸东上,仍请设法迅速接济弹药。孙中山再次复电称:"若能突出,可直越厦门,至此即有接济。"②

在孙中山的复电还未到达三洲田军中的时候,清军何长清部二百人已经进驻新安县沙湾,哨骑达黄冈,逼近三洲田。起义军迫于形势,只能发动攻击。6 日晚③,黄福率八十人夜袭清军,阵斩四十人,生擒三十余,初战告捷。黄福并拟于天明时乘胜追击,与虎门、新安一带的江恭喜部数千人会攻新安。正在这个时候,郑士良自香港携孙中山第二次复电至,于是全军改道,往厦门方向前进。江恭喜部不及集合,迅速涣散。

---

① 冯自由:《刘学询与革命党之关系》,《革命逸史》初集,第 79 页。

② 黄中黄译录:《孙逸仙》,中国史学会主编:《辛亥革命》(一),第 128 页。

③ 关于惠州起义爆发时间,一般史书均据冯自由《中华民国开国前革命史》作 10 月 8 日,此据粤督德寿奏折〔《辛亥革命》(一),第 242 页〕及孙中山《致犬养毅书》(台北《传记文学》第 214 期,第 20 页)订正。

其后，郑士良接替黄福的指挥职务，率六百义军避开何部主力向镇隆前进，清军邓万林部千余人扼险而守。起义军在平山、龙冈间召得千余群众，于 10 月 15 日奋勇攻山，诛守备严某，擒归善县丞兼管带杜某，夺得大批枪支弹药，革命军再次告捷。同时，梁慕光等也在博罗集中起义军响应，千余人直扑博罗城，另以小部攻惠州府城。因惠州坚守，援敌迅集，起义军寡不敌众，被迫散入乡间。

至此，江恭喜部未能发动，梁慕光部又没有取胜，郑士良部已经成了孤军。清军集众万余，全力进攻。但郑军一路秋毫无犯，受到乡民欢迎，投军者数千人。10 月 17 日，在永湖与清军五六千人遭遇。义军仅洋枪千余，以少胜多，提督邓万林中枪堕马，狼狈逃命，革命军第三次告捷。10 月 20 日，又在崩冈墟第四次告捷。次日，军次三多祝，投军者益众，兵员达二万余，宿营白沙。这时，义军枪支弹药已近竭绝。

孙中山于接得起义军将沿海岸东上的电报后，即急速筹集武器弹药。他一面致电宫崎，令将原先向菲律宾独立军借定的枪枝，速送惠州；一面向儿玉接洽，请其协助武器弹药。但是，由于日本政客的贪污混骗，菲律宾独立军在日本所存的军械全是废品，无法使用。日本政府这时已发生了更迭，新任首相伊藤博文奉行保全清政府以作其代理人的政策，禁止台督帮助革命党人，并禁止武器出口。这样，孙中山接济武器和潜入内地的希望完全没有了。

山田良政奉孙中山之命，由香港潜往白沙大营，告以“政情忽变，外援难期，即至厦门，亦无所得”①，要郑士良自行决定进退。起义军得到消息后全军激昂，郑士良当即召集军事会议，决定沿海岸退出，渡海返三洲田，设法从香港购取弹药，然后会合新安、虎门义军，以攻广州。于是，起义军解散，仅留洋枪手千余人，分水陆两路回到三洲田。他们想袭击深圳、横冈的清军，但是饷弹殆尽，只好在 11 月 7 日解散。山田良政在归途中遇害。郑士良等逃至香港。大批起义将士流亡海外。

---

① 陈春生：《庚子惠州起义记》，中国史学会主编：《辛亥革命》(一)，第 241 页。

惠州方面既失败,广州方面的起义计划也随之流产。

广州方面的发动人是史坚如(1881—1900),他原是官僚家庭子弟,因愤于清廷丧权辱国,拒绝改革而投身革命。为了筹集起义经费,他和哥哥史古愚卖去了各自的一份家产。原订夏历七月某日起事,因军械未至改期。这时三洲田已先期发动。为了解除三洲田起义军受清军夹击的困境,史坚如决定铤而走险。他在督署近旁租定一所房子,由邓荫南运来炸药,想炸毙德寿。10 月 27 日,他连夜挖地,安置好炸药引爆设施,燃香施放,但是药线没有点着。28 日晨,他再次燃香,外出观察。果然一声轰响,震坍督署后围墙十余丈,德寿自床上抛出堕地。史坚如于次日前往码头时被捕,11 月 9 日被害。

惠州起义爆发在义和团运动遭到帝国主义者和封建统治者联合镇压的时候,国内外各种政治势力的紧张活动,为这次起义添加了丰富的色彩。兴中会勇敢的武装起义表明,在挽救当时祖国危亡的斗争中,资产阶级革命者是一支坚定的力量,但是这支力量在政治上还很幼稚,还不善于应付各种复杂的局面。

在孙中山亲自布置的反清武装起义中,惠州起义历时最长。兴中会利用三合会的力量组织起义,使起义获得良好的群众基础。起义的指挥者郑士良既是革命党人,又是会党领袖,还是一个很好的军事指挥员。他以这种身份领导起义,保证了起义军指挥的统一。这次起义原定的正军在广州,惠州只是旁军,但是正军像 1895 年一样没有结果,旁军却很快有所发展。此后,直到 1910 年春节的广州起义前,孙中山没有再布置夺取广州这样的大城市,不能说与惠州起义的经验没有关系。

导致这次起义失败的直接原因是军械问题,而这次的军械问题却是由政治原因造成的。兴中会的领导人没有认识到帝国主义的本质,轻意地把夺取胜利的重要准备即军械的供给,寄托在日本官方的支持上,因而打乱了起义的计划。对帝国主义者的幻想,还同样反映在争取法国援助和广东独立问题上。兴中会领导人的这种幻想,是中国资产阶级与生俱来的软弱性的表现。以后,他们在对待诸如此类的具体问题时，手段虽已老练得多，但这一根本弱点仍然危害着他们的事业。

惠州起义后，1901 年 1 月，杨衢云被广东当局雇人刺死于香港。杨衢云对兴中会的事业有重大贡献，他坚决反对在革命成功后保留帝国，首先提出要在中国建立民主共和制的国家，并为此而奋斗至死。对于他的功绩，孙中山始终感念不已。8 月，郑士良又在港暴卒。1902 年 1 月，毕永年逝世于惠州罗浮山寺。已经受到严重摧残的兴中会又丧失了几位重要的活动家，只好暂时偃旗息鼓了。但是，澳洲华侨谢缵泰却仍在努力，试图组织一次新的进攻。

二 洪全福起义

在兴中会会员所组织的历次起义中，洪全福起义是一次和总会没有联系的独立行动。

起义的发动人是谢缵泰。谢缵泰(1872—1937)，字圣安，号康如，广东开平人。出生于澳大利亚。父亲谢日昌，是雪梨泰益出口商店的老板，哥老会的前辈。在谢缵泰还是个少年的时候，谢日昌就向他灌输了强烈的反清思想。1892年谢缵泰在香港参加辅仁文社。1895年加入兴中会。广州起义失败后任英商祺昌洋行买办。1899年结识洪秀全的侄子洪全福。洪全福原名春魁，1836年生，随洪秀全转战各地，被封为瑛王。太平天国失败后逃亡香港，在洋船上当厨工多年，后悬壶行医。谢缵泰结识洪全福后，企图借助于他的丰富的军事经验，组织力量，第二次攻夺广州，以“执政”的名义建立“联邦”式的政府。他认为，“共和国政体”对中国来说太先进了①。1900年初，兴汉会成立，杨衢云辞去兴中会会长职务，谢缵泰认为孙中山“篡夺”了杨的职务，拒绝参加孙中山正在日本酝酿的一个革命组织，决定独立行动。同年 2 月 9 日，在广州散发“解放、自由与维新”的传单，作为攻夺广州之前的一次试探性行动。

---

① 谢缵泰:《中华民国革命秘史》(中译本未刊稿)。

这年3月末，容闳路过香港。谢缵泰、容闳及杨衢云之间进行了几次密谈，讨论联合与合作问题，容闳也认为孙中山“太轻率了”①。4月初，容闳乘船赴美，谢缵泰写信劝孙中山在日本会见容闳。其后，他并向杨衢云建议，推容闳为维新联合党派的主席。1901年9月，谢缵泰、洪全福、李纪堂集议。洪全福主张筹款五十万，召集广东、香港的洪门兄弟起义。李纪堂刚接受了父亲的百万巨额遗产，慷慨承担了全部军费。他并提议，事成后推容闳为临时政府大总统。

计划确定，谢缵泰、洪全福分头准备。谢的主要工作为争取国际援助和进行舆论宣传。他先后联系了伦敦《泰晤士报》记者莫里逊(G. E. Morrison)、《香港日报》编辑肯宁汉(A. Cunningham)、《德臣西报》编辑黎德(T. H. Reid)、传教士李提摩太(Timothy Richard)等人，得到了不同程度的支持保证。莫里逊表示：“我的支持就意味着《泰晤士报》的支持，而《泰晤士报》的支持则意味着英国人的支持。”②1902年6月9日，在肯宁汉帮助下，谢缵泰起草了宣言和向列强的呼吁书。

谢缵泰起草的宣言和呼吁书至今尚未发现，但是，流传下来的几个文件却揭示了谢的部分主张和观点。这就是《大明顺天国元年南粤兴汉大将军檄》、《申明纪律告示》、《安民告示》、《四言安民告示》等。为了发动会党，谢缵泰打出了“大明顺天国”的旗号。文件揭露了清政府的民族歧视政策，指斥了辛丑和约所带给中国人民的深重灾难：“赔款交通，民悲避债无台。”③文件也包含着旧式会党所不可能具有的民主主义内容，如《申明纪律告示》称：“本将军宗旨，系专为新造世界，与往日之败坏世界迥乎不同，而脱我汉人于网罗之中，行欧洲君民共主之政体，天下平后，即立定年限，由民人公举贤能为总统，以理国事。”④谢缵

① 谢缵泰：《中华民国革命秘史》(中译本未刊稿)。

② 谢缵泰：《中华民国革命秘史》(中译本未刊稿)。

③ 中国史学会主编：《辛亥革命》(一)，第322页。

④ 中国史学会主编：《辛亥革命》(一)，第324页。

泰这时的思想介于维新派和革命派之间,“行欧洲君民共主之政体”这一点,使谢缵泰区别于孙中山,而接近维新派,但是,“由民人公举贤能为总统”这一点,又使他区别于维新派。

洪全福把主要精力集中于进行军事准备。他于这年夏天在香港、广州设立了革命机关。香港机关托名和记栈,广州机关则以洋货店、肥料厂、信义公司等名目为掩护。向例,每逢夏历元旦天未明时,广州文武官吏都要齐集万寿宫行礼。洪全福即准备于此时军分五路,纵火为号,炸毁万寿宫,焚烧火药库,占领军械局及各衙署,宣布推翻满清的革命目的。同时,发动惠州会党响应。

10月16日,谢缵泰和父亲讨论了洪全福的起义筹备情况,认为基本就绪。19日,谢缵泰通知《德臣西报》编辑黎德和肯宁汉二人,要他们准备“革命的来临”①。11月2日,谢缵泰在香港各报发表文章,主张消灭中国的“奴隶制”②。6日,收到容闳从美国的来信,信中说:“一方面,我自己作好准备,另方面,我将尽我的能力满足你们的需要。”容闳要求将暗号和密码寄给他③。12月24日,肯宁汉为谢缵泰秘密印刷了“独立宣言”。27日,洪全福和谢缵泰的弟弟谢缵叶进入广州,八个有关的军事领导人举行了秘密会议。随后,洪全福回港报告了拟于除夕(1月28日)发动的具体计划。1901年1月25日,洪全福、谢子修再次进入广州、准备发动。

就在这关键时刻,清政府广东当局勾结香港殖民政府采取了应急措施。

起义所需枪械是由李纪堂出面向广州陶德洋行定购的,预交订款十数万元。洋行方面企图吞灭枪款,便向粤吏告密。洪全福等动身不久,广州方面便派人引导港警搜查和记栈,拘捕留守人员并搜出军械、

① 谢缵泰:《中华民国革命秘史》(中译本未刊稿)。

② 谢缵泰:《中华民国革命秘史》(中译本未刊稿)。

③ 谢缵泰:《中华民国革命秘史》(中译本未刊稿)。

旗帜、会党册籍多件，在这一紧急情况下，洪全福仍然企图补救，他命在澳门的同志装载枪械，以煤炭掩盖，火速运往广州。驶至香山时，即被拦截。同时，梁慕光向沙面洋行密购的快枪二百杆也被清兵发现。粤吏搜索起义军设在广州的机关，逮捕二十余人。洪全福剪掉胡子，化装逃走。

事后，梁慕信等十余人被害。谢缵泰父子因失去信心，解散了已经组织起来的国内力量。3 月 11 日，谢日昌因忧愤逝世。4 月，谢缵泰决定听任孙中山及其追随者"自由行动"①，自己则创办《南华早报》，不再致力于武装斗争。

导致洪全福起义失败的直接原因还是军械问题。李纪堂等寄希望于外国资产阶级在中国开办的洋行，以为它会恪守贸易原则。他们不懂得，此类洋行，是帝国主义在中国的经济侵略据点，是完全不能信赖的。

洪全福起义是兴中会会员组织的最后一次起义。直到同盟会成立后，由于萍、浏、醴之役的带动，才出现新的武装起义高潮。

第四节　新型知识阶层在政治上的活跃

中国资产阶级的革命活动，在进入二十世纪之后，才得到迅速的发展。这种情况，除了根源于此时民族危机的加深和社会矛盾的激化以外，还明显地同一种新的社会力量的兴起有着密切的关系，这就是随资本主义工商业和新式教育、文化事业的发展而出现的新型知识阶层。它由初步接受了西方社会思想和科学文化而又服务于上述事业的知识分子——教师、学生、留学生、技师、职员、医生、记者、编辑、著作家、翻译家等类人组成，是中国资产阶级、城市小资产阶级中最活跃的部分。中国资产阶级的两大政治派别——革命派和改良派都因这一社会阶层

① 谢缵泰：《中华民国革命秘史》（中译本未刊稿）。

的兴起而得到发展，但获益最大的，还是革命派。资产阶级革命派从弱小到强大，从海外到国内，并造成声势浩大的政治运动，在很大程度上依赖于新型知识阶层在政治上的活跃。

一 留学生和流亡者在日本的政治活动

还在十九世纪末年，日本就已经是中国留学生最多的国家和中国政治犯逋逃的渊薮。清朝向日本派遣留学生，始于1896年，较派向欧美各国要晚。其后，逐年增派，人数迅即跃居留学各国学生的首位，但在1900年以前，也还不满百人。留学生基本集中在日本国都东京。流亡日本的孙中山一派革命志士和康有为、梁启超一派维新志士，人数更少，都在旅日华侨最多的横滨活动。

政治思想开放的留学生对孙中山、梁启超都很景仰，优游于二者之间，似乎并不关心他们之间的政治分野。梁启超倚仗着他在戊戌变法时的名声，又凭着办有《清议报》和东京高等大同学校，俨然是进步学生的盟主。他的一派人对后党"伪政府"的无情揭露和对民主主义的宣传，也确实在启发着青年学生们的觉悟。孙中山一派人则没有积极主动地在留学生中发展自己的力量，他们同学生们的联系面比较狭窄。1899年秋，《清议报》助理编辑、原高等大同学校学生郑贯一，与同学冯懋龙、冯斯栾创办油印刊物《开智录》，宣传自由平等思想。三人分别改号自立、自由、自强以表明志向。1900年，该刊改为铅印，随《清议报》附送，孙中山给予了政治和经济上的支持。受孙中山的影响，《开智录》中出现了"排满"字样，影响到保皇会的会务，于1901年春被梁启超等强迫停刊。1901年春，郑贯一、冯自由、冯斯栾、李自重、王宠惠等因传说清廷将把广东割让给法国，发起成立广东独立协会，主张广东向清朝政府宣告独立，吸引了不少留日华侨入会。孙中山积极支持这一举动，郑等常到横滨前田桥孙宅讨论进行方法。广东独立的主张与梁启超一派人的主张并不冲突。次年，欧榘甲即化名太平洋客，在旧金山《大同日报》上连载《新广东》一文，也主张广东独立。可是，由于郑贯一经常出入孙中山之门，还是被解除了在《清议报》的职务。孙中山将郑介绍到香港《中国日报》去任主笔。少数广东学生虽然接受了孙中山的影响，但大多数留学生的政治趋向尚未转移。

当时，留学生中有一个团体叫励志会，成立于1900年的春天。励志会的宗旨不过是联络感情，策励志节，但由于负责人热心政治，会员得以借此交流政见。励志会的活动人物，如曹汝霖、章宗祥、吴禄贞、傅慈祥、戢翼翚、沈云翔等都非常激进，积极主张改革中国政治，不少人还提出要排满。1900年下半年，会员杨廷栋、杨荫杭、雷奋等创办了《译书汇编》，这是留学生自办的第一个杂志，专门译载欧美政法名著，诸如卢梭的《民约论》、孟德斯鸠的《万法精理》、穆勒的《自由原论》等书。这些译著曾在留学生和国内学生中风行一时。在此前后，会员戢翼翚、沈云翔、秦力山、黎科、傅慈祥、蔡成煜、郑葆晟、吴禄贞等还先后归国参加自立军起义，他们都深为此行能同时得到梁启超、孙中山的首肯而自喜。但是，当回国"勤王"而幸存的学生作为新的政治流亡者返回日本时，励志会和留学生的政治状况就不一样了。曹汝霖、章宗祥、吴振麟、王璟芳等变为稳健派，凡遇政府派官员到日考察，都为之翻译、引导，日渐与官场接近。激烈派分子则鄙视他们的堕落，目为官场走狗，两派势如水火。但是，更为深刻的分化却在于激烈派分子在革命和保皇之间进行了抉择。

1901年5月，秦力山、沈云翔、戢翼翚等在东京发刊《国民报》月刊。秦力山(1877—1905)名鼎彝，号巩黄、遯公，湖南善化(今长沙市)人。他是个秀才，拥护变法运动。1899年赴日入高等大同学校，曾任《清议报》编辑。大通起义失败后，逃往新加坡去见康有为，因自立军经费问题，愤然与康绝交。他又到横滨找梁启超，梁已为逃避自立军将士的责难他去，秦便跑到东京办起《国民报》来。戢翼翚也是跑回日本来找梁启超算账的。沈云翔则以返日后写的《复张之洞书》著名，这篇长文反驳了张在《劝戒上海国会及出洋学生文》中对自立军的污蔑，赞颂革命、流血，倡导自由、平等。秦力山自任该报总编辑，参与其事的还有杨廷栋、杨荫杭、雷奋、王宠惠、张继诸人。《国民报》是最早提倡颠覆清王朝的刊物，它以鼓吹天赋人权、平等自由而独具特色。《国民报》明确地同保皇党划清了政治界限，它指责侨居者中"且有不知革命、勤王之为何解者，亦昧然从而叫嚣不绝，如醉如梦，有若病狂"。它还指责康有为说："其所谓君恩未报者，亦既读书万卷，俨然为一代之经师，而又深鉴夫支那四万万同胞之脑气筋，各具一事父事君，家奴走奴之性质，于是以对病下药之名医自居，而求便于我功名之想。究其所行所为，不过书生之见，如梁山泊所谓白衣秀士王伦而已。"①该刊第四期还发表了《正仇满论》一文，指名批驳梁启超的《中国积弱溯源论》。《正仇满论》是革命派最早的一篇正面驳斥保皇谬论的文章，它的作者是尚在国内的章炳麟。

秦力山等在发刊《国民报》的同时，还组织了一个国民会，《国民报》社则作为其活动机关。国民会以革命为宗旨，提出"革除奴隶之积性，振起国民之精神，使中国四万万人同享天赋之权利"。它宣布："凡中国之人，苟有愿为国民而不愿为奴隶者，无论海外、内地，皆可入会。"②国民会预定的活动方针是"运动各埠华商，刺激内地志士"③，也就是说，在国内外掀起革命运动，因此，它规定要在国内各省、府建立组织。

国民会的一部分人也和孙中山产生了矛盾，他们曾在刊物上对他加以攻击。譬如说孙中山"乃阳袭民权革命之名号以自便其私图。然吾何故而得其证据哉？盖见夫华盛顿倡美国之独立，不闻以一身而逃至他邦；鸦军阿度与美国开兵端，不闻以一身而匿迹异国"④。这一派人以戢翼翚为首，他们对孙中山发动革命之用心的攻击是错误的，为

① 《中国灭亡论》，《国民报》第3期，1901年7月。

② 《苏报》，1903年5月31日。

③ 《苏报》，1903年6月4日。

④ 《中国灭亡论》，《国民报》第3期，1901年7月。

此，秦力山经常调护于二者之间。然而，他们主张中国的革命必须在国内开展并解决问题，却是正确的积极主张。《国民报》于8月份出刊后即停办，大部分人回国重振旗鼓，显然与这种矛盾和这种主张有关。杂志停刊后，国民会也随之解散了。

自立军起义失败后，在孙中山横滨寓庐中，学界人士的踪迹日益增多。钮永建拜会了这位“海贼”后，回去对吴稚晖赞叹说：“像一个书生，他的气度温和端正得很，我生平未见第二人！”①孙中山在知识分子中的印象正在扭转。经常领着学界人士去见孙中山的，除冯自由、程家柽之外，还有秦力山。1902年2月，秦力山引章炳麟前往拜访。章在自立军失败后也被通缉，避往苏州东吴大学任教②；又因放言高论受到江苏巡抚恩寿的注意，只好再往日本，应梁启超广智书局编译之聘。孙中山热情地接待了他们，在军乐声中将两人引入中和堂，会饮定交。此后，经常一起讨论土地制度等问题。

1902年4月，章炳麟联合秦力山、朱菱溪、马君武、冯自由、王嘉榘、陈犹龙、周宏业、李群、王思诚等，发起召开“支那亡国二百四十二年纪念会”，定于夏历三月十九日(4月26日)，即明朝崇祯帝自缢之日在东京举行。十名发起人中，除章太炎、陈犹龙外，均为学生；除冯自由外，均曾参加过维新运动或深受改良主义影响。他们企图通过纪念明朝灭亡来动员反清革命。章炳麟起草的宣言书声称，明亡之日，也就是中国亡国之始，号召人们“雪涕来会”，共同缅怀明末抗清斗争：“愿吾闽

① 吴稚晖：《我亦一讲中山先生》，《吴稚晖全集》，1927年上海群众图书公司版。

② 时在1901年。其间，章炳麟见到其师俞樾，俞虽已衰老不堪，仍肝火十足地教训这个不安分的学生，责其“不孝不忠，非人类也”，要“小子”们“鸣鼓而攻之”(《谢本师》，《民报》第9号)。俞樾希望章能回到书斋治经，但章却举顾炎武为榜样，答曰：“弟子以治经侍先生，今之经学，渊源在顾宁人，顾公为此，正欲使人推寻国性，识汉虏之别耳，岂以刘殷、崔浩期后生也?”(《太炎先生自订年谱》)从此，断绝了同俞樾的关系。这就是章炳麟“谢本师”的故事。

人，无忘郑成功；愿吾越人，无忘张煌言；愿吾桂人，无忘瞿式耜；愿吾楚人，无忘何腾蛟；愿吾辽人，无忘李成梁！”会期前一日，日本政府应清朝公使蔡钧之请，命令警视总监解散此会。警视厅传询了纪念会发起人。章炳麟长衣宽袖，侃侃而谈，回答了日本警长的询问：

“诸君是清国何省人？”

“余等皆支那人，非清国人。”

“士族，抑平民？”

“遗民。”

简短的回答表露出强烈的反满情绪。次日，程家柽、汪荣宝等数百人赴会，均被日警阻止。孙中山是纪念会的赞成人，他率领十多名华侨由横滨赶来，得知情由后回横滨补行了纪念式，章炳麟等发起人均应邀参加。梁启超本来也是赞成人，但他于会前即致函章炳麟表示：只可心照，不必具名。梁此时在办《新民丛报》，仍然和革命党人往来。东京之外，香港《中国日报》先期刊登了宣言书，届期，陈少白、郑贯一等举行了纪念式。

《国民报》、国民会的发轫和支那亡国纪念会的发起，都是以抛弃了改良主义的青年知识分子作为主体的。这一情况说明了自立军起义失败后，资产阶级内部政治力量的重新组合。事实证明，在摆脱一种占支配地位的错误政治倾向时，从反面得来的惨痛教训，往往比从正面接受的宣传教育所起的作用要大。正是保皇、改良没有出路的痛苦体验，使秦力山、章炳麟等人成了倡导革命并与保皇党斗争的急先锋。

不过，还应当指出，同样是皈依于革命大纛之下，《国民报》、国民会和支那亡国纪念会的思想倾向并不一致。前者的民主主义精神是透彻的。它继承了改良派宣传家对民主主义的宣传，而又加以纯净化；花在谴责“民贼”上的功夫，比花在谴责“满酋”上的功夫更多。后者以反满复汉为思想武器，完全缺少近代的民主主义的语言。但是，从社会效果来看，却是后者引起的震动较前者要大。许多寻求救亡之路而又主张革命的人们，怵于迫在眉睫的民族危机，宁愿去接受那种看来是最简单的口号和最便捷的手段。

《国民报》的创刊和支那亡国纪念会的发起，使旅日华人的政治活动中心由横滨转移到了东京。

1902年2月21日（夏历壬寅年正月初三日），留学生在东京举行新年恳亲会，到会学生274人。随后，成立了清国留学生会馆，地址在东京神田区骏河台。这一年在会馆登记的学生人数达到451人。清廷派出学生是为了培养统治人才，但广大青年争往日本，却多数是为了寻求救国救民的真理。日本是学习西方卓有成效的国家，加以离中国近，生活费用低，便成为忧国之士的理想去处。“自庚子以来，凡忧时之士，每伤国势之凌夷，莫不东望祝曰：‘愿留学者之日多而学之速成也。’”①革命派在留学生身上寄托了更大的希望，吴禄贞在留学生会馆成立会上把该会馆比喻为美国费城的独立厅。留学生一时被社会舆论称为“新中国之主人翁”。不仅官方派留学生，社会上也动员青年前往，有些地方还为游学者办有招待所、介绍所、补习班、预备科等组织，号召游学的宣传不断见诸报纸、刊物。一股游学热形成了，大批青年源源东渡。

在留学生学习的学科中，军事是个热门，官方为兴办新军派人去学军事，革命分子为掌握军事技能和谋取军权也想学军事。入日本陆军士官学校及其预备学校成城学校者在留学生中比例很大。驻日公使蔡钧为防止革命排满，禁止各省自费学生学陆军。1902年夏，江苏等省自费生钮瑗等九人申请入成城学校学陆军，蔡钧拒绝保送。7月28日，吴稚晖、孙揆均等二十六人为此到使馆请愿，举行静坐。蔡钧勾通日警，拘留了吴、孙二人。8月5日，东京警视厅以“妨害治安”罪宣布遣送二人回国。在起解时，吴稚晖跃入城濠自沉，预先准备好的绝命书说：“以尸为谏，怀忧曲突。”因河水不深，遇救。吴稚晖（1865—1953）名敬恒，江苏阳湖（今属常州）人。江阴南菁书院高材生，举人，拥护变法

① 《清国留学生会馆第五次报告书·序文》，1904年11月，东京。

维新，先后任教于北洋大学堂、南洋公学、广东大学堂，这时率广东留学生赴日，正在东京。他的绝命书虽然“词气之间，还忘不了忠君爱国”①，却得不到蔡钧的谅解。8 月 12 日，学生秦毓鎏、张肇桐等认为蔡钧勾结日警的行为丧权辱国，上书蔡钧并到使馆抗议，也被日警拘留。随后，留学生全体集会，一致决议声讨蔡钧。

成城入学事件的风潮并不算大，但它是留学生集体政治行动的开端。公使的压制激怒了学生们，胡汉民等愤而归国；少数激烈分子则酝酿组织团体。1902 年冬，叶澜、董鸿祎、汪荣宝、秦毓鎏、张继等发起了一个组织，他们原拟仿照意大利独立前的团体“少年意大利”，取名“少年中国”，后为避免清朝当局注意，定名为“青年会”，仍旧含有“少年中国”的意思。青年会的会约第一章，规定该会“以民族主义为宗旨，以破坏主义为目的”②，表现出鲜明的革命色彩。参加发起者还有周宏业、谢晓石、张肇桐、蒋方震、王嘉榘、嵇镜、钮瑗、吴绾章、萨端、熊垓、胡景伊、苏子谷，冯自由，潘赞化、陈由己、金邦平等。他们大多是早稻田大学学生、没有多少政治经历、更没有什么特定的政治身份。这批年轻人在政治上脱颖而出，说明资产阶级革命派的队伍开始获得了新鲜血液。

原先的留学生团体励志会，因为稳健派、激烈派的冲突早已无形解体，青年会在留学生中取代了励志会的地位。1902 年 11 月，湖南留学生杨笃生、梁焕彝、樊锥、黄兴等编的杂志《游学译编》创刊。同月，浙江留学生成立了浙江同乡会。随后，各省学生纷纷成立同乡会，许多省的同乡会都准备发刊杂志，不少青年会会员被选为干事、编辑员，在各同乡会及其刊物中起着骨干作用。

1903 年 1 月 29 日(夏历癸卯年正月初一日)，东京中国留学生照例举行新年恳亲会。清贝勒载振、驻日公使蔡钧与会。会上，马君武、

① 吴稚晖:《回忆蒋竹庄先生之回忆》,《上海研究资料续集》,第 105 页。

② 秦毓鎏:《青年会会员合影题跋》,《革命逸史》初集,第 104 页。

刘成禺先后发表“排满”演说，“主张非排除满族专制，恢复汉人主权，不足以救中国”①。两人声泪俱下，慷慨激昂，赢得了热烈掌声。清宗室长福起来辩驳，被学生们呵止。当初未能在支那亡国纪念会上喊出的声音，而今意外地在满族亲贵和官吏的耳边响起来了。马、刘二人与孙中山关系密切，他们这一行动，曾受到孙的启发②。事后，刘成禺被开除成城学籍，不准入士官学校，马君武也被迫返国。但是，他们演说的影响却不是任何处分可以消除的。

新年演说之后，东京留学界愈形活跃。

1903 年 1 月至 3 月，又先后出现了《湖北学生界》、《直说》（直隶留学生主办）、《浙江潮》、《江苏》等几种刊物。它们毫无掩饰地宣传民族主义、民权学说，用激烈的语言，激励留学生的爱国主义觉悟和革命斗争精神。

远处异国的留学生，对祖国遭受列强的欺凌痛心疾首。外国人对中国和中国人的任何不公正的待遇，都会刺激这群充满强烈的爱国心和自尊心的人们起来抗争。

2 月 10 日、11 日，日本报纸《日本新闻》、《国民新闻》分别揭载关于大阪博览会人类馆的消息，说该馆已雇定支那等七种人表演风俗习惯，以供观览。学生们闻讯后，认为将中国人同未开化的种族、已亡国的种族并列，是对中国人的极大侮辱。于是，留学生会馆干事集议，起草《呜呼支那人！呜呼支那人！》一文，报告各处，激起各处旅日华人抗争，大

① 冯自由：《中华民国开国前革命史》上编，第 56 页。

② 刘成禺《先总理旧德录》说：孙中山“召成禺及马君武赴横滨曰：‘吾朋侪中有勇气毅力，莫如二子；余非依违两可，即临阵脱逃者。民族革命，要在排满，舍排满而言民族，其能唤起国内人民之清醒乎？今有一机会，元旦留学生团拜，欢迎振贝子，公使蔡钧、监督汪大燮皆在，开演说会。禺生与君武，能提出排满二字，以救中国，大放其辞，自能震动清廷，风靡全国。……’”（《国史馆馆刊》创刊号，第 46 页）按，孙中山于 1902 年 12 月即离日赴河内，能否在事前就对二人作如此具体的安排，是可疑的。但孙中山希望有人能在公众场合倡言“排满”，却是可信的。

阪侨商也进行抗议,终于迫使博览会主持者撤销此举。

3月12日,秦毓鎏、蔡文森等参观大阪博览会时,发现福建省的产品陈列在台湾馆中。台湾省当时为日本所霸占,他们认为:"此必日人狡诡,以吾福建为彼势力范围地,故以出品置此":"此而不争,则日本谓吾国人可欺,真欲实行其志不难矣!"①经过激烈交涉,终将这些产品迁出。

3月26日至4月14日,弘文学院发生退校事件。该校发布新规则,在经济上对学生无理苛索,学生交涉无效,有五十二人出院。几经交涉,校长嘉纳被迫让步,留学生会馆及各省同乡会的干事才举行会议,决定复课。

4月13日,成城学校学生刘鸿逵受到日军大尉西乡的侮辱,队中长官拒绝处分西乡,在校中国学生愤而停课,终于迫使西乡向刘鸿逵和清国留学生总监督谢罪。

4月23日,成城学校举行运动会,张挂各国国旗,其中独缺中国龙旗。中国学生指出:"此虽小事,轻我殊甚。各国皆有,而我独无,是明明不齿我于诸国也。"②一致决定抵制运动会,并阻止中国人前往参观。校方无法,终于挂出了中国国旗。

上述事件说明,东京中国留学生的情绪已经到了这样热烈的程度,只要点燃,它的爱国主义和革命的光焰,就会焕然爆发。

二 中国教育会的成立和东南地区的"学界风潮"

1900年前后,兴中会会员曾经在上海和内地有过活动,但除了会党外,他们同各阶层民众联系甚少,同知识界的关系更浅。当时的知识分子中间,凡是有一点西方文化知识而又主张进步改革的人,都被笼统

① 《江苏》第1期,1903年4月。

② 《江苏》第2期,1903年5月。

地目为“新派”（或“新党”）。在戊戌年间崭露头角的维新志士依然是新派人物的带头人，他们虽屡受摧残，但在上海等地仍有立足的地盘和社会影响。当时，除了像章炳麟这样绝无仅有的几个主张“辨夷夏，讲尊攘”的人之外，还没有革命派的名目。

1901 年 3 月 15 日、24 日，为抗议沙皇俄国妄图霸占我国东北，上海士商两次在张园集会抗争。首次参加者二百余人，第二次参加者近千人。汪康年、温宗尧、蒋观云、薛仙舟、孙宝瑄、陈锦涛、黄宗仰、薛锦琴等发表了演说，汪德渊、吴葆初等发表了书面演说。会议致电清朝政府和地方督抚，请求“力拒俄约”。杭州士商也于 3 月 18 日聚议拒俄，上书要求浙江巡抚会同各省督抚电奏力争，具名者有邵章、汪熙、孙翼中、陈汉第（仲恕）、陈敬第（叔通）等人。发动这次拒俄斗争的核心人物是维新派名流汪康年、孙宝瑄等人。汪康年此时所办的《中外日报》，是国内维新派的喉舌，颇敢抨击时政。张之洞指责张园集会“不过借俄约为名，阴实是自立会党借端煽众，以显‘国会’权力”①，是深知汪等的政治背景的。不过，就在此前后，浑一的新派人物在国内政治形势刺激下逐渐发生了分化。革命意识开始在青年学生和一部分原先拥护变法维新的人士中萌发。

1900 年下半年，浙江杭州求是书院头、二班学生愤于北京沦陷和自立军失败，组织了励志社②，传播新书报，讨论时事，秘密开会演说。他们虽然还分不清维新和革命的界限，其激烈程度却已非那些维新派名流所能望尘。励志社社员还轮流给低班学生演讲新学，评阅文课。1901 年初夏，社员史久光轮值，请教习孙翼中命题，自己评卷。许多学生在课卷中痛斥作为清朝统治象征的辫子，结果被人告发，惊动了巡

---

① 《致江宁刘制台、上海盛大臣》，《张文襄公电稿》卷 45。

② 这一团体，陶菊隐《蒋百里先生传》、钱家治《杭州求是书院罪辫文案始末记略》作励志社，陶成章《浙案纪略》作浙会，沈祖绵《光复会二三事》作浙学会，兹从前者。

抚、将军,成为轰动一时的"罪辫文"案。事发,孙、史二人避往日本。"罪辫文"是混沌中的一星火花,它虽没提出革命的口号并形成运动,却反映了知识阶层仇恨清朝统治情绪的增长。随后,求是的姊妹学校养正书塾(此时,它们已分别更名浙江大学堂和杭州府中学堂)又发生了反对校方专制的学潮,学生汤槱、马叙伦等九人被开除。汤、马等六人赴沪与陈黻宸创办《新世界学报》。在1901年到1902年间,求是、养正两校涌现了叶澜、王嘉榘、董鸿祎、蒋尊簋、蒋方震、许寿裳、汤槱等一批出色的学生,他们在东渡日本之后,都成了留学生政治活动中的骨干分子。

杭州学生中发生的这种变化,在上海、江宁、无锡、嘉兴、常州、苏州等地的学生中也同样地在发生着。

新派人物分化中更为重大的事件是中国教育会的成立。1901年9月清廷下旨将各省书院改设学堂后,各地陆续出现一批官私学堂,教科书成为迫切需要。当时,中国留日学生翻译之风大盛,上海书商也竞相印行新书,但适用者不多。1902年4月15日,蔡元培与叶瀚、蒋观云(智由)等议定,成立中国教育会,专门编订教科书。4月27日,中国教育会在上海成立,蔡元培当选为事务长,王慕陶、蒋观云、戢翼翚、蒯寿枢等被举为干事。蔡元培字鹤庼,号鹤卿,倾向革命后易号民友、孑民,浙江山阴(今绍兴)人。1868年1月11日(清同治六年十二月十七日)出生在一个商人家庭中。1892年中进士,点翰林院庶吉士,散馆补编修。他在戊戌政变后对清政府感到失望,南返任绍兴中西学堂监督、嵊县剡山书院院长。1901年应聘为上海南洋公学特班总教习,同年冬,与张元济等创办《外交报》,分任撰述。教育会成立后,1902年暑假,偕高梦旦赴日本游历,适成城入学事件发生,吴稚晖、孙揆均被勒令回国。为了防止吴等回国遭受清廷迫害,蔡元培慨然承担护送的责任。8月13日抵沪,教育会发起了欢迎吴等的大会。8月22日,又召开协助亚东游学会,支持自费留学生入军事学校的要求。会上,叶瀚提出了教育会自办学堂的建议。陆续加入中国教育会的还有吴稚晖、黄宗仰、钟宪邕、王季同、汪德渊、林獬、陈竞全、章炳麟、金天翮、屠寄、丁祖荫、龙泽厚、徐敬吾、吴葆初、敖嘉熊、蒋维乔、马君武、马叙伦、陈范、张继、刘师培等人。他们大都是从事教育及其他新兴文化事业的人。在教育会成立之前，除戢翼翚、章炳麟、马君武、张继等少数几个人已经致力反清革命外，其他都不过是比较激进的新派人士。但随着教育会政治活动的开展，除了龙泽厚那样个别的人还坚持保皇主张外，其他大部分人都先后在不同程度上参加了反清革命运动。

中国教育会在其章程中宣布："本会以教育中国男女青年，开发其智识而增进其国家观念，以为他日恢复国权之基础为目的。"①这里，除"恢复国权"所指的内容不甚清楚外，意思是很明确的：中国教育会提倡教育，是为了改造中国的政治目的，是为了给予中国青年以改造祖国所需要的科学文化知识和正确的政治思想。这是一种革命的教育思想。关于这个目的，会中的激进分子稍后有进一步的解释，他们说："我等理想的国家，决非俄罗斯，德意志，乃纯然共和思想，所以从国民做起"，"我辈欲造成共和的国民，必欲共和的教育。要共和的教育，所以先立共和的教育会。"②明确地说，就是为在中国建立民主共和的国家而办教育会。他们激烈地反对封建教育和奴化教育，指出"专制之毒痛于学界，递积递演，则国民之萌蘖者愈受摧残"，"外人利我教育权者，将阴施其狡狯，益深我奴隶之资格"③。中国教育会鲜明地揭示了民族主义、民主主义的教育宗旨。为了实现这一宗旨，教育会计划认真地从事造就"共和的国民"这一工作。它设立了教育、出版、实业三个部，预备设立男女学堂，编印教科书、教育报，创办商店、工厂、公司。它在成立时并没有准备直接从事革命的政治活动，但是，时局的急速变化使它没有来得及从容地进行教育的改造，甚至一本教科书都没有编成，

① 《中国教育会第一次修订章程》，《选报》第21期，1902年7月。

② 《爱国学社之建设》，《选报》第35期，1902年12月。

③ 《中国教育会募捐启事》，见冯自由：《革命逸史)初集，第117页。

便被推上了政治舞台，会中的激进分子成了爱国运动和革命运动的中坚。

1902 年 11 月，上海南洋公学发生了退学风潮。南洋公学是清朝官吏盛宣怀在 1897 年创办的一所训练洋务人才的学校，因经费充足，校舍宽敞，设备齐全，师资较好，出路优越而颇著声名，实际内幕却十分黑暗。这时，该校有六个普通班和一个培养高材生的特班。其中，五班文课，学课教习郭镇瀛是一个学识浅陋而又顽固守旧的人，专以欺压学生为能事，长期为学生所不满。11 月 5 日，郭去上课，发现师座上放着一只洗净的墨水瓶，认定是有意侮辱他，严词诘问。11 月 11 日，校方应郭之请，开除无辜学生伍正钧，全班大哗，力争无效，14 日决定全班退学，举行告别演说会。五班的行动引起全校同情，次日，全校学生集会，派代表向总办汪凤瀛请求收回成命，汪不允，学生们决定全校退学。这时，校方才慌了手脚，急忙请学生们尊敬的教习蔡元培等出来调解。16 日一早，全校学生二百余人，检点行装，列队操场，等候交涉的最后消息。可是，蔡元培去见督办盛宣怀转达学生要求时，盛尚高卧未起。十点，学生们见没有回音，便高呼："祖国万岁！祖国万岁！祖国万岁！"整队离校。

南洋公学退学风潮的爆发不是偶然的。一方面，它是学堂中封建压迫的结果。正如《苏报》所指责的那样，学堂主办者"摄照老大帝国小影，官场总办局、所之恶习，自尊如帝天，视人如犬马，妄立章程，驰逞臆说。以压制缚束为威力，以用人派事为市恩；以排斥新书匿己短，以艰深旧学炫己长；以苛责细故为讲求实际，以管束学生为门面排场。呜呼，腐败至此，荒谬至此，荼毒暴虐至此，焉得不为世界之公敌也"①。另一方面，它又是青年学生中民主主义思想滋长的结果。长期以来，五班学生就不顾郭镇瀛的禁令，偷读《新民丛报》、《国民报》等杂志书刊，接受了民主主义思想。他们模仿梁启超改号"任公"的榜样，也为自己

① 《南洋公学学生一朝而同心退学者二百人》，《教育界之风潮》卷 11。

取号叫什么“公”,被开除的伍正钧的别号就叫“特公”。他们在 1902 年 8 月 31 日就成立了一个“演说会”,评论时政。演说会的宗旨是“爱国”,他们强调说:“惟现在之国不必爱,而未来之国良可爱也;老大帝国奚足爱,新中国则必爱。”班上核心分子十三人还组织了一个秘密的“任会”,之所以叫任会,就在于其宗旨是“以造新中国为己任”①。在他们的思想中,革命的因素已经比较明显。没有这样的思想准备,学生们是不可能起来向黑暗势力斗争的。

南洋公学内部的新与旧的矛盾,在全国学堂中是普遍存在的。学堂是新事物。人们都希望学堂能培育出拯救祖国的英才,他们把学堂学生称为“新中国的主人翁”,认为他们是中国前途的一线希望。但学堂绝大部分把持在封建势力手中,力图按照封建的老规矩去办学,因此进步教育界又将这大部分学堂称为“奴隶制造场”。这样,南洋公学退学风潮就不能不在社会上引起强烈的反响。

事后,进步舆论普遍支持学生。《选报》指出,这一行动“举数十年陋儒浅士卮言曲说,一举而廓清之,以伸独立之权。吾国学界中当有渐被其影响,以固此学生社会,不使露西亚之学生专美于世界”②。《新民丛报》也强调此“实中国国民前途关系第一重要事件也”③。

南洋公学学生二百余人退学后,因校方引诱,家长威逼,返回、散走了一些,但退学者仍有 145 人。大部分退学生无处可依,他们想自办“共和学校”也无经费,便请求中国教育会帮助。11 月 19 日,教育会与退学生集议张园,学生提出意见书,得到教育会的支持,决定成立爱国学社。当时,教育会也没有钱,蔡元培赶赴南京向人借款。到码头时,家人奔至泣告,说其长子病死,蔡挥泪嘱他人代办丧事,毅然登轮。11 月下旬,爱国学社在南京路福源里正式开学。蔡元培被推为总理,吴稚

---

① 爱国青年:《教育界之风潮》卷 4。

② 《破坏之教督》,《教育界之风潮》卷 11。

③ 《南洋公学学生退学事件》,《教育界之风潮》卷 11。

晖为舍监，教师由教育会选派。

爱国学社把灌输民主主义思想作为自己的任务。其章程说："本社略师日本吉田氏松下讲社、西乡氏鹿儿私学之意，重精神教育，而所授各科学，皆为锻炼精神，激发志气之助。"①吉田松荫、西乡隆盛是推动明治维新的日本政治思想界代表人物；松下讲社，鹿儿私学是他们在维新前后的讲学之所，他们所提倡的"军国民主义"曾经给中国革命运动的兴起以不小的影响。中国教育会和爱国学社企图仿效他们的教育活动，以推动中国政治的变革。蔡元培在学社开学祝词中说：希望通过学社的努力，"用吾理想普及全国，如神经系之遍布脑筋于全体是也"②。为了达到此目的，学社设置了完备的课程。学社学制分寻常级、高等级，各二年，后又增设了蒙学班。高等级有伦理、算学、物理、化学、心理、论理（逻辑学）、社会、国家、经济、政治、法理、国文、日文、英文、体操等课程。这些课程中、社会、国家、经济、政治、法理心理以及论理等科，都是上海其他学堂所没有的，而学社用以传授西方资产阶级的思想学说。学社最富特色之处是学生自治制度。学生在校内享有很大的权利和自由。住宿生实行自治制，设有评议会，监督学校行政和学生操行。高年级学生还充当寻常班的教师。学生们还经常同教师一起外出参加政治活动。爱国学社在教育上的创举和活跃的政治空气，吸引了许多青年前来就学。

南洋公学退学风潮发生前，国内早有学潮发生，但影响不大。著名的南洋公学全校学生退学，并组成自己的学校，这就为各地受压抑的学生树立了榜样，鼓舞了他们的反抗情绪，类似事件在各地不断发生。

1902 年 11 月，浙江吴兴南浔镇浔溪公学为南洋公学学生的斗争精神所感动，公议登报祝贺，总教杜亚泉横加干涉，随后又解聘学生爱

---

① 《爱国学社之建设》，《选报》第 35 期，1902 年 12 月。

② 《爱国学社之建设》，《选报》第 35 期，1902 年 12 月。

戴的教师，学生二十九人愤而退学。

1903年4月3日，江宁江南陆师学堂学生三十余人也因反对校方专制退学。当时，校方无理斥退学生，引起学生公愤，校方反加以“聚众滋事”的罪名，并以禀明两江总督严加惩办相威胁。学生义无反顾，集体离校。他们得到了中国教育会的支援，章士钊（此前因他故退学）、林懿均等三十一人加入爱国学社。

4月13日，杭州浙江大学堂学生也因反对总理劳乃宣等无理开除学生，八十余人集体退学。退学生仿照爱国学社的样子，自建了励志学社。励志学社得到了中国教育会的资助。

5月3日，上海广方言馆学生因反对总教习舒高第，倡议集体退学，总办赵滨彦竟欲调兵围校，后见学生不屈，才设法调停。

5月9日，杭州教会学校蕙兰书院学生因反对美国教士甘惠德的欺侮虐待，五十余人退学，组成了改进学社。

一时间，各地退学、罢课、集会等反抗斗争风起云涌，被社会上称为“学界风潮”，一些学生则自称为“学界革命”。“学界风潮”是新型知识阶层在政治上崛起的一种表现，学生们反对专制、奴化，要求自由、平等，忧国忧民，表现了民主主义的觉悟，同时也使斗争带上了明显的政治性质。这种斗争为进步师生献身爱国运动和革命运动起了动员作用。

中国教育会和爱国学社始终如一地积极支持各地进步师生的正义斗争。除去人力、物力的支援和行动上的指导外，它们特别注意了政治上的指导。教育会和学社的喉舌《苏报》为此进行了大量的工作。它增强了“学界风潮”的政治性质，指出：“官立学堂，政府压制之小影也”；“教会学堂，宗教压制之小影也”①。因而斗争的内容是“脱奴隶之教育，去专制之范围”；“释宗教之迷信，不受外人之羁绊”②。这种斗争乃

① 《读〈杭州蕙兰书院学生退校始末记〉书所感》，《苏报》，1903年5月11日。

② 《读〈杭州蕙兰书院学生退校始末记〉书所感》，《苏报》，1903年5月11日。

是“政治界反抗力之先声”①,“国民竞自由权之起点”②,“新中国独立之起点”③。《苏报》还指出,“改革政体,无不从学界起点,此东西各国通例也”。中国“学界风潮至今始有萌芽,而其前途之变幻,必波谲云诡,发现于二十世纪大舞台”④。从这种认识出发,它要求学生们在斗争中注意“有意识”与“无意识”之分,“当争之于精神,不当争之于形式”⑤,也就是说要坚持“学界风潮”的反对列强侵略,反对清廷专制的政治方向。教育会和学社成了“学界风潮”的指导者和国内先进知识分子的注意中心。

1902 年的冬天,中国教育会还创办了爱国女学校,蒋观云任经理,后亦由蔡元培接任。为响应教育会的主张,江苏一些城乡建立了教育会的分支。殷次伊、丁初我(祖荫)、徐觉我在常熟将他们组织的教学同盟会改组为中国教育会常熟支部,设立了塔后小学校;金天翮、杨天骥等在吴江同里组织了中国教育会同里支部,创办了同川学堂(亦名同里自治学社);同里支部成员柳人权(亚子)、陶亚魂在吴江黎里又组织了中国教育会黎里支部,开会演说。教育会的成员在上海还主办不少事业,如钟宪鬯主持的科学仪器馆、《科学世界》杂志,陈竞全主持的专出进步书刊的镜今书局,林獬主办的《中国白话报》等。所有这些事业的发展,壮大了教育会的实力,保证了它在政治斗争中能发挥更大的力量。

在新型知识阶层崛起于政治舞台的同时,社会上也出现了对“中等社会”,“学生社会”的礼赞。《新湖南》一书说:“吾湖南而为埃及,必有人为亚拉飞;吾湖南而为非律宾,必有人为阿君雅度;吾湖南而为杜兰斯哇,必有人为古鲁家。若而人者,必出于中等社会无疑也。”《教育界之风潮》一书说:面对祖国危亡,“居今日而欲图补救,舍中等社会其谁

① 《读〈杭州蕙兰书院学生退校始末记〉书所感》,《苏报》,1903 年 5 月 11 日。

② 《论江西学堂学生无再留学之理》,《苏报》,1903 年 6 月 1 日。

③ 《敬告杭州学界中人》按语,《苏报》,1903 年 6 月 19 日。

④ 《续志俄国学生大冲突》按语,《苏报》,1903 年 5 月 6 日。

⑤ 《无锡竢实学堂冲突之忠告》,《苏报》,1903 年 6 月 9 日。

属哉!”该书还说:“学生社会之于国家关系重且大,学生社会一日不立,则新党一日不能结,中国一日无望。”这种对“中等社会”、“学生社会”的推崇,是新型知识阶层意识到自身的存在和它在近代革命中所处地位的表现。这些知识分子不再像古代的“士”那样自居为“上等社会”;相反,他们视“上等社会”为仇敌,指责“挟政柄者,大率皆顽钝腐败之魁杰”①。另一方面,他们又强调自己与“下等社会”——农、工、商的不同。他们承认“下等社会为一国之主人”②,但认为其没有创造新国家的能力。有人说:“下流社会,如长发、大刀等,亦尝有之矣,亦曾见于国家大事有益否耶?以暴易暴,暴更甚焉。纵使前此之建社会者,竟能改革旧政府,有所建设,吾恐其速亡国之祸也。”③这种对劳动民众反抗斗争的蔑视无疑是荒谬的,但其中也包含着一些真理:古代类型的人民起义不足以挽救中国的危亡,只有寄希望于代表新的生产力和新生产关系的阶级或阶层,而这种新的社会关系正是新型知识阶层创造力的源泉所在。人们正是抱着对新的社会力量的期待来赞美“中等社会”或“学生社会”的。《苏报》指出:“盖学生者,实能于方今各社会中独树一帜,有吸取新思想之资地,有翕受新感情之脑筋,有担任新中国之学问。社会主义方倒欧风、倾亚雨而来,旁皇而无所著,而直接承受之力,不得不以学生为之媒。”④根据以上对自身地位的认识,这些“中等社会”的人们认为自己的责任在于:“提挈下等社会以矫正上等社会”,“破坏上等社会以卵翼下等社会”,也就是说,他们自觉地把领导近代革命的责任承担下来了。为什么在新型知识阶层投入之后,步履艰难的反清革命迅即生动活泼起来,一个重要原因就是这个阶层具有这种觉悟性。新型知识阶层的这种觉悟性,究其根本,是中国资产阶级觉醒的一种表

① 李书城:《学生之竞争》,《湖北学生界》第2期,1903年2月。

② 李书城:《学生之竞争》,《湖北学生界》第2期,1903年2月。

③ 爱国青年:《教育界之风潮》卷2。

④ 《江南水师学堂之鬼蜮》,《苏报》,1903年6月20日。

现。但他们不是阶级论者,不懂得这一点。他们甚至把自己所附着的,包括在农、工、商中的资本家阶级,也视若等闲。

还可以指出这样的现象:随着新型知识阶层的愈益活跃,赞美“中等社会”的热情反倒冷却下来了,代之而起的却是对它的各种各样弱点的指责。这种现象固然是这个幼稚、软弱的社会阶层免不了要经受的,但这决不是它对自己的历史责任畏怯的表现,而是一个痛苦的加深认识的过程。经过一番回味之后得出的认识,毕竟要比此前高明。他们指出:“支那民族经营革命之事业者,必以下等社会为根据地,而以中等社会为运动场。是故下等社会者,革命事业之中坚也;中等社会者,革命事业之前列也。”①他们还说:“其游说煽动也……自学生与农民为伍而继之以学生与军人为伍。主义掞扬,徒党充实,而后能挫折政府之锋芒而无所于衄。支那之劳动社会、军人社会,大半出于秘密社会之间,而以军人社会、劳动社会与秘密社会相为援引,则自成不可拔之根据。故担任下等社会革命教育者,不可不联络三种社会构成其统一之机构,而增进其活动之形势。”②这里,对于新型知识阶层以及各个可能投入革命的阶级、阶层的估量,比过去要客观、准确得多。辛亥革命的整个进程都没有脱离这种估量。但是,人们不能要求新型知识阶层在其开始活跃的阶段就导演出惊天动地的活剧来。

第五节 相互激荡的爱国运动和革命运动

1903年,对于中国资产阶级领导的反清革命来说,是一个极为重要的年头。在这一年里,充满了惊心动魄而又瑰奇壮观的事件。以留日学生的爱国斗争和国内的“学界风潮”作为开端,迎来了规模宏大的爱国运动——拒法和拒俄。东京的军国民教育会和上海三位一体的中

① 《民族主义之教育》,《游学译编》第10期,1903年9月。

② 《民族主义之教育》,《游学译编》第10期,1903年9月。

国教育会、爱国学社和《苏报》，成为运动的指导中心，它们努力推动运动向革命的方向发展。为了使人们认识只有革命才能救中国的道理，宣传家们疾呼呐喊，写出了《革命军》这等动人心弦的作品。孙中山的"驱除鞑虏，恢复中华，建立民国，平均地权"的口号也提出于这一年，至此，三民主义的基本内容已经具备。这一切都表明，反清革命已经成为强大的政治运动，资产阶级革命民主派已经在有力地影响着中国政治局势的变化。清朝统治者虽然发动了像"《苏报》案"这样大规模的镇压，但是已无法扭转这种局面。

一 拒法、拒俄运动

1903 年 4 月 24 日，日本报纸刊载消息说：广西巡抚王之春为平定游勇，请求驻屯谅山的法兵援助；同时还向亨达利洋行筹借巨款，答应在事平之后，用全省路矿等权作酬劳。这一消息震动了留日学生和国内士商。

当日，东京清国留学生会馆的干事和各省同乡会干事齐集会馆商讨对策。干事们手持报纸，相对流泪。他们决定电争，分别致电政务处、两广总督德寿、尚未到任的新粤督岑春煊，指出"假款乞援，桂省必非我有；各国从此生心，大局立可动摇"①，请他们立即代奏，要求清廷拒绝法人，将王之春撤职治罪。同时，电告上海中国教育会，请求响应；并用外文写稿寄登欧洲各大报，揭露这一事件。这一天，在上海的广西、广东绅商也举行了集会，决定发电力争。

4 月 25 日，留学生会馆召集全体留学生在锦辉馆开会，报告对付此事办法。与会者五百余人，一致拥护干事们的措施。会后，又向政务处发出详函，说明借兵借款的利害关系。同日，龙泽厚（广西人）等发起在上海张园开拒法会，中国教育会在沪会员、爱国学社全体学生参加，

① 《记电争广西事》，《江苏》第 2 期，1903 年 6 月。

与会绅商四百人。马君武发言说:“必须合成一有势力之自立会,能与外人及顽固者争衡。”①吴稚晖建议:“无论工商人等,均宜罢市。”②蔡元培提出:“就今日起,立一团体,专为阻法兵干涉而设。”③会议决定发电阻止借兵借款。当天,签名愿入阻法会者三百余人。同日,爱国商董二人为阻法会的爱国热情所感动,愿意召开商会,一同拒法,结果被广帮一些商董阻止。

4 月 26 日,在沪两广人士再次集议于广肇公所。顽固士绅拒绝与会,公所首事还贴出告白,说什么“公所当议商务,不当谈国是”④。当即遭到众人痛斥,“无不欲赠以老拳”⑤。这次会议展开了爱国募捐活动,顷刻间就募得一千余元。

拒法的抗争还得到国内其他城市的响应。例如杭州的杭州府学堂、钱塘县学堂、励志学社、安定学堂等九校联名电争;广州时敏学堂也发电力争。

拒法运动掀起来了,拒俄运动又接踵发生。拒法成为与拒俄并列的要求,两个运动汇合为一股潮流。不久,确实消息证明所谓向法国借兵贷款是误传,人们才不再提拒法。一个未经证实的消息居然引起如此大波,似乎是奇怪的事情,但是,与其去谴责爱国者们在政治上不慎重,不如去赞扬他们对祖国危亡的高度责任心和对局势变化的高度警觉性。二十世纪初年,深受帝国主义欺侮的中国人民,其激昂的爱国情绪就是这样的一触即发。拒俄运动也是这样迅即普及全国的。

按照 1902 年签订的中俄《东三省交收条约》,俄国应于 1903 年 4 月撤退在金州、牛庄等地的侵略军。但是,它不仅不撤军,反而于 18 日向清朝政府提出七项新要求,力图确保东北成为其独占的势力范围。4

① 《张园演说摘录》,《苏报》,1903 年 4 月 27 日。
② 《张园演说摘录》,《苏报》,1903 年 4 月 27 日。
③ 《张园演说摘录》,《苏报》,1903 年 4 月 27 日。
④ 《海上热力史》,《苏报》,1903 年 5 月 6 日。
⑤ 《记两广绅商在广肇公所会议事》,《苏报》,1903 年 4 月 27 日。

月 27 日，上海群众千余人在张园集会，这些群众包括了十八个省籍的人。会议致电清朝政府外务部，表示“此约如允，内失主权，外召大衅，我全国人民万难承认”①。同时还致电各国外交部，表示“即使政府承允，我全国国民万不承认”②。会上还有数十人即席演说。同样是张园拒俄会，这次和 1901 年的会议不同，显示出一种不顾清政府的傲岸独立的态度。这次会议是由汪康年发起并主持的，电争也是由他提出的。汪在教育会中的友人参加了集会。

留日学生的行动与上海群众声声相应。4 月 29 日上午，留学生会馆干事及评议员四十余人集会。汤槱建议先致电南北洋大臣。请他们主战。钮永建指出：“徒言无益，学生不自担任，但责望于人，非所以为国民也。宜自行组织义勇队以抗俄，并为国民倡。”③大家都赞成。下午，在锦辉馆召开留学生全体大会，到会者五百人，推汤槱为临时议长。汤槱、钮永建、王璟芳、叶澜、蒯寿枢、周宏业、张肇桐、汪荣宝、程家柽、李书城、翁浩、张允斌等相继演说。汤槱的演说慷慨激昂。他说：

> 大丈夫日日言不得死所，今俄人于东三省之举动，日本警报皆已知之，此真吾国之奇垢极耻，亦正我辈堂堂国民流血之好机会。……东三省一失，内地十八省，外人纷树国旗，中国人还有立脚地么？到那时候，想一战而死恐不可得，今日非我堂堂国民流血的好机会么？（众皆拍掌）

他还批评那种空谈爱国的倾向说：“留学生遇重大问题，充类至尽，不过打个电报，发封空信，议论一大篇，谁肯担半点血海干系？还说是待我学成归国再议办法。咄！待尔学成归国时，中国已亡了几十年！支吾瞒混，待骗谁来！”他提议“今日有不怕死的，肯牺牲一身为中国请命的，

---

① 《呈外务部电》，《苏报》，1903 年 4 月 28 日。

② 《寄各国外务部电》，《苏报》，1903 年 4 月 28 日。

③ 《军国民教育会之成立》，《江苏》第 2 期，1903 年 5 月。

立刻签名，编成一队，刻日出发”。有人反驳说：“以学生之力，何能担当此任，虽举全体学生驱而死之，亦不足当俄人之铁骑。故轻举妄动，固宜切戒，孤注一掷，尤所不取。”汤槱回答说：

> 学生无用，则诚无用。吾辈徒以国家大义所激，誓以身殉，为火炮之引线，唤起国民铁血之气节。

讲到这里，他厉声大呼：

> 死生一发之际，犹想层层周到，难道还要预备衣衾棺椁么？！①

这篇演讲代表了当时留学生们沸腾的爱国主义热情。言毕，“众皆愤发，多涕不能抑者”②。汤槱（尔和）后来在三十年代末当了汉奸，背弃了他此时喧呼的气节，但广大学生却一直保持和发扬了爱国主义，并使它成为中国学生的光荣传统。这次会上，决定了几项办法：一、愿加入义勇队赴前敌者，在二日内签名，未即赴前敌者，别设本部，部署军队各事；二、致电上海各团体，请求协助；三、致电北洋大臣袁世凯，并补发详函，说明愿将义勇队隶属其麾下；四、举特派员往天津，与袁订定彼此关系；五、派人到国内各殷富地方及南洋各埠、欧美各国从事运动。

会上，留学生即纷纷签名加入义勇队。会后，各省同乡会也分别开会，一致赞成成立义勇队。福建同乡开会时，十五岁的方声煊要求签名入队，翁浩抱着他哭道：“方君，我北征且歼，留汝为吾国义勇种子，死更有光大于我者。吾辈日日言报国，今予为势所迫，仅一死以塞责，罪且不可逭，汝复轻身殉此，胡为者？”③满座闻言皆哭。浙江同乡会上，十六岁的矮小少年潘国寿也要求入队。同乡劝他留下，又劝他改归本部或往内地游说。潘都不肯，大哭说：“国亡无日，欲求死所且不可得，我得从军以死于北边，其为吾乡人荣，不更大乎！”④女学生的共爱会也举

① 《军国民教育会之成立》，《江苏》第2期，1903年5月；《拒俄事件》，《浙江潮》第5期，1903年5月。

② 《拒俄事件》，《浙江潮》第5期。

③ 《拒俄事件》，《浙江潮》第5期；《军国民教育会之成立》，《江苏》第2期。

④ 《拒俄事件》，《浙江潮》第5期；《军国民教育会之成立》，《江苏》第2期。

行特别会，决定加入赤十字社，随同义勇队北征。日本女界名流下田歌子急来劝止，她们回答说：“吾辈且无国，安得有身？更安得有学？”①加入者，胡彬夏、林宗素等十人。其中，方君笄就是方声煊的妹妹，当时只不过是十二岁的小姑娘。他们的堂兄方声涛、方声洞（十七岁）也入了义勇队。不少人都是兄弟姐妹一同加入的。留学生会馆干事曹汝霖不同意组织义勇队，但他的妹妹曹汝锦却毅然加入了赤十字社。至次日止，自愿签名入军队者一百三十余人，愿入本部办事者五十余人。留日学生就这样在中国近代反帝斗争史上写下了极其悲壮的一页。

5月2日，签名入义勇队，本部者集会于锦辉馆，改义勇队为学生军。次日，在留学生会馆编队，将121名队员编为甲乙丙三个区队，每区队辖四个分队。留日士官生蓝天蔚被推为学生军队长。因清朝留学生监督和日本警方出面干预，5月11日，再度在锦辉馆开会，将学生军改名为军国民教育会。蓝天蔚等士官生被强令退出。但会员仍达208人之多。会上，公推叶澜、林长民、蔡文森为书记，陈福颐、张肇桐、蹇念益为会计，王璟芳、周宏业、王嘉榘、谢晓石为经理，秦毓鎏、蒯寿枢、董鸿祎为执法，叶澜被职员们推为职员长。黄兴、杨毓麐等被推为运动员。此前一日，汤槱、钮永建被推为特派员，归国去与袁世凯谈判。5月14日，二人出发。五六月间，运动员除程家柽、陈天华外，陆续首途。黄兴于5月31日成行。5月中旬起，军国民教育会的射击班、讲习科、体操科陆续开始活动。

上海方面，4月30日再次在张园开拒俄会，讨论设立四民公会事。与会者一千二百余人。爱国学社学生戎装整队赴会，爱国女学、务本女学、育才学堂学生也同时出席。蔡元培首先演说，倡议设立国民公会以议论国事。马君武演说后，领导在座者同唱《爱国歌》：

> 吁嗟美哉神圣国，扬子中贯东海碧。茶桑满园郁相植，青青芬芬烂其色。纠结恰是同气脉，夏禹域兮我祖国。

---

①　《拒俄事件》，《浙江潮》第5期；《军国民教育会之成立》，《江苏》第2期。

吁嗟美兮神圣国，扬子中贯东海碧。小川悦流不肯逆，大川似骄势湍涛。大川小川争相怿，大支那兮我祖国。

“一时爱国之忱随声而起，闻者莫不感发热诚”①。会议决定改四民公会为中国国民总会，当场签名入会者六百人，会后签名者千余人。

正在会议高潮期间，接到东京留学生成立义勇队的急电，龙泽厚率全体与会者立即步出会场，列队向东鞠躬，表示对留学生的敬意。随后，入场商议签名成立上海拒俄义勇队，并复电东京。会后，教育会派汪德渊为代表赴日。当时，正值义勇队受到干涉，汪向留学生表示：“无论俄事如何，军队暂不可解散，务望同志竭力维持。”②后来，上海义勇队也相应改为军国民教育会，东京军国民教育会也在上海设立了通信机关。爱国学社入会者以蔡元培、吴稚晖、黄宗仰为首，共九十六人，分为八小队，由林懿均，章士钊等教练，早晚操演。

东京留学生和上海各界的拒俄呼号得到了国内各地爱国者的热烈响应。

4 月 30 日，清朝最高学府京师大学堂师范、仕学两馆学生集会，筹商对策，助教范源濂及学生数十人演说。演说者痛哭流涕，听讲者齐声应和，与会的教习、职员也都长叹太息。当时，只有仕学馆学生靳志一人未到会，躲起来练习八股，好应殿试，被人们斥为“至死不悟”。会上，决定联名上书管学大臣，请其代奏拒俄。同时，电各省督抚、各省学堂，并运动京官，请他们一同力争。在上管学大臣书上签名的有谷钟秀、张耀曾、王德涵、丁作霖、朱锡麟、冯祖荀、何育杰、华南圭、朱深、李思浩等七十三人。次日，副总教习张鹤龄奉令悬挂牌示，禁止集会议论国事，被学生们愤而扯碎。

消息传到武昌，5 月 13 日，各学堂停课，二百余学生集会于曾公祠、三佛阁等处，决定上禀兼署湖广总督端方，请其代奏。朱和中、吕大

---

① 《苏报》，1903 年 5 月 8 日。

② 《军国民教育会之成立》，《江苏》第 2 期。

森等人在曾公祠发表了激烈的演说。刚成立的私立江南旅学学生在《汉报》上登告白表示:“虽我学初立,亦难坐视,愿全国学堂合力奋争,刀俎斧钺,仆等必受一分。”①

5月17日,由陈由己、潘缙华等发起,安庆安徽大学堂、武备学堂等校学生及其他群众三百人,冒雨赴藏书楼集会。会议决定成立爱国会,宗旨为:“发爱国之思想,振尚武之精神,使人人能执干戈卫社稷,以为恢复国权之基础。”②他们计划在办有基础之后,与上海爱国学社通成一气,并联络东南各省志士,成立国民同盟会,“庶南方可望独立,不受异族之侵凌”③。由于演说中出现了革命流血的呼号,安徽当局即行查禁,并下令捕人,陈由己逃走。

此外,南昌、广州、杭州、福州、长沙、开封等地的学生和其他群众也进行了拒俄斗争。江西大学堂学生二十余人组织起来,筹集川资,准备附入上海学生军。直隶举人贾恩绂等四百余人联名上书外务部,请其代奏。拒俄的斗争广泛地展开了。斗争虽然还局限于沿海沿江的大城市,但毕竟形成了具有全国规模的群众运动。

运动主要是由新型知识阶层掀起的,学生、教师以及其他从事新兴文化事业的人在其中起了领导作用。东京军国民教育会的208名会员,除少数由国内来游历者外,全部是留学生。国内不少城市的拒俄,可以说纯粹是学生运动。在资产阶级势力较大的上海,资本家、商人参加了运动,但这一阶层的态度是极不一致的,其中有一些人采取了抵制的立场。团结在爱国旗帜下的还有少数清朝中小官吏和满族人士。军国民教育会会员中,就有宜桂、长福等满族学生。在北京,八旗生员续彪、敦本、宝书等八人上书奕劻等,要其顺应民情,说:“此次寓沪各省绅

① 《湖北学生议阻俄谋》,《苏报》,1903年5月18日。

② 《安徽爱国会拟章》,《苏报》,1903年6月7日。

③ 《安徽爱国会之成就》,《苏报》,1903年5月25日。

士、商民又来电力争，且有全国不认此约之语，大义凛然，可格天地。王爷大人与俄人会晤时，即可引此为竞胜之券，竭力磋磨，事未有不成者。……民为邦本，苟我国民联结团体，何畏彼俄？何畏彼日？何畏彼英、美？是在王爷大人善鼓民气耳。”①这一书呈表现了中华民族的正气和各民族的团结。但是，当时的清政府不可能接受这种进步的建议。由于清朝多数大吏对俄约及亲俄派也持反对态度，所以其中有人对学生的拒俄表示同情。两江总督魏光焘对拒俄义勇队“深为赞美，以为中国国民犹有生气也”②。湖南巡抚赵尔巽更采取了顺应民心的态度，他“曾亲在明德(学堂)及师范馆演说，令两堂学生之明达者，分至岳麓、城南、求忠三书院，演述中俄之状况，以激士人之爱国心。于是学生益奋起”③。拒俄运动之所以能影响比较广泛的社会面，是由于它是爱国的运动，而这种爱国运动的正义性，在处于危亡的中国，是没有人敢于公开不承认的。

人数不多的资产阶级革命派和改良派活跃于运动的整个过程中(以上海尤为突出)，但整个运动基本上是以合法的方式进行的。学生军规定自己的体制是“在政府统治之下”④。军国民教育会规定的宗旨是“养成尚武精神，实行爱国主义”⑤。各地爱国者把实现拒俄仍寄托在政府拒绝签约之上。所以除集会演说之外，几乎一律地是向政务处、外务部上书，或请各省督抚代奏。即使一些地方自行组织起来了，也没有把清廷视为寇仇。相反，上海义勇队成员林懿均、章士钊等激烈分子也表示：“义旗所指，志在勤王，与从前各省团练之兵殆无二致”⑥。安庆爱国会还有人强调：“一切办法务要妥帖，不要那

① 《八旗生员公上外务部王大臣书》，《大公报》，1903年5月13日。
② 《苏报》，1903年5月14日。
③ 《国民日日报》，1903年9月30日。
④ 《学生军规则》，《湖北学生界》第4期，1903年4月。
⑤ 《军国民教育会公约》，《大公报》，1903年5月30日。
⑥ 《陆师退学生与陆师毕业诸君函》，《苏报》，1903年5月3日。

些大官说我们造反，是康党。不生枝节，于事方能有济。”①最能表现这种合法性质的，莫过于军国民教育会派特派员向袁世凯请愿一事。叶澜在送别汤槱、钮永建时指出：“二君之行，其或不获致死于敌人，转冤于其所忠者。”②但明知有危险，特派员还是去了。为什么这样做呢？叶澜解释说：“之所以设特派员，本为军队出发起见。若不疏通政府，则军队先不能出发，更有何目的之可达？……事原出于万不得已，而非好为运动政府也。”③为了达到捍卫祖国的目的，爱国者们如此委曲求全。只是清朝统治者肆意镇压，才将自己放到了爱国者的敌人的地位上去。

清政府在 4 月 22 日就拒绝了俄国新提出的七项无理要求。此后，沙俄虽一再施加压力，但清政府迫于国内的反对及日、英、美等国的干预，始终不敢接受俄国的要求，两国谈判毫无进展。在这种情况下，拒俄运动没有进一步扩展。但是，由于清廷镇压拒俄运动，爱国志士们的炽热情绪便转而指向清朝反动统治了。

二 《苏报》的改革和军国民教育会的改组

上海爱国学社开办后，延至 1903 年春节后才正式上课。学社内革命空气弥漫。蔡元培在南洋公学任教时，就已经在提倡民权、女权，这时更“公言革命无所忌”④。他把从日本返乡闭门著书的章炳麟请来教国文。章在作文课上命学生们各作本人的《本纪》一篇。“本纪”是中国古代正史中专门记载帝王生平和国家大事的一种体裁，章炳麟竟让学生娃娃们自书《本纪》，分明是用玩世不恭的态度来表示对封建君主专

① 《安徽爱国会演说》，《苏报》，1903 年 5 月 27 日。

② 《最近支那革命运动》，1903 年日本印。

③ 《致费善机函》，《拒俄运动》，中国社会科学出版社版，第 115 页。

④ 蔡元培：《我在教育界的经验》，《宇宙风》第 55 期，1937 年 12 月。

制的蔑视和反抗。当他看到有学生述及由保皇到革命的思想转变过程时，便用自己摆脱“纪孔保皇”束缚的体验鼓励他们继续前进。吴稚晖在教国文时，则用严译《天演论》作为课本。

爱国学社的师生还在社会上公开进行政治宣传。经学社职员徐敬吾联系妥当，师生们自春节后每月到张园安垲第演说一次，与会演说者都是极力主张革命的人，其中以吴稚晖风头最足。章炳麟有时并不演说，只是大叫：“革命，革命，只有革命！”更博得情绪激昂的听众们的欢迎。到拒法、拒俄运动开始，学社在张园共开了三期演说会。

这时，《苏报》也和教育会、学社关系日益密切。《苏报》原是一家以日本政府为背景的日侨报纸，1896 年发刊于上海，至 1898 年秋，转售与中国人陈范。陈范(1860—1913)字叔柔，号梦坡，后易名蜕，号蜕盦，湖南衡山人，寄籍江苏阳湖(今属常州)，清举人，官江西铅山知县，因报效欠丰，被贪赃的市巡抚德馨劾罢。他愤于清朝政治腐败，想主持清议以挽救时局，便买下了《苏报》，鼓吹维新、保皇。1902 年冬，《苏报》首先报道了南洋公学退学风潮，随后受新型知识阶层政治情绪的影响，言论日趋激烈。1903 年春节后，报馆聘爱国学社师生蔡元培、吴稚晖等七人撰写论说，并每月拿一百元补助学社经费。2 月，开辟《学界风潮》专栏，推动学堂师生反对封建专制的斗争。很快，“革命排满”的呼号也出现于报端。3 月间发表的蔡元培所作《释仇满》一文，就旨在赋予“排满”以正确的社会内容。这样，《苏报》实际上成了教育会和学社的机关报。

中国教育会、爱国学社和《苏报》，三位一体，与国内，首先是东南地区的进步政治力量的联系日加广泛、紧密。“各处教育会及各学堂皆步尘而兴，咸奉海上诸志士为全部之中心”①。它们不仅是“学界风潮”的政治指导者，在拒法、拒俄开始后，又成为这场爱国运动的政治指导者，

① 《上海教育会与爱国学社之冲突》，《浙江潮》第 6 期，1903 年 7 月。

极力促使爱国的人们走向反清革命的道路。4月26日，中国教育会召开徐园大会，评议会提议修改章程。修改后的章程规定“本会以教育中国国民，高其人格，以为恢复国权之基础为目的”，用“教育中国国民”代替了“教育中国男女青年”的规定。章程还规定设立“社会教育部”，其任务是“主提倡政论，改良风俗，凡书报，演说等事隶之”①。章程的修改，表明中国教育会已经抛弃了原先单纯办进步教育事业的想法，决心在社会上进行政治斗争。

当时，上海地方的拒法、拒俄斗争是改良派和革命派联合发动的。历次张园集会，演说自己的主张的有维新派、保皇党的汪康年、龙泽厚、冯镜如、易季服②，也有革命派的蔡元培、吴稚晖、马君武、邹容；参加会的群众，有改良派办的务本女学学生，也有革命派的爱国学社学生；支持会议的，有改良派的《中外日报》，也有革命派的《苏报》。两派旗鼓相当，某些场合，改良派还占着主要地位。但是，要说到对群众的吸引力，当然以革命派为大；至于同东京留学生的联系，改良派更完全无能为力。中国教育会一派人积极支持了改良派的爱国要求，但对改良派把这场爱国运动变为改良主义的政治运动的企图，保持着高度的警惕。4月25日的拒法会上，龙泽厚等提议向清政府发电阻止法人，教育会人士没有反对，但他们不愿向自己的敌人请愿，拒绝担负发电的任务。4月27日的拒俄会上，又发生了主张革命者与主张改良者“因宗旨不合，相对驳诘，哄然走散之事”③。这样，两派的冲突就很难避免了。5月12日，《中外日报》首先公开了这一矛盾，它在论说《存诚篇》中，攻击革命派“创非常之论，挟骇众之言，遂欲首发大难，以号召徒众，假义声以风动天下”，实则“不足以要其成”，“不能实有所联结”。5月13日，《苏报》发表来稿《敬告守旧诸君子》，揭示革命救国的旗号，指出：“居今日

① 《中国教育会第二年改良章程》，《苏报》，1903年5月15日。

② 易季服当时是保皇党人，后来转向革命，加入了中国同盟会。

③ 《海上热力史》，《苏报》，1903年5月6日。

而欲救吾同胞，舍革命外无他术。非革命不足以破坏，非破坏不足以建设，故革命实救中国之不二法门也。”该文还指出，革命是要流血的，革命者宁愿流血，是为救四万万同胞。5 月 14 日，《中外日报》又发表论说《乘时篇》，攻击革命主张是“时之所必不能为”。为此，《苏报》于 5 月 18 日发表论说《读〈中外日报〉》，公开应战。这篇论说指出，群众幼稚的改革要求，“要不可谓非国家思想之萌芽者也，吾固将引而进之，而不知彼主笔之一切用消极手段者何为也”。论说还指出，汪康年是听到了清朝要镇压拒俄运动的风声，“故亟为此论以自解于官场也”。保皇党人龙泽厚、冯镜如、易季服等比汪康年要倔强，不甘心退缩保守。与革命派共同发起的国民公会掌握在他们手中，冯等便动议将它改组为国民议政会，以“救亡”、“归政”为目的，发起在 7 月间举行“归政”请愿。所谓“归政”，就是要西太后将戊戌政变时夺去的权力还给光绪帝载湉。这一主张在当时同“革命排满”一样，虽然被当权者西太后一派视为大逆不道，但是对于革命来说，它却在制造对清朝统治的幻想，阻止革命的发生。冯等在邀请人们参加国民议政会的成立时没有预先说明其宗旨，革命派人士也应约而来，等到冯镜如登台演说，才知道事情真相。邹容愤怒地起来驳斥冯。因为冯入了英国籍，邹巧妙地问他：“尔英人，今所设者，中国民议政会耶？英国民议政会耶？”①吴稚晖等也予以反对，中国教育会、爱国学社一派的人士都没有参加。至此，从戊戌以来逐渐汇聚在一起的上海新党人士，终于因革命与改良如水火之不相容而最后结束了政治上相互携手的局面。从此中国教育会一派的革命者更加放手地从事其革命活动。他们这时的革命活动，由于环境的限制，主要还是出版书报，发表政论，鼓动人们起来进行反清革命。在这方面的活动中，《苏报》充当了先锋。

6 月 1 日，《苏报》在陈范新聘的主笔章士钊主持下开始“大改良”。改革的主要内容是在文章、消息重要之处夹印大号字，突出《学界风潮》

---

① 章炳麟：《邹容传》，《革命评论》第 10 号，明治四十年 3 月。

栏，增设《舆论商榷》栏，减少一般新闻等等。而改革的中心则在于“以单纯之议论，作时局之机关”①，也就是说，用革命的舆论来影响中国政局的变化。《苏报》宣言：“吾将大索天下之所谓健将者，相与鏖战公敌，以放一线光明于昏天黑地之中。”②6 月 1 日，它发表了论说《康有为》一文，借外报传播清廷将召康有为返国消息事详加发挥，指出“革命”已是人心所向，无法阻拦。该文说：“天下大势之所趋，其必经过一躺之革命，殆为中国前途万无可逃之例”，“革命之宣告，殆已为全国之所公认，如铁案之不可移。”该文还断言，“新水非故水，前沤续后沤。戊戌之保皇，不能行于庚子之勤王；庚子之勤王，不能行于今后之革命”，因此，即使清廷百般设法阻止，包括抬出康有为，也“于中国之前途绝无影响”。兹后，《苏报》又刊出《哀哉无国之民》、《客民篇》、《论报界》、《祝山西崞阳学堂万岁》、《论中国当道者皆革命党》、《驳〈革命驳议〉》等文，谠论源源而来。从 6 月 1 日开始改良，到 7 月 7 日报馆被封，三十七天时间，《苏报》共刊出论说、来稿四十篇（其中有五篇曾经连载），几乎没有一篇不谈革命。文中，对清朝反动统治及保皇党人的激烈谴责，往往一转而变成行动的号召。“时乎，时乎，机不再失！乘是而流一点万世不磨之鲜血，造一个完全美备之政体，荡清胡氛，强我种类。虽千万圆颅乱掷于血雨肉泥中，而万世钦仰此光明磊落之手段，岂不大快乐事”③！“路易死，法乃强；英靰去，美乃昌。毋馁尔气，毋韬尔芒；插义旗于大地，覆政府于中央。扫除妖孽，还我冠裳！时则独立厅建，自由钟撞，率我四百兆共和国民，开一杀人之大纪念会，以示来者于弗忘”④。这完全是明朝即发的武装起义的檄文！读之令人心砰。《苏报》就是这样地呼唤着革命的降临。

① 《苏报》，1903 年 6 月 3 日。
② 《论报界》，《苏报》，1903 年 6 月 4 日。
③ 无名氏：《杂感》，《苏报》，1903 年 6 月 11 日。
④ 《杀人主义》，《苏报》，1903 年 6 月 22 日。

在《苏报》改革的前后，邹容的名著《革命军》和章炳麟的名著《驳康有为书》也先后问世。用《苏报》的话来说，《革命军》“以国民主义为干，以仇满为用，捋撦往事，根极公理，驱以犀利之笔，达以浅直之词”，“诚今日国民教育之第一教科书也”①。“读之当无不拔剑起舞，发冲肩竖。若能以此书普及四万万人之脑海，中国当兴也勃焉”②。《驳康有为书》则“持矛刺盾，义正辞严，非特康氏无可置辩，亦足以破满人之胆矣。凡我汉种，允宜家置一编，以作警钟棒喝”③。《苏报》发表了章炳麟为《革命军》写的序文，并著文介绍二书。《革命军》、《驳康有为书》与《苏报》相互辉映，使革命鼓吹的声调更加强烈。尽管它们所进行的“革命”还仅仅是口诛笔伐，但已经给万马齐喑的社会带来很大的震动，莘莘学子更是如醉如狂，成天侈谈“革命排满”。

清朝统治者当然不能容忍这种情况继续发展下去。在4月底张园演说开始后不久，驻沪的清朝商约大臣吕海寰就要求上海道袁树勋进行镇压。袁不敢轻举妄动，吕又向江苏巡抚恩寿报告，说是“上海租界有所谓热心少年者，在张园聚众议事，名为拒法拒俄，实则希图作乱，请即将为首之人密拿严办”④。吕先后开了两次捕人名单，第一次为蔡元培、吴稚晖、汤槱、钮永建四人，第二次为蔡元培、陈范、冯镜如、章炳麟、吴稚晖、黄宗仰等六人，要恩、袁按此捉拿。恩寿得悉，急命袁树勋设法对付。他们镇压的主要目标是爱国学社，但学社和主要负责人住处都在租界里，清方不能直接捕人，袁不得不向各国领事交涉。5月8日，袁出告示悬赏捉人。13日，领袖领事、美国驻沪总领事古纳签字应准，但租界工部局却以不合租界章程为名，勒令收回。为此，工部局于5、6月间先后六次传讯清方要捉拿的蔡元培、吴稚晖、黄宗仰、章炳麟等人。工

① 爱读革命军者（章士钊）：《读〈革命军〉》，《苏报》，1903年6月9日。

② 《新书介绍·革命军》，《苏报》，1903年6月9日。

③ 《新书介绍·驳康有为书》，《苏报》，1903年6月20日。

④ 《苏报案实录》，中国史学会主编：《辛亥革命》（一），第372页。

部局方面表示,只要学社是在讲学,不藏武器弹药,如官厅来捕人,工部局将予保护。蔡等都留下了自己的住址,以示心地坦然。清朝统治者和帝国主义者之间的矛盾,使革命活动暂时没有受到影响。

对于清朝统治者的镇压,中国教育会派的革命分子早已料其必然,他们只是将这种反动行径用作教育人们起来反抗清朝统治的良好教材。但是,对于东京的爱国留学生来说,清政府的无理镇压,却是促使他们决心革命的关键因素。

东京留学生的拒俄义勇队是在革命派推动下组成的。钮永建最初向留学生会馆干事章宗祥、曹汝霖提出组织义勇队的建议,章、曹二人都反对。但青年会领袖叶澜却支持此事,他对秦毓鎏等说:"青年会揭橥民族主义,留学界中赞成者极为少数,欲图扩张,至为不易,我们何不赞成惕生(钮永建号)主张,借此题目结一大团体,以灌输民族主义?"①于是,他们与钮联名为发起人,争得了留学生的一致赞成。在成立义勇队时,留学生中的革命情绪已经有所显示,叶澜演说时问道:"吾军此举为国民乎?为满洲乎?"钮永建答道:"为国民!"大众鼓掌表示赞同。但是,为爱国情绪所支配的留学生急于献身沙场,幻想清朝政府和官吏同情他们的主张,派了汤槱、钮永建为特派员归国去说服袁世凯。这种请愿行动,当时被人们称作"运动官场",上海教育会一派人很不满意留学生的这一举动。汤、钮二人到达上海后,去爱国学社演说拒俄的前途和方针,当即受到吴稚晖等的反对。《苏报》也告诫他们:"'不识人头,吃煞苦头。'诸君其鉴诸!"②果然不出所料,五六月间,社会上传出了特派员在天津被杀害的消息,并流传着一份严拿留学生的《密谕》,命令"地方督抚于各学生回国者,遇有行踪诡秘,访闻有革命本心者,即可随时拿到,就地正法"③。虽然,后来消息证明特派员被害是讹传,清廷也否

① 冯自由:《青年会与拒俄义勇队》,《革命逸史》初集,第104页。

② 《读〈军国民教育会集捐启〉》,《苏报》,1903年6月6日。

③ 《密谕严拿留学生》,《苏报》,1903年6月5日。

认有严拿留学生《密谕》,但清政府蓄意镇压拒俄运动却是事实。在拒俄义勇队成立后,清公使蔡钧即密电北京外务部,说留学生们"以拒俄为名,实图不轨,阴谋并密置党羽于长江、北洋一带之地,分派会党煽惑,纠合同志,以便起事,请速电致湖北、直隶、两江督抚,严密查办"①。5月27日,兼署湖广总督端方也以留学生"欲入长江勾引票匪为乱"作理由,密电沿江海各省"严防密拿"②。特派员到达天津后,袁世凯拒绝接见,他们能见到的,是捉拿留学生的密电,只好悻悻然而返。清廷对拒俄运动的镇压和特派员请愿的失败,无异给被《苏报》称作头脑"热昏"的留学生们泼了一盆凉水,使他们清醒起来。"我以热血待人,其如人冷遇我何"③!他们激怒起来了。

6月6日,叶澜在寄往上海的信中就已表示"今日情形则又不同",要改变方针。他说:"吴、蔡两公既为政府所深忌,则本会诸人亦同一辙。若与彼昏辩论,不但无益,而反触其忌,惟有坚忍不挠,始终与彼相持耳。"④等到清政府镇压拒俄的各种密电传来,留学生们更加愤怒。《浙江潮》说:"钩党结狱,缇骑四出,若欲尽杀我中国国民而后止。"⑤《江苏》说:"以求媚联俄的异族政府之无术,乃不惜反唇肆其'名为拒俄,实则革命'之狂噬,以自斫其对外之扞御,则异日虽百变其术,百变其言,苟有可以为取媚异族之具者,即概以'名为如何,实则革命'一语冠之无不可也。"⑥《游学译编》说:"满政府禁制吾四万万之人与俄宣战,吾国民当以四万万人之同意,与满政府宣战。"⑦最能代表此时留学生心情的是军国民教育会会员陈去病的话。陈去病说:

---

① 《大公报》,1903年6月28日。
② 《苏报鼓吹革命清方档案》,中国史学会主编:《辛亥革命》(一),第443页。
③ 《读〈严拿留学生密谕〉有愤》,《苏报》,1903年6月9日。
④ 《致费善机函》,《拒俄运动》,第115页。
⑤ 《端方与梁鼎芬》,《浙江潮》第6期,1903年7月。
⑥ 《吕海寰与蔡钧》,《江苏》第3期,1903年6月。
⑦ 《满洲问题》,《游学译编》第9期,1903年7月。

> 呜呼！兹马八再之留学生，洵亦可谓伈伈伣伣，低首下心者矣。不意满洲朝廷乃斥为党徒，目为悖逆，指为不轨，怒为对敌，且又重诬之以为孙文之党援，康、梁之臂助，移文州郡，传电畿疆，罗织搜索，防若寇贼。观其儆戒之情与张皇之态，盖几较俄事有过之无不及者。闻其密札有曰："名为拒俄，其实革命。"夫革命竟革命耳，何借拒俄之词为？今既拒俄，则非革命固无疑矣。而端方，而蔡钧，必欲合并而混同之，务极倾陷以为快。呜呼！我留学生何万幸而遽邀革命之名乎？夫有拒俄之诚而即蒙革命之名，吾知自今以往，世人之欲效忠满洲者惧矣。然使昌言革命而徐图拒俄之计，吾转不知彼满洲者于我将奈之何？是故余乃怃然慨息，悄焉累欷，以敬告于我留学生，并以谂四万万黄帝之胤曰：呜呼！革命其可免乎！①

"革命其可免乎"，这就是结论。于是，军国民教育会中的激进分子开始酝酿进行改组，青年会成员在各省同乡会中极力宣传"革命排满"主张。

7月5日，军国民教育会全体会员在东京锦辉馆开会欢迎特派员汤槱、钮永建归来。会上，秦毓鎏、萨端、叶澜、张肇桐、董鸿祎、翁浩、胡景伊、程家柽、王嘉榘、郑宪成等十五人提出意见书，要求表明宗旨。意见书指出："今吾会以宗旨不明之故，致贻人以口实，在清廷早洞见吾肺肝，于国民反助长其奴性，必至两无所得，而本会之基础，终无以自固，本会之发达，亦终无可望。借令发达矣，此会之于中国前途果有何影响也？"他们要求以"实行民族主义"的宗旨，代替原定的"实行爱国主义"。意见书指出："宗旨既定之后，皆当坚守此旨，以维持本会于无穷，鼓吹此旨以唤醒国人之迷梦。祖父世仇则报复之，文明大敌则抗拒之，事成为独立之国民，不成则为独立之雄鬼。"②秦毓鎏等的意见得到过半数会员的赞成，从而通过。该会书记王璟芳反对意见书，起来大呼不可忘

---

① 《革命其可免乎》，《江苏》第3期，1903年6月。

② 转引自冯自由：《东京军国民教育会》，《革命逸史》初集，第109—112页。

记大清恩泽,宣布要退会。王在义勇队成立时表面很积极,暗地里却向蔡钧告密,说学生们是“名为拒俄,实则革命”,至此真面目完全暴露。事后,他得到清廷的嘉奖,恩赏举人,但留学生却视彼为无耻之尤。当时,因各种原因退会者,不过十余人。

军国民教育会在由爱国团体改组为革命团体之后,活动逐渐转向秘密。它决定通过鼓吹(宣传)、暗杀、起义三种方法来实行革命排满。其总部设于东京,在上海等地设有分部,开会无定期,会场无定所,吸收会员,概取严密。当年,会员叶澜、张肇桐、秦毓鎏、黄铎等在上海设立国学社,出版教科书和东西名籍,会员谢晓石、苏子谷等也在上海创办《国民日日报》。次年,会员秦毓鎏、刘三、费公直等在上海创办了丽泽学院,秦毓鎏、翁巩、叶澜等还应会员黄兴等邀约,赴长沙任教,在那里参加了华兴会的创立。会员杨笃生则在日本组成了极为秘密的军国民教育会暗杀团,暗杀团后来在上海也设立了据点,它是光复会的前身。军国民教育会会员的活动逐渐都转到了国内,但该会的组织一直保持到1905年中国同盟会成立。在此期间,它始终没有用自己的名义进行重大的政治行动。

《苏报》的改革和军国民教育会的改组是新型知识阶层革命化的重要标志,这个阶层掀起的反对封建奴化教育的斗争和爱国运动至此已经发展为反清革命。由于新型知识阶层的这种变化,资产阶级革命派终于在先进的中国人中间取代了资产阶级改良派的盟主地位,资产阶级革命运动已经是一股不可阻挡的历史潮流。

三 “《苏报》案”

清朝上下对拒法、拒俄斗争的镇压,随着爱国运动向革命转化而日益加紧,六七月间,终于在上海制造了中外注目的“《苏报》案”。上海捉拿新党的交涉失败后,清朝当局不肯就此罢休;袁树勋在恩寿督促下,靠美国人福开森牵线,吕海寰、盛宣怀、伍廷芳出主意,不断与各领事谈判。为加强袁在谈判中的地位，6 月 20 日，两江总督魏光焘电告外务部："查有上海创立爱国会社，招集群不逞之徒，倡演革命诸邪说，已饬查禁密拿。"①次日，清廷据魏电下旨说："似此猖狂悖谬，形同叛逆，将为风俗人心之害。著沿海沿江各省督抚，务将此等败类严密查拏，随时惩办。"②这道"圣旨"是镇压革命的动员令。于是，袁即以"奉旨查办"名义继续办理交涉。兼署湖广总督端方十分仇视革命，他接旨后，6 月 23 日电魏，强调指出，《苏报》"悍谬横肆，为患非小，能设法收回自开至妙。否则，我办一事，彼发一议，害政惑人，终无了时"③。端方比较懂得报纸的功用，《汉口日报》经常批评官府，端就花钱把它买下。端要魏学湖北的做法，魏干脆命令袁将查封《苏报》事一并交涉。这样，镇压之网就张得更大了。

交涉捕人的消息不断传来，可是，革命队伍中却闹起了爱国学社和中国教育会之间的纠纷。爱国学社成立后，影响日大，一些年青人便骄傲起来。5 月 24 日，教育会在张园开会，有人提到"学社即教育会之一部分"，学生大哗，他们在自办的刊物《童子世界》上刊出《爱国学社之主人翁》一文，针锋相对地说："爱国学社之主人翁谁乎？爱国学社者，爱国学社之爱国学社也。"事情越闹越僵。6 月 13 日晚，在学社开评议会，讨论会与社谁为主体。会上，双方言语冲突，不欢而散。蔡元培气得不愿再管事，两三天后便去了青岛。当时，蔡虽将教育会会长位置让给了黄宗仰，但仍然是上海革命人士中最有威望的人物，他一走，裂缝更无法弥补。6 月 19 日，爱国学社社员发表《敬谢教育会》一文，宣布独立。这种兄弟阋于墙的情况，严重削弱了应付迫在眉睫的事变的能力。

督办沪案的魏光焘，原来对镇压拒俄运动无所作为，清廷狠狠斥责

---

① 《苏报鼓吹革命清方档案》，中国史学会主编：《辛亥革命》(一)，第 408 页。

② 《苏报鼓吹革命清方档案》，中国史学会主编：《辛亥革命》(一)，第 408 页。

③ 《苏报鼓吹革命清方档案》，中国史学会主编：《辛亥革命》(一)，第 444 页。

他“形同聋聩”，他才热心起来。接到电旨后，加派候补道俞明震赴沪，会同袁树勋办理此案。俞抵沪后，即于6月25日亲往苏报馆拜会馆主陈范，陈未出见。次日，俞又用儿子的名义召见吴稚晖，婉劝《苏报》改变声调，还出示捉人的命令，示意吴等暂时避避风。俞的这种做法，是腐败官场办案的一种惯见手段，表面上大张旗鼓，一丝不苟；背地里暗走风声，放跑首要；这样不了了之，既可应付上司，又不使自己为难。俞敢于这样做，也反映了魏的态度。岂知，革命党人根本不买这本帐。《苏报》照旧倡言无忌，连续发表《杀人主义》等文。6月28日，又以《是何言欤》为题，揭露清廷镇压革命的电旨。6月29日，更摘刊章炳麟《驳康有为书》的精彩部分，以《康有为与觉罗君之关系》为题，直刺“载湉小丑”。然而，不幸的事终于发生了，租界当局开始捕人。原来，袁、俞办的交涉已告成功。起先，他们拿着“圣旨”去请求领事们签字捉拿“钦犯”，各领事不答应。后来，袁纠缠不已，有的领事便泛泛表示，如作为租界之案，在租界审理，还可以考虑。袁表示愿照此办理，领事们便同意了。英、美领事在签字时明白告诉袁，清方必须恪守这一定约：“照章，凡在租界犯案者，应在公堂定罪，在租界受罪”①。但工部局仍不同意会同捕人，魏光焘等便采用法律顾问英国人担文的主意，命袁、俞向英界会审公廨控告这些“钦犯”，工部局这才不得不出票拘人待讯。

6月29日上午，侦探、巡捕多人闯进三马路苏报馆，出示查禁“爱国会社”和《苏报》，捉拿“钱允生、陈吉甫、陈叔畴、章炳麟、邹容、龙积之、陈范七人”的牌告，当场将账房程吉甫锁去。陈范当天也在馆内，巡捕两次到馆都没有捉他，陈连夜走避。6月30日上午，探捕又往爱国学社捕人。章炳麟仍住在社内。头一天晚上，他与吴稚晖等去苏报馆向陈范打听捕人情况，知道自己也在列。这天清早，叶瀚又来到学社劝章等“留此身以有待”，他人纷纷散去，章独岿然不动。巡捕拿着拘票，一一指名查问。章答道：“余人都不在，要拿章炳麟，我就是！”遂被铐

① 《苏报鼓吹革命清方档案》，中国史学会主编：《辛亥革命》(一)，第411页。

走。同日,陈范的儿子仲岐、钱宝仁(允生)在女学报馆被捕。四人均被押在巡捕房。章写信劝邹容、龙泽厚自动投案。龙当夜自首。邹容藏在日租界一个英国教士家中,于7月1日自投捕房。巡捕见他年轻个子小,说:"你还是个小孩子呢,跑来干什么?"邹容指着牌告说:"我就是清朝要捉的,写《革命军》的邹容!"此前,章等五人已由巡捕房移送会审公廨到案。公廨审判官系英界会审委员孙士鏻,陪审官为英领署翻译迪理斯。清方聘担文的助手古柏为律师,后又加聘了哈华托。博易由租界当局聘为章等的律师,后又加聘了琼斯。

章炳麟、邹容就捕是英勇的。由于捕房和上海当局暗中做有文章,诸如错开人名、见人不捕、分日行动等,他们完全可以像陈范一样从容逃走,但他们没有这样做,表现了高尚的献身精神。章炳麟深明这场斗争的意义,立下了牺牲的决心。他进捕房不久,就写了一篇《狱中答新闻报》,反驳政敌的污蔑。他指出,此案乃是"满洲政府与汉种四万万人"的"大讼","吾辈数人则汉种四万万人之代表"。他坚定地表示:"逆胡挑衅,兴此大狱,盗憎主人,固亦其所。吾辈书生,未有寸刃尺匕足与抗衡,相延入狱,志在流血,性分所定,上可以质皇天后土,下可以对四万万人矣!"他们准备用自己的鲜血和头颅向社会宣示反清革命事业的正义性,这正是年轻的中国资产阶级代表人物以革命手段登上历史舞台所需要的英雄行为。当然,这里也应当指出,革命者还必须善于避免一切不必要的牺牲和损失。把不愿束手就缚的人笼统地通通斥为胆怯或动摇,是不切实际的。

《苏报》也不屈服,继续疾呼"革命排满"。《狱中答新闻报》一文便揭载于7月6日的报上。清朝当局一心要拔掉这眼中钉。7月6日,古柏向公廨要求封报,这本是串通好的事,审官当即允准,英领事签字。但工部局拒不执行,清方便用不派人会审他案相抵制,这样,苏报馆才于7月7日被封。名震一世的革命报纸就这样被扼杀了。

章、邹一案,若按袁树勋与领事的协定,很快可决,不外禁监数年,但这样做达不到清廷置革命党人于死地的目的。7月2日,端方飞电魏光焘、恩寿、袁树勋，主张以“设法解宁为第一义”①，要将章炳麟等人弄到清朝政府手里杀掉。端对张之洞说：“此事关系太巨，非立正典刑，不能定国是而遏乱萌。”②他还指责“宁沪办法似嫌太松，仅予监禁，终当出而作乱”③。端方心狠手辣，他的办法很合清廷意旨，经过张之洞的活动，军机处于7月4日、8日两次责令魏等按此“尽法惩办，勿稍疏纵”④。7月8日的电令还命魏“仍随时电商端署督”⑤，正式给予端方干预此案的权力。端随即派湖北巡警局总办金鼎赴沪。

魏光焘并不以端方的主意和军机处的命令为然，他相信要改变洋人的主意不是件容易的事。于是，他和袁树勋、福开森提出了一个拖延的办法，美其名曰“步步紧逼”。他要求北京外务部出面同各国公使交涉，让他们先去碰钉子，而在上海则只催会讯，绝口不提解宁问题。魏、袁以操之过急会促使工部局放人相要挟，福开森、金鼎也跟着帮腔，逼得端方只好承认“以速行会讯，俾早定案为要义”⑥。

7月15日，在租界会审公廨进行第一次会讯。章炳麟、邹容等在森严的戒备下被提上公堂。古柏代表清朝政府指控《苏报》和章、邹“故意污蔑今上，诽诋政府，大逆不道，欲使国民仇视今上，痛恨政府，心怀叵测，谋为不轨”。他摘引了《康有为》等八篇文章和《革命军》一书中激

① 《苏报鼓吹革命清方档案》，中国史学会主编：《辛亥革命》(一)，第445、446、448、413、416、462页。

② 《苏报鼓吹革命清方档案》，中国史学会主编：《辛亥革命》(一)，第445、446、448、413、416、462页。

③ 《苏报鼓吹革命清方档案》，中国史学会主编：《辛亥革命》(一)，第445、446、448、413、416、462页。

④ 《苏报鼓吹革命清方档案》，中国史学会主编：《辛亥革命》(一)，第445、446、448、413、416、462页。

⑤ 《苏报鼓吹革命清方档案》，中国史学会主编：《辛亥革命》(一)，第445、446、448、413、416、462页。

⑥ 《苏报鼓吹革命清方档案》，中国史学会主编：《辛亥革命》(一)，第445、446、448、413、416、462页。

烈的词句作为“罪证”。章炳麟非常藐视这种审讯,他说:“噫嘻!彼自称中国政府,以中国政府控告罪人,不在他国法院,而在己所管辖最小之新衙门,真千古笑柄矣!”①面对审官,他坦然承认:《序革命军》是我所作,同时,因见康有为著书反对革命,袒护清朝,便作书驳斥。律师指书中“载湉小丑”四字触犯清帝“圣讳”。章答:我只知道载湉是满清人,不知所谓“圣讳”。邹容也自认:“因愤满人专制,故有《革命军》之作。因为章等的律师来不及准备辩护词,公廨宣布7月21日续讯。当章炳麟、邹容等被用马车送回巡捕房时,观者填巷。章炳麟在车上看到这种情景,即将两句古诗改了几个字,风趣地吟道:“风吹枷锁满城香,街市争看员外郎!”②

会讯之前,7月11日,魏光焘、端方、恩寿会奏办案情况,申明“拟俟会讯后,设法解宁审办”③。7月13日,清廷电旨:“仍著严饬速筹解宁惩办,勿任狡脱,以儆狂悖。”④这道“圣旨”否定了“步步紧逼”办法,魏光焘不得不改弦易辙,认真地从事解宁交涉。当时,第一次会讯日期已定,只好照常。讯后,魏撤回俞明震,并给袁树勋一道命令,如果袁不能将章等交涉引渡,押往苏州惩办,便要降职问罪。7月20日,袁与美领事古纳约定次日同各领事会商。7月21日的会讯因此已无必要,所以第二次会讯一开堂,古柏即以案外另有交涉为由,请求改期会讯。会讯因此中断。

法庭上的胜利者是章炳麟、邹容。他们毫无畏惧之心,对簿归来,吟哦唱和,赋诗见志。7月22日,章炳麟赠诗邹容:

邹容吾小弟,被发下瀛洲。快剪刀除辫,干牛肉作糇。英

---

① 《狱中与吴君遂、张伯纯书》,《甲寅》第1卷,第43号。

② 《狱中与吴君遂、张伯纯书》,《甲寅》第1卷,第43号。

③ 《苏报鼓吹革命清方档案》,中国史学会主编:《辛亥革命》(一),第421、423页。

④ 《苏报鼓吹革命清方档案》,中国史学会主编:《辛亥革命》(一),第421、423页。

雄一入狱,天地亦悲秋。临命须掺手,乾坤只两头。

邹容答曰:

我兄章枚叔,忧国心如焚。并世无知己,吾生苦不文。一朝沦地狱,何日扫妖氛?昨夜梦和尔,同兴革命军。

两诗豪情横溢,表示出他们在囹圄之中,梦寐以求的,仍然是兴革命之军以扫"妖氛"。对于早已准备好勇敢地登上断头台的革命者,敌人的一切迫害阴谋,只能是枉然的。

7 月 21 日,袁树勋持南洋大臣魏光焘照会同各国驻沪领事谈判。英领事康格滑头地告诉他,这件事本可商量,但你们既找了公使,我还得向公使请示。与此同时,英、日、美三国公使也向清外务部推托说,得等待驻沪领事报告。京、沪两地的谈判都陷于扯皮。

为了说服洋人交出"钦犯",金鼎想了一条理由,说"革命""是明明欲在租界外犯叛逆之罪,租界内无命可革,则此案与租界内何涉"①?这种拙笨的理由当然难不住洋人。张之洞比他的亲信要高明得多,他指责租界当局侵犯中国主权,要求收回这些权利。7 月 21 日,张之洞电端方,指示谈判要领。他说:"在中国境内,虽系租界,其中国人民仍应归中国管辖,故遍查条约并无租界交犯章程。……而工部局硬欲干预此案,竟欲以上海租界作为外国之地,显系有意占权,万难迁就。"②在张的启发下,魏、袁也寻章摘句予以补充。他们企图居高临下,靠提出主权要求摆脱洋人的刁难,一举达到引渡的目的。

张之洞指责租界当局占权是符合事实的,只是说得不全面。各国使领、工部局干预"《苏报》案",无论是参与镇压,或是拒绝引渡,都是侵犯中国主权,干涉中国内政的行为。帝国主义者这样做,为的是维护他

① 《苏报鼓吹革命清方档案》,中国史学会主编:《辛亥革命》(一),第 425、427、428 页。

② 《苏报鼓吹革命清方档案》,中国史学会主编:《辛亥革命》(一),第 425、427、428 页。

们靠侵夺中国的领土和主权得来的权益。从这一点出发，产生了帝国主义者在这一案件中，与封建统治者既相互勾结，又相互矛盾的局面。为了维持其走狗的统治，使自身利益不因这种统治被推翻而遭受损失，他们同意清朝政府镇压在租界内活动的革命党人，并直接参预镇压。同时，为了不使清朝走狗染指自己的既得权益，他们又要求把这种镇压限制在一定范围之内。拒绝引渡，主要是从后一目的出发的。张之洞指责的，也仅仅这一点。清朝统治者也明白，帝国主义者拒绝交人"系争界内之权，非实惜各犯之命"①，所以他们想争一争。因为所需维护的政益不同，也产生了帝国主义者之间的分歧。美国在中国势力较小，为便于今后扩大在华利益，它乐于示好于清朝政府。其驻沪总领事古纳秉承本国侵华方针，就利用领袖领事地位积极支持清朝对革命的镇压，极力赞成引渡。英国领事康格的态度就和古纳不一样，他始终反对引渡。康格的态度则是由于英国有其在长江中下游和上海租界的权益需加保护而产生的。工部局直接控制着租界，所以它处处与清朝当局为难，不让清朝当局插手界内之事。但是，无论他们采取了哪种态度，侵占中国主权，干涉中国内政都是一样的。

张之洞摆出一副力争主权的"爱国者"的架势，则完全是自欺欺人。他所争的，不过是镇压中国人民的便利，"将来再有缉拿匪犯之事，便易措手"②。如此而已。他忘记了，租界的一切权力都是清朝统治者出卖的。现在，爱国者起来反对卖国贼，卖国贼才急于向主子乞求镇压爱国者的"治权"，更充分地暴露了他们的卖国嘴脸。

中国革命者当时就尖锐地指出帝国主义者在此案中侵犯中国主权、干涉中国内政的问题。不过，由于这场斗争主要是同封建统治者进

① 《苏报鼓吹革命清方档案》，中国史学会主编：《辛亥革命》(一)，第433、428页。

② 《苏报鼓吹革命清方档案》，中国史学会主编：《辛亥革命》(一)，第433、428页。

行的，革命者面临的议题是怎样制止清朝政府加剧其镇压行动，这一方面的问题没有被摆在主要地位。反之，因为帝国主义者和封建统治者之间的矛盾，在一定条件下，客观上有利于革命，租界当局某些抵制清朝当局的行为还曾经受到赞扬。这种情况不足为怪，整个辛亥革命时期，在上海的革命党人长期在租界活动，就是利用租界的特殊地位和帝国主义者与封建统治者之间的矛盾。但是，利用这种矛盾并不等于承认帝国主义者的行为是合理的。章炳麟在谈到租界当局对此案的态度时明白指出："此自各行其志，与吾辈宗旨不同"①。这种估计是清醒的。

清朝政府与各国使领的谈判迄无成效。在北京，法、俄、德、美等国公使赞成引渡，但意大利公使反对。英国代办对引渡模棱两可，其驻沪领事却坚决反对。正当交涉紧张之际，在北京发生了政治犯沈荩被害的事。沈荩当过自立军右军统领，7月19日在京被捕，因西太后授意，7月31日在刑部被杖毙。8月间，消息传出，引起国内外舆论的极大愤慨。各国使领便以此为借口，拒绝引渡。为挽回局面，张之洞又出主意，用"只以监禁了事，决不办死罪"②的条件同使领们交涉，但已毫无用途。英、美政府先后训令其驻华使节不得同意交人。清廷迫于形势，只好放弃引渡的要求，于11月间由外务部与英使萨道义约定，将章、邹"免除"死罪，仍在租界会讯定判。

为此，会审公廨设立额外公堂，魏光焘派上海县知县汪懋琨为主审官，于12月3日、4日、5日连续会审。为了集中迫害章炳麟和邹容，额外公堂于3日当堂释放了程吉甫、钱宝仁；陈仲岐、龙泽厚则于17日分别交保、具结释放。12月24日宣判，汪声称应判章、邹永远监禁。但是，英方不同意，判决不生效。后来，舆论纷纷指责将章、邹长期关押而不判刑有违法律和道德，工部局也放出风来，说再不宣判就要将人放

---

① 章炳麟：《狱中答新闻报》，《苏报》，1903年7月6日。

② 《苏报鼓吹革命清方档案》，中国史学会主编：《辛亥革命》(一)，第432页。

掉。清廷外务部怕前功尽弃，这才接受英使意见，同意缩短刑期。1904年5月21日，汪懋琨会同英国副领事德为门等复讯，宣布判章炳麟监禁三年，邹容监禁二年，罚做苦工，自到案之日起算，限满释放，驱逐出租界。“《苏报》案”至此收场。

清政府兴师动众镇压新兴的革命运动，制造了“《苏报》案”。可是，比较起它为制造此案而付出的政治代价来说，囚禁章、邹的“胜利”简直微不足道。封建统治者为此案竟一连发了两道“圣旨”，还以政府名义去控告几个普通百姓，一开始就使自己处于被动地位。孙中山指出：“此案涉及清帝个人，为朝廷与人民聚讼之始，清朝以来所未有也。清廷虽讼胜，而章邹不过仅得囚禁两年而已。于是民气为之大壮。”①清朝统治者实际上为反清革命做了义务宣传。《苏报》的主张通过清方的控状公布于全国，章炳麟、邹容成了众所周知的英雄人物，他们的作品不胫而走。政治上敏锐的人们都由此感到，资产阶级的革命运动已经是难以阻遏的潮流，镇压只会产生和锻炼更多的革命者。

清朝统治的腐朽也突出地暴露出来了。它为镇压革命与帝国主义者相勾结，也就须按帝国主义者的意旨办事，否则就行不通。它的官吏们对“圣旨”可以阳奉阴违，对“钦犯”可以私纵暗放，相互间明枪暗箭，但在洋人面前却都望而生畏。这样一个腐败无能的政权，又怎么能长期统治中国呢？

章炳麟、邹容在判决之后被囚在提篮桥租界监狱里，分居斗室，每天做工八小时，缝衣、烧饭，吃着恶劣的饭食。他们抽空吟诗、写作，还读些旧籍、佛典，但最关心的还是狱外的政治动向。每逢探监时间，蔡元培等轮流给他们带来新的消息，许多不相识的革命志士，如禹之谟、卞鼐、吴樾等也前来探望或寄信慰问。章炳麟在狱中还参预了光复会的创立。统治者的监狱关住了一些革命者，却无法关住革命。

---

① 《有志竟成》，黄编：《总理全集·方略·建国方略一》，第65、66页。

1905年4月3日，邹容因不堪黑狱的折磨，病死狱中，年仅二十岁，离出狱之期仅七十余日。他的遗体由《中外日报》馆收敛暂厝。人们都怀疑他的死是中外反动派下的毒手，东京中国留学生会馆为此特派张继回沪调查。4月5日，中国教育会为邹容开了追悼会。其后，革命志士刘三、刘东海冒着危险将灵柩运到上海县华泾乡，葬在自己的地里，人们称誉刘为"义士"。1906年7月3日，在邹容墓前建成了一座纪念碑，以表达人们对他的怀念。

1906年6月29日，章炳麟刑满出狱。在沪革命党人、进步人士纷纷候门欢迎，东京同盟会总部也派人来迎接他东渡。香港《中国日报》、《有所谓报》等报馆都发电慰问、致敬。当晚，章炳麟登轮赴日。

四 孙中山创办军事学校和反对保皇党的斗争

1903年春拒俄运动在东京展开时，孙中山不在日本，他于头年12月离日，到安南(今越南)去了。

孙中山1900年6月的西贡之行没有任何成果。事后，韬美作了一个礼节性的表示，邀请孙中山参观1902年11月至1903年1月在河内举行的博览会。到期，孙中山赴安南，而韬美已经离任。孙中山会见了继任总督鲍何(P. Beau)的秘书长哈德安(M. Hardouin)，继续提出要求：希望法方援助军械，派人训练革命军，以便在中国南方建立革命政权。鲍何认为对孙中山的支持，会造成法国在华南商业的危机，影响滇越铁路的利益，因此通过哈德安表示，无意改变现行政府，谈判仍然没有成果①。在此期间，孙中山在河内华侨中建立了兴中会组织。当他7月末回到日本时，拒俄运动的高潮已过，军国民教育会的活动也转入秘密状态。孙中山失去了同这群学生一道进行这场斗争的机会。然

① 《印支总督致殖民部》，1903年2月26日，法国国家档案馆档案，印支，B11(36)。

而，孙中山和知识界的接触毕竟因新兴知识阶层的活跃而增加了。到横滨山下町寓庐来请教的留学生络绎不绝，大部分都是初交，其中以军国民教育会的积极分子为多。因“《苏报》案”流亡的陈范、黄宗仰等也在横滨，黄与孙同居一楼，他们经常聚议时事和革命方针。

留学生胡毅生、黎勇锡、翁浩、郑宪成、刘维焘等九人，悦服孙中山的主张，愿意参加革命组织。孙中山到东京约见了他们。他们认为，要从事革命，必须通晓军事，但是清朝公使正取缔自费生学陆军，欲学无门。孙中山答应为他们设法，要他们先填写盟书，表示决心。盟书的誓词是：“驱除鞑虏，恢复中华，建立民国，平均地权。”孙中山第一次用这样内容的誓词，取代了兴中会原有的“驱除鞑虏，恢复中国，创立合众政府”的誓词。这一誓词后来一直沿用到1910年美国旧金山同盟会组织建立之前。

孙中山训练革命军的计划在法国人那里碰了钉子，却得到犬养毅的帮助。他决心建立一所军事学校，通过犬养，聘日人小室友次郎少佐、日野熊藏大尉为教官。日野以研究南非德兰斯瓦波尔人的散兵战术著名。此时，孙中山为组织反清武装起义，专心研究军事，也很重视这一战术，认为它最适用于揭竿而起的中国革命军。他读了大批英波战史和图册，并与日野悉心探讨。关于学校，各方商定，学生自赁一屋同住，白天自习普通课程和日语，晚间则教授战术及兵器学，以八个月为一期。日野是现役军人，不便公开活动，学生每晚轮流派二人到他家中听授讲义，回来再向大家转述。学校最初赁居东京牛込区，后迁至郊区青山练兵场附近。这里既能避日警耳目，又便于每天观摩日军近卫师团各兵种的操练。

这所学校，后来记载中称它为“东京青山革命军事学校”，本名已不可考。它的学生，先后共计十四人，都是来日游学者，其中八人是军国民教育会会员。孙中山第一次在游学生中组织这样一个革命军事团体，它的范围很窄，人数不多，除二人外，其余都是广东人，还没有深入到广大学生中去。

军事学校成立后不久，孙中山离日本去檀香山，而将同留日学生的联系委托给冯自由、廖仲恺、马君武、胡毅生等人。当时，在拒俄运动高潮和"《苏报》案"之后，东京和国内革命运动暂时低伏，看不出有发动武装起义的形势。而孙中山的活动经费也很匮乏，他便向黄宗仰借了旅费，去他熟悉的华侨聚居之区一行，希望打开一个新的局面。孙中山离日后，革命军事学校发生了变故，因为内部一些纠纷，全体决议解散。它前后一共维持了将近六个月时间。

10月5日，孙中山抵檀香山。此来，距1896年离檀，已过七年，夏威夷群岛已成美国领土。檀岛兴中会在1899年梁启超来此组织保皇会之后，受到严重破坏。仅余的十多个会员慑于保皇党的势力，不敢活动。相反，保皇党却有自己的组织和报纸。这时，檀岛华侨达二万五千余人，仅学生就有一千六百余人，但许多人都被"名为保皇，实则革命"的谎言所迷惑。孙中山看到这种情况，知道"非将此毒铲除，断不能做事"，下决心"尽力扫除此毒，以一民心"①。

自11月13日起，孙中山在檀香山正埠几个戏院中连续演说三天。他批驳保皇谬论，指出"革命为唯一法门，可以拯救中国出于国际交涉之现时危惨地位"；"我们必要倾覆满洲政府，建立民国，革命成功之日，效法美国，选举总统，废除专制，实行共和。"②演说时，座无虚席，听者动容。随后，又应邀到奥华湖岛的希炉演说，听者达千余人。孙中山见华侨迅速转变，人心归向，就着手恢复和发展革命组织。建立起来的团体，不再叫兴中会，而取名"中华革命军"。取这个名字，为的是"记邹容之功也"③。原来，孙中山来檀时，带了一批《革命军》，将它推荐给侨胞，收到了很大的效果。他说："此书感动皆捷，其功效真不可胜量！近者求索纷纷，而行箧已罄。欢迎如此，旅檀之人心可知，即昔日无国家、

① 《致黄宗仰书》，黄编：《总理全集·函札》，第22页。

② 《孙公中山在檀香山史略》，《檀山华侨》，自由新报社1929年版。

③ 《警钟日报》，1904年4月26日。

种界观念者，亦因之而激动历史上民族之感慨矣！"①随着革命组织的恢复，孙中山发行革命债券，向华侨募款，"民心一，则财力可以无忧"②的预言实现了。

保皇党人当然不甘心失去檀香山的地盘。康有为弟子陈仪侃这时在檀任《新中国报》主笔，迅即对革命党进行攻击，并诋诬孙中山本人。革命党人对此异常激愤。恰好，老兴中会会员程蔚南主办着一份商业报纸《檀山新报》(俗名《隆记报》)，孙中山便让程将它改组为党报。因为没有合适的主笔，孙中山便亲自撰文，同《新中国报》激烈论战。他看准了保皇党的欺骗手法，"彼所用之术，不言保皇，乃言欲革命"，"故深中康毒者多盲从之"。因此决定自己在论战时"所持以为战具者，即用康之政见书以证其名实之离"③。这场论战的代表作《敬告同乡书》、《驳保皇报》，便是按这一方针揭露保皇党人的。

《敬告同乡书》专门揭露"名为保皇，实则革命"的欺骗。它告诉人们：康梁"创立保皇会者，所以报知己也"，"故保皇无毫厘之假借"，"如其不信，则请读康有为所著之《最近政见书》，此书乃康有为劝南北美洲华商，不可行革命，不可谈革命，不可思革命，只可死心塌地，以图保皇立宪，而延长满洲人之国命，续长我汉人之身契。公等何不一察实情？"梁启超如真心革命，为何不与康有为决裂？陈仪侃如真心革命，为什么攻击革命演说？"可见彼辈所言保皇为真保皇，所言革命为假革命"。《敬告同乡书》截然指出："革命保皇二事，决分两途，如黑白之不能混淆，如东西之不能易位。革命者，志在倒满而兴汉，保皇者，志在扶满而臣清，事理相反，背道而驰，互相冲突，互相水火。"它号召人们"划清界限，不使混淆。吾人革命，不说保皇；彼辈保皇；何必偏称革命？"

---

①《复某友人函》(1903年12月17日)，《孙中山全集》第一卷，第228—229页。

②《复黄宗仰函》(1903年12月)，《孙中山全集》第一卷，第230页。

③《复某友人函》(1903年12月17日)，《孙中山全集》第一卷，第228—229页。

《敬告同乡书》一出,《新中国报》惊慌失措,于 12 月 29 日也抛出一篇《敬告保皇会同志书》,进行反攻。为此,孙中山又在 1904 年 1 月发表了《驳保皇报》一文。这篇文章一条一条地将陈仪侃文章中自相矛盾、立论荒谬、逻辑混乱、常识错误之处揭露无遗,通过这种揭露,宣传了革命救国的道理。孙中山指出:"欲免瓜分,非先倒满洲政府,则无挽救之法也。""必先驱逐'客帝',复我政权,始能免其今日签一约割山东,明日押一款卖两广也。"他把希望放在人民身上,说中国"尚有一线生机之可望者惟人民之奋发耳"! 他还指出,君主立宪并非中国必经的政治阶段,中国应取法先进,实行民主立宪。他说:"夫今日,专制之时代也,必先破坏此专制,乃得行君主或民主之立宪也。既有力以破坏之,则君主、民主随我所择。如过渡焉。以其滞乎中流,何不一棹而登彼岸,为一劳永逸之计也。"

檀香山华侨之所以受保皇党的欺骗,是因为他们虽有强烈的救国愿望,却不懂得革命与改良的区别,不懂得只有革命才能救中国。孙中山廓清了这个问题,华侨耳目为之一新。以前投入保皇会者,纷纷登报声明脱离,加入中华革命军者源源而来,很快就有近千人之众。革命派的势力压倒了保皇派,檀香山又成了革命党人在海外一个重要的据点。

1904 年 3 月 31 日,孙中山离檀香山赴美国大陆,那里也是保皇党气焰嚣张的地方。旅美华侨,十之八九都是洪门,为了易于得到洪门支持,孙中山行前加入了致公堂,受封为"洪棍"(元帅)。同时,还向茂宜岛当局取得了一份夏威夷土生证书,这一证书为他后来进出各国提供了方便。

4 月 6 日,船抵旧金山。美海关当局得到清朝领事的通知,把孙中山当作乱党,阻止入境。经移民局讯问,拘留于候审木屋多日,竟被判令出境。侨胞伍盘照、黄三德、唐琼昌等极力奔走设法,聘律师那文,向美工商部上诉,才获准入境。

美国大陆华侨没有像檀香山华侨那样受过革命的影响,风气极为闭塞,孙中山活动很困难。为了启发华侨的革命觉悟,孙中山又想到了邹容的《革命军》。他在伍、黄二人的帮助下，将这本书翻印了一万一千册，广为散发，很快就在侨胞中流传开去。

孙中山看到华侨中基督教徒较具新思想，便先从此入手。他利用教徒身份，邀集教友开救国会议，推加州大学教授邝华汰为主席。孙中山在会上说明了革命救国的道理，并请与会者购买革命军需债券。每券美金十元，将来革命成功后，各还本息一百元。孙中山说明："凡购券者即为兴中会员，成功后可享受国家各项优先利权。"①华侨们对于购券都很赞成，但不愿加入兴中会，怕因此危害在家乡的亲友。孙中山同意他们不入会。会后，孙中山共募得美金四千多元。

然而，在美国华侨中势力最大的还是洪门致公堂。孙中山要在美国打开局面，主要还得做洪门的工作。洪门是天地会在美洲分支的名称。当初，它从国内传来时，还保持着"反清复明"的政治色彩，年代一久，就变成了带有神秘色彩的狭隘的侨民福利团体和社会联系纽带。洪门致公堂在美国公开活动，总堂在旧金山，凡有华侨的城市，差不多都有分堂。在中小城市，华侨如不加入洪门，即会受到排挤，无谋生的可能。但是，致公堂的组织却很涣散，总堂、分堂，各自为政，不可能进行一致的行动。保皇会势力几年前即进入美国，梁启田、徐勤、欧榘甲等都加入洪门，利用致公堂扩展组织，各地致公堂职员里较开通者，几乎都兼充保皇会干事。因此，孙中山要做致公堂的工作，就必须使它联络一气，并摆脱保皇党的影响。

孙中山很快同旧金山致公堂大佬黄三德，书记唐琼昌及朱三进、邓翰隆等结为友好，使他们成为反清革命的拥护者，从而推动了致公堂的改革。致公堂在旧金山有一份《大同日报》，总理为唐琼昌，主笔却是保皇党骨干欧榘甲。欧对孙中山来美很反感，在报上加以攻击。黄、唐等竭力劝欧与孙合作，欧不但不听，还变本加厉地污蔑孙中山，惹得致公堂职员们很气愤，便迫使欧辞退，请孙中山荐人主持。孙中山推荐

---

①　冯自由：《孙总理癸卯游美补述》，《革命逸史》第二集，第115页。

留日学生刘成禺为该报主笔，刘于当年夏到职。革命派在美国夺得一块宣传阵地。5 月，孙中山由黄三德陪同，在旧金山丹桂、升平等戏院演说“爱国要义”。清朝总领事在唐人街张贴布告对华侨大加恫吓，但每次去听者还是上千人，而且“听者津津有味”①。随后，又赴附近城市演说。孙中山“扫灭在美国之保党”的“苦战”②，取得了初步战果。

孙中山建议致公堂进行全美会员总注册，以便将该堂各分支统一起来。他受致公堂职员们委托，起草了《致公堂重订新章要义》和新章，将反清革命的主张输入其中。新章把“联合大群，团集大力，以图光复祖国，拯救同胞”列为“本堂义务之不可缺者”。规定“本堂以驱逐鞑虏，恢复中华，创立民国，平均地权为宗旨”，“以协力助成祖国同志施行宗旨为目的”。新章还把反对保皇党的斗争放在特别重要的地位，规定“先清内奸而后除异种”也是“本堂义务之不可缺者”。又明确规定，对于各种会党，“其宗旨与本堂相反者，本堂当视为公敌，不得附和”。孙中山希望致公堂能统一在革命的宗旨之下。

5 月 24 日，孙中山、黄三德受致公堂推举，自旧金山出发往各城市鼓励注册进行。行前，致公堂大佬刘学泽等二十余人发公启将二人介绍给各地洪门。公启宣称：“今欲排满革命，舍我其谁！”他们沿南方铁路，经过弗雷斯诺、贝克斯菲尔德、洛杉矶、新奥尔良、匹兹堡、圣路易斯、亚特兰大、华盛顿、费城、巴尔的摩、芝加哥等数十城市，历时数月，于 9 月 28 日抵纽约。每到一地，孙中山便发表演说，驳斥保皇谬论，黄三德则招收会员。这一长途旅行宣传使保皇党大为震动，他们也派欧榘甲、康同璧赴各地演说，进行抵制。由于致公堂过分涣散，许多地方被保皇党把持，总注册最后并未完成，但孙中山的游说对美国华侨倾向反清革命，却起了启蒙作用。

---

① 《警钟日报》1904 年 6 月 19 日，转录《大同日报》消息。

② 《致黄宗仰书》(1904 年 6 月 10 日)，黄编：《总理全集·函札》，第 23 页。

孙中山在纽约逗留数月，考察了美国的政治制度和社会思想，会见了不少政界人士。他还和中国留学生王宠惠、薛仙舟、陈锦涛等时相过从，讨论后来发展成三民主义、五权宪法的一整套革命思想，以及革命后的外交、财政等问题。九十月间，他将8月间写成的英文告欧美人士书《中国问题之真解决》在纽约出版，印行万册，分赠各国人士，向他们解释中国革命的必然性和正义性以及它的国际意义。这本书在纽约、横滨、香港很快被译为中文，成为一种有名的革命宣传品。

1904年12月14日，孙中山结束了美国之行，离开纽约前往英国。

孙中山1903年和1904年在日本、美国的活动对中国资产阶级反清革命运动的发展有着重要意义。他的活动表现出明显的创新尝试。他为反清革命提出了社会内容更为明确、广泛的主张，这就是"驱除鞑虏，恢复中华，建立民国，平均地权"的十六字誓词，它包括了正在酝酿的三民主义的基本内容。他比以往任何时候都更加重视同保皇派的斗争，尤其是廓清革命与保皇之界限的思想斗争，以致使原来解决"经济困难"的"退守"①，变成了横扫保皇毒焰的进攻，成功地完成了后来同盟会和保皇派论战的演习。他还进行了改组和扩大革命团体的尝试，这种尝试不仅表现在名称的改变上，而且表现在政治纲领、成员成分和活动方式的变化上。这些创新对于反清革命运动的发展无疑是富有积极意义的。

促成这些具有积极意义的创新的因素，有孙中山对十年革命生涯的反省，更主要地则是中国革命形势的变化。由新型知识阶层的活跃带来的国内(包括赴日留学生)革命运动的兴起，改变了兴中会孤处海外的局面，在孙中山面前顿时出现了一片广阔的前景。孙中山这时在海外的活动虽然还没有同东京和国内的革命活动有机地结合起来，但已经可以明显看出这几股潮流的相互激荡。孙中山努力从国内的斗争中吸取营养。在他批驳保皇党的作品中，可以看出章炳麟、邹容的影

① 《致平山周书》，1903年11月6日，黄编:《总理全集·函札》，第19页。

响,邹容的《革命军》一书更被他当作启发华侨觉悟的利器。他盼望得到国内的支援,诚恳地呼吁说:“务望在沪同志,亦遥作声援。如有新书新报,务要设法多寄往美洲及檀香山分售,使人人知所适从”①。他开始重视新型知识阶层的作用,注意国内、东京革命的动向。在美洲,他就关心“上海同志,近来境况志气如何,东京留学生又如何”,他要处于困境中的“在东国同志,暂为坚守,以待好机之来”②。除了将自己的活动情况通报给东京、国内外,他还将自己的经验、成果介绍给他们,希望促进那里的活动。他介绍了“平均地权”的思想,同时介绍了十六字誓词和发展“中华革命军”成员的仪式。他说:“但其余有志者愿协力相助,则请以此形式收为吾党。”③他还希望上海、东京同志“并当竭力大击保皇毒焰于各地”④。孙中山同国内、东京革命力量的关系越来越近。这种情况,预示着资产阶级反清革命运动更加壮观的局面来临。

第六节 革命民主思想的传播

一 日益蓬勃的宣传活动

在中国这样一个封建专制主义统治了两千多年的国家里,要动员人民起来推翻帝国主义的走狗——清政府,从而消灭君主专制政体,建

---

① 《复黄宗仰函》,1903年12月,1904年6月10日,《孙中山全集》第一卷,第229—230、240—241页。

② 《复黄宗仰函》,1903年12月,1904年6月10日,《孙中山全集》第一卷,第229—230、240—241页。

③ 《复黄宗仰函》,1903年12月,1904年6月10日,《孙中山全集》第一卷,第229—230、240—241页。

④ 《复黄宗仰函》,1903年12月,1904年6月10日,《孙中山全集》第一卷,第229—230、240—241页。

立独立自由的民主共和国，是一件艰巨的事情，它需要一个规模巨大的革命启蒙运动。事实上，反清革命运动正是伴随着这样一个启蒙运动而兴起的。革命宣传活动在反清革命的整个进程中占着极为重要的先导地位。“革命排满”、“建立共和”的呼号震动全国，首先依赖于革命宣传家们的劳绩。

文字宣传是革命宣传活动的主要形式。在孙中山领导兴中会独自活动的年代，宣传活动是开展得不够充分的。兴中会只在香港有一份《中国日报》，附带刊出《中国旬报》。兴中会员还办过《开智录》。除此之外，他们只能翻印一些如《扬州十日记》、《原君》那样的旧籍，作为自己的宣传品。然而，进入二十世纪之后，这种沉闷局面被打破了。《国民报》首先以崭新的面目在东京出现，它关于民主主义的宣传，深刻地影响了像邹容这样的青年知识分子。随着越来越多的新型知识分子投身革命行列，宣传活动蓬蓬勃勃地开展起来了。在1903年和1904年，《革命军》、《驳康有为书》、《猛回头》、《警世钟》等书出版；《苏报》、《国民日日报》、《警钟日报》、《大陆》、《游学译编》、《湖北学生界》、《浙江潮》、《江苏》等报刊发行。这样，就出现了一个反清革命宣传的高潮。宣传活动（包括口头宣传）几乎构成某些地区革命活动的主要内容。一些革命家名震全国，也首先是由于他们在宣传方面的功绩。这种情况是革命运动刚刚兴起时必有的现象。

革命宣传活动的日益蓬勃发展，可以从革命书报的风行、宣传队伍的壮大和多种多样宣传手段的采用几个方面看出来。至于宣传家们集中宣传的“革命排满”，“建立共和”的口号，则将在后文专门予以介绍。

一、革命书报的风行：

迄至1905年夏季中国同盟会成立前夕，资产阶级革命分子创办或主持的革命报刊，主要的如下表，

报纸：

报名	刊行时间	出版地	备　注
中国日报	1900—1913	香港	1911 年冬迁广州出版。
苏报	1903	上海	创刊于 1896 年。
国民日日报	1903	上海	
俄事警闻	1903—1904	上海	
檀山新报	1903—1907	檀香山	俗名《隆记报》,创刊于 1905 年前后。
俚语日报	1903—1904	长沙	
世界公益报	1903—1904	香港	
警钟日报	1904—1905	上海	
大同日报	1904—1912	旧金山	
图南日报	1904—1906	星加坡	
广东日报	1904—1905	香港	
有所谓报	1905—1906	香港	又名《唯一趣报》。

期刊:

刊名	刊行时间	出版地	备　注
中国旬报	1900—1901	香港	
开智录	1900—1901	横滨	附刊于《清议报》。
国民报	1901	东京	
政艺通报	1902—1906	上海	
游学译编	1902—1903	东京	
大陆	1902—1905	上海	
女报	1902—1903	上海	1903 年易名《女学报》。

刊名	刊行时间	出版地	备　　注
湖北学生界	1903	东京	后易名《汉声》。
直说	1903	东京	
浙江潮	1903	东京	
江苏	1903—1904	东京	
童子世界	1903	上海	
觉民	1903—1904	金山	印刷于上海。
中国白话报	1903—1904	上海	
女子世界	1904—1906	上海	
萃新报	1904	金华	
安徽俗话报	1904—1905	芜湖	
二十世纪大舞台	1904	上海	
国粹学报	1905—1911	上海	
二十世纪之支那	1905	东京	

革命书籍的出版更为普遍。在这些书籍中，以政论和介绍反清革命运动者影响最大，最受人们欢迎。此类书中较著名的有：

书名	出版时间	出版地	编撰者	备　　注
新湖南	1903	东京	湖南之湖南人（杨笃生）	
教育界之风潮	1903	上海	爱国青年	
革命军	1903	上海	革命军马前卒邹容	翻印本甚多，题名不一。
驳康有为书	1903	上海	章炳麟	即《驳康有为政见书》、《驳康有为论革命书》。

书名	出版时间	出版地	编撰者	备　注
辨康有为政见书	1903	香港	黄世仲	
中国民族志	1903	上海	光汉子（刘光汉）	
黄帝魂	1903	上海	黄藻（章士钊）	编者自署：黄帝子孙之一个人。
苏报案纪事	1903	上海	章士钊	
孙逸仙	1903	上海	黄中黄（章士钊）	译述宫崎寅藏《三十三年之梦》。
沈荩	1903	上海	黄中黄（章士钊）	
最近支那革命运动	1903	东京	新智社	
訄书（修改本）	1904	东京	章炳麟	
猛回头	1904	上海	陈天华	
警世钟	1904	上海	陈天华	
死法	1904	东京	铁汉（蔡汇东）	
攘书	1904	上海	刘光汉	
中国民约精义	1904	上海	刘光汉、林獬	
最近政见之评决	1904	东京	陈天华	
中国问题之真解决	1904	纽约	孙中山	原作系英文，有中译本。

除政论性书籍之外，革命分子还编译了大量有助于革命思想传播的图书，其中包括：

（一）揭露清朝入关暴行和黑暗统治的旧籍。如《扬州十日记》、《嘉定屠城记》等。这类书还被汇编成丛书，如《陆沉丛书》、《明季实录》等。有人还搜集有关这方面史料，编写成书出版，如陈去病的《清秘史》、刘光汉的《光汉室丛谭》等。

王夫之的《黄书》、黄宗羲的《明夷待访录》也被翻印出版。

(二)宣传革命、反满的史著。如汉公(刘成禺)《太平天国战史》、匪石《郑成功传》、佚名《中国第一大伟人岳飞》、陶成章《中国民族权力消长史》等。

英、美、法、俄等国的革命史、弱小国家和民族的衰亡史、独立史,以及外国名人传记,也大批翻译出版。

(三)揭露列强侵略的著译。如《二十世纪之怪物帝国主义》、《西力东侵史》、《哥萨克东侵史》、《中俄交涉史》、《俄罗斯对华策》、《俄前皇并吞世界遗策》、《明耻图》、《闽警》等。

(四)西方资产阶级思想学说名著的译本。如《民约论》、《自由原论》、《万法精意》、《物竞篇》、《天择篇》、《社会学原理》、《国体政体概论》、《代议政体》等,以及美国《独立宣言》、法国《人权宣言》的译本。

(五)介绍当时各国社会思潮的译著。如《社会主义神髓》、《世界进步之大势》、《无政府主义》、《虚无党》、《自由血》、《俄罗斯大风潮》等。

(六)各种文艺作品。

革命书报的出版地也就是革命运动比较发达的地方,集中于上海、东京、香港。但书报所传播的地区却非常广泛。上海出版的《苏报》,在北京、天津、成都、武昌、汉口、寿州、安庆、芜湖、南昌、福州、南京、镇江、扬州、如皋、杭州、绍兴、宁波、苏州、无锡、松江、常熟、日本横滨等 23 个地方设有 33 个分售处。言论稍为温和的《大陆》杂志传布就更广,1903 年,它在外地有 66 个代派处,北至北京、太原,东至蓬莱,西至成都,南至广州,都有人代售。《政艺通报》更超过《大陆》,它的代派处达八十余个。像潍县、天门、常德、泸州、浔州、宁国、锦州这样较小的地方都有出售。连《觉民》这样在小城镇出版的刊物,也有 23 个代派处,并且深入乡村。革命书报的流传之广,于此可见。

革命报刊的发行量也是可观的。1903 年,《苏报》在东南地区各省城中最为闭塞的南昌,发行 200 份。1904 年,《警钟日报》在武昌发行

300份，杭州二百余份，南京四十余份，没有代售处的泰州、泰兴、衢州也各发行3份。其他一些革命期刊，在武昌共发行260份，南京65份。杭州则自有《杭州白话报》，发行约一千份。1903年，《浙江潮》第一、二、三期第三版，第四、五、六期第二版，第七、八期初版，均印行五千册。《湖北学生界》发行量开始很小，后因当局查禁，反而猛增至每期数千册。革命报刊在各地发行的数字虽比不上一些历史长的大报和改良派报刊，但在受到清朝统治者压制的情况下，能达到这种程度很不容易。如果从这些零散的统计数字去估计革命报刊总的印行量，其总数应当是很庞大的。邹容的《革命军》一书，更是印行数量巨大的典型。《革命军》第一版在上海大同书局印行，很快销售一空。后来，各地纷纷翻印。为避免国内外当局注意，翻印时多半将书名改掉，例如1903年在新加坡翻印，改名《图存篇》，同年在香港翻印叫《革命先锋》，在上海翻印叫《救世真言》，在横滨翻印时与《驳康有为政见书》合刊，叫《章邹合刻》。据估计，这本书在辛亥革命时期一共印了二十几版，总印数超过一百万册。

革命书报品类繁多，印数庞大，流传广泛，说明革命思想深受群众的欢迎。

二、革命宣传队伍的壮大：

与革命书报的风行联系在一起的，是革命宣传队伍人才辈出。资产阶级革命派的领袖人物孙中山、黄兴和蔡元培都曾以大量精力研究革命理论和推动革命宣传。但反清革命运动初期最著名的宣传家，还应当推《革命军》作者邹容，《猛回头》、《警世钟》作者陈天华和《驳康有为书》作者章炳麟。他们的这几本书都是鼓吹资产阶级反清革命运动的奠基之作。

邹容（1885—1905）字威丹，四川巴县人。他是富商的儿子，自幼熟读经史，却不肯应科举，常“薄尧舜，非周孔”①。1901年出川，入上海

---

① 章炳麟：《赠大将军邹容墓表》，中国史学会主编：《辛亥革命》（一），第365页。

广方言馆。次年9月赴日，就读于东京同文书院。他很快被留学生的革命活动所吸引。1903年2月，刘成禺等借新年团拜发表排满演说，邹容起而响应。不久，因愤于一个清朝官员的丑行，他与同学一起去强行剪了此人的辫子，被迫回国，住在上海爱国学社。拒法、拒俄运动开始，他异常积极。5月，发起组织中国学生同盟会，想"于学界成一绝大合法团体，以鏖战于中国前途竞争逼拶之中"①。当冯镜如成立国民议政会企图将运动引入改良主义的轨道时，他又在该会成立会上予以怒斥。这时，他与章炳麟、章士钊、张继结为兄弟，他年纪最轻，被视为小弟。

《革命军》是邹容在日本时写成的书，回沪后重加增润，由章炳麟作序，于1903年5月间出版。在自序中，邹容自称为"革命军马前卒"。这本书约二万言，它以西方资产阶级的自由、平等、天赋人权学说作为理论基础，大声疾呼革命，要求推翻合专制、卖国与种族压迫为一体的清政府，由野蛮而进文明，除奴隶而为主人，建设一个独立民主的中华共和国。由于这本小书系统地阐发了资产阶级民主主义革命的思想和主张，加以文笔浅近、犀利，说理明澈，情感丰富，它很快受到社会上的热烈欢迎。孙中山称誉它"为排满最激烈之言论"，"其开导华侨风气，为力甚大"②。吴樾说，他得到这本书后"三读不置"③。人们都以先睹为快。在偏远地区，竟卖到十两银子一本，许多青年还竞相传抄。清朝统治者对《革命军》极为忌恨。端方说："此书逆乱，从古所无，竟敢谤及列祖列宗，且敢直书庙讳，劝动天下造反，皆非臣子所忍闻。"④清朝政府制造"《苏报》案"，镇压的对象之一，就是邹容和《革命军》。正反两方的强烈反应，显示了这部作品的威力。

① 《论中国学生同盟会之发起》，《苏报》，1903年5月30日。

② 《有志竟成》，黄编：《总理全集·方略·建国方略之一》，第66页。

③ 《吴樾遗书·自序》，中国史学会主编：《辛亥革命》(二)，第374页。

④ 《苏报鼓吹革命清方档案》，中国史学会主编：《辛亥革命》(二)，第446页。

陈天华(1875—1905)字星台,别署思黄,湖南新化人。他出生于一个清贫的塾师家中,幼年曾放牛、当小贩,十五岁才入塾读书。后得人资助,入资江书院、求实学堂。1903年3月,留学日本,先后入东京弘文书院、法政大学。他在拒俄运动中加入了拒俄义勇队、军国民教育会,并自认为归国运动员。同年10月,俄军强占奉天,他又啮指作书,呼吁湖南同胞救亡,连巡抚赵尔巽也为之感动。他将大部分时间都用在写作革命救亡的宣传品上,经常闭门疾书,写到痛心之处,往往独自泣不成声。1903年夏至1904年初,他先后写成了《猛回头》、《警世钟》两书。这两本书以强烈的爱国精神和革命勇气,揭露帝国主义列强瓜分中国已迫在眉睫,而清政府已成为"洋人的朝廷",号召全国各阶层民众团结起来,立即行动,实行排满,"杀那洋鬼子"。《猛回头》、《警世钟》反帝爱国思想的强烈程度超过了当时的同类作品。这两本书还以通俗易解见长。前者以弹词,后者以白话写作,所以很快就深入到农村、军营和工人、平民中去。浙江金华的会党成员曹阿狗得到《猛回头》一书后,"日夜讽诵不辍,又到各处演说",结果被官厅杀害①。武昌街头一个摊贩,将《猛回头》背得烂熟,逢人便为演说。为了阻止《警世钟》的流传,清朝上海当局在1904年制造了"《警世钟》案",迫害出版和代售该书的书商。清方的禁止,反倒促使这两种书更加广泛地风行起来。

《驳康有为书》的作者章炳麟则是早著声名的学者。1899年,他就将此前要求改革中国政俗的文字汇刻成《訄书》。由于他此时还在"与尊清者游",这本书未能摆脱改良主义的束缚。1900年,他与改良派决裂后,开始对书中内容"匡谬"。1902年从日本回乡,又着手大加"删革",排除改良主义观点,增加革命内容。增订的《訄书》在1904年、1905年接连印了两版。新版本增加了《客帝匡谬》、《订孔》、《序种姓》、《解辫发》、《定版籍》、《地治》等重要文章。《訄书》是章炳麟对中外政治、学术进行深刻研究后写成的,包括许多积极的革命的观点,但它学

① 陶成章:《浙案纪略》,中国史学会主编:《辛亥革命》(三),第12页。

理艰深，文辞古奥，很难广泛流传。章炳麟此时作品中最受民众欢迎的还是《驳康有为书》。

1902年，华侨中的革命倾向增强，康门弟子中也发生了某种离心倾向。为了稳住阵脚，同年6月，康有为写了一封《答南北美洲诸华商论中国只可行立宪不可行革命书》，又写了一篇《与同学诸子论印度亡国由于各省自立书》。康有为以革命会造成流血破坏、招致外国干涉等为理由，要人们等待光绪复辟，实行君主立宪。保皇会除将这两封信登诸报刊外，还印成小册子到处散发。为此，章炳麟写了《驳康有为书》这封公开信。它严正指出，满清为了维持其种族压迫，决不会放弃政权，实行立宪；只有用革命推翻满清，实行合众共和，才能使中国免为欧美之奴隶。章炳麟《驳康有为书》初版印行三千册，顿时销售一空。

邹容、陈天华、章炳麟之外，郑贯一、杨笃生、章士钊、刘光汉、等都是卓有贡献的宣传家。郑贯一（1881—1906）名道，号贯公，广东香山人。他是《开智录》的创办人，1901年出任《中国日报》记者，将新的思想和文风带到香港，大受读者欢迎。后来，又创办过《世界公益报》、《广东日报》、《有所谓报》。他善于结合民众切身问题，并通过各种通俗形式，宣传革命的政治主张。杨笃生（1871—1911）名毓麐，后易名守仁，湖南长沙人。清拔贡，1898年任长沙时务学堂教习，1902年5月赴日留学。同年，他与同乡同学创办了《游学译编》，并写了《新湖南》一书，较全面地阐述了民主主义革命思想。邹容、陈天华的一些重要观点，都可以从中找到渊源。章士钊（1881—1973）字行严，号秋桐，湖南长沙人。1903年由江南陆师学堂退学入爱国学社，被聘为《苏报》主笔，继主持《国民日日报》。他编著的《黄帝魂》、《孙逸仙》、《沈荩》、《苏报案纪事》，都是非常流行的革命宣传品。他的文章慷慨激烈，又善于析理，富有感染力。刘光汉（1885—1919）原名师培，字申叔，江苏仪征人。出身于经学世家，本人又是清举人。1903年春到沪，结识章太炎等，开始发表革命文章，曾任《警钟日报》主笔。他熟悉中国传统文化，又接受了一些新思潮。作品中经常将陈旧的儒家说教和激进的社会思想掺杂在一起,尤其喜欢引经据典地说明西方启蒙主义思想早已萌发于中国前哲的学说之中。

在革命宣传活动中崭露头角的宣传家还有秦力山、戢翼翚、张继、马君武、孙翼中、陈诗仲、汪德渊、吴稚晖、林獬、蔡汇东、郑权、黄世仲、金天翮、陈由己、陈去病、邓实、高旭(天梅)、柳亚卢(亚子)、陈撷芬、林宗素、吴弱男等。革命宣传活动呈现出生动活泼的局面,正是这支庞大的宣传队伍积极努力的结果。

三、多种多样的宣传手段:

革命宣传家们认为,反清革命依靠"中等社会"和"下等社会",因此,"言革命教育者,必在两等社会"①。"中等社会"指的是知识阶层及其他有文化的人,"下等社会"指的是没有文化的农、工、商。这样,宣传家们就必须讲求为这两类人易于接受的手段,特别是为"下等社会"所易于接受的通俗手段。

文字宣传的主要体裁是政论文。一篇政论能否广为流传,除了看它的思想内容外,还得看它的文字是否通俗易懂。《革命军》、《猛回头》、《警世钟》之所以受到人们欢迎,它们浅近通俗是一个重要原因。当时,革命政论大多自"新民体"变通而来,正有雅俗共赏的效用。所谓"新民体",是以梁启超为代表的一种文体,是比较浅近流畅的文言文。值得称赞的,是革命宣传家们所自觉地倡导的通俗形式,突破了脱离口语的文言,而直接采用民间的歌谣和白话。章太炎是以文词古奥著称的,但他也写了通俗唱词《逐满歌》。这样的通俗歌谣,当时为数颇多。赵声写的唱词《歌保国》,印行数十万张,散布民间,"一时长江上下游之兵若匪,人手一纸,习其词若流"②。宣传家们还极力推广白话文。他们认为,"白话报者,文明普及之本也"。并且预言"就文字进化之公理

① 《民族主义之教育》,《游学译编》第10期,1903年9月。

② 章士钊:《赵伯先事略》,中国史学会主编:《辛亥革命》(四),第312页。

言之，则中国自近代以还，必经白话盛行之一阶级”①。1902 年，汪曼锋、孙翼中、杭慎修等创办了《杭州白话报》。次年 12 月，林獬在上海创办《中国白话报》，主张让“种田的、做手艺的、做买卖的、当兵的，以及孩子们、妇女们，个个明白”②。林獬(1874—1926)字少泉，后易名万里，福建侯官人。他就是后来的著名记者林白水，当时自署“白话道人”。陈乾生(由己、独秀)主编的《安徽俗话报》，也是一份有名的革命刊物，很重视对封建思想文化的批判。《中国日报》、《俄事警闻》也都用一定篇幅发表白话文章。1903 年至 1904 年，东南地区白话报竞相创刊，著名的有浙江的《宁波白话报》、《绍兴白话报》、《湖州白话报》、《衢州白话报》，江苏的《苏州白话报》、《江苏白话报》(常熟)，江西的《新白话报》、《青年爱》，上海的《智群白话报》、《扬子江白话报》，福建的《福建白话报》和留日学生演说会的刊物《白话》等，这些白话报的政治主张并不一样，但对传播进步的思想文化都有一定的功劳。

社会影响广泛的戏剧形式也受到宣传家们的注意。他们认为，“各处的戏剧，就是各种普通学堂”，戏剧的感染力比文字，绘画“功效大得几十倍”③，因此主张“要倡出一班文明新戏来”④。1903 年，革命派刊物上就常登出一些短小的传奇，不过这些剧本只是文字创作，不便演出。1904 年秋，陈去病在上海和京剧大师汪笑侬合作，联合著名演员时慧宝、孙菊仙、夏月润、冯子和等演出新剧。汪笑侬期望戏剧“隐掺教化权，借作兴亡表”，亲自编演了《党人碑》、《瓜种兰茵》、《桃花扇》等戏，以演说历史来教育观众。同年，他们还出版了《二十世纪大舞台》杂志，提倡新剧，发表剧本。这份杂志宣称“以改革恶俗，开通民智，提倡民族主义，唤起国家思想为唯一之目的”⑤。由于宣传家们的提倡，演出借

① 《论白话报与中国前途之关系》，《警钟日报》，1904 年 4 月 25 日。

② 《中国白话报发刊词》，《中国白话报》第 1 期，1903 年 12 月。

③ 《告优》，《俄事警闻》，1904 年 1 月 17 日。

④ 《北京的知耻会》，《警钟日报》，1904 年 3 月 10 日。

⑤ 《二十世纪大舞台》第 1 期，1904 年 12 月。

古说今的历史剧蔚为风气，渐渐发展到演出现代题材。有的学校学生编演了张文祥刺马、叶廷琛被拘、张廷标被俄兵杀害等戏。林獬写作了剧本《玫瑰花》，在沪演出。昆剧也受到重视，吴梅创作了《风洞山传奇》。

小说也是宣传家们经常利用的形式，他们不断在报刊上刊载小说。著名小说《孽海花》的头几回，就是由金天翮开始写作的，发表于《江苏》杂志，后来才由曾朴赓续成书。《警钟日报》连载了小说《孽海镜》，描写革命青年朱光复的故事。小说《瓜分惨祸预言记》、《自由结婚》，当时也颇流行。革命宣传家们这时创作的小说数量不少，但由于政治说教过多，缺乏艺术形象，没有留下什么传世之作。他们还翻译了许多外国小说，最著名的是苏曼殊、陈由己译的《惨世界》（雨果《悲惨世界》）。他们在译文中掺进了宣传革命的话，这是宣传家们翻译小说时的一种风尚。

宣传家们还利用了漫画这种形式。他们认为“这真是开通下等社会的利器”①，本轻、价贱、易卖、易懂、耐久、便于流传。上海《俄事警闻》、《警钟日报》都刊载“时事漫画”。有人在租界里编印了漫画集《明耻图》，并将漫画制成“国耻月份牌”，广为流传。为此，清方还派人同领事谈判，要求查禁。

音乐也成为革命宣传的手段。宣传家们利用各学堂的教学、集会和社会上的集会，教唱革命歌曲。1905 年初，出版了爱自由者（金天翮）的《国民唱歌》，包括作者创作、改制的歌曲《祝自由神》、《招国魂》、《哀印度》、《吊埃及》、《娘子军》、《法国革命》、《美国独立》、《思祖国》等四十多支歌曲，宣传爱国主义和民主主义，赞美革命。

在革命宣传家们利用的文艺形式中，传统的中国诗词是最发达的部门。领导革命的资产阶级、小资产阶级知识分子大都娴熟这一体裁，他们利用它来传播革命思潮。自 1902 年《大陆》、《政艺丛编》创刊后，许多著名的报刊都辟有刊载诗词的专栏。当时，属于资产阶级革命派

---

① 《北京的知耻会》，《警钟日报》，1904 年 3 月 10 日。

的著名诗人有章炳麟、马君武、陈去病、高旭、柳亚子、苏曼殊、于右任、黄节、高燮、刘光汉、金天翮、邓实、黄宗仰、谢无量等。高旭(1877—1925)是当时创作量最大的诗人。他与叔父高燮等创办诗社,“欲以韵语力鼓动一世”①。早年受维新派影响,在《清议报》上发表新体诗,响应“诗界革命”。1903 年,梁启超于美洲之行后,政治思想急剧倒退,发表文章,宣称与“共和”诀别:“呜呼痛哉!吾十年来所醉、所梦、所歌舞、所尸祝之共和竟绝我耶,吾与君别,吾涕滂沱”,“吾与汝长别矣!”②高旭幽默地写诗赠梁:“新相知乐敢嫌迟,醉倒共和却未痴;君涕滂沱分别日,正余情爱最浓时!”表示了对民主共和制度的热烈向往。这一年,近代著名诗人柳亚子刚十六岁,就开始发表革命诗文,显示出卓越的文学才能。同年,陕西举人于右任痛心“可怜好山河,葬送奴才手”,写诗抨击清朝统治的黑暗,刻成《半哭半笑楼诗集》。1904 年,被当局通缉,他从考进士的试场上逃往上海,参加了革命宣传队伍。这一时期,革命诗人辈出,激昂慷慨的革命诗歌,奏出了反清革命的最强音。

由于革命宣传家们利用了他们可以利用的一切宣传手段,革命思想得到了广泛的传播,不仅知识分子中的先进人物倾心革命,广大的劳动群众也接触了革命思想。后来,士兵、会党、农民、商人纷纷加入革命,与革命宣传家们的多方努力是分不开的。由于革命宣传家们广泛地利用各种手段宣传革命,也极大地推动了我国近代思想文化、文学艺术的发展。

二　革命排满,建立共和——革命宣传的中心口号

中国资产阶级革命派的宣传家们所进行的革命启蒙教育是多方面

① 黄天(高燮):《答邓秋枚书》,《觉民》第 9、10 期,1904 年。

② 《政治学大家伯伦知理之学说》,《新民丛报》第 38、39 期合刊,第 48—49 页。

的，但都围绕着一个问题，即中国的前途问题。他们指出，只有“革命排满”、“建立共和”，才能免中国于危亡，致中国于独立富强之境。革命排满，建立共和是革命宣传的中心口号。

革命宣传家们向人民揭示了民族危机的严重性，指出中国已经成了列强竞争角逐的焦点，“瓜分之祸”、“亡国灭种，就在眼前”①。陈天华在《猛回头》里触目惊心地揭示：“俄罗斯自北方包我三面，英吉利假通商毒意中藏，法兰西占广州窥伺黔桂，德意志领胶州虎视东方，新日本取台湾再图福建，美利坚也想要割土分疆。这中国哪一点我还有份，这朝庭原是个名存实亡。”在《警世钟》里，他进一步指出：“须知这瓜分之祸，不但是亡国罢了，一定还要灭种。”在说明列强的侵略政策时，他们已经采用了“帝国主义”这一概念，并试图对这个新出现的“大怪物”进行分析。杨笃生指出，帝国主义不是一两个大人物意志的表现，而是“国民工商业发达，资本充实之所膨胀也”②。他还指出，列强“耀兵力以索取商权”的政策已经变化，改变成以掠夺租界、铁道、矿产、传教、工商等权为主的“殖民政略”。他们向被侵略国家进行“资本灌入”③，“凡资本所在之地，即为其政治能力所及之地”④，“以工商势力圈限为其名，而以政治圈限为其实”⑤。这种分析还不能科学地说明帝国主义的本质，但在揭示其某些特征上，却也入木三分。这说明中国人民对帝国主义的认识有重大提高。宣传家们还着重分析了当时列强侵华手法的变化。《国民报》指出：列强灭亡中国，“用无形瓜分之手段，愈巧而愈密”⑥。杨笃生指出，列强是“以扶植满洲政府，为兼弱攻昧之秘藏，以

① 陈天华：《警世钟》。

② 《新湖南》。

③ 《新湖南》。

④ 共和生(杨笃生)：《论列强中国殖民政策》，《警钟日报》，1904 年 12 月23 日。

⑤ 《新湖南》。

⑥ 《二十世纪之中国》，《国民报》第 1 期，1901 年 5 月。

开放中国门户，为断腰绝臂之妙术”①，“外示交亲，阴图攫夺，美其名曰‘领土保全’，婉其词曰‘门户开放’，而主权寖失，名存实亡”②。陈天华指出：“留住满洲政府，代他管领，他再管领满洲政府，岂不比瓜分便宜得多吗？”③他们还指出，列强之所以改变手法，重要原因是“以为强暴举动，恐激怒中国人民”④。但是，为了防止侵占的权益被收回，列强又必将反对和阻遏中国的一切进步改革。革命宣传家们尖锐地警醒人们：由于主权大量丧失，中国实际已经亡国，或者濒临灭亡的边缘。他们说，中国已“为白人所公有”、“中国之主权，外人之主权也”⑤，中国人民已沦为“两层奴隶”、“三层奴隶”、“数重奴隶”。他们大声疾呼，处在这种形势下，“不兴必亡，不亡必兴，固我中国之前途也”⑥。陈天华正告人们：“须知事到今日，断不能再讲预备救中国了，只有死死苦战，才能救得中国！”⑦

挽救中华民族严重的民族危机，这是中国资产阶级革命运动的出发点。

为什么中国无法抵挡帝国主义的侵略，人民的反帝热情得不到伸张呢？为什么“中国的病遂成了不治之症”呢？资产阶级革命宣传家们很明确地回答了这个问题。那就是因为中国处在清朝政府的反动统治之下，这个反动政府卖国、专制，并实行种族压迫。他们勇敢地对清王朝进行揭露和批判：

一、宣传家们揭穿了清朝政府卖国贼的嘴脸。许多革命宣传品都抓住清廷典型的卖国谰言——“宁赠友邦，勿与家奴”、“量中华之物力，

① 《新湖南》。
② 共和生(杨笃生)：《论列强中国殖民政策》，《警钟日报》，1904 年 12 月23 日。
③ 《警世钟》。
④ 《论北京政府为西人之傀儡》，《警钟日报》，1904 年 9 月 26 日。
⑤ 《原国》，《国民报》第 1 期，1901 年 5 月。
⑥ 《二十世纪之中国》，《国民报》第 1 期，1901 年 5 月。
⑦ 《警世钟》。

结与国之欢心”，无情地加以揭露。他们历数六十多年中清廷丧师辱国、出卖领土和主权的历史，特别强调地指出，清廷连“发祥之地都再拜顿首奉献于俄罗斯”，还有什么不能出卖的呢？宣传家们进一步指出，清政府已经成为听命于洋人的走狗。他们说：“今日之政府官吏，为列强所擒之纵之威之胁之之具”①，“北京政府为西人之傀儡”，“为外人效奴隶之用者也”②。最鲜明地揭露这一点的，莫过于陈天华“洋人的朝廷”的著名论断。他指出：“满朝中除媚外别无他长”，其作用仅在“替洋人做一个守土官长，压制我众汉人拱手投降”。清朝政府既然在帝国主义和中华民族的矛盾中处于这样特殊的地位，那末，要抵抗列强，就绝对不能依赖这样的政府，要抵抗列强，“除革去卖国之旧政府，建设救国之新政府外，其道末由”③。

二、宣传家们不遗余力地揭露了满洲贵族实行的种族压迫。这一内容在所有的宣传品中，占的比重最大，语言也最激烈。邹容、陈天华、章炳麟等都认为，中国在发生亡于洋人的危险之前，早已亡于满人了。邹容说：“中国最不平伤心惨目之事，莫过于戴满洲人为君。”④他们淋漓尽致地揭露清朝的种族压迫，从扬州十日、嘉定三屠说到镇压洪、杨，杀害谭（嗣同）、唐（才常），从垄断政权说到俯首洋人，从宫廷淫侈说到士农工商的被钤制压榨，从衣服辫发说到各省驻防。清朝的一切政策几乎都在清算之列，如有人所说：“二百年来之历史，皆爱新觉罗氏之罪状。”⑤他们认为，清廷“割让支那之土地，挥霍支那之权利而不之惜者，以种族不同之故；葅醢支那之志士，禁锢支那之学界而不之悔者，以种族不同之故”⑥。种族压迫既成了各种祸患的原因，也就阻碍了中国的

① 《二十世纪之中国》，《国民报》第1期，1901年5月。

② 《论北京政府为西人之傀儡》，《警钟日报》，1904年9月26日。

③ 汉驹：《新政府之建设》，《江苏》第6期，1903年11月。

④ 《革命军》。

⑤ 《新湖南》。

⑥ 《民族主义之教育》，《游学译编》第10期，1903年9月。

进步。陈天华说:“我汉人本有做世界主人翁的势力,活活被满洲残害,弄得这步田地。”①因此,他们指出满人是同胞之“公敌”、“公仇”,必须“驱逐”。很显然,这些议论是正义的,但也是偏激的。

三、宣传家们还控诉了清朝的封建专制,批判了君主专制制度。“扫除数千年种种之专制政体”,这是《革命军》开宗明义的话。宣传家们用西方启蒙主义思想作为揭露封建专制制度的武器,将“国家”同“一家之谓”的“朝代”、“举土地为一己之私产,举人民为一己之私奴”的“政府”区别开来,指出国家“人人有之”,“苟以一人而用其专制之权,是一国之所不容也”②。他们还坚持将“国民”同“奴隶”区别开来,指出国民应当有权利、责任,是自由、平等、独立的。他们说,国可以无君,不可无民,“国者民之国,天下之国即为天下之民之国”③。根据这种理论,封建君主专制当然是站不住脚的。宣传家们指责中国的君主专制制度说:“嬴秦暴兴以降,独夫民贼无代不作,率皆敝屣公理,私土地、人民为己有,使天下之人,知有朝廷不知有国家。又恐其民之秀杰者不满于己之所为,乃施以种种牢笼、束缚、压制、威胁之术,以便其私图”。“学术者,所以开民智也,而民贼愚之”;“政治者,国民公共之机关也,而民贼专之”;“法律者,国家之公器”,“而民贼私之。”④他们指出,清朝也不例外,不过是“以不同之民族行无限之专制”,其“历世相传之政策,何一非防家贼者乎?”⑤“凡可以遏民气、抑民权、破坏国民之团体者无不为”⑥。所有这一切,都与天赋之权“大相反对”,因此,必须推翻这种统治,“以收回我天赋之权利,以挽回我有生以来之自由,以购取人人平等

---

① 《警世钟》。

② 《原国》,《国民报》第1期,1901年5月。

③ 《说国民》,《国民报》第2期,1901年6月。

④ 《二十世纪之中国》,《国民报》第1期,1901年5月。

⑤ 《新湖南》。

⑥ 书楼(朱孔文):《教育会为民团之基础》,《江苏》第3期,1903年6月。

之幸福”①。

以上从三个不同角度所作的揭露说明,清朝统治是当时中国一切落后、腐朽的社会关系的集中体现。三个方面的揭露都导向一个结论:中国人民要挽救民族危亡,抵抗帝国主义侵略,就必须首先推翻清朝政府的统治。关于这一结论,革命宣传家们是异口同声!

邹容说:“欲御外侮,先清内患”。“内为满洲人之奴隶,受满洲人之暴虐,外受列国人之刺击,为数重之奴隶,将有亡种殄种之难者,此吾黄帝神明之汉种今日唱革命独立之原因也。”②

陈天华说:“我们要想拒洋人,只有讲革命独立,不能讲勤王,因他不要你勤王,你从何处勤呢?”③

章炳麟说:“满洲弗逐,而欲士之争自濯磨,民之敌忾效死,以期至于独立不羁之域,此必不可得之数也;浸微浸衰,亦终为欧美之奴隶而已矣。”④

杨笃生说:“今日欲拔出于欧洲之坎窞,则不得不拔出于胡族之坎窞;欧洲之坎窞,借胡族以为入阱之隧。”⑤

张继说:“非因不去,良果不结;小丑不除,大敌难御”。“对今之满洲既能张复仇主义,以光复我有,则他日之大英、大法、大俄、大德之来主我者,亦可张复仇之气,以驱逐之也何难!”⑥

革命宣传家们这种坚定明确的回答来之非易。此前,戊戌变法、义和团运动也都是把挽救中华民族的危亡作为出发点的。但是,当世界进入帝国主义时代以后,在半封建半殖民地的中国,它们只有昙花一现的机会。它们都维护清王朝,而结果是:一个失败于封建顽固派的反

---

① 《革命军》。

② 《革命军》。

③ 《警世钟》。

④ 《驳康有为书》,别见《客帝匡谬》、《正仇满论》。

⑤ 《新湖南》。

⑥ 张继:《读〈严拿留学生密谕〉有愤》,《苏报》,1903年6月16日。

扑；一个失败于中外反动派的绞杀。和维新派、义和团不同，资产阶级革命派在担负起民族兴亡之责时，不再是维护清王朝，而是举起革命的大旗推翻它。也就是说，他们懂得了在反对外来的帝国主义者的同时，还必须反对国内的封建统治者。这是一个历史性的进步。

于是，革命宣传家们共同的答案汇成了“革命排满”的口号。这个口号响彻于资产阶级反清革命运动的整个历程，在资产阶级革命派的文献之中，处处是“排满”二字。对待“排满”的态度，被革命党人作为划分革命、不革命、还是反革命的分界线。

“排满”口号和“排外”口号一样，都不是科学的语言，会引起消极的反应。第一，有人因此放松了和帝国主义的正面斗争。革命宣传家们最早提出“民族主义”时，包括“外拒白种，内覆满洲”①两个方面。但在强调“排满”时，有人就强调“自今以后，莫言排外”②，或者说，“排外之心不可无，排外之暴动必不可行”③。这种一般地否定“排外”的说法无疑是错误的，它违背了为抵抗列强而“排满”的初衷。第二，汉族的种族主义情绪因此滋长。在革命宣传品中用侮辱性的词汇攻击满族以及其他少数民族，甚至把满族发源的东北视为化外之区。同时，又无分析地宣传了汉族封建时代的光荣历史。这样就忽视了中国是长期历史形成的多民族国家，而反对封建统治却是各族人民共同的历史任务。第三，它妨碍把社会政治制度、经济制度的变革要求放在重要的地位，降低了革命民主主义的水准，等等。

不过，“排满”之所以叫做“排满”，而不叫“排清”或其他，并且口号一出，一呼百应，却是中国既定的社会环境决定的。满汉矛盾是客观存

① 《为外人之奴隶与满洲之奴隶无别》，《童子世界》第25期，1903年5月。

② 张继：《读〈严拿留学生密谕〉有愤》。

③ 卫种（何天瀚）：《二十世纪之支那初言》，《二十世纪之支那》第1期，1905年6月。

在。蔡元培即曾指出，清朝采取汉化政策后，满族仍然保留着特权，“特权有三：世袭君主，而又以少数人专行政官之半额，一也；驻防各省，二也；不治实业而坐食多数人之所生，三也”。这三种特权，实际上是封建时代压迫民族的象征。它除了形成满洲贵族和各族人民的矛盾外，还形成了满族人民和汉族以及其他各族人民之间不同于一般民族差别的隔阂。加以，随着中国社会矛盾的尖锐化，满洲统治者的种族主义情绪在迅速增长，它又加深了这一过去曾经趋于缓和的矛盾。这是“排满”口号得以迅速传播的重要原因。更重要的在于，“排满”口号所凝聚的社会内容远远超出了满汉矛盾的范围。如前所述，它包含着反对帝国主义及其走狗的要求和反对封建专制的要求。对于不受人们注意的、反对封建专制的要求，一些宣传家曾特别予以强调。蔡元培指出：“近日纷纷仇满之论，皆政略之争，而非种族之争也”；“世界进化，已及多数压制少数之时期，风潮所趋，决不使少数特权独留于亚东之社会，此其于政略上所以有仇满之论也。”①章士钊也指出：“仇满之见，固普通之人所知也，而今日世袭君主者满人，占贵族之特权者满人，驻防各地以压制奴隶者满人，夫革命之事亦岂有乎去世袭君主，排贵族特权，覆一切压制之策者乎？”②蒋方震指出：“民族主义，与专制政体不能相容者也。”“既言自由，而民族主义之根蒂生也。”“民权之进一步，即为民族主义，而民权未发达，则民族主义必不能行。”③从这种认识出发，他们指出：“排满”不应“专其祸以贻少数人之满洲人”，而应针对满族中那些“保守少数人固有之特权”者。“汉人之所抵抗者，在朝之满洲民贼”④。蔡、章等人的解释实际上是说：满洲贵族在封建政权中占的特殊地位并实行种族压迫，乃是封建主义统治的一种特殊的存在形式。革命党人

① 《释仇满》，《苏报案纪事》，又见《黄帝魂》，均1904年上海东大陆图书局刊本。

② 《读〈革命军〉》，《苏报》，1903年6月9日。

③ 《民族主义论》，《浙江潮》第2期，1903年3月。

④ 《贺满洲人》，《苏报》，1903年6月。

提出“排满”口号时，抓住了这一特殊存在形式易见易闻的便利，将革命的对象置于众目睽睽之下，但究其根本，仍是从反对封建专制统治这一点出发的。在观察“排满”这一口号时，不能忽视隐伏在它背后的占主导地位的普遍性的社会内容。

资产阶级革命宣传家们还将建立资产阶级民主共和国的方案贡献给中国人民，提出了“建立共和”的口号。

在《革命军》一书中，邹容提出，革命独立后建立的国家“定名‘中华共和国’”。他的著作是在“中华共和国万岁”、“中华共和国四万万同胞的自由万岁”的欢呼中结束的。

建立民主共和国方案的诞生，也是对清朝政府卖国、专制和实行种族压迫揭露的结果，特别是对封建君主专制揭露和批判的直接产物。革命宣传家们在批判君主专制时，要求建立一个与之对立的、权力为国民共有、人人自由平等的国家，要求建立“新中国”、“新国家”、“新政府”，共和国的影象呼之欲出。但是，明确提出建立民主共和方案的，还是邹容，这是一个巨大的历史功绩。自《革命军》一出，反清革命运动的政治前途是建立共和国遂成定论。有人断言，在中国，“二十世纪中，必须出一完全无缺之民族的共和国”①。除去个别人曾在诗文中含糊地使用过“帝国”、“中华大帝国”这种词汇外，在同盟会成立之前，资产阶级的反清革命队伍中从来没有人著论怀疑或反对过共和国的方案。

在中国建立的资产阶级民主共和国应当具备哪些内容呢？邹容提出了“中华共和国”的建国纲领，其主要内容有：

一、“中国为中国人之中国”。“不许异种人沾染我中国丝毫权利”。

二、“先推倒满洲人所立北京之野蛮政府”。

三、“诛杀满洲人所立之皇帝，以儆万世不复有专制之君主”。

四、“对敌干预我中国革命独立之外国及本国人”。

五、“凡为国人，男女一律平等，无上下贵贱之分”。

---

① 竞盦：《政体进化论》，《江苏》第3期，1903年6月。

六、“各人不可夺之权利，皆由天授”。

七、“生命自由，及一切利益之事，皆属天赋之权利”。

八、“不得侵人自由，如言论、思想、出版等事”。

九、“各人权利，必需保护，经人民公许，建设政府，而各假以权，专掌保护人民权利之事”。

十、“无论何时，政府所为，有干犯人民权利之事，人民即可革命，推倒旧日之政府”。

十一、“‘中华共和国’为独立自由之国”。

十二、“自由独立国中，所有宣战、议和、订盟、通商及独立国一切应为之事，俱有十分权利与各大国平等”。

在提出这些纲领时，邹容说明是“模拟美国革命独立之义”，上引各条内容，有八条是因袭当时所译的《美国独立檄文》①的原文。邹容还要求，共和国的宪法、自治法、民法、政府组织等方面都参照美国的办法。

这份建立共和国的纲领浸透着革命的民主主义精神，最充分地体现了中国资产阶级的政治要求。邹容曾经强调，革命有“野蛮”与“文明”之别。“野蛮的革命”主要指的是带有盲目性的群众自发斗争。他认为它“有破坏无建设，横暴恣肆，适足以造成恐怖之时代”。因此，他要求“文明之革命”；“有破坏有建设，为建设而破坏，为国民争自由平等独立之一切权利，为国民增幸福”。这种“文明革命”，实际就是资产阶级革命。将革命加以“野蛮”和“文明”的区分，是中国资产阶级意识到自己的特殊历史使命的表现。邹容规定中国“文明”革命的基本内容说：“我同胞今日之革命，当共逐君临我之异种，杀尽专制我之君主，以复我天赋之人权，以立于性天智日之下，以与我同胞熙熙攘攘，游幸于平等自由城廓之中。”条分缕析的“中华共和国”的纲领就是这一基本内容的扩展，它的核心是要求实现自由平等权利。从这个核心出发，要求

① 《国民报》第1期，1901年5月。

建立维护这种权利的民族的、民主的共和国。这种国家实质上就是资产阶级的政治统治。

“建立共和”的口号和“革命排满”的口号，既有区别，又有紧密联系。后者主要讲的是革命打击对象问题，前者主要讲的是革命所要达到的目标问题。可以看到，“共和”的目标正是从“排满”的斗争中产生的；而“排满”口号所诉说的社会要求，都在邹容提出的“中华共和国”的建国纲领中得到了满足。“建立共和”又发展了“革命排满”口号，它把隐伏在“排满”口号背后的反对封建专制主义的普遍性社会内容放到了突出地位，指示了建设资产阶级政治制度的目标，这就克服了单纯“排满”的弱点。章士钊指出：“仅仅以仇满为目的，而不输灌以国民主义，则风潮所及，将使人人有自命秦正（政）、朱元璋之志，而徼幸集事，自相奴畜，非酿成第二次革命不止。”①“建立共和”的口号弥补和矫正了“排满”口号可能带来的弱点，它表现出革命宣传家们没有忽视反对封建政治制度问题。

“革命排满”和“建立共和”二大口号，相互渗透，相互补充，是资产阶级革命派领导反清革命的根本主张。当时，就有人将它们概括为“民族主义”（“对将来之欧美人而言，自立主义是也；对现在之满洲人而言，逐满主义是也”②。）和“民权主义”，这两大主义构成了蓬勃发展的革命宣传的主旋律。

革命派的宣传家们对“革命排满”、“建立共和”两大口号的威力是坚信不疑的。他们以之启发群众，以之揭露清朝，还以之和保皇党、立宪派作斗争。

康有为拿“革命之惨，流血成河，死人如麻”来吓唬革命派。革命派则强调列国文明皆从流血得来。他们呼唤：“尔其率四万万同胞之国民为同胞请命，为祖国请命，掷尔头颅，暴尔肝脑，与尔之世仇满洲人，与

---

① 《读〈革命军〉》，《苏报》，1903 年 9 月。

② 愿云（蒋观云）：《四客政论》，《浙江潮》第 7 期，1903 年 9 月。

尔之公敌爱新觉罗氏，相驰骋于枪林弹雨中，然后再扫荡干涉尔主权外来之恶魔。”①

康有为拿“中国今日之人心，公理未昭，旧俗俱在”来动摇革命派。章炳麟针锋相对地指出：“今日之民智，不必恃他事以开之，而但恃革命以开之”，“以合众共和结人心者，事成之后，必为民主”，“公理未昭，即以革命明之；旧俗俱在，即以革命去之”！②

保皇党拿“外人干涉”来威胁革命派，革命派回答他们：“夫干涉亦何足惧，使革命思想能普及全国，人人挟一不自由毋宁死之主义，以自立于抟大地之上，与文明公敌相周旋，则炎黄之胄、冠带之伦，遗裔犹多，虽举扬州十日、嘉定万家之惨剧，重演于二十世纪之舞台，未必能尽歼我种族。不然，逆天演物竞之风潮，处不适宜之位置，奴隶唯命，牛马唯命，亦终蹈红夷棕蛮之覆辙而已。”③

资产阶级革命派的宣传家们自认为，他们的“革命排满”、“建立共和”的旗号是无往而不胜的。

在革命宣传丰富的内容中，值得重视的还有宣传家们对变革社会经济制度的探讨，和对封建主义思想文化的批判。

1901 年，《国民报》就指出，英美“国内之政治，未造自由平等之极者伙矣”，我国不能只希望“与欧美等”，而应“造乎极域”，“转令欧美之人，自我而享自由平等之实福”④，首先表现出探讨社会经济制度变革的愿望。1903 年，章炳麟等指出，反清革命“所革者，政治之命耳；而社会之命，未始不随之而革也”⑤。章炳麟、秦力山还记载了他们和孙中山讨论土地制度问题的内容，秦主张将全国土地作为无主地分给耕者，“以今日之不耕而食之佃主，化为乌有”⑥。这年，邹容宣称，他正在考

① 《革命军》。

② 《驳康有为书》。

③⑤ 《驳〈革命驳议〉》，《苏报》，1903 年 6 月 13 日。

④ 《二十世纪之中国》，《国民报》第 1 期，1901 年 5 月。

⑥ 遯公（秦力山）：《〈上海之黑暗社会〉自序》，《国民日日报汇编》第 1 册。

虑“均贫富”的问题①。而《俄事警闻》说，在一定时候“可以想个把田地归公的法子”②。1904 年初，蔡元培在《新年梦》一文中设想了“文明的事业达到极顶”的未来极乐世界，在那时“因为人类没有互相争斗的事了，大家协力的同自然争”③。不久，刘师培作《论中国阶级制度》一文，要将“阶级制度消灭无存，而中国之民悉享自由之幸福”④。革命派人物的这种探索明显受到西方社会主义思潮的影响。西方各派社会主义思想，很早就有人在中国作过介绍。1903 年前后，革命派的书报也对它产生了兴趣，介绍了无政府主义、空想社会主义、科学共产主义等派学说。但无论是介绍者或读者，对这些思想学说都没有很好地研究，许多人从其中得到的，仅仅是对被压迫被剥削民众的同情，和对激烈制裁反动统治者的兴趣。例如，对于俄国虚无党，中国革命者反复称道他们暗杀手段的激烈、勇敢，对其激进的民主主义思想却未遑深论。中国革命者对变革社会经济制度的探讨无法脱离中国的社会环境，他们往往只能提出一些含糊的愿望，然其本质还是发展资本主义。如刘师培主张“泯主仆之称，使世之乏资财者悉行作工自由之制(原注：作工自由即雇工之制也)，以争存于社会之中”。这一主张实质上有利于资本主义发展的劳动力市场的形成。他们有时也直接提出发展资本主义的要求，譬如有人说：“兴利之策，以开源为主。时至今日，惟有广开工厂，振兴实业耳。”“复合各地之绅商，经营路矿，使兴利之权在下而不在上。”⑤郑贯一指出，铁路、矿山等主要经济部门在清政府下应当争归民有，等新政府成立再归国有，因为新政府也是民有的。但是，总的说来，宣传家们关于社会经济制度的变革说得很少，他们都被迫切的政治问题吸引住了。

---

① 《中外日报》，1903 年 12 月 5 日。

② 《告农》，《俄事警闻》，1903 年 12 月 23 日。

③ 《俄事警闻》，1904 年 2 月 25 日。

④ 《警钟日报》，1904 年 5 月 12 日。

⑤ 《论汉族不振之由》，《警钟日报》，1904 年 8 月 29 日。

对于封建主义思想文化的批判也是《国民报》发端的。它指出:“欲脱君权、外权之压制,则必先脱数千年来牢不可破之风俗、思想、教化、学术之压制。盖脱君权、外权之压制者,犹所谓自由之形体,若能跳出于数千年来风俗、思想、教化、学术之外,乃所谓自由之精神也。”这些话无疑是精彩的。革命宣传家们用自由平等观念对封建文化进行了批判。他们指出:“所谓名教者,教猱升木,便利盗贼夷狄之利器也”,“以吾国民之性命,供白人之菹醢,亦孰非名教者邪?”①“大奸巨恶欲夺天下之公权而私为已有,而又恐人之不我从也,于是借圣人制礼之名而推波助澜,妄立种种网罗,以范天下之人”②。“神圣不可侵犯之纲常主义,牢固益牢固”,“由是以君权之无限”③。“名为尊圣道,实则塞人民之心思耳目,使不敢研究公理而已”④。“无一言不以古人为护身符,无一事不以古人为定盘针,束缚思想,拙塞灵明”⑤。举凡名分、礼法、三纲五常、忠孝节义、礼乐、道统、正统、汉学、宋学,都受到指责。邹容给封建说教一个名称:“造奴隶之教科书。”批判的矛头还指向“至圣先师”孔子,指出“孔子是个顶喜欢依赖皇帝的东西”⑥,“所以那些独夫民贼,喜欢他的了不得”⑦。随着这种批判兴起的还有男女平权、妇女解放的要求,它日益发展为群众性的运动。但是,必须指出,革命派对封建思想文化的批判是极不充分的,相反,许多革命者不能摆脱封建思想文化的束缚,迷信封建说教。孔子依然是个偶像,连邹容也称他为“神圣不可侵犯”的“大圣人”。尧舜禹汤周孔“遗教”更是许多人所念叨的。一部分宣传家附合儒家学说以宣传“革命排满”,讲究夷夏之辨、九世复

---

① 《新湖南》。
② 《权利篇》,《直说》第 2 期,1903 年 3 月。
③ 《箴奴隶》,《国民日日报汇编》第 1 册。
④ 《道统辨》,《国民日日报汇编》第 1 册。
⑤ 云窝(侯鸿鉴):《教育通论》,《江苏》第 3 期,1903 年 6 月。
⑥ 《国民意见书》,《中国白话报》第 18 期,1904 年 7 月。
⑦ 《陈君衍:《法古》,《童子世界》第 32 期,1903 年 5 月 27 日。

仇，还有人把孟子的“民为贵”说成民权思想，主张尊孟抑孔。这种附会的办法给政治宣传带来一定的便利，但和封建思想妥协也反映出革命派的局限性。1902 年，邓实主编的《政艺丛书》中出现“保存国粹”主张。1904 年冬，他又与黄节、刘师培、陈去病、马叙伦等组织国学保存会，发刊《国粹学报》，形成一股思潮。章炳麟被他们奉为大师。这些人当时并没有独立于革命派之外的政治主张，也讲求西学，但他们认为“三坟五典，为宇宙开化之先；金阪六弢，作五洲文明之祖”①，忧心“国学之厄，未有甚于今日者”，在文化思想上趋于保守。他们夸大以儒家学说为代表的中国传统封建文化的历史地位，后来有些人还成了传统文化的卫道者，与革命渐行渐远。

反清革命的民主主义要求使资产阶级革命宣传家们揭开了对社会经济制度变革问题的探讨和对封建思想文化的批判，发挥了不少精辟的见解，但是显然没有认真进行到底。他们不懂得，忽视了这些，必然会影响他们在政治方面的成就。

当中国资产阶级革命派开始其革命活动时，他们把自己的行动叫做“造反”，后来在外国人启发下，才改称为“革命”。但是，“革命”在当时并不像后来这样被认为是正义、崇高、美好、神圣的事业，相反，它是一个可怕的专用词，清廷就直呼革命党人为“革命匪党”，谁要是“附从革命”，那就等于自绝于社会。这种局面的扭转，人们视听的矫正，主要是革命宣传的功劳。

“革命者，天演之公例也。革命者，世界之公理也。革命者，争存争亡过渡时代之要义也。革命者，顺乎天而应乎人者也。革命者，去腐败而存良善者也。革命者，由野蛮而进文明者也。革命者，除奴隶而为主人者也！”②这种跳踯迭荡的呼喊，不能不振聋惊聩，激荡人心，吸引广大的人群投身这神圣的事业。革命的反对者记载了这样的情况：“革命

① 邓实：《国学保存会小集序》，《乙巳政艺丛书》。

② 《革命军》。

之说,非自今日始。然从前持此议者,仅三数人而已,近则其数渐多,血气未定膂力方刚之少年,辄易为所惑。又此前持此议者,仅自与其徒党议之于私室而已,近乃明目张胆于稠人广众之中,公言不讳,并登诸报章,以期千人之共见。"①革命宣传的效果于此可见!

"文字收功日,全球革命潮"!革命宣传活动正是这样为反清革命队伍的发展和武装起义的举行开辟着道路。

① 《革命驳议》,《中外日报》,1903 年 6 月 8 日。

第四章　清政府推行的“新政”和人民群众的自发斗争

第一节　清政府推行的“新政”

一　“新政”的实施

以西太后为首的清廷顽固派本来是反对一切改革的，曾以血腥的手段镇压了1898年的维新运动。然而，事隔两年，在经历了义和团运动的冲击和八国联军的入侵，尤其是反清革命运动勃兴以后，他们迫于内外形势变化的压力，也不得不“改弦更张”，侈谈起变法来。1901年1月29日，西太后还在西安的时候，就下变法诏说：“世有万祀不易之常经，无一成不变之治法……盖不易者三纲五常，昭然如日月之照世；而可变者令甲令乙，不妨如琴瑟之改弦。”在这个上谕中，西太后还表示要“取外国之长”，“去中国之短”，“壹意振兴”，谋求富强①。并要求各军机大臣、六部九卿、各省督抚及出使各国大臣“参照中西政治”，对有关朝章、国政、吏治、民生、军制、财政等各抒所见，详尽议论，在两个月内提出意见，以便次第兴革。

同年4月21日，清政府成立了以奕劻为首的督办政务处，筹办“新政”。李鸿章、荣禄、昆冈、王文韶、鹿传霖为督办大臣，刘坤一、张之洞(后来还有袁世凯等)为参予政务处大臣，总揽一切新政事宜。政务处并无实权，只不过是军机处的骈枝机关，它的主要任务是参酌中外的政

① 《光绪朝东华录》第4册，第4601页。

治情况，列成条文，汇编成“政典”供西太后参考。在举办“新政”过程中起实际作用的还是各省督抚，主要是两江总督刘坤一、湖广总督张之洞和直隶总督袁世凯这三个实力雄厚的封疆大吏。

袁世凯于 1901 年 5 月最先提出新政意见十条，要点是充实武备力量，改进财政制度，开通民智，派留学生，等等①。七八月间，刘坤一、张之洞提出著名的变法奏议三折。第一折兴学四端，讲设立各类学校，改革科举制度等；第二折整顿中法十二端，讲提倡节俭，打破资格限制，停止捐纳实官，取消书吏，改进刑狱，裁撤屯卫、绿营等；第三折采用西法十一端，讲怎样吸收西法来补充中法的不足，如广派官员出洋考察，编练新军，提倡工艺制造，制订有关矿业、铁路、商业、交涉等法律和货币制度，多译外国书籍等②。这些提议，并没有超出戊戌维新派的变革主张。9 月，清政府下诏批准了张之洞、刘坤一的奏议，命各省督抚“亦应一律通筹，切实举行”。同时，重申实行新政的决心说：“以朝廷立意坚定，志在必行”，“为宗庙计，为臣民计，舍此更无他策。”③

从上述新政奏折的表面内容看，清政府似乎是要完成 1898 年资产阶级维新派所要完成的历史使命，而实质上这只不过是在新的历史条件下洋务派“自强”的老调重弹。新政的指导思想仍然是洋务派的理论纲领——“中学为体，西学为用”。西太后的变法诏中公然说维新派“妄分新旧”，“乃乱法也，非变法也”。而她的新政是要“严祛新旧之名，浑融中外之迹”，并特别强调要在“三纲五常”之下实行改革④。由此可见，新政与洋务运动一脉相承，实际上是洋务运动的继续和发展，所以当时就有人称之为“第二次洋务运动”⑤。

① 袁世凯：《养寿园奏议辑要》卷 9，第 13 页。

② 沈桐生辑：《光绪政要》第 23 册，卷 27，第 19—67 页。

③ 《光绪朝东华录》第 4 册，第 4771 页。

④ 《光绪朝东华录》第 4 册，第 4601 页。

⑤ 森藤吉郎：《清国视察复命书》，1902 年。

从1901至1905年，清政府先后颁布了一连串的上谕，陆续推行“新政”。如改总理各国事务衙门为外务部①，停止捐纳实官，裁汰各衙门胥吏差役，裁汰绿营防勇，编练常备、续备、巡警各军，废弃旧式武科，建立武备学堂，派遣留学生出洋，开经济特科，停止乡会试及各省岁考，广设学堂，奖励工商业，准满汉通婚，以至酝酿实行立宪，等等。

在所有各项“新政”中，筹饷练兵是最重要的一项内容。从1901年起，清政府屡次颁发上谕，命令各省督抚严行裁汰旧军，挑选精壮，创建新军。在清政府的催促下，各省相继筹饷练兵。1903年12月4日，清政府在北京成立了练兵处，作为全国编练新军的参谋部，以奕劻总理练兵事务，袁世凯为会办练兵大臣，铁良襄同办理。接着，练兵处制定了一系列练兵规章和法令，在各省设立了督练公所，仿照资本主义国家的军制，编练新军②。

清政府把筹饷练兵放在最重要的地位，那拉氏本人对“练兵一事非常着急”，曾“因筹款事，几至寝食皆废”③。经她批准，练兵处成立后，立即向各省摊派了九百余万两的练兵费。1904年8月她又派铁良视察江南防务，乘机从各省搜括大量财富充作练兵经费④。又饬令各省无论报效巨细各款，均归户部另存，作为练兵费。1906年11月，兵部改为陆军部，将练兵处并入，以铁良为尚书。次年8月，清政府制定了全国编练陆军三十六个镇的庞大计划，并限期建成，不得延误。实际

---

①　1901年7月24日，清政府下令改总理各国事务衙门为外务部。外务部是一个重要的衙门，它管辖的范围极广，负责一切对外交涉的事务，除签订条约、划定疆界、派遣使节外，更多的是有关通商、海防、路矿、关税、邮电、华工、传教、游历等事务。以后随着商部、邮传部的成立，才有所改变。

②　刘锦藻：《皇朝续文献通考》卷204，兵考3。

③　《陶湘致盛宣怀“录闻四纸”》，光绪三十年七月二十五日至十月二十二日，见《辛亥革命前后》（盛宣怀档案资料选辑之一），第12页。

④　许同莘：《张文襄公年谱》卷9，第3页。

上，到清廷灭亡前夕仅编练新军十四个镇，十八个混成协，四个标，另一支禁卫军（两协）①，兵力共达十五六万②。分述如下：

北洋六镇，1905年已编成，后划为近畿四镇和直隶两镇，1907年以后六镇陆续改归陆军部直辖。直隶又重新编成一混成协。

山东一镇，名义上编成一协（第四十七协），实际仅成一标（第九十三标）。

江苏两镇，编成第九镇及第二十三混成协一协。

江北一镇，编成第十三混成协一协。

江西一镇，编成第二十七混成协一协。

安徽一镇，编成第三十一混成协一协。

河南一镇，编成第二十九混成协一协。

湖南一镇，编成第二十五混成协一协。

湖北两镇，编成第八镇及第二十一混成协一协。

浙江一镇，编成第二十一镇。

福建一镇，编成第十镇。

广东两镇，名义上成立了第二十五镇，实际仅编成第四十九混成协一协。

广西一镇，仅编成两标，另桂林一标。

云南两镇，仅编成第十九镇一镇。

贵州一镇，仅成步队一标，炮队一队。

四川三镇，仅成第十七镇一镇。

山西一镇，仅成第四十三混成协一协。

陕西一镇，仅成一混成协。

甘肃两镇，名为练成一协，实际只成一标。

新疆一镇，编成第三十五协一协及伊犁一协。

热河一镇，只编成步队一标及炮队一队。

---

① 新军的编制顺序为镇、协、标、营、队、排、棚，每棚十四人，一镇官兵夫役一万两千五百十二名。

② 官兵数主要依《清史稿》光绪三十三年统计。

奉天一镇，编成第二十镇。

吉林一镇，编成第二十三镇。

黑龙江一镇，名义上成立混成协一协。实际仅步马各三营，炮队一队。

上述新军表面上是为“巩固国防”而建立的，实际上它并不真正用于防御外敌，抵抗帝国主义侵略，而是为了镇压国内日益高涨的革命运动。奕劻曾说：“北洋练军，为拱卫畿疆，弹压余匪，更无他意。”①1903年，户部在练兵筹饷折中也说：当前“各直省伏莽未靖，蠢动堪虞，非练兵无以卫国，非练兵无以保民”②。那拉氏曾密谕军机处：整顿练兵“以防内乱是为主要”③。事实上，在新军编练和成军过程中，从没有与外敌打仗的纪录；相反，全国几次较大规模的人民起义，都是被新军残酷镇压下去的。

同时，由于新军中留洋学生和知识分子接受了革命组织的宣传鼓动，对封建专制统治日益不满，他们组织了各种秘密团体，形成了一股反对清廷的革命力量。这种情况在南方各省尤为严重。江西巡抚吴重熹致军机处电中报告说：常备、巡防各军中，“多有哥老会及排满革命党匪匿于其中”，“军营官兵数逾七成”④。当南方各镇被派去镇压会党起义时，出现过“不击同胞”的反抗。这使统治者感到惊慌，不禁发出新军“不可用”的哀叹⑤。越到后来，在新军中反戈相向的“兵叛”事件越多。这说明专制统治的柱石已经不稳。清政府搬起“编练新军”这块石头，结果是砸了自己的脚。

在编练新军的同时，清政府还创办了巡警。1902 年 5 月，清廷批准袁世凯的奏请，在保定创办警务学堂，训练巡警。同年 8 月，八国联

① 《政艺丛书·内政通记》卷 1，第 8 页。

② 《光绪朝东华录》第 5 册，第 5139 页。

③ 《鹭江报》第 71 期，1904 年 7 月 14 日。

④ 中国史学会主编：《辛亥革命》（二），第 502 页。

⑤ 《清史稿·陆润庠传》。

军交还天津,但附带种种苛刻条件,其中一条规定中国军队不得在天津城周围二十里以内驻扎。为适应帝国主义的规定,袁世凯将保定新军三千人,改编为巡警,派驻天津,组成天津南北段巡警局。其中著名的头目就是赵秉钧和杨以德,他们"广购眼线,多派探访",极力破坏反清的秘密组织,屠杀无辜,得到清政府的赏识①。这两人在民国以后仍盘踞警务部门,成为袁世凯手下的得力鹰犬。1905 年清廷成立巡警部,以徐世昌为尚书,毓朗、赵秉钧为左右侍郎,制订了各种警务章程,普遍设立警务学堂。在各省中,直隶、四川、江苏、云南等省办警务成效"显著"。江苏巡抚陈夔龙在 1907 年的一份奏折中承认,江苏创办警政三年,"形式虽存,精神未具","卫民之政,转以扰民"②,说明了举办警务的真相。四川在岑春煊、锡良任内,委派留日学生周善培为巡警总办,因使用侦探手法强化治安,还得到了帝国主义分子的赞扬。1906 年 11 月,巡警部改名民政部,在各省设立巡警道或警务总局,各县设立巡警教练所,加紧推行保甲和户籍措施。

清政府为争取资产阶级,于 1903 年 9 月设立商部,所有铁路矿务诸要政皆归其办理。商部的政策主要是倡导官商创办企业。该部成立后,陆续颁行了一系列工商业规章和奖励实业办法,如商会章程、铁路简明章程、钦定大清商法、公司注册章程、商标注册试办章程、华商办理农工商业赏爵章程及改订奖励华商公司章程等。这些章程规定,允许自由发展实业,奖掖兴办工商企业,鼓励组织商会团体,等等。因此,国内工商企业一时均呈现发展的气象。以矿业为例,1904 年向商部呈请办矿务的仅五宗,次年增至三十余宗。同时,商会迅速发展起来,资产阶级的组织程度有所加强。如,1903 年仅上海、天津、开封、芜湖等几个城市组织了商会,1904 年 1 月奏定商会简明章程颁布后,各城镇商会纷纷成立,次年就发展到六十多个,1908 年更增至近三百个,全国重

---

① 《宫中档清光绪朝奏折》卷 24,第 62 页。

② 《宫中档清光绪朝奏折》卷 23,第 171 页。

要城镇几乎都有了商会。商会对推动资产阶级的实业和政治活动起了一定的作用。

在清政府推行鼓励工商业的过程中，民族资产阶级获得了微弱的发展，获利较多的是资产阶级上层。清政府对张謇、祝大椿、庞元济、许鼎霖、张振勋等大资本家和买办商人，给予各种特权，使他们取得了发展实业的有利条件。1904 年，以张謇等倡办工商实业卓著成效，奏准赏给商部头等顾问官。张振勋为商部考察外埠商务大臣，兼督办闽广农工路矿事宜。但是，封建统治者并没有给他们政治实权，掌握商部大权的都是封建大官僚，如尚书载振，左右侍郎伍廷芳、陈璧，左右丞徐世昌、唐文治等。

为了推行“新政”，清政府需要军事、警务、政法及教育等各方面的人材，陈腐的科举制度已不能适应培养新式人材的需要。因此，改革教育成为“新政”的另一项重要内容。1901 年，清政府就命令各省将省城书院改设大学堂，各府及直隶州改设中学堂，各县改设小学堂。1904 年 1 月（光绪二十九年十二月）又批准了张之洞等拟定的《奏定学堂章程》，这是中国近代第一个以法令形式公布并在全国推行的学制，通常称为“癸卯学制”。清末民初的学校教育制度，主要都以此为依据。这个学制把普通教育分为初等、中等、高等三段，如蒙养院四年不计在内，修业期限还长达二十五年。与普通教育并行的还有专业教育，包括师范学堂及各种实业学堂，在学制上自成系统。

在兴办学堂的同时，清政府也开始大批派遣留学生赴欧美及日本各国，留学生人数急剧增加。其中以赴日本者为最多，1901 年二百八十人，至 1905 年已达八千人。次年更增至二万三千。其后因学生风潮迭起，数目略减，但在这一年底日本政府公布的数字尚有一万七千八百六十余人。这些学生当中，习速成者居百分之六十，习普通者百分之三十，中途退学辗转无成者居百分之五六，入高等专门学堂者百分之三四，入大学者仅百分之一而已。他们或为官费，或为自费，以前者为多。

当时科举考试已经改八股为策论（1901 年），但尚未宣布废除。由于科举是利禄所在，人们仍然趋之若鹜，因此学校的发展遇到很大阻力。1905 年 9 月，袁世凯、张之洞奏请停止科举，以兴学校。清政府诏准自丙午(1906 年)科为始，所有乡会试及各省岁考一律停止，一切士子皆由学堂出身。至此，延续一千余年的科举制度，遂告废除。同年 12 月设立学部，管理全国学堂事务。

清政府一方面采取各种措施发展学堂，另一方面又接连颁布了《约束游学生章程》、《学堂管理通则》、《钦定教育宗旨》等，企图把学生束缚在对封建统治有利的范围内。《奏定学堂章程》明文规定："立学宗旨，勿论何等学堂，均以忠孝为本，以中国经史之学为基，俾学生心术壹归于纯正，而后以西学沦其智识，练其艺能，务期他日成材，各适实用，以仰副国家造就通材，慎防流弊之意。"这充分暴露出清政府兴学的目的完全是为了巩固其摇摇欲坠的封建统治。但是科举的废除和学校的迅速发展在客观上有利于资产阶级新文化的传播。据学部奏报教育图表：至 1907 年全国各类学校共三万七千八百余所，在校学生一百零二万四千九百余人，教员六万三千五百五十六人，职员五万九千三百五十九人；次年学校激增至四万七千九百余所，学生达一百三十万零七百余人。这些学生和留学生以及教职员的大多数是与封建士大夫大不相同的新型知识分子。其人数的迅速增长，大大加强了新型知识阶层的政治力量。

从 1901 年到 1905 年，清政府推行的新政措施，虽然含有缓和民族矛盾和整顿自强的意思，但不过是巩固其专制统治的权宜之计。而且，有些措施根本就未认真实行。如裁汰官缺，裁革冗吏，"多以人言或格或缓"①。该淘汰的旧衙门不仅没有裁撤，新的机构又不断出现，叠床架屋的现象，比以往更加严重。如军机处和督办政务处并存，兵部和练兵处并存，户部和财政处并存，礼部和学务处并存，京师步军统领衙门和工巡局并存等等。统治阶级内部也有人承认："今官署公所日苦重

---

① 《光绪朝东华录》第 5 册，第 5354 页。

迭，必致旧者安于废弛，新者亦多观望。”①1905 年，在颁布废除科举制度后，军机大臣鹿传霖竟支持一些士大夫在京师倡议修复贡院，引起列强对清廷实行新政的诚意表示怀疑②。这年 7 月的一份上谕也承认，“朝廷屡下明诏，力图变法”，但“数年以来，规模虽具，而实效未彰”③。

清政府推行“新政”并没有达到它预期的目的。由于办“新政”而增加的负担，引起了广大人民的不满和斗争；由于办“新政”，也就必然加强了带资本主义性质的新生力量；由于办“新政”的目的和这种新生力量的发展要求截然相反，从而引起了新旧势力之间以及旧势力对新势力不同态度的派系之间的种种纷争。这样就不仅加剧了统治阶级和被统治阶级之间的矛盾，而且也使统治阶级中各种政治派别之间的斗争进一步激化。

二　袁世凯北洋集团的崛起

在清末十年中，直隶总督袁世凯是推行“新政”最得力的人物。许多“新政”措施，往往先从直隶试办，然后再制定章程推广各省。如编练新军，创办巡警，开办学堂等，都是这样。而袁世凯正是在这一过程中极力扩张自己的势力，形成了一个以他为首的庞大的北洋军阀集团。

袁世凯(1859—1916)，字慰廷，河南省项城县人，出身于大官僚世家，他的叔祖袁甲三(1806—1863)以在安徽办团练镇压捻军起家，曾任漕运总督。其嗣父袁保庆在袁甲三军中带兵立“功”，官至江南盐巡道。袁世凯年青时嗜酒，好骑马，不喜欢读书。1876 年、1879 年，他两次乡

① 《光绪朝东华录》第 5 册，第 5354 页。

② 《张之洞未刊电稿》，《致鹿传霖书》乙巳年(1905 年)三月初八日，国家图书馆藏。

③ 《光绪朝东华录》第 5 册，第 5364 页。

试落第，就把诗文付之一炬，自诩“大丈夫当效命疆埸，安内攘外，乌能龌龊久困笔砚间自误光阴耶”①。1881 年，他带领其家旧部数十人，前往登州，投靠其嗣父袁保庆的结拜兄弟、淮军统领吴长庆，受到不次之擢，充当庆军营务处会办。以后又随同赴朝鲜，在“甲申政变”中，因能随机应变，受到当时直隶总督李鸿章的赏识，被推荐驻朝总理交涉通商事务。1894 年中日甲午战争爆发，他身居交涉的关键岗位，却避祸回国。战后，他投靠西太后的宠臣荣禄②，继胡燏芬之后在天津小站编练新军(即“新建陆军”)。这支军队共七千余人，按照德国陆军的建制编成步兵五营，炮兵一营，骑兵一营，工兵一营，另外还有一支后勤部队。全军一律使用近代枪炮，装备精良，并延聘德国军官十余人担任教官，练德国操。各级军官大部分出身于李鸿章创办的北洋武备学堂。袁世凯在军制方面的改革，揭开了清末陆军近代化的序幕，同时也奠定了他一生反动事业的基础。接着，在戊戌政变中，他以出卖维新派而巩固了自己的政治地位。在山东，又以镇压义和团和参与“东南互保”博得了帝国主义者的青睐；并在血洗义和团的过程中，将山东防练各军改编了二十营，共九千余人，名武卫右军先锋队。加上他原有的武卫右军一万人，总计一万九千余人，成为华北平原上最重要的一股武装力量。清政府流亡西安期间，他最早解送京饷十万两银子，向西太后效忠。在清政府筹划庚子赔款的时候，各省苦于无款可筹，有十一省督抚联名上奏，拟请在摊派数中裁减三成，唯独这个山东巡抚不仅能筹足赔款，还在加征烟酒各税中提取练兵经费，因此最得清廷的赏识。李鸿章又在遗折中附片奏闻：“环顾宇内人材，无出袁世凯右者。”所以，李鸿章一死，袁世凯就继承其衣钵，于 1901 年 11 月 7 日署理清政府中最显赫的职务

① 沈祖宪、吴闿生：《容庵弟子记》卷 1，第 4 页。

② 荣禄(1836—1903)，字仲华，满洲正白旗人，姓瓜尔佳氏。咸丰死后，他支持西太后发动宫廷政变夺权有功，历任户部侍郎、步军统领、工部尚书、总署大臣兼督办军务大臣等要职。甲午战后，李鸿章离开直隶地盘，北洋军权便落入荣禄手中。

之一——直隶总督兼北洋大臣(1902 年 6 月 8 日实授)。自此以后,他先后兼任督办政务处大臣,督办关内外铁路大臣,会议修订商约大臣,练兵处会办大臣,办理京旗练兵事务大臣,督办津镇路、京汉路大臣以及督办电报事务大臣等要职,成为清末权倾一时的重臣。

袁世凯最重要的政治资本是北洋六镇新军。在他升任直隶总督后,与铁良一起挑选八旗兵丁三千人,另派王英楷、王士珍在正定一带招募壮丁六千人,并改编保阳练军和裁汰淮军归并成步队、炮队等十六营,马队一标,先后成立京旗常备军和北洋常备军第一、二两镇。1904 年日俄战争时期,袁世凯以“保卫疆畿”为名,奏请扩充新军三万。先募一万,成立了第三镇。以后又以武卫右军为基础,先后并入由江南调防来的自强军和扩大武卫右军先锋队,新编成第四、五两镇常备军。到 1905 年春,清政府统一陆军番号,袁世凯控制的北洋常备军也改称为陆军:即京旗常备军编为陆军第一镇,驻京北仰山洼;北洋常备军第一镇改称陆军第二镇,驻迁安;北洋常备军第二镇改称陆军第四镇,驻马厂;北洋常备军第三镇仍称陆军第三镇,驻保定;新编的第四镇改称陆军第六镇,驻南苑;新编的第五镇仍称陆军第五镇,驻山东济南、潍县。到此,这支拥有全国最精良装备的六镇新军正式编成,共约七万余人。

在编练新军的过程中,袁世凯还创办了一批新式陆军学堂,把培训军官的权力紧紧地抓在自己手中。1902 年 6 月在保定开办“行营将弁学堂”,抽调直隶省淮、练各军营哨官弁为学员,进行训练。同时,山东、河南、山西等省也选送官弁来堂肄业。次年 10 月,又创办“北洋武备速成学堂”,后来这所学堂由练兵处接办,每年招收各省陆军小学堂毕业生六百名,成为国内规模最大的一所陆军学堂。此外,1903 年至 1906 年间,还先后开办了保定陆军小学堂、姚村陆军小学堂、陆军军医学堂、陆军马医学堂、陆军军械学堂、陆军经理学堂、陆军师范学堂、宪兵学堂、北洋讲武堂以及著名的保定军官学堂等。通过这些学堂,袁世凯培养了一大批沾染北洋派系观念的中下级军官,作为他建军的骨干力量。

北洋六镇中除第一镇是旗兵,袁世凯不能完全控制,其余五镇都是由袁世凯一手培植起来的武装。它的重要骨干,大都是他在小站练兵时的亲信和追随者。如第一镇统制何宗莲,第二镇统制先后为王英楷、张怀芝,第三镇统制先后为段祺瑞、曹锟,第四镇统制吴凤岭,第五镇统制先后为吴长纯、张永成,第六镇统制先后为王士珍、赵国贤、段祺瑞。六镇新军虽都用洋枪,练洋操,并抄袭西方的营制,但内部组织在很多方面都沿袭了李鸿章淮军的旧传统,固守"兵为将有"的旧习。北洋集团自成一个封建的派系。其中武人有段祺瑞、冯国璋、王士珍、曹锟、张勋、张怀芝、段芝贵、陆建章、田中玉、姜桂题、孟恩远、王占元、雷震春等;文人有徐世昌、唐绍仪、杨士琦、赵秉钧、张镇芳、孙宝琦、朱家宝、胡惟德、梁士诒等。这些人物在清廷灭亡以后,又是民国时期的军阀头目和官僚政客,他们篡夺政权长达十六年之久。

袁世凯北洋集团的崛起,与帝国主义的支持分不开,特别与英、德、日、美等国的态度密切相关。在义和团运动中,由于袁世凯着力保护帝国主义侵略势力,开始受到洋人的重视。美国人在1902年初就称许说:袁是未经科举而跻入高位的"最有才干的政治家之一"①。继李鸿章之后,列强都把目光集中到这个拥有实力的野心家身上。英国驻华使节萨道义(E. M. Satow)、朱尔典(J. N. Jordan),德使穆默(Freiherr Mumm Von Schwartzenstein)等人,都与他过从甚密。英国《泰晤士报》驻北京记者曾透露:"袁世凯与我们的关系,比过去几年中任何官员还要密切,我们采用了骚乱(指义和团运动)前未有的办法进行磋商。"②自镇压义和团以后,日本与英国结成联盟,在列强中逐渐取得侵华优势,它也企盼袁世凯做其利益的赞助者。因此,往北洋地区派出大批顾问、教习,支持袁世凯的"新政"。如1904年,在直隶一省的日本顾问、教习有八十五人,1908年增至一百七十五人③。在北洋军中,日本

① 《北京来信》(英文版),第215页。

② 《莫里逊致濮兰德函》,1902年2月1日,《莫里逊通信集》第1卷,第177页。

③ 南里知树编:《近代日中关系史料》第2集,东京龙溪书舍1976年版。

的军事顾问和教习占有重要地位。如立花小一郎、坂西利八郎、寺西秀武等，都先后在北洋督练公所和北洋各学堂任过顾问或教官，控制了参谋和训练大权。

北洋系的另一个重要后台是庆亲王奕劻。奕劻(1838—1917)，是清朝获得世袭罔替封号的少数亲王之一，享有特殊的恩宠。他从1884年(光绪十年)起管理总理各国事务衙门，前后达二十年之久。辛丑和约后，外务部成立，他是管部大臣，1903年3月又入值军机处，继荣禄以后成为最有实权的领班军机大臣。在这期间，他还身兼督办政务处大臣，督办练兵处大臣，督办路矿大臣等要职。奕劻的昏庸和贪婪是中外闻名的，公开接受内外官员的贿赂。行贿者只要用红纸封装上银票，当面呈交给他，并说："请王爷备赏。"奕劻接阅后则说："您还要费心。"说毕塞进坐垫下，一场交易就算成功①。而他却自诩为"澹如斋主人"，意思是说他为人澹泊如水；又取名"乐有余堂"，说是"留有余不尽之财以遗百姓"②。袁世凯正是利用他爱财如命这一点，极力向他行贿，并和他结成一伙，把持朝政。在推行新政的名义下，袁世凯无论是扩大军事实力，还是夺取路矿和财政权力，都得到了奕劻的支持和默许。对一切重大问题，奕劻总是"无可无不可，一听命于北洋而已"③。梁鼎芬在弹劾奕劻袁世凯的奏折上说，当今朝廷"皆袁世凯言之，奕劻行之"④，这话说得并不过分。

袁世凯在办"新政"过程中，不仅扩大军事实力，而且极力插手路矿、通商事务，以便获得扩大军力所需要的财源。这使他与另一个买办官僚盛宣怀之间发生日益严重的权力之争。盛宣怀(1844—1916)，江苏武进人，与袁世凯一样，都以投靠李鸿章起家。1886年，

① 叶恭绰:《清季军机处》，文史资料未刊稿。

② 溥铨:《我的家庭庆亲王府》，文史资料未刊稿。

③ 《陶湘致盛宣怀信》，光绪三十二年七月十四日，见《辛亥革命前后》(盛宣怀档案资料选辑之一)，第26页。

④ 柴萼:《梵天庐丛录》第4册卷8，第25页。

他在山东登莱青道任内，主持李鸿章淮军的粮饷供应，靠经办李鸿章的洋务企业而发迹，控制了全国最大的近代企业招商局和电报局，并在以后发展成为拥有轮船、矿业、棉纺等庞大企业体系的盛氏官僚资本集团。1896 年，他任铁路总公司督办后，不惜出卖权益，一手经办了大量的铁路借款。在矿务上，他主张“以开为守”，于 1902 年 10 月，成立上海勘矿总公司，独揽各省矿藏普查，以备日后招徕华洋商人进行开发。

袁世凯早就对盛宣怀独揽路矿财源表示不满。他任直隶总督后不久，首先接管了关内外铁路，并兼任督办大臣。1902 年底，他借口招商局和电报局附属北洋，首先夺取了招商局，次年 1 月，又以电务督办大臣的名义，接管了电报局，派杨士琦为帮办电政大臣兼招商局总办，使盛宣怀顿时失掉了两大企业的控制权。盛宣怀的失败，与英国的反对有直接关系。英国中英银公司总办濮兰德与盛宣怀打过多次交道。他认为：“盛是公开的亲比派(也就是亲俄法派——引者)，是反英的。”据他的观察，盛宣怀“唯一有力的支持者是王文韶”①。显然，在袁、盛的斗争中，还包含两个对立的帝国主义集团俄法与英德的矛盾。1903 年商部成立时，铁路和矿务统归商部经办。这个部的尚书载振是奕劻的儿子，侍郎胡燏芬、伍廷芳，陈璧等，都与袁世凯有密切关系。濮兰德听到成立商部的消息后很高兴，认为“这将把盛宣怀和他的同伙，排斥于该部之外”②。事实也是这样，原督办路矿大臣王文韶、瞿鸿禨，铁路总公司总办盛宣怀，都没有参与商部事务。英国对袁世凯的支持，是他在这场权力斗争中取胜的重要因素。1905 年 11 月，清政府再派袁的亲信唐绍仪接办沪宁路，使盛宣怀的铁路总公司完全成了空架子，不得不奏请辞职。不久，盛宣怀又自动奏请撤销上海勘矿总公司，到此，盛的势力进一步受到了削弱。

---

① 《莫里逊通信集》第 1 卷，第 229 页。

② 《莫里逊通信集》第 1 卷，第 229 页。

1906年11月，清政府设立邮传部，总管铁路航运等，唐绍仪、胡燏芬为左右侍郎，掌握"部中枢要"的就是梁士诒。梁士诒总办交通借款各事宜，又经手创办交通银行，把轮、路、电、邮四政从金融上控制起来。民国以后他能自成一交通系，实发轫于此。同时，袁世凯还派周学熙创办滦州煤矿公司，官督商办，共集资本银约三百万两。至1912年滦州矿与英国商人控制的开平煤矿合并，组成开滦矿务总局，由袁世凯的长子袁克定任董事长，成为中国著名的煤矿之一。此外，袁世凯派毛庆藩创办户部银行(后改名大清银行，民国后改称中国银行)，派周学熙、王锡彤、孙多森等人创办了启新洋灰公司、银元局、铜元局、北京自来水公司等。这些企业无论是官办、官督商办或官商合办，大都依靠官府特权，垄断原料和销售市场，取得高额利润。

总之，在清政府推行"新政"的过程中，袁世凯北洋集团得以形成并迅速扩张，不仅在军事、外交、路矿、财政、教育各方面拥有巨大的权势，而且控制了直隶、山东、河南、苏北等一大片地盘，连京师也在他的势力笼罩之下。袁世凯北洋集团成为清末统治阶层中实力最为雄厚的一个军事政治集团。

三　"预备立宪"的酝酿

清政府实行的"新政"是欺骗性的。黄遵宪批评清廷时说："其所用之人，所治之事，所搜刮之款，所娱乐之具，所敷衍之策，比前又甚焉，辗转迁延，卒归于绝望。然后乃知，变法之诏，第为辟祸全生，徒以媚外人而骗吾民也。"①梁启超表示了更大的失望，他说："外国侵压之祸又如此其亟，国内种种社会又如此其腐败，静言思之，觉中国万无不亡之理，每一读新闻纸，则厌世之念，自不觉油然而生。"②资产阶级改良派看出

---

① 黄遵宪:《驳革命书》,《新民丛报》第24期。

② 梁启超:《论专制政体有百害于君主而无一利》,《新民丛报》第21期。

“新政”只是统治集团的弥缝之计，不能挽救严重的危机。他们要求实行君主立宪制度，认为“专制政体之不能存于今世界”是“理势所必至”①；“二十世纪之中国必改而为立宪政体”②；“政体不更，宪法不立，而武备、实业终莫能兴”③。这种议论，从1902年就开始出现，不但有梁启超等人在《新民丛报》等报刊上鼓吹，而且还有人上书提出要求。比如美洲华侨叶恩，1902年曾向清政府的赴英特使载振上书，提出设议院、定宪法的要求。同年，侍讲学士朱福洗曾上书朝廷，也提出立宪的建议。

因为以要求立宪为主要政治目标，所以此后的资产阶级改良派被称为立宪派。

这种立宪要求真正形成一种全国性的运动，是从1904年开始的。这一年在中国的领土上爆发了日本同俄国为争夺中国的领土和财富而进行的战争。软弱无能的清政府把东三省的土地人民任凭两个帝国主义国家屠杀蹂躏，宣布严守“局外中立”。这种耻辱给人民以很大的刺激，而战争的进程和结局更给资产阶级和士大夫以极大的震动。俄国是个非常凶横的军事帝国主义国家，曾给中国人民造成极大的灾难。而以西太后为首的清朝反动统治集团却因畏惧而长期屈膝投靠于它。可是在这次战争中，它被小小的日本打得惨败。这一事实成了一种启示。立宪派便利用这一事实大力宣扬：日本不过“蕞尔岛国”，它所以能战胜俄国，是因为它实行了君主立宪制度；而一向被视为强大的俄国之所以失败，是因为它仍然是君主专制国家。立宪派因而断言，立宪则强胜，专制则败亡。这成了他们要求立宪的最根本的理由。《中外日报》发表文章说：“鉴于日本之胜而知黄种之可以兴……鉴于俄国之败而知专制之不可恃，数千年相沿之习庶几可捐。此二者之观念人人至深，感

① 梁启超：《论专制政体有百害于君主而无一利》，《新民丛报》第21期。

② 黄遵宪：《水苍雁红馆主人来简》，《新民丛报》第24期。

③ 《与同志书》，《游学译编》第7期。

人至捷，数年之间必有大波轩然而起，虽政府竭力阻之，吾知其不能也。”①《大公报》也载文宣称，立宪问题“其机已动，其端已见，其潮流已隐隐然而欲涌出”②。

立宪运动开始兴起了。为了适应新形势的需要，加强舆论的鼓吹，这年，有两家重要的立宪派报刊在上海出版，一个是《时报》，是梁启超协助狄楚青创办的；一个是《东方杂志》，是由出版业资本家、商务印书馆经理夏瑞芳创办的。夏也是立宪派，后来加入预备立宪公会。这两家报刊成了立宪派的重要舆论阵地。《东方杂志》除了本身发表鼓吹立宪的言论外，还经常汇登其他报刊，如《时报》、《中外日报》、《南方报》、《大公报》等宣传宪政的文章。当时立宪派控制的报刊几乎都以鼓吹立宪为中心。要求立宪的呼声遍于国中。《时报》评论说：“通国上下望立宪政体之成立，已有万流奔逐，不趋于海不止之势；失此不图，则泛滥为患，祸且甚于古昔之洪水也夫！一转移间利害若此，谋国是者，奈何不起而为之所也。”③生动地反映了当时舆论的趋向。

立宪派一面大力制造舆论，一面展开实际活动。最著名的国内立宪派领袖张謇，在这年5月亲自出面劝促湖广总督张之洞和两江总督魏光焘，要他们上折奏请立宪，并替他们草拟折稿。但一向以圆滑稳重著称的张之洞，要他探询当时最有权势的直隶总督袁世凯的意向。于是，张謇写信给袁世凯说：“日俄之胜负，立宪专制之胜负也。”④劝他效法日本伊藤、板垣等人，促成立宪，以救危局。但当时袁世凯还没有看准风向，回信答称：“尚须缓以竢时。”⑤是年7月，张謇与赵凤昌合刻《日本宪法》送达朝廷；9月，又刊印《日本宪法义解》、《议会史》等书，送给满族权贵铁良等。

---

① 《论中国前途有可望之机》，《中外日报》，1904年5月5日。

② 《论中国立宪之要义》，《大公报》，光绪三十年六月十八日。

③ 《论朝廷欲图存必先定国是》，《时报》，光绪三十年八月七日。

④ 沈祖宪、吴闿生：《容庵弟子记》卷3，第18页。

⑤ 张謇：《啬翁自订年谱》，甲辰年五月条。

在日本的梁启超，自从1903年游美归来，完全放弃了他的所谓“革命”、“破坏”之说。他和其他立宪派一样，感受到日俄战争的震动，认为“此次战役，为专制国与自由国优劣之试验场。其刺激于顽固之眼帘者，未始不有力也”①。因而更集中致力于立宪的鼓吹。1904年，他在《新民丛报》上发表了好几篇讨论俄国立宪问题的文章。1905年，国内政界某些官员开始注意立宪问题。这时，梁启超极力加以联络，先后“为若辈代草考察宪政、奏请立宪，并赦免党人、请定国是一类的奏折，逾二十余万言”②。这年夏天，侍讲学士朱福洗曾连次上书清政府，要求早决大计，宣布立宪。

立宪派急切要求立宪，同革命运动的发展有重要的关系。他们不相信革命能够成功，以为革命会遭致无休止的破坏和动乱，那就不但争不到新的利益，连现有的利益也难保住了。所以他们不赞成革命，反对革命。并认为，只要实行立宪，革命自然可以消灭于无形。在反对革命这一点上，立宪派同统治集团有一致性，所以他们奔走呼号也收到了一定的效果。

1904年春，驻外使臣孙宝琦等上折奏请立宪。这一举动受到立宪派的普遍赞誉，许多报纸专门发了社评。至1905年，官吏奏请立宪的便渐渐多起来。重要督臣张之洞、周馥、岑春煊都曾以立宪的建议奏闻朝廷。一年前还持观望态度的袁世凯，这时奏请朝廷派亲贵大臣出洋考察政治，以为实行立宪的准备。朝廷居然采纳了他的意见。因为这时连满族亲贵中也有一部分人倾向于做些较大的改革，来挽救内外危机。西太后本来并没有什么明确的政治思想，她最关心的是紧紧掌握最高的权力。而她周围的一些较倾向于变革的大臣，都以日本为例说服西太后：立宪不但不会削弱君权，而且可保“君权永固”。立宪派虽然渴望通过立宪分享政权，但起初也着重于立宪有利于皇室的一面加以

① 梁启超：《俄罗斯革命之影响》，《新民丛报》，第62期。

② 《梁任公先生年谱长编初稿》上册，第205页。

鼓吹。因为这个缘故，一向顽固的西太后，这时为了维护已经动摇的中央大权，为了对付革命运动，觉得不妨再作一次改革的尝试。

1905 年 7 月 16 日诏命镇国公载泽，户部侍郎戴鸿慈，兵部侍郎徐世昌，湖南巡抚端方，分赴东西洋各国考察政治。27 日又加派商部右丞绍英随同出洋考察。9 月 24 日，五大臣启程，在火车站遇炸，载泽、绍英受伤，未能成行。革命党人吴樾则以身殉。嗣后，朝廷改派山东布政使尚其亨，顺天府丞李盛铎随同载泽、端方、戴鸿慈出洋考察，迟至 12 月 2 日才得以成行。

立宪派对派遣五大臣出洋一举，感到非常振奋，以为这是“朝廷以实心变法之意宣布天下”①。其实这时清政府仍未定下准备立宪的决心，只不过是做一个改革的姿态。然而由于总的内外形势所决定，清政府既已迈出了这第一步，它也很难半途停止或翻然改辙。

第二节　群众自发的反抗斗争

在二十世纪最初的几年，农民群众自发的反抗斗争是暂时处于低潮的阶段。但是，由于引起义和团反帝爱国运动的社会矛盾并没有缓和，在某些方面反而更加激化，所以整个社会仍然动荡不安。这一时期，广大农民的自发斗争之所以广泛、激烈，主要是由于帝国主义勒索赔款和清政府推行“新政”，征收苛捐杂税而直接引起的。

义和团运动后，帝国主义列强通过《辛丑条约》向中国勒索了四亿五千万两银子的赔款，这笔赔款分三十九年付清，本息银总计九亿八千二百二十三万余两。从 1902 年起，平均每年要交赔款二千余万两。当时清政府的全年财政收入，包括地丁、盐课、关税等，总计才八千余万两，赔款竟占四分之一。这笔赔款当时一般称为大赔款。大赔款之外，还有各州县地方官和传教士议定的地方赔款。这种由地方自筹的赔

① 《读十四日上谕书后》，《时报》，光绪三十一年六月十六日。

款，据估计至少有两千万两。为了筹集这笔巨额赔款，清政府每年要向各省摊派二千三百万两。自 1901 年 8 月起，户部为筹划各省应摊的赔款，指令各省推广粮捐、房捐，盐斤加价，重征茶糖烟酒各税。因此，在一段时间内，反赔款和反教会压迫便结合在一起，成为农民群众爆发反帝斗争最经常的原因和直接的导火线。

与此同时，各省奉命举办“新政”，清政府允许地方自行筹款，这样，对外赔款和新政费用，便都以捐税的名目直接或间接转嫁到广大人民身上。如山西省，从 1902 年起除钱粮附加而外，又增加货厘、斗银、畜税、牙税、盐税、油酒缸税、煤厘等十余种，以致物价上涨一倍多，大批手工业者破产。直隶省专门设立了筹款局，开办印花税、渔船捐、硝捐、妓捐、车捐等。从 1903 年起加征烟酒税和长芦盐引加价，只此两项每年即搜刮银一百五十万两。又多次提高田赋附加。如定县每亩地附加税增长指数 1899 年为 100，至 1903 年增至 137.78，至 1907 年竟达 355.59。各州县田赋附加额的增长情况虽然不完全一样，但相差无几。因此，“民间负担之重，输纳之艰，日以加甚”。湖南省由于筹集赔款和办“新政”，一再增添新税，加重旧捐。如田赋，额外规定每正银一两加耗羡一钱，但不少州县层层加码，有的征至三四钱。从 1901 年起，盐每斤加价四文。田房契税每银一两加收二分，以后逐年增加，到 1909 年增至四倍。此外，又创办了铺捐、粮捐、落地税、销场税。名目繁多，不可缕述。

由于各省巧立名目而征收的苛捐杂税迅速增加，再加上各级官吏差役借机勒索敲诈，一些地区竟形成“一两之税，非五六两不能完”的局面①。更加甚者，农民“一身而七八捐”，商民“一物而经六七税”；因此农民“弃田潜逃”，商民闭门歇业②。1904 年清政府不得不公开承认：“近年以来，民力已极凋敝，加以各省摊派赔款，益复不支，剜肉补疮，生

① 《天讨》，第 49 页。

② 《御史胡思敬奏折》，《宣统政纪》卷 11，第 25 页。

计日餍。”“各省督抚因举办地方要政,又复多方筹款,几同竭泽而渔,其中官吏之抑勒,差役之骚扰,劣绅讼棍之播弄,皆在所不免。”①

由此可见,这个时期清政府的税收制度已极端混乱,税种和税率都没有统一的规定,各级地方官吏横征暴敛,恣意掠夺,严重地损害了人民群众的经济利益,危及了人民最低的生活水平。人民群众无法生活下去,不得不起来反抗,许多地区出现了“一有首倡发难之人,即成星火燎原之势”的局面。

一 反赔款、反教会压迫

反抗教会压迫是当时历史条件下农民反帝斗争的重要形式。

帝国主义列强借《辛丑条约》规定:永远禁止中国人民进行反帝斗争。清政府秉承列强的旨意,也多次颁发“严禁仇教灭洋”的上谕。但是,由于产生反帝斗争的社会条件,即帝国主义对中国人民的压迫仍然普遍存在,所以不管是帝国主义强加于中国的不平等条约,还是清政府的三令五申,都不能消弭人民的反抗。事实上,就在《辛丑条约》签订之后,中国人民针对摊派赔款和传教士的不法活动,于1902年就掀起了一连串的反抗斗争,给帝国主义教会侵略势力和清政府的反动统治以有力的打击,表现出中国人民不甘屈服于帝国主义及其走狗的顽强的反抗精神。这个时期的反教会压迫斗争与义和团运动以前比较,出现了一些新的特点:各地群众不仅把反对教会压迫和抗捐抗税紧密地结合在一起,而且,由于清政府的血腥镇压,往往发展成为武装起义。有些地方更公开提出“扫清灭洋”、“灭清、剿洋、兴汉”一类的战斗口号。其中影响最大的一次就是直隶省广宗县景廷宾领导的起义。

直隶省惨遭八国联军蹂躏,人民的苦难特别深重。1902年,全省除摊派大赔款银八十万两外,还缴纳上百万两的地方赔款。广宗县知

① 《光绪朝东华录》第5册,第5251页。

县和法国传教士议定广宗地方赔款为京钱两万串，折合纹银万余两，强迫各村农户按地亩摊派，知县又乘机额外多收，从中渔利，每亩地要缴纳“赔款捐”京钱四十文。这种做法不仅使广大贫苦农民极为愤慨，就是中小地主也怨声载道。广宗一带各村庄本来有联庄会的组织。东召村联庄会首领景廷宾遂传帖聚众，联络各村联庄会，首先倡议抗捐，声明“中国人不拿洋差”。景廷宾（1861—1902），是一个有百余亩土地的小地主，武举人，为人慷慨好义，喜打抱不平。他的抗捐号召获得了广大人民的拥护。邻近各县如邢台、钜鹿、南宫、内丘、平乡的人民，纷纷响应。直隶总督袁世凯闻讯，立即命令大名镇总兵何永盛与正定镇总兵董履高统率练军前往广宗县镇压。3 月 3 日清军攻占东召村。景廷宾率领群众转移到钜鹿县厦头寺，竖起“官逼民反”、“扫清灭洋”的大旗，自号“龙团大元帅”，宣告起义。自从清政府依靠帝国主义绞杀义和团运动后，中国人民对清政府卖国残民的狰狞面目有了进一步认识。东召村被血洗之后，那一带地方的人民对清政府的仇恨倍增。这就促使景廷宾提出“扫清灭洋”的战斗口号。正是在这个客观上是反帝反封建的口号鼓舞下，义军迅速扩大，“一唱百应，不期而至者约三、四万人”①。基本群众是广宗及其附近一带的农民，也有不少义和团加入，起义军攻占威县张家庄教堂，杀死法国神父罗泽溥以泄愤，随后即转移到广宗件只村一带。

广宗数万农民揭竿而起，使中外反动派十分恐慌。帝国主义列强认为这是义和团重起。西太后命令袁世凯设法尽快扑灭起义。袁世凯一面宣布将广宗及其附近各县“所摊捐款豁免”，企图借此使所谓“安分之良民不至附从”，以瓦解起义队伍②。一面又把所谓“疏防”的文武官吏分别参奏革职，改派自己的心腹段祺瑞、倪嗣冲指挥新编成的北洋军

① 《中外日报》，1902 年 5 月 28 日。

② 袁世凯：《覆陈剿办广宗等县匪徒情形折》，《养寿园奏议辑要》卷 16，第 9 页。

(当时称新练军)马步炮兵二千多人,由保定南下。同时从山东调集武卫右军先锋队数营,由马龙标统率从德州、济宁一线西进。两股清军大张旗鼓地合围广宗。各村庄农民沿村筑垒,英勇抵抗。5月初,清军围攻件只村,起义军使用刀矛土炮和持有快枪利炮的清军展开激烈搏战,遭到重大伤亡。景廷宾见势不敌,遂率领一部分人冲出重围,清军乘机焚烧抢掠,惨杀村民数百人,附近村庄俱遭劫难。景廷宾逃至成安县,秘密聚集力量,准备继续斗争,但不幸于7月被清军捕杀,余众四散,起义终于失败。

与广宗起义的同时,在直隶北部朝阳县也爆发了群众反抗教会压迫的斗争。1902年初春,朝阳县松树咀教堂无理“增索赔款”,驱逐附近村庄的老百姓,霸占田产,村民纷纷逃难。当地民团团长邓莱峰挺身而出,以“保卫乡民”为己任,在花子沟地方聚集难民万余人。花子沟群山环抱,地势险要,易守难攻。沟内有百余村落。邓莱峰捉拿天主教徒二人为人质,提出“教堂退还地契,不取赎银,并退出平民房屋,始可了事”。但是,地方官认为这是“百姓聚众抗官”,并禀报直隶总督袁世凯。1902年10月,袁命令直隶提督马玉昆率兵前往镇压。群众沿沟“设卡二百余座”,节节抵抗①。11月初,清军攻占邓莱峰驻守的卧佛沟,村民逃散。邓莱峰避往义州,不久被捕,惨遭杀害。

河南省摊派的大赔款是每年九十万两银子,加上“不肖州县挨户摊派,甚或侵蚀入己,而劣绅胥吏,需索中饱”,广大人民负担之沉重,就可以想见了。因此,群众性的抗摊派赔款的斗争时有发生。1902年3月,泌阳县农民首先掀起了风潮,并很快波及唐县、桐柏等地。南阳天主教主教安西满(法国人)向泌阳县勒索了一万一千元的“地方赔款”。当地知县百般搜刮,至1902年初已交大半,只欠二千元。安西满催逼不已,知县以“拖延赔款”被撤职。继任知县为博取安西满欢心,一到泌阳就召集四乡“诸绅至署,勒限催收”,并威胁说:“逾期不交,即当下

① 《中外日报》,光绪二十八年四月二十六日。

狱。”因而激起四乡绅民的义愤。泌阳一带本来有“大刀会”活动，高店等地农民便与“大刀会”结合，成立“齐心会”，公开抗交摊派赔款，聚众痛殴下乡催交摊款的差役。知县前往弹压，肩舆被群众打碎，狼狈逃回县城。愤怒的群众二千多人在张云卿的率领下，乘势攻泌阳城，将西关教堂夷为平地，又攻打桐柏县乌金沟和唐县乔庄等地教堂，痛击教会侵略势力。当时社会上不少人对泌阳人民抱同情态度，上海《中外日报》的社论说：“泌阳之乱，非泌民之有意仇教也，非泌民之有意抗官也。实由教士自取之祸，地方官与疆臣自酿之患也。”①5 月间，河南巡抚锡良派南阳镇总兵率领清军至高店镇压。乡民英勇抗击清军，终因寡不敌众失败。清政府又向教堂赔款二万六千两，以屈辱的条件了结“泌阳教案”。

当北方各省反抗怒潮汹涌的时候，南方各省反抗教会压迫的斗争也日趋激烈。

1902 年，浙江桐庐县农民自立乡团，抵抗当地教堂压迫。当地方官派兵镇压时，农民聚众二千余人，奋起反抗。宁海县焚毁天主教堂两处，影响及于奉化、象山、嵊县各地。广东南雄群众杀死天主教教士。同年 9 月，湖南邵阳爆发了贺金声领导的反教会斗争。贺金声在邵阳蛇林桥竖起“大汉佑民灭洋军”旗帜，发布《奉劝各国揭帖》，指出：“各国迫我太甚，滋酿祸端太多，而教堂尤为第一大宗。”义正词严地警告传教士“将所立教堂速自收除，用快人心以固和局”。同时，以灭洋军大元帅的名义刊布告示，分遣多人前往衡州、郴州、永州各地招兵。各地哥老会群众纷纷前来投效，数日之间聚众数万人。贺金声率领群众进驻邵阳城，要求知县交出传教士；又致函湖南巡抚俞廉三，要求他支持人民的正义斗争。狡诈的俞廉三派人将贺金声诱至省城，加以杀害；以后又将灭洋军的骨干粟道生、赵学奎等投入监狱。这次反教会压迫斗争遂致失败。

① 《中外日报》，光绪二十八年四月七日。

四川省人民反教会压迫的斗争尤为炽烈。1902年,四川分摊大赔款二百二十万两,仅次于江苏省,居全国第二位。为筹集这笔赔款,川督奎俊下令广辟财源,增征商税和亩捐,使人民的负担空前加重。不法教民又"恃势寻衅,肆意欺凌,遇有词讼,地方官不敢持平,十九屈抑"①。再加上当年全省遭受旱灾,南充等二十四州县和简州等三十七州县春粮歉收,以至米价腾贵,人民痛苦不堪。因此红灯教、顺天教便迅速发展起来,这些秘密结社继承了义和团的传统,练习"神拳",进一步提出"灭清、剿洋、兴汉"的口号,号召群众打教堂,"杀洋人,杀贪官,抗粮抗捐"。1902年初,安岳、永川、金堂、华阳等县"均有烧毁教堂及教民房屋情事"②。5月,资阳著名首领李冈中在胡家沟聚众八百余人,进攻资阳城。川督奎俊派兵前往镇压,激战竟日,李冈中不幸被杀,余众退至龙头寨附近,不久复聚千余人,于6月间捣毁天鼓桥教堂。同时,资州(今资中)、安岳、仁寿、潼川、简阳等地都有拳民"灭洋仇教","教堂教民时有焚毁杀伤"③。仁寿县拳民捣毁杨柳场、黄公场等地教堂,其首领李永洪、唐大通等率领群众,屡次打败清军。成都附近红灯教首领曾阿义和廖九妹,分别自称是罗汉和观音的化身,于7月在龙潭寺、石板滩聚众起事,大败清军于清江镇,并乘胜攻占金堂县苏家湾教堂,杀教士、教民数百。嗣后,红灯教声势大振,上万人在成都近郊活动,甚至持械潜入城内,袭击督署。地方官吏惊恐万状,在督署架巨炮,如临大敌。同时,彭山、眉山、射洪、新都、灌县、温江各县都发生群众打教堂、抗官军的事件。

8月间,清政府见事态严重,撤换了奎俊,改派岑春煊督川。岑一面派兵屠杀拳民,命令各州县办保甲团练,推行残酷的连坐法;一面暂时停止征收一部分苛捐杂税,以争取民心。至1902年底,各州县拳民

---

① 《川督岑春煊奏折》,光绪二十九年,故宫档案。

② 清《德宗(光绪)实录》卷498,第10页。

③ 《续修资州志》,《兵燹》。

先后被镇压下去。但是红灯教仍然秘密活动，在此后数年间，于邛州、嘉定、隆昌、富顺、彭县、犍为等地不时起事。直到1911年夏四川保路同志军起义，红灯教纷纷响应，有的加入同志军，汇入革命的洪流中。

1903年各地群众仍不断掀起反教会斗争。浙江桐庐一带“白布会”“仇教灭洋”①，推濮振声为首，于桐庐、建德交界地方起事。富阳、龙游等地白布会准备响应。但濮振声不幸被捕，被关押在仁和监狱，部众瓦解。1905年初，革命党人陶成章、魏兰从事联络会党，曾至监狱访濮，“相谈颇洽”②。宁海县附生王锡彤，为台州会党——“伏虎会”首领，曾率领北乡农民千余人，攻入县城，将天主教堂焚毁。直隶玉田县农民聚众抗官，“旗上大书扫清灭洋保真主”③。江西新喻和清江会党号召群众拆教堂，官吏派兵镇压，会党“愈聚愈众，势不可遏”④。

次年6月，在会党的鼓动下，江西新昌县棠浦地方教堂被拆毁。8月高安县金塘、塘头两处教堂又被捣毁。直隶滋州、元氏、顺德一带有“在元会”活动，“以仇教灭洋为宗旨”⑤。同时，湖北省利川、宜城，河南省武安、怀庆、彰德，山东省东阿，浙江省龙泉等地闹教事件纷起。1905年4月，四川巴塘藏族人民反抗教会压迫，焚毁教堂，驻藏大臣凤全率军前往镇压，群众英勇抵抗，击毙凤全及天主教司铎二人。同年7月，山西绛州因教士包庇不法教民，霸占农民产业，官吏又偏袒教民，激起民愤。农民聚众闯入绛州城，不久被清军镇压而失败。

二 抗捐抗税和武装起义

深受帝国主义和封建势力压迫的广大人民，不仅把斗争的矛头对

---

① “白布会”原是反清的秘密会党，为咸丰年间瑞安绅士孙依言所组织。

② 冯自由：《革命逸史》第五集，第51页。

③ 《大公报》，1903年2月22日。

④ 《中外日报》，光绪二十九年十二月十二日。

⑤ 《大公报》，1904年10月10日。

准帝国主义侵略势力，并且也不断地给封建统治阶级以沉重的打击。各地反抗苛捐杂税的斗争和武装起义，在这个时期发生的次数最为频繁、普遍，影响比较大的就有数十起。斗争的时间长短不一，有的旋起旋落；有的坚持数月以至一年以上。参加的群众有广大农民、工人、手工业者，许多地方的中小商人也积极投入了斗争。这种情况表明，随着商品经济和资本主义的发展，群众的自发斗争中增加了新的因素；这些新因素的发展，使群众自发斗争的涓涓细流，逐渐汇合到资产阶级革命的滚滚洪流中去。

1902 年 5 月，江西德化县行商反对苛征厘金，聚众百余人捣毁卡局。7 月，安福县爆发农民抗粮斗争。入冬，赣州商人掀起砸厘卡的风潮。

安徽省从 1902 年起加征酒捐、米捐、房捐和肉捐。全境人情汹汹，怨声载道。芜湖、铜陵大通镇等地接连发生商人抗捐罢市。

同年，福建开办新捐税，有粮捐、酒捐、赌捐等十余种，一些地方还让商人设局承包，层层盘剥，激起人民的普遍反抗。海澄县群众数千人闯进县城，要求免捐，不得允许，即将县署捣毁。同安县土药捐局派巡勇骚扰地方，苛抽膏捐，群众忍无可忍，遂捣毁捐局。漳州砖瓦窑业商人和手工业者聚集数千人，反抗砖瓦捐。仙游县设局抽捐，激起商人罢市。知县王某威胁说：“如不交捐，将罚款一倍。”群众义愤填膺，聚集千余人将捐局和办捐官绅的房屋付之一炬。

进入 1903 年，随着清政府新政的普遍推行和捐税的增加，各地群众的反抗斗争也日益激烈。

这一年，河南省改地丁征银为征钱，扩大浮收至一倍多。激起黄河北岸孟、温、武陟、河内等县民变。温县一带农民本来有“大刀会”的组织。在“大刀会”的鼓动下，温县农民首先聚众要求减免浮收钱粮。3 月间，孟县东乡桑坡农民闻风响应，散发揭帖，结伙闯进县城，火烧衙署。温县西乡“大刀会”也活跃起来，砸抢大地主宅院，劫富济贫。4 月，河内知县苗夔至城东泰山庙催逼钱粮，极其凶横。千余农民同声奋起,砖石齐飞,痛殴苗燮,苗抱头鼠窜。农民跟踪追击,直至城下,放火焚烧城门。

云南周云祥起义,也是1903年的一件大事。这一年5月上旬,为反对法国修建滇越路,周云祥召集会党矿工数千人于个旧起义。周云祥是临安人,著名的会党首领,在个旧锡矿做工。他率领起义军击败蒙自县知县孙家祥和分统魏荣斌所率的清军,占领个旧。由于他以"拒修铁路仇洋"为召号,不仅得到广大贫苦人民的支持,"即富绅亦从而附合,甚且助械捐资"①。因此,起义军半月之内占领临安、石屏两城,发展至万余人。同时,阿迷、河西、江川、宁州、弥勒、元江各州县会党游民纷纷响应。云贵总督丁振铎急忙调集各地清军,派按察使刘春霖统率,由省城出发前往镇压,于6月底攻陷临安、石屏。义军首领不幸被捕牺牲,起义被残酷镇压下去。

同年9月,山西省永济县爆发了反对柿酒税的斗争。永济县以产柿闻名,农民以柿酿酒,从不纳税。1903年知县强令开征柿酒税,乡民数千人涌进县城,捣毁衙署,迫使知县停止收税。

此外,在吉林伯都纳,直隶省玉田、宝坻、三河、通县、房山,山东省日照、济南等地,1903年都发生过群众抗捐或抢粮事件。

1904年,山东省济宁州、郓城县农民暴动,反对屯田升科。原来,清政府沿南北运河设立卫所,以屯田的办法养兵,守卫运河交通线。这种制度早已破坏。至清末,土地多被官吏盗卖,屯丁也变为贫苦农民。清政府为搜刮民脂民膏,公然规定屯田每亩交价五千文,按田之上下酌量增减,这就加重了农民的负担,激起民变。3月2日,济宁屯户聚众冲入城内,将衙署付之一炬,迫使知州重定屯价,每亩减至千文左右,并缓至五至七年缴纳,事才平息。4月22日,郓城屯户二千余人在任青合领导下,反对屯田交价,围攻县城,东平、范县、汶上各地屯户纷纷前

① 《云贵总督丁振铎奏大兵收复临安府城折》,光绪二十九年闰五月十八日。南京第二档案馆档案。

来助战。后来，任青合被捕杀，屯户遭到残酷镇压。同年，山东潍县农民聚众反对烟叶捐，潍县为烟叶产地。城内设烟叶捐总局，各镇遍设分局，规定卖烟一斤缴制钱三文。税吏又借端敲诈，使烟农忍无可忍，遂将凤凰山庄和辛东社两处捐局捣毁。

这一年 4 月，直隶省兴隆知县李国枫强迫乡民缴学堂和巡警捐，每亩地制钱四十文。乡民恳求免捐，未得允许。4 月初，群众数千人企图进城，再次提出免捐要求。知县关闭城门，巡警开枪打死乡民九人，伤六人，激起民愤。乡民闯进城内，捣毁巡警局，打开监狱，释放囚犯。后来，不幸被清军镇压下去。

11 月，河南省农民掀起反对丈量土地的风潮。清政府为了增加收入，决定丈量黄河泛区垦熟荒田，按亩升科。从而引起祥符、陈留、考城等县农民的骚动。在祥符县李庆元的率领下，三四万农民包围开封，断绝交通。不久，被河南巡抚陈夔龙派兵镇压。

和北方各省农民反抗同时，南方各省的反抗斗争也普遍展开。江苏省镇江农民数千人闯进县城，要求免漕粮，占据衙署，痛殴官吏。湖北宜城农民反对军户税契，“聚众揭竿，抵抗官军”。广东省香山、潮州，福建省云霄厅等地都发生农民捣毁税卡的骚动。

南方各省由于会党往往加入反抗斗争，成为核心力量或主导力量，所以斗争比北方更为激烈、持久。1904 年《东方杂志》在“时评”中说：“广西会党近已入湘赣边界，江西东平会党又窜入皖，湖北恩施教案频仍，而蠢蠢欲动者所在多有。长江会党如青帮，如红帮，到处隐伏。要而计之，扬子江流域数省，如江苏，如江西，如安徽，如湖北，如湖南，如广东，如云南，如四川，皆不能免于乱事者也。”①其中尤以江西乐平反对靛捐和广西农民起义最为突出。

江西乐平是靛青的重要产地，农民多以种植靛青为业。洋靛未输入前，乐平土靛畅销省内外，获利甚厚。自洋靛输入后，土靛市场渐渐

---

① 《内忧外患相因并起》，《东方杂志》1904 年，第 4 卷第 10 期。

缩小,价格日跌。再加上苛捐杂税名目繁多,靛农的生活日益困难,民怨日深。1904 年,乐平知县杜磷光串通劣绅以筹集学堂经费为借口,抽收靛捐,规定每售土靛二元,缴捐三文。因此激起靛农的强烈不满。东北乡会党首领夏廷义遂乘机鼓动抗捐。广大靛农积愤已久,乃决心毁学堂,“以鸣其积不能平之心”①。群众捣毁学堂,表现了落后性,但他们反对清政府的横征暴敛,却是正义的。7 月 21 日,数百群众在夏廷义率领下冲进县城,捣毁小学堂;又至保甲局,夺取该局所存洋枪四十枝。两天后,县城内聚集抗捐群众三千多人,拆毁统捐局、厘卡、教堂及教民房屋,统捐局和缉私各卡委员也遭到群众惩办。江西巡抚夏时闻讯,非常惊慌,一面将杜璘光撤职,委冯用霖接任知县,冯未到任前,仍准杜留任,“戴罪立功”;一面委饶州候补道朱子春带兵前往乐平,借“查办”之名,布置镇压抗捐人民。

8 月 26 日,朱子春命杜璘光下乡会晤夏廷义,企图利诱夏廷义自动投案。然而,杜一出城便被抗捐群众拘留。同一天,夏廷义率领三千多人再次冲进县城,杀伤官军六十余人,其余二百多人亦作鸟兽散。朱子春化装逃跑。抗捐群众将县署烧毁,打开监狱,释放囚犯,一时控制了乐平县城。西乡、南乡的地主团练武装也卷入抗捐斗争。邻县也频传警报,大有星火燎原之势。夏时急速调派九江道瑞澂,带兵千余人,向乐平进攻。官军沿途掳掠,人民纷纷逃避,当瑞澂进入乐平城时,“居民铺户,十空其五”②,凄凉惨淡,不堪言状。各乡参加抗捐的地主武装见大队清军压境,都先后退出斗争,只有夏廷义领导千余人仍在上下睦两村一带构筑防御工事,进行抵抗。但是,由于寡不敌众,于 10 月被清军击败。瑞澂对抗捐农民实行残酷镇压,又勒索了二万八千两银子,作为对所毁衙署,学堂和教堂的赔偿。从此乐平人民又增加了一笔新的负担。

---

① 《内忧外患相因并起》,《东方杂志》1904 年,第 4 卷第 11 期。

② 《中外日报》,光绪三十年九月一日。

在乐平抗捐斗争如火如荼的时候，广西农民起义也达到高潮。广西地瘠民贫，官吏滥杂而贪酷。1901 年以后，捐税猛增，苛派多如牛毛，加上左右江一带连年天灾瘟疫，死亡枕藉。大批破产农民、手工业者及被裁兵勇无以为生，天地会遂活跃起来。天地会是南方各省民间的秘密结社，源远流长，在广西有二百多年的历史，曾多次发动反清起义，都被镇压下去。1902 年，在广西省西南部的左右江各县又酝酿大规模的起义。上思县天地会首领谢三首先发难，各地被裁游勇纷纷聚众响应。接着，百色、凌云、田阳、田东、西林、西隆、邕宁、柳州、郁林各州县的会党游勇纷纷起义，到处燃遍了农民反抗的烽火，“大者千余为一股，小者数十为一股”，仅左右江一带就有起义队伍数十股，约五六万人。

至 1904 年，起义队伍在广西腹地逐渐形成两大支，以陆亚发为首的一支最为著名。

陆亚发是游勇出身，曾一度被招安，隶属于驻柳州清军统领祖绳武部下。由于同时被招安的游勇被清军杀害，又值各地民变蜂起，陆亚发遂于 1904 年 5 月发动柳州兵变，攻占衙署，劫取藩库饷银二十万两和大批枪械，转移至四十八峒。从柳州撤出后，陆亚发联合黄九姑、侯五、覃老发等，先后攻占柳城、罗城及中渡等地，转战于迁江、上林、融安、永宁各县，影响达到贵州和湖南边境。几个月里发展至万余人。曾大败广西提督丁槐率领的清军，逼进桂林省城。后来，两广总督岑春煊督率龙济光、陆荣廷各部清军，以优势兵力，经过多次激烈战斗，至 1904 年底才把这支队伍镇压下去，陆亚发、覃老发等先后被俘遇害。

另一支队伍以黄五肥、王和顺、关云培为首，他们以南宁附近为中心，活动于隆安、武鸣、上林、宁明、上思、宾州、扶绥等地，屡败清军。1904 年春，丁槐督率清军采取“剿抚兼施”的办法，终于使起义军内部分化，被各个击破，黄五肥、关云培先后战死，其部众多被丁槐“招抚”。王和顺所部三千余人也不幸战败，退入十万大山地区，继续坚持斗争。后来，王和顺逃往南洋，参加孙中山领导的民主革命斗争，多次潜回两广云南发动武装起义。

广西农民起义虽然被岑春煊指挥的清军镇压而失败，但是，它对清政府在广西的统治是重大的打击。1902 至 1904 年三年之中，广西督抚数易其人。巡抚王之春因“漫无觉察”，“酿成祸患”，于 1903 年被撤职。广西提督苏元春以纵“匪”罪被参革，充军新疆。清政府调动广东、湖南、贵州等数省十余万兵力，耗饷三百八十余万两，历时数载，才把起义镇压下去。

在这段时期内，由于全国厘卡林立和商业捐税的猛增，城镇手工业者和商人被扰不堪，接连掀起抗捐罢市。在工商业比较发达的南方各省，斗争尤为激烈，仅 1903 至 1904 年就发生较大规模的斗争二十余起：

1903 年，广东省佛山镇、三水西南埠、清远县、新会县等地商人，相继罢市抗屠捐。广州酒商反对收酒税罢市。增城群众数千人反对猪捐，并要求开仓平粜。江苏省扬州税吏勒索太甚，商人运米，农民卖菜都不能逃过其手，因而激成商人罢市。同时淮安县商人罢市，反对抽房捐。江西省各县设立统捐局以后，遭到群众激烈反对，全境骚然。景德镇和瑞昌、新城、宜春等地群众群起捣毁捐局。南昌蔬菜商罢市，抗议征收捐税。

1904 年，广东省惠阳商人反对征收房捐和兵勇骚扰，举行罢市。潮州、从化、阳山、英德等州县都发生群众反抗屠捐的斗争，阳山和英德参加抗捐的群众都多达数千人。广州税吏抽收船捐，勒索船户，激起公愤，货船、米船、渡船一律停运抗议，坚持六天。广西省梧州商人罢市，拒绝缴纳统捐。江苏省镇江菜贩、摊贩等万余人到县署示威请愿，抗议巡警局新订规章，强迫摊贩每日交捐四十文。由于巡警鸣枪杀人，群众遂将巡警局捣毁，全城商店罢市。无锡米行罢市，抗议抽收米厘充学堂经费，并将学堂和学董住宅几乎夷为平地。南京下关二千多人砸毁税局。四川省成都由于抽收厘捐，发生罢市。10 月初，重庆商号皆闭门歇业，抗议厘局差役在各城门盘查商人，敲诈勒索。地方官慑于群众的威力，只得答应此后厘捐按章抽收，不许额外勒索，如有违章，准赴局控告。

1905 年，抗捐罢市仍然此伏彼起。江苏省清江浦商人罢市，抗议兵勇抢劫商店，要求惩办肇事首犯。扬州酒店罢市，反对加抽酒捐。如皋县石庄镇群众反对抽学堂捐，焚毁办捐绅士住宅。泰兴县群众反对抽牙帖捐修建学堂，聚众二千多人将小学堂捣毁。盱眙旧县镇商人罢市，抗议厘卡差役勒索。上海租界货栈业罢市，抗议巡捕骚扰货场。南市商贩结队至捐局，要求减捐。安徽省潜山县向屠宰商强征巡警捐，激成罢市。广西省梧州白马卡苛征过往船税，商人罢市抗议。梧州戎圩商人罢市，反对抽学堂捐。广东省南海县皮窑圩和花县商人罢市，反对征学堂捐。福建厦门群众二千余人捣毁税关，商人罢市声援。浙江省因大量鼓铸铜元，造成铜元贬值，仁和、宁波、余杭、桐庐等地商人罢市，居民骚动。

综观上述，1902 年至 1905 年间，在商品经济比较发达的南方各省，城镇手工业者和商人的抗捐罢市此伏彼起，日趋激烈，形成反对封建压迫的一条新战线，与广大农村中的骚动和起义互相呼应。作为民主革命主力军的广大农民，在“扫清灭洋”等口号鼓舞下，仍然前仆后继，英勇奋战。然而，由于历史的和阶级的局限，农民无法克服自身的落后性。他们所提出的“扫清”，缺乏建立共和国的目标，“灭洋”则更带有笼统的排外色彩。事实证明，没有先进阶级领导的农民群众不可能在社会政治制度方面完成革故鼎新的艰巨任务。

但是，广大农民的英勇反抗，震撼了旧秩序，暴露出清政府的腐败无能，显示出农民中孕育着无穷的潜力。这对于刚刚登上政治舞台的资产阶级革命派以武力推翻清政府的计划是一个有力的鼓舞。义和团运动时，资产阶级革命派的领导人还没有认识到在农民的正义斗争中蕴藏着极其深厚的革命力量。而今，他们的认识却发生了巨大的变化。1903 年，正当广西烽火连天的时刻，章炳麟在《驳康有为书》中说：“义和团初起时，惟言‘扶清灭洋’，而景廷宾之师则知‘扫清灭洋’矣！今日广西会党则知不必开衅于西人，而先以扑灭满洲、剿除官吏为能事矣。”又说：“今之广西会党，其成败虽不可知，要之继此而起者，必视广西会党而尤胜，可豫言也。”①次年秋，孙中山在《中国问题的真正解决》一文中写道：“满清王朝可以比作一座即将倒塌的房屋，整个结构已从根本上腐败了。”他以广西人民起义为例证进一步说：“从最近的经验中可以清楚地看到，满清军队在任何战场上都不足与我们匹敌，目前爱国分子在广西的起义就是一个明显的例证。他们距海岸非常遥远，武装弹药的供应没有任何来源，他们得到这些物资的唯一方法乃是完全依靠于从敌人方面去俘获，即使如此，他们已经连续进行了三年的战斗，并且一再打败由全国各地调来的官军对他们的屡次的征讨，他们既然有出奇的战斗力，那么，如果给予足够的供应，谁还能说他们无法从中国消灭满清的势力呢？”②

这些事实表明，农民群众自发的反抗潮流，正在把资产阶级革命派推向前进。

第三节　抵制美货和收回利权运动的兴起

一　抵制美货运动

义和团运动后，国内民族资产阶级开始有了新的觉醒，极力为自己政治经济的发展开拓道路。继拒俄运动之后，1905 年又掀起了以抵制美货为中心的反美爱国运动。

从十九世纪中叶起，美国资产阶级就大量诱致或掠夺中国的廉价劳动力，从事垦荒、采矿和筑铁路等项劳动。中国寓美华侨艰苦卓绝的劳动，促成了美国西部经济的繁荣。美国垄断资产阶级也承认：“没有

---

① 《辛亥革命前十年间时论选集》第一卷下册，第 760 页。

② 《孙中山选集》上册，第 63 页。

华工就没有西部的垦殖”,“西部的铁路也无法完成。”①然而,到八十年代初期,美国发生周期性的经济危机,工厂倒闭,工人失业,工人运动兴起。美国资产阶级为转移本国工人的斗争目标,不断制造排华事件。美国政府颁布的排华法案,层出不穷,公开推行种族歧视政策,限制华工入境。1894 年 3 月 31 日,美国政府和清政府签订了“限禁来美华工保护寓美华人条约”,把美国的排华合法化,使到美国去的华工受到极大的限制和种种非人的侮辱。这个条约明明是限禁中国人赴美,却假仁假义地以保护寓美华侨作为幌子。其实,寓美华侨的生命财产毫无保障。1900 年,美国政府以验疫为名,把纽约华人住区烧光,使不少华人丧命,损失财产达二百六十多万元。

因此,当 1904 年条约期满的时候,华侨报纸和国内报刊上都不断有要求废约和揭露美国虐待华侨的文字出现。檀香山《新中国报》刊登《拟抵制禁例》一文,首先倡议抵制美货。同时,美国有一百几十个地方的十多万华侨联名打电报给清政府外务部和中国驻美公使梁诚,要求废除迫害华侨的苛约。在舆论的压力下,清政府指示梁诚与美国政府进行谈判,修改原条约。修改的原则是:可禁下等之工,而上等之工不能禁;可禁受美人雇佣之工,而自行制造之工不能禁;可禁未入美之工,而已经在美之工不能禁。尽管清朝政府的改约条件很低,但是美国政府仍然拒绝接受。交涉几个月,毫无结果。1905 年春,美国政府派新任驻华公使柔克义(Willaim W. Rockhill)与清政府直接谈判,威胁清政府签订续约。消息传出,激起中国人民的义愤。

1905 年 5 月 10 日,上海总商会召开特别会议,讨论拒约办法。会长曾铸严厉斥责美国政府的排华政策,他提出以两个月为期,如果美国仍不允许改订条约而强迫续约,则将抵制美货。这个倡议得到全体商

① 《美国参议院档案报告》第 680 号,第 48 页;转引自古丽芝:《中国移民》,第 63 页。

董一致赞成。随后公议电稿，以曾铸的名义致电清政府外务部，“吁恳峻拒画押，以伸国权而保商利”①。并遍电各省商会或商务局，要求协力拒约，相戒不用美货。

会后，上海总商会与美国驻沪领事进行了多次谈判，均无结果。两个月后，美国政府仍然蛮横拒绝改约。7月22日，上海总商会召开第二次会议，要求各界一致行动。当场，铁业、机器业、洋布业、洋广五金业、面粉业、火油业、木业七个大行业公所的巨商签押，允认不进美货，不卖美货。会后签押者又有钟表、航运、裁缝、印刷、磁器、纸张等七十多个行业。与此同时，各省会馆、学生、工人、戏剧艺人、妇女界等也纷纷集会演说，声讨美国虐待华工，并结成各种抵制美货团体，制定措施，采取行动。工人不装卸美国货，学生不到美国人办的学校读书，中国人不给美国人当翻译、车夫、厨师。各界人民同仇敌忾，一致表示不买美货。

各学堂学生是运动的积极参加者。上海“中国童子抵制美约会”相约严守：所有文具衣物概不用美货，美国人所办学校的学生和教员纷纷离校。清心书院、中西书院因此被迫停课。寰球中国学生会为抵制美货还召开了特别大会。会长李登辉愤怒指出：原华工条约是中美两国之间的不平等条约，必须废除，否则抵制美货到底。广东何剑吾、吴趼人、李毅轩，福建魏万侯、林森等相继登台演说。会后，吴趼人、李毅轩游历杭州、宁波等地，计划联合各地拒约会，结成一个大团体。戏剧艺人汪笑侬演出《苦旅行》一剧，取波兰亡国故事，说明不爱国与无主权国民之痛苦，借以激发人们的爱国热情。

北京京师大学堂学生接到上海商会通电，大动公愤，立即联合各学堂发布“学生同盟会公启”，声明学生为“未来国家主人翁”，爱国为“应尽之义务”。因此应首先实行不购美货，以示“人心之固”，而“寒妄进美货者之心”。天津各帮行商不顾直隶总督袁世凯的阻挠，于6月18日

① 苏绍柄编：《山钟集》，第27页。

在商务总会公所开会，到二百余人，均画押从此不买美国面粉、煤油及机器等物，并约定如有违者，罚款五万银元。同日，天津府立中学堂和私立敬业中学堂邀请二十六所学堂代表共六百余人集会，议决每学堂公举一二人，分别召开演讲会，展开宣传，使抵制美货家喻户晓。

湖南人民也积极支持上海商会的倡议。华兴会会员禹之谟通过长沙商会发起召开全省绅商学界抵制美货禁约会，到会数千人，一致以爱国为同胞应尽之义务。会后，正式成立了抵制美货事务公所。

广东省寓美华侨最多，人们对华工受虐待感受尤深，因此反美斗争比较其他省更为激烈，坚持时间最久。从5月中旬起，广东七十二行商和九大善堂连日集会，讨论抵制办法。至7月23日，广东抵制美货总公所召开成立大会，到会数万人。会议决定印发章程及美货图表，推举专员，分赴各行业商店盖章签押，拒绝销售美货。接着，南海、新宁（今台山）、佛山、顺德、东莞、香山、石岐、江门、肇庆、潮州、汕头、韶关等地都成立了拒约分会。广州工人也积极投入斗争，相戒不买美货，不吸美烟。食品工人相约不用美国面粉，如店主不从，则实行罢工，以示抵制。南海、东莞、广州等地的运输工人拒绝装卸运输美货。知识分子创作了《苦社会》、《黄金世界》等文学作品，暴露旅美华侨所受的种种虐待，激发人们对帝国主义的仇恨。广州、香港等地报纸积极从事宣传鼓动。《有所谓报》、《拒约报》持论尤为激烈。《有所谓报》为革命党人郑贯一所创办。该报不仅报道了中国各地拒约的许多消息，而且刊载了大量文章，猛烈抨击清政府“惧外媚外的特性”，鼓动人民在抵制美货的过程中组织团体，增强实力，使“民权发达，专制堕落”①。对于推动运动的发展起了重要作用。

拒约运动迅速形成了前所未有的全国规模。南京、苏州、扬州、镇江、芜湖、汉口、桂林、成都、重庆、杭州、南昌、西安、牛庄、青岛、沙市、济南等一百六十多个城市相继成立“拒约会”、“争约处”、“抵制美货公所”

---

① 《有所谓报》，乙巳（1905年）五月二十五日。

等团体，宣传和组织群众抵制美货。一时卷入运动的群众极为广泛，除商人、学生、工人外，一些地方的农民也积极参加了斗争。海外华侨和留学生更是函电交驰，遥为声援。

各地运动的主导力量是以商会为代表的民族资产阶级。他们宣传抵制美货有五利：可鼓民气；可结民力；可兴商业；可联络全国，为日后自治自立打下基础；可仿造美货以图畅销，收回已失利权。他们公开声明抵制美货"亦一无形之战也"，"但使人同一心，万无不成之理"，并竭力鼓动"不必依赖政府"，而"专恃民气"，以国民"自力抵制之"①。《东方杂志》所刊《抵制美约余论》一文，甚至鼓吹"信官不如信商"，由商人创办"实业大公司"，对外"实行永久之抵制"②。这些言论表明，资产阶级正在谋求摆脱帝国主义和封建势力的压迫，而独立展开政治经济活动。

反美爱国运动展开后，美国政府屡次要求清政府加以镇压。运动一开始，美国驻华公使柔克义就奔走于京、津、沪各地，指挥美国领事，阴谋直接干涉破坏。在其控制的报纸上大肆宣传美国只禁华工入境，并非禁止商人、学生和游客，企图借以分化参加运动的群众。同时，柔克义又一再要挟清政府下令禁止抵制美货。在美国的压力下，清政府一面对柔克义解释说："各处中国商人反抗贵国之举，实系该商人等自由行动"，"非出自政府之诱掖"，"政府虽曾谆谆训戒，毫无效验"。一面于8月21日发布上谕，说禁用美货"有碍邦交"，各级地方官应"从严查究，以弭隐患"。各省督抚遂竭力压制反美运动。直隶总督兼北洋大臣袁世凯禁止天津商会响应上海总商会的号召，不允许登载拒约消息的《大公报》发行，使北方各省抵制美货运动受到很大挫折。两广总督岑春煊甚至借故逮捕拒约会员马达臣、潘信明、夏重民三人，以破坏广东省的运动。

---

① 《1905年反美爱国运动》，《近代史资料》，1956年第1期。

② 《东方杂志》1906年，第2期。

由于清政府的压迫，领导运动的资产阶级上层人物开始动摇、退缩。曾铸发表了《留别天下同胞书》，于8月退出运动。原来卖美货商人和不卖美货商人之间由于利害关系发生意见分歧。张謇、汤寿潜等出面“调解”，主张8月以前进口美货可以贴印花出售，得到卖美货商人的支持。这就使运动发生了分化。广州运动一开始就有人以争取合法化为借口，主张取消“拒约会”名称，以避“禁”、“拒”等字。后来，运动全面展开，一些大商人由于害怕群众扰乱了他们的“文明抵制”，对外妥协的倾向越来越为明显，甚至公然同意美国禁工不禁商。这些事实表明，由于资产阶级在经济上同帝国主义有千丝万缕的联系，所以他们没有彻底反帝的勇气。这种情形在群众斗争情绪高涨的时候，表现得尤为明显。

资产阶级上层的妥协主张，立即遭到中小工商业者、爱国知识分子和工人的激烈反对。许多地方开展了反“奸商”的斗争。在上海，以戈忠为首的“公忠演说团”，联络学、商、工各界，坚决反对张謇等“疏通”。9月1日召开群众大会，到会千余人，“均抱定不用美货四字，坚持到底”。上海工界和平社于10月26日在豫园开大会，五百多人出席，一致表示继续坚持斗争，“此禁约一日不废，彼美货一日不用”。

广大群众的斗争尽管如此坚决，但是资产阶级上层的妥协，严重地削弱了抵制美货的力量。轰轰烈烈的反美爱国运动到1905年底就渐渐消沉了。广东坚持较久，至次年底也不能继续维持。

这次爱国运动以上海为中心，席卷全国，波及海外，坚持半年之久，终于迫使美帝国主义和清朝统治者未敢签订限制华工续约。通过这次斗争，人们对帝国主义的侵略阴谋和清政府的媚外政策有了进一步的认识，又一批人走上了民主革命的道路。如李自重、李是男于1905年曾在广东台山组织“台山联志社”，鼓动抵制美货，后来他们都成为同盟会会员。广州拒约会员夏重民被释放后，立即加入同盟会，变成革命的积极分子。有些地方的拒约会经过改组变成了革命的团体。就是在这样的基础上,资产阶级革命派的队伍进一步壮大起来。

二　收回利权运动的兴起

在抵制美货运动兴起的时候,一系列的收回利权运动也开始发动起来,而且持续数年之久。斗争的主要目标是以合法手段收回列强所攫取的各种利权,特别是铁路修筑权和矿山开采权。

现代化的铁路是国家的交通命脉。甲午战前,清政府当权的顽固派愚昧无知,盲目坚持闭关政策,甚至有视铁路为“弊政病国病民者”①。因此,筑路速度极慢,从1866年(同治五年)在中国土地上修筑第一条铁路开始,至1894年(光绪二十年)止,总共仅筑成三百六十多公里的铁路。甲午战后,清政府被迫改变了从前的顽固态度,于1896年设立了铁路总公司,派盛宣怀为督办大臣。铁路公司虽然成立了,但是清政府财政困难,入不敷出,缺乏筑路所需要的巨额资本,列强遂争先恐后地输出其过剩资本,攫取在中国的铁路建筑权,以便榨取巨额利润。从1896年至1903年,盛宣怀以铁路总公司督办的资格,与列强订立了一系列的借款合同和草约,其中包括芦汉、正太、沪宁、汴洛、粤汉、津镇、道清等路借款合同,和苏杭甬、浦信、广九各路的借款草约。这些合同和草约不仅使中国受到严重的经济剥削,而且还都附有苛刻的政治条件,使帝国主义列强的侵略势力进一步深入到中国更多的地区。

铁路利权的不断丧失,自然引起中国人民的强烈不安。从廿世纪初年起要求自办铁路的呼声便越来越高。清政府为了缓和内外矛盾,于1903年由商部颁布重订《铁路简明章程》,准许华洋官商集股建筑铁路,为中国人自办铁路开了绿灯。因此,不数年间,集股自办的铁路公司便如雨后春笋般出现。民办的铁路公司作为列强夺取路权和清政府卖路政策的对立物出现,具有强烈的爱国主义色彩,得到了广大人民的

① 匀士:《论中国近日权利思想之发达》,《东方杂志》1906年第9期。

支持。伴随着中国资产阶级对利润丰盈的铁路事业的投资日益增多，他们同帝国主义者掠夺中国铁路和清政府卖路之间的矛盾越来越尖锐。因此，由他们倡议的收回既失路权的运动便在全国普遍展开。这个运动肇端于1904年至1905年收回粤汉路的斗争。

粤汉路是1898年由盛宣怀出卖给美商合兴公司的，经初步勘测，1900年借款四千万美元，规定粤汉路由合兴公司承造。可是该公司资本有限，三年之中才修了粤汉路南端广（州）三（水）线九十里铁路。1904年初，该公司又将股票的三分之二卖给了比利时人。此后公司董事改由比人担任，粤汉北段也由比人建造。当时人们都清楚，比利时人用法国款，“权即属法，芦汉铁路即已如此。若此路再归比、法，法助俄合力侵占路权，其害不可思议”①。因此，美商转售股票的消息传开后，粤汉路所经过的湖北、湖南和广东三省舆论大哗，绅商官吏纷纷上书，要求赎回粤汉路自办。留日学生也大力声援，组成“三省铁路联合会”，主张废约自办，并提出“路存与存，路亡与亡”的口号。当时，英国和法、俄矛盾很尖锐，湖广总督张之洞在英国驻汉口领事的支持下，也坚决主张收回粤汉路自办。经过一年多的交涉，美商被迫同意赎路，由张之洞出面向香港英国殖民政府借款一百万镑作为赎金，于1905年将粤汉路赎回。所借英款由粤、湘、鄂三省分十年摊还。同时，清政府允许三省绅商分别集资，设立铁路公司。在爱国主义的感召下，各阶层人民大都踊跃认购股票。广东粤汉路有限公司，仅商股股本至1911年6月已筹集银一千四百多万两。这次斗争的胜利开创了赎路自办的先例，对各省人民收回路权起了鼓舞的作用。继之而起的是直、鲁、苏三省绅民要求废除津镇路借款合同的斗争。

原来，在英、德两国的威胁和利诱下，清政府于1899年被迫签订了津镇铁路借款合同，议定由德华银行和汇丰银行合借英金七百四十万

---

① 《张之洞、端方、赵尔巽等致外部粤汉铁路北段美售于比请照合同作废电》，光绪三十年四月二日；见王彦威辑：《清季外交史料》卷182。

镑，以山东峄县为界，由英、德分别承筑南北段。1903 年英德勘路完成，便催逼清政府改订正约。1905 年督办津镇铁路大臣袁世凯派唐绍仪和梁如浩与英德驻天津领事谈判。消息传出后，直、鲁、苏三省留日学生连续上书清政府和三省督抚，要求收回津镇路权。他们指出，原有津镇借款合同仅为“预约，而非正约”，我有撤回之权，英德不得干涉①。在学生的推动下，三省京官恽毓鼎等一百五十余人联名上书，请废借款筑路草约，照粤汉路成案收回自办。三省绅商也函电纷驰，指出“外人假铁路实行殖民政策”，谋夺三省主权，即谋夺三省人民之生命财产。

这场斗争，持续近两年，仅迫使帝国主义作了某些表面的让步。到清政府与两国签订借款正约时，规定不拿路权作抵押，改以三省厘金作担保；不称“外国代办”，改称“中国自办”。但筑路与经营之权，仍操于英德工程师之手。

1905 年还发生了江苏人民揭发盛宣怀在签订沪宁路正约时渎职卖路罪行的斗争。1903 年盛宣怀与中英银公司签订沪宁路正合同。这条路长 570 里，借英金三百五十万镑。“每中里合四万两上下，比常价每里需要银万两者浮逾四倍”②。而且借款期五十年。同时还把以前官款修成的淞沪路作了抵押。1905 年合同一公布，江苏绅民大为惊骇。苏省留日学生和京师学生纷纷上书，称“糜款太巨，赎路难期”，要求速谋补救。武进绅士刘翊宸上书抗议说：“五十年赎回”，“河清之俟，其讹欺哉！”③另外还有人揭露了盛宣怀用行贿手段诱使外务部覆核签押正约的事。在各方呼吁下，清政府被迫责成盛宣怀重新与英方谈判。而盛以“无词可措，碍难悔约”回覆。这场斗争的结果，后来仅勉强做到了“少借一百万镑”，即借二百五十万镑了事。但由于工程的靡费，不久

① 《申报》光绪三十一年五月二十二日。

② 《江苏京官内阁中书尹克昌等参奏沪宁路事呈文》，《申报》光绪三十一年九月十二日。

③ 《申报》光绪三十一年九月初三日。

又续借四十万镑，才修成了这条路。这场斗争的效果虽然不大，但却使盛宣怀的卖国嘴脸暴露于众。

帝国主义列强不仅掠夺中国的路权，同时也纷纷染指中国的矿权。据统计：在1895至1912年间，列强掠夺中国矿权的主要条款、协定及合同等达四十余项。根据这些项目来看，中国的富饶矿区，在不同的程度上，大都为列强所染指。其中如山西的盂、平、泽、潞及平阳府属矿地，直隶的开平、临城、井陉诸矿，东北三省中东铁路沿线各矿，山东胶济路沿线及沂、蒙、登、潍各矿区，安徽铜官山矿区，浙江衢、严、温、处四府矿地，河南黄河以北怀庆府地区各矿，云南云南府等七府矿地，蒙古鄂尔河等处矿地，福建建宁、邵武、汀州三府矿区及四川省各矿区等。这些矿区，除少数矿地已经开采外，绝大部分却只是被霸占着，地下矿藏仍然未动。这种情况给中国民族矿业的发展造成巨大的障碍。因此，随着民族资本主义的发展和民族独立思潮的高涨，各省人民不断掀起收回矿权的斗争。

衢州、严州、温州及处州四府是浙江省的重要矿区。1898年，浙绅候选道高尔伊组成宝昌公司，经英国福公司华人经理刘鹗（字铁云，即《老残游记》的作者）介绍，向意大利商人开办的惠工公司借款五百万两，承办衢州等四府煤铁各矿。实际上，宝昌公司没有资本，高尔伊不过是惠工公司的买办。这项卖矿活动竟于1903年2月由外务部奏准，从而激起浙江人民的义愤。浙籍全体留日学生于10月3日在东京召开了特别同乡会，议决致书国内，要求浙绅责问高尔伊，令其废约。同时，《浙江潮》接连发表了《致高尔伊书》、《浙江人听者！卖我浙江矿产者听者》等文，谴责高尔伊“举亿万年无穷之宝藏以为献媚外人之贽见礼，图博他日之高等奴隶地位，真是狗彘不食之徒”。文章号召浙江人民奋起保卫矿权。同时，浙江绅商陈叔通、孙翼中等在杭州西湖集会，与高尔伊进行了面对面的斗争。各学堂学生闻风响应，风潮大起。上海的浙籍绅商联名发表了《为杭绅高尔伊盗卖四府矿产事敬告全浙绅民启》，坚决要求收回矿权。

斗争一直延续到1905年。这一年1月，高尔伊居然不顾浙江人民的抗议，与英国和意大利商人合办的惠工公司正式签订了借款合同。这就激起了人们更大的愤怒。浙江绅商在上海斜桥商务局开会，讨论自办全浙铁路，会上异口同声斥责高尔伊卖矿，并将其驱逐出会场。上海、杭州等地报纸一致声讨。在社会舆论的压力下，清政府外务部和浙江当局以高尔伊所订借款合同为"英义惠工公司"，与前奏准案"义惠工公司"字句不符，而且办矿限期已逾两年，宣布撤销原奏准办矿合同，收回四府矿权。以后，英国驻华公使萨道义及驻上海总领事支持英商无理纠缠。但外务部坚持原议，所据理由十分充足，使英方无词反驳，只好默认了中国收回浙江矿权的事实。

与浙江人民展开收回矿权运动同时，福建人民收回建宁、邵武、汀州三府矿权的斗争也方兴未艾。1902年，经清政府外务部奏准，法国大东公司和华商华裕公司取得福建建、邵、汀三府矿权。合同规定所勘各矿须在一年内开工，否则准其他公司接办。表面上，华洋两公司各集资本，权利平等。实际上华裕资本甚少，所有利权均归大东独揽。对于这种利权外溢的情况，福建绅商甚为不满，遂于1905年发布揭帖，揭露华裕公司林蕃、龚铭义卖矿，指出外人办矿对"吾闽之绅民，则利无一毫，而害有万端"①。呼吁全省人民"力逼政府废约"，募集资本自行开矿。接着，"闽省各界，迭开会研究此问题。而旅沪及外埠同乡，亦纷纷开会，函电交驰"②。福州各学堂学生上外务部禀称："杜外人之觊觎，辟闽省之利源，维系人心，全在此举。"要求"迅予照会法使，宣言照约注销合同"③。闽省京官林灏深（学部左参议）、陈宝琛（礼部侍郎）等联名向外务部呈文，要求收回三府矿权，由"商任经营，官为保护"；并举荐在南洋办矿起家的胡国廉总理全闽矿务。法商见人民反抗日益激烈，便

---

① 《矿务档》第3035页（第1764号文件附）。

② 《建邵汀问题意见书》，《中兴日报》，1907年12月18日。

③ 《闽人力争矿产三志》，《中兴日报》，1907年12月7日。

企图勒索一笔“赔偿费”，放弃矿权。外务部亦不敢犯众怒，断然拒绝了法商的赔偿要求，并于1907年展限开矿届满时，宣布不再延期，而将三府矿权收回。

1904至1905年间，是全国收回利权运动的初期阶段，除上述各省进行了斗争，并取得成绩外，其他各省也相继展开活动。如：为收回苏杭甬路权，江浙人民分别组成铁路公司，掀起拒款风潮。山西绅商展开了收回盂县等地开矿权的斗争。同时，反对英商霸占铜官山矿区的斗争也开始发动起来。此外，山东、河南、四川、云南、直隶、黑龙江等省都争先恐后地展开收回本省利权的斗争。所有这些斗争都在以后的几年里达到了高潮。

收回利权运动是在中国民族资本主义初步发展的社会背景下展开的，它反映了中国资产阶级力图挣脱帝国主义压迫的枷锁，扩大自己经济权益的要求，并且进一步推动了中国民族资本主义经济的发展。在当时的历史条件下，这无疑是符合中国历史发展趋势的爱国行动。因此，卷入运动的群众相当广泛，有工商业者、绅士，有学生，也有广大劳动者，甚至还有少数清朝的官吏。当时，在东京的革命党人对这个运动也曾给予密切的注意。每当国内掀起斗争时，他们或以各省留学生的身份上书，大声疾呼，不遗余力；或利用留学生办的刊物，登载文章，遥为声援。如《浙江潮》、《江苏》、《湖北学生界》等刊物，都对本省收回利权运动起了促进作用。但是，由于革命党人与国内民族资产阶级在组织上缺乏紧密的联系，他们对这个运动的实际影响并不大，自然更谈不上进行领导。

收回利权运动和反美拒约运动的蓬勃发展，反映出民族资产阶级的政治力量进一步增强。他们比过去更为活跃了。同时，这一系列的运动吸引了各阶层人民参加，充分表明反帝反封建的斗争在国内已经有了相当广泛的群众基础。正是在这样的基础上，资产阶级民主革命运动迅速地高涨起来。

第五章　中国同盟会的成立

第一节　国内各革命小团体的出现

中国资产阶级领导的反清革命，从 1894 年开端，到 1903 年发展成为比较广泛的社会运动。反清革命运动的发展要求资产阶级革命派采取一定的组织形式，用暴力手段达到推翻清朝统治的目的。中国教育会在会内革命分子的推动下，为宣传革命思想、聚集革命力量作出了积极的贡献，但它并未脱离群众性社会团体的规模，没有将暴力行动列入议程。改组后的军国民教育会虽然将“起义”、“暗杀”列为进行方法，并派有归国运动员，但它还是一个成员流动性很大的松散的组织，并且设在国外。两会都不能完全适应革命发展的需要。从 1903 年末到 1904 年初，随着反清革命运动的自然发展，国内出现了一批新的反清革命小团体，分布于南中国各省的重要城市中，秘密地或公开、半公开地进行活动。这些革命小团体中的一部分把发动武装起义或组织暗杀作为自己的主要任务，如华兴会、科学补习所、光复会、岳王会等，它们的规模和影响都比较大。各种不同类型的革命小团体的涌现，反映了反清革命运动的普及和深入。

一　华兴会

以黄兴为会长的华兴会是两湖地区的反清革命团体。

黄兴字克强，原名轸，字廑午，湖南省善化县（今长沙市）东乡凉塘人。1874 年 10 月 25 日（清同治十三年九月十六日）出生于一个富足的地主家庭中。黄兴九岁入塾，十五岁入长沙岳麓书院，二十岁补县学生员，1898年被保送到武昌两湖书院深造。这一年，光绪下诏变法，他极为关心政治的改革，同情维新运动。1900年，在武昌参与了自立军起义的密谋。1901年夏，毕业于两湖书院。次年6月，被派赴日本，官费入东京弘文学院师范科。黄兴爱好军事，课余聘请日本军官教授军事学，努力学习各种军事技能，准备在日后的政治生活中运用。1902年11月，他与湖南留日学生杨毓麟（笃生）、梁焕彝、樊锥等发刊《游学译编》杂志，开始宣传反满和建立民主政治。不久，又设立湖南编译社，准备有计划地译介西方名著。黄兴热心社会活动，富有组织才能，善于团结同志，是留日学生中湖南学生和军校学生的领袖。1903年，他在拒俄运动中积极参加组织拒俄义勇队和军国民教育会，自告奋勇担任军国民教育会的归国运动员，预备往湖南、湖北和南京一带活动。

1903年5月，黄兴毕业于弘文学院，月底，离日归国。他先到上海和当地的革命分子计议革命运动的开展。这时，长沙明德学堂创办人胡元倓在沪招聘教师，黄兴应邀回乡任教。途经武昌，他返回母校两湖书院演说，号召以改革政体来维护国家生存。知府梁鼎芬闻讯大怒，悬牌将黄兴驱逐出境。黄兴坦然地将随身携带的四千余册《革命军》等宣传品散发给当地军学两界，然后从容登舟。

在戊戌变法时非常活跃的湖南新学界，政变后受到湖南当局和劣绅王先谦等人的摧残。1903年，赵尔巽抚湘，倡导兴实业、办学堂，比较开明。湖南新学界得以逐渐恢复。胡元倓（1872—1940）是新学界的领袖，字子靖，湘潭人，1902年官费赴日，同年毕业于弘文学院速成师范科，回湘后即致力于创办新式学堂。黄兴抵长沙后，主持了明德学堂第一期速成师范班，同时又协助胡创办了经正学堂，白天在学堂授课，晚间筹划革命。他与杨度、陈天华、杨昌济成为胡元倓的忠实同志，刘揆一、钱维骥等也为胡积极奔走。新学界另一领袖人物周震鳞则与胡相互提携。周震鳞（1874—1964）字道腴，宁乡人，两湖书院毕业，办有修业、敬业学堂，宁乡中、小学堂等校和《俚语日报》。1904年中，长沙共有学堂三十四所，而民立学堂即达十九所。支持他们办学的，除赵尔巽外，还有湘籍大吏龙湛霖、袁树勋、谭钟麟等。胡元倓倾向反清革命，他与黄兴刊刻了数千册《猛回头》、《警世钟》，传布民间。但是，由于王先谦等极端守旧，顽固地排斥一切讲新学的人，胡等不得不与政治色彩不同的各方人士优游往还。官僚家庭的开明子弟龙绂瑞、谭延闿等同情和支持胡、黄等人，中间派俞诰庆、张祖同等也依附于胡。湖南新学界的活跃，给革命运动的进行提供了方便条件。通过胡、黄等的邀聘，留学生和外省的革命分子叶澜、秦毓鎏、翁巩、华鸿、苏子谷、张继、曹亚伯等都先后来到长沙任教。

1903 年 11 月 4 日(夏历九月十六日)是黄兴三十岁生日，友人刘揆一、章士钊、彭渊洵、翁巩、柳聘农、周震鳞、胡宗畹等设觞为他祝寿。在宴席上，他们商定建立反清革命组织华兴会，推黄兴为会长。华兴会在长沙联升街设立了机关。为了避免官方的注意，这个机关对外是“兴办实业”的“华兴公司”，华兴会的骨干都是公司的股东，会员通讯也都用商号作为化名。1904 年 2 月 15 日，华兴会在长沙正式成立。先后加入华兴会的，还有陈天华、杨笃生、宋教仁、刘道一、叶澜、吴禄贞、李书城、易本羲、陈方度、李燮和等人。华兴会的骨干几乎全部都是在长沙及湖南、湖北一些地方的新式学堂的师生。胡元倓、龙璋等都支持华兴会的活动。

华兴会没有留下政治纲领性的文件。

华兴会的著名人物大半都是革命实干家，他们的注意力侧重于研究夺取胜利的策略。黄兴根据他对中国情况的认识，不赞成模仿英法资产阶级从首都发难的办法——他称之为“中央革命”。他主张从一省首先发动，各省响应，最后推翻满清。他对华兴会成员们说：“吾人发难，只宜采取雄踞一省与各省纷起之法。今就湘省而论，军学界革命思想日见发达，市民亦潜移默化；且同一排满宗旨之洪会党人，久已蔓延团结，惟相顾而莫先发，正如炸药既实，待吾辈引火线而后燃。使能联合一体，审势度时，或由会党发难，或由军学界发难，互为声援，不难取湘省为根据地。然使湘省首义，他省无起而应之者，则是以一隅敌天下，仍难直捣幽燕，驱除鞑虏。故望诸同志对于本省外省各界与有机缘者，分途运动，俟有成效，再议发难与应援之策。”①黄兴提出的这种策略，革命党人称之为“地方革命”，它比较符合中国当时情势，以后革命党人的多次起义和辛亥革命的爆发，实际上都是采取的这种策略，只是革命党人始终没有能够“直捣幽燕”。

在黄兴提出的策略中，会党受到充分的重视，被视作武装起义的重要力量来源。早在日本时，刘揆一就向黄兴强调过会党的作用。他说：“种族革命，固非运动军学界不为功，而欲收发难速效，则宜采取用哥老会党，以彼辈本为反对满清而早有团结，且其执法好义，多可赞叹。……其不肯枉法，与视死如归，足为吾辈革命听取法。”②会党自成组织，和下层群众有较广泛的联系，有相当的团结力和号召力，革命党人想收速效，不准备耐心地去民间直接组织自己的战斗力量，当然首先只能看中会党。

当时湖南会党中势力最强大的，是马福益做龙头的哥老会回轮山佛祖堂。马福益（1865—1905）又名乾，原是湖南省醴陵县的佃农，早年曾在江南当营勇，参加哥老会，因事被斥革。回乡后，得地方势力许可，在醴陵渌口（今属株洲市）地方开堂放票，招收党徒，势力逐渐遍于长沙、衡阳、永州三府城乡，徒众达万人之多。刘揆一的父亲在湘潭当衙役，救过马，两家相识，华兴会便推刘前去联络。刘揆一携带黄兴的亲笔信往会马福益，用反满的民族思想劝说其反清，马福益欣然同意和华兴会合作。华兴会成员多是知识分子，怕会党成员复杂，难于共处，便专门设立了一个同仇会，作为联络会党的机构。1904 年初春，黄兴由刘揆一陪同，短衣钉鞋，头顶斗笠，乘雪夜行三十里，到湘潭茶园铺矿山一个岩洞中与马福益相会，在熊熊的柴火之旁，共商起义大计。他们决

---

① 刘揆一：《黄兴传记》，中国史学会主编：《辛亥革命》（四），第 277 页。

② 刘揆一：《黄兴传记》，中国史学会主编：《辛亥革命》（四），第 276 页。

定于夏历十月十日西太后七十生日时，在长沙皇殿预埋炸药，炸毙来行礼的湘省大吏，乘机起义。黄兴被推为主帅，刘揆一、马福益为副总指挥。马福益用煨鸡好酒盛情款待了二人。归途中，黄兴兴奋长吟："结义凭杯酒，驱胡等割鸡！"热烈期待起义的胜利。

华兴会的成员为起义进行了多方面的准备。胡宗畹、宋教仁在武昌设立华兴会支部，推动武昌科学补习所的活动。科学补习所的活动，乃是华兴会起义准备的一部分。陈天华化名去江西游说巡防营。当时，邹永成在江西联络会党、军队，组织"黄自强公司"，也和华兴会相联络。谭人凤、李燮和在宝庆一带联络学界、会党，等待响应。刘揆一应聘任醴陵中学堂监督，协调会党与湘赣军队的联合。杨笃生、章士钊在上海和东南革命党人联络，作为外援。此外，安庆、九江、南京、杭州的革命党人也设有响应起义的联络机构。黄兴亲自往返于湘鄂间布置，统筹全局。因经费困窘，黄兴等售产借贷，供给各种费用。黄兴、龙璋，杨笃生等另筹二万三千金，购买枪械。

马福益将其部众配置为东、南、西、北、中五路，由谢寿祺、游德胜、萧贵生等为正副总办，负责组织队伍。邀集两湖会党参加起义。安源矿工中的洪仁会领袖萧克昌也作了响应准备。各路会党队伍都静候华兴会派出指挥和监军前往领导。华兴会为加强约束，仿效日本军阶将会党编成军旅，以黄兴为大将，刘揆一为中将，马福益为少将。八月，浏阳普集市牛马交易大会期届，黄兴派刘揆一、陈天华等前去会晤马福益，举行授予少将仪式，并赠与长短枪、马匹，用以巩固同会党的团结。

但是，起义的组织工作并不十分扎实。临时的协议和虚张的声势经不起严重的斗争，甚至也经不起偶然的过失。华兴会的活动处于半公开状态，缺乏严格的纪律和斗争训练。会党为维护内部的统一，有森严的会规，但他们在社会上的散漫行为却不适应重大的政治行动。偶然的过失总是难免的。

号称湖南"土皇帝"的王先谦一直窥伺着新学界的动向，他利用其门徒、新学界败类刘佐楫同胡元倓一派人对抗。1904 年 5 月，赵尔巽离任，陆元鼎署湖南巡抚，王即与这个腐朽无能的官僚勾结，公开摧残学堂。王、刘十分注意华兴公司，扬言这是革命党。迫于形势险恶，黄兴等加速起义准备。但是一个华兴会员却在无意中走漏了消息，被刘佐楫侦知，报告王先谦。王急向陆元鼎告密，要求逮捕黄兴、刘揆一等。陆因有人劝阻，没有立即捕人，命巡防营严加侦缉。官厅的侦探结识了会党的五路巡查何少卿、郭鹤卿，伪装要好，赚得实情，在醴陵车站将二人捕送省会。10 月 24 日，清兵出动捉人，搜查华兴会机关。黄兴这时正在侍郎龙湛霖家中议事，龙的儿子绂瑞慨然藏宾，并亲往长沙中学堂将华兴公司的文件取出销毁。刘揆一等纷纷走避，会党首领游德胜、萧贵生被捕。游、萧在严刑之下招供出内情，官方搜捕更加紧急，但因没有证据，华兴会的人员没受到损失。黄兴在龙家躲了三天，又转移到吉祥巷圣公会，由教士黄吉亭等加以掩护。11 月 4 日，游德胜、萧贵生遇害。待风声稍缓，黄兴便化装出走，由黄吉亭、张继等护送，经汉口转赴上海。长沙起义流产。

此前，黄兴一直用着本名“轸”，黄吉亭在汉口船上分别时，暗地嘱咐他说：“到上海时，即来一电，只拍一‘兴’字，即知君平安无恙也。”于是，黄兴的名字从此用开了。

当起义还在准备之时，杨笃生、章士钊在上海与蔡元培、陈由己、杭辛斋等成立爱国协会，联络各地人士响应，杨、章分任正副会长。苏鹏还奉命赴日本招回一批留学生准备参加起义。他们以兴学会的名义在新闸路余庆里租屋招待来往同志，黄兴和其他一些逃亡的华兴会成员抵沪后就住在这里。11 月 19 日，上海发生了万福华刺杀前广西巡抚王之春的事件，章士钊等曾参与密谋。次日，章前往捕房探望万福华时被扣，供出余庆里住址，巡捕搜查该地，黄兴、张继、周来苏、苏鹏、徐佛苏、薛大可、郭人漳等十人被作为嫌疑犯拘捕，杨笃生逃出。郭人漳是清朝候补道，在江西统兵，与华兴会有联系，因为他来沪是奉江西巡抚之命，旋被保释。黄兴化名李寿芝，伪称是随郭来沪公干的教员，瞒过会审公廨，一同被释放。黄兴出狱后，随即与刘揆一再次去日本。袁树勋不想兴大狱，经蔡元培、龙璋等设法营救，被捕的人后来也相继出狱。华兴会成员陈天华、宋教仁、柳聘农、彭渊洵、刘道一等都先后流亡日本，他们依旧保持着华兴会的团体。

长沙的新学界又一次受到了极大的摧残。大批进步教师纷纷离湘他适，外省旅湘教师的俱乐部被迫停止活动，旅湘安徽公学也迁往芜湖。钱维骥创设讲艺公司，想以此再行聚集同志，也被陆元鼎阻止。胡元倓、周震鳞受到王先谦、刘作楫的恶毒攻击，靠着一些官绅的维护，侥幸将所办的学堂保存下来了。整个新学界的政治色彩，大为暗淡。

会党领袖马福益在长沙起义泄密后，逃往广西。他又联络了广西会党和湖南旧部，准备再次发动起义。1905 年春，他自桂返湘，徒众派人前往迎接，由于马福益临时改变路线而未遇。4 月 12 日，马福益在途中被清军截捕，他英勇拒敌，在被缚时还踢死了两名清兵。马福益是参加资产阶级反清革命运动的优秀会党领袖。他的徒众坚持追随华兴会革命，与他的态度有着重大的关系。会党采取的是家长制的组织形式，首领有着极大的权威，在革命党人没有直接向会党群众进行教育的情况下，首领的政治倾向和道德品质往往对徒众起着决定的影响。马福益被解往长沙后，受到湖南巡抚端方的严刑拷打，他坚贞不屈，视死如归，于 4 月 20 日遇害。

二　科学补习所和日知会

以胡宗畹（瑛）为经理的科学补习所是湖北地区的反清革命小团体。

湖北是资产阶级政治活动开展较早的地区。著名洋务派官僚张之洞长期任湖广总督，在鄂办工厂、练新军、设学堂、派游学，造成了庞大的洋务系统。帝国主义侵略和洋务活动刺激了当地民族资本的发展。官办学堂里的部分青年蔑视“中学为体，西学为用”的说教，纷纷接受西方资产阶级民主思想。最初，他们拥护改良派的维新变法主张，但在自立军失败后，其中许多人迅速地倾向革命。在拒俄运动的高潮中，武汉的爱国活动在国内处于醒目地位，1903 年，学生吕大森、朱和中、胡秉柯、贺之才、时功璧、时功玖、张荣楣、吴柄枞、李书城等经常在花园山李步青宅和水陆街吴禄贞宅集会，宣传排满，并介绍有志青年知识分子入营当兵，还与会党有了联系。他们实际上成了一个革命团体，但没有一定的组织形式。他们的活动受到了官方的注意，官方采取了巧妙的对付办法，派他们出国游学以分散他们的力量，激烈者派往欧洲，纯谨者派往日本。1904 年初，朱和中等相继离鄂，吴禄贞被调往北京，他们那无形的革命团体便解体了。不过，就在这时，由于华兴会的影响，湖北的革命运动又发生了转机。

1904 年 3 月，华兴会会员胡宗畹因组织助日学生军为官方所忌，由黄兴介绍到吴禄贞处避难，因此结识了当地的革命分子。他和张难先等谈论革命的方法，认为"革命非运动军队不可；运动非亲自加入行伍不可"①。于是，胡、张二人便投入新军工兵营当士兵。胡宗畹（1884—1932）字经武，后改名瑛，湖南桃源人。他出身于破落的小吏家庭，原在长沙经正学堂读书，是黄兴的学生。以后加入同盟会时，与同乡宋教仁、覃振齐名，号称"桃源三杰"。胡、张两人结识了在军中的一批知识分子展开宣传，散发《革命军》、《猛回头》、《孙逸仙》、《黄帝魂》等书，还利用饭后在操场上讲历史故事，启发士兵觉悟，收效很好。

这年 5 月，吕大森从家乡再到武昌。吕大森（1881—1930）字槐庭，湖北建始人。湖北武高等学堂第三班班长，1903 年春曾在武昌曾公祠发表拒俄演说。花园山的无形团体离散后，他因病回乡休养。返武昌后，经同乡康建唐介绍，认识了胡宗畹。他们三人同从黄州来的何自新一齐商量，都认为非组织一机关，不足以联络同志。这一建议得到了朱子龙、刘静庵、冯特民等的支持。于是，由吕捐款五十元，租定阅马厂东厂口某屋为会所，准备建立革命组织。胡退伍，吕退学，专任组织工作。

① 张难先：《湖北革命知之录》，上海商务印书馆 1946 年版，第 55 页。

7月3日（夏历五月二十日），科学补习所正式成立，到会者三十余人，其中“以各学堂及各军营中人为最多”①。稍后，所址移至魏家巷。

科学补习所对外是一所补习学校，主要招收在校学生进行课余补习，每逢星期日由教员轮流讲授史地、数学、外语、理化、卫生。科学补习所的章程标明其宗旨为“集合省同志，取长补短，以期知识发达无不完全”②，但在内里，它是革命党人赖以聚集同志进行革命宣传，组织革命活动的机构。胡宗畹被推为该所经理，吕大森为干事，分任干事者，尚有曹亚伯、时功璧、宋教仁、张难先、康建唐等人。参加科学补习所的革命活动者，还有朱子洵、陈从新、雷天壮、毛复旦、李胜美、欧阳瑞骅、王汉、易本羲、田桐、余诚、季雨霖、孙武等人。其中有些人同时还是华兴会的会员。由于科学补习所表面是一所补习学校，它的师生并非全部都是革命党人，但不少人是在这里开始接触到反清革命思想的。

科学补习所的一项重要活动，是招待“远来愿入学堂及入营者”，“代为安置一切”③。当时，刘静庵在新军马队营管带黎元洪处当书记，了解招兵情况。科学补习所便大量介绍知识分子从军。胡宗畹还招来会党分子，介绍入伍。会党分子入伍前，必须接受密约，谓：“吾汉人四万万，亡国于满清之手，已二百数十年，受尽苦痛，诸君此次入伍，务学成健儿，待时机至，起而革命，光复汉族，为一定之宗旨。”④密约中的排满革命说教，虽然简单狭隘，但它体现了联络会党的一种新方式。革命党人突破会党的组织，对其成员直接进行初步教育和约束，并送至新军中去接受训练。

胡宗畹派易本羲回湘筹措经费，因而得知黄兴正在组织起义，胡、吕赴长沙联络。洞庭舟中，吕大森赋诗曰：“此行好借春风便，鼓起人间

① 《警钟日报》，1904年7月8日。

② 《补习所章程》，《警钟日报》，1904年7月26日。

③ 《补习所章程》。

④ 曹亚伯：《武昌革命真史》，上海中华书局1930年版，第3—4页。

革命潮。”①他们住在黄兴家中，商量起义大计。胡宗畹被推为华兴会鄂分部总理，吕大森为施南及四川分部总理，负责组织响应。当时，已经是7月，离长沙起义时间不远，吕便偕康建唐赴施南。胡负责武汉方面的指挥，派何自新赴荆宜，周维桢、张荣楣赴四川联络会党；宋教仁赴长沙与黄兴联络；武汉的军队和学堂都派有专人负责运动。华兴会购买的枪械弹药，也由胡宗畹、王汉去江西湖口运来。胡与刘静庵等集议：得到长沙发难的消息，就先杀死张之洞、张彪等人，王汉任刺张之洞，易本羲任刺张彪，李胜美率工程营劫火药库，刘静庵督率前卫营为接应。

响应的准备工作正紧张进行时，长沙华兴会机关被查抄，科学补习所与华兴会的关系暴露。科学补习所得到长沙方面的密电，急忙布置隐蔽。胡宗畹、王汉将枪械埋藏在汉阳鹦鹉洲，刘静庵销毁所内文件，张难先通知成员躲避。10月28日，张之洞得湘抚电报，连夜派兵搜查魏家巷所址，结果一无所获，仅探听到租房人是文普通学堂学生欧阳瑞骅。当时，梁鼎芬仍然主持学务处，由于补习所师生大多是学堂师生，他怕案情扩大与己不利，便向张之洞说情，仅将欧阳和已离校的宋教仁二人开除了事。

科学补习所作为革命团体只存在了短短数月，并且是在华兴会直接影响下活动的，但它还是鲜明地显示了自己的特点。和华兴会一样，补习所的骨干也几乎都是知识分子，但他们主动投身于新军的行伍。新军不同于八旗、绿营和练勇，它在相当程度上采用了资产阶级军队的编练方法和军事技术，官佐和士兵都需要一定的文化知识。湖北地方的革命知识分子面对着张之洞庞大的洋务集团，这个集团不仅对当地民族资本处于压倒的优势，而且严密地控制着当地的新兴文化事业——学堂、报纸、书局等等，洋务事业吸收了不少学堂出身的知识分子。这种情况，使得这批革命知识分子无法通过自己熟悉的手段在社

① 湖北革命实录馆档案：《科学补习所之历史》，湖北省博物馆藏。

会上产生重大的影响,从而迫使他们扩大革命的通道,把目光转向下层社会。科学补习所并没有偏废会党,但将注意力投向新军营伍却是他们的创举。此前,革命党人也是非常重视运动军队的,不过他们或者只依靠会党在旧军中活动,或者只联络上层军官,和投身军校以图谋取要职,只有科学补习所的成员亲身入营当兵,奋力将反动统治者培养的社稷干城改变成反动统治的掘墓人,这样,就打开了一条新的获取革命力量的通路。这一创举虽然因补习所活动短暂未见效果,但在往后武汉地区的革命活动中,却日益显示出其重要的意义。

科学补习所遭受破坏后,多数成员还留在当地,并不愿就此罢休。1904 年冬,清廷兵部侍郎铁良南下巡查军事财政,军国民教育会会员张学济从日本回国组织行刺。他邀请军国民教育会暗杀团成员苏鹏同到武汉,胡宗畹、王汉参加了他们的行动。他们企图在铁良出入必经的路上埋置炸弹,没有成功。王汉、胡宗畹誓达目的,1905 年夏历元旦后,他们得知铁良由京汉路返京的消息,便跟踪北上。王汉(1883—1905)字怒涛,又名潮,圻水人,年方二十二岁,是一个热情的青年。他下定了一去不复返的决心,赋诗向新婚方一月的妻子诀别:"若使断头成永诀,愿卿含笑贺孤魂!"①2 月中旬,他们在河南彰德等候由开封回京的铁良,可是铁良没有下车,行刺计划落空。王汉激愤之余,在安阳一家客店中留下遗书和手枪,投井自杀。武汉的革命党人十分崇敬王汉的牺牲精神,但是他们没有再采取王汉的暗杀手段,而是按照自己独特的道路前进。

在王汉等谋刺铁良之时,另一湖北青年梁耀汉自日本返鄂。梁耀汉(1883—1912)字瀛洲,汉川人,留学东京振武学校,曾加入拒俄义勇队。像科学补习所的骨干们一样,梁耀汉也认为要进行革命排满,非亲身投入兵营运动军队不可,回鄂不久即入营当兵,后又由士兵被选拔进湖北陆军特别小学堂。他的行动,影响了不少有志青年

---

① 《宋教仁日记》,湖南人民出版社 1980 年版,第 77 页。

知识分子纷纷投笔从戎。梁耀汉轻财重义，结识了不少军界、学界人士，他们志同道合，于1905年春夏间发起成立了革命团体群学社。

原科学补习所的成员，少数加入了群学社，多数仍散处社会。群学社成立之际，刘静庵应武昌美国教堂中华圣公会会长胡兰亭的聘请，任该教堂附设的日知会司理。刘静庵(1875—1911)名贞一，湖北潜江人。科学补习所被破坏时，他避入圣公会，事后照旧回马队营供职，因受黎元洪怀疑辞去，曹亚伯便把他介绍到圣公会。中华圣公会设于1901年，日知会是其阅报室的名称，同年开设。室中陈列新书、报纸，两湖书院、经心书院学生常来阅览，刘也是读者之一。刘静庵接事后，添置书报，热情招待读者，大受欢迎，补习所的成员因此渐渐都重新取得联系。他与胡兰亭洽商，要借日知会名义办补习班，开讲演会，“谋革命以救国”，得到胡的许诺。于是，刘静庵拟定规约，建立秘密团体，吸收成员，但仍用日知会之名；成员入会，没有严格形式，着重灌输宗旨，使其倾心革命。日知会利用教会阅报室的特殊条件，公开陈列革命书报，每星期日开会演说，宣传革命宗旨。这种宣传活动促使许多读者听众转向革命。1906年2月，日知会开正式成立会，与会者达百余人。日知会设有干事会和评议会，刘静庵任总干事，辜天保、李亚东、潘善伯、李胜美、徐祝平等为干事，冯特民、陆费逵等为评议员，各学堂、兵营均设有代表，以资联络。

日知会出现后，武昌同时有了两个规模相当的革命团体，互争雄长。刘静庵创办江汉公学和东游预备科，梁耀汉也创办明新公学，双方都利用学校宣传革命，培育青年，但相互间门户森严。很快，双方都感到这种局面不利于革命运动的发展，于是公推既是日知会员又是梁耀汉好友的李亚东作为调解人，调处两会关系。李向梁耀汉陈说了门户之见的害处，梁欣然表示愿意撤销群学社，全体加入日知会。日知会与群学社合并，加强了武汉的革命力量。

二十世纪初年，武汉三镇是革命小团体最发达的地方。

三 光复会

以蔡元培为会长的光复会是东南地区的反清革命团体。

因受“《苏报》案”的打击，以上海为中心的东南地区的革命运动，暂时无法继续向群众性斗争的方向发展，但革命活动并未中断。《苏报》被封仅月余，另一宣传反清革命的报纸《国民日日报》即于 1903 年 8 月 7 日发刊。该报由谢晓石、章士钊、陈由己、张继、何枚士、陈去病、苏子谷(曼殊)等主持，号称“苏报第二”。9 月上旬，蔡元培自青岛返沪。10 月，沙俄军队重占奉天，国内重新掀起拒俄高潮，蔡元培等在沪发起了拒俄同志会，力争领导这一运动。12 月，他们发刊了报纸《俄事警闻》。《俄事警闻》代替了已停刊的《国民日日报》。1904 年 2 月，日俄战争爆发，蔡元培等又适时地将拒俄同志会改名争存会，号召反对帝国主义列强的瓜分政策，争取中华民族的生存。《俄事警闻》也易名《警钟日报》。5 月 1 日，中国教育会举行第三次大会，蔡元培重新出任会长。7 月，蔡又任爱国女学校校长。爱国女学校补订章程，标明“以增进女子之智德体力，使有以副其爱国心为宗旨”①，增强了政治性。中国教育会和爱国女学校仍被各地革命党人当作秘密联络机关。东南地区革命运动的基础是良好的，但当地的革命党人，一时还没有考虑到组织秘密革命团体，发动武装起义。

1904 年暑假，日本东京的几个留学生秘密地组织了军国民教育会暗杀团，这个组织成了不久以后在上海成立的光复会的前身。暗杀团的组织极为严密，最初成员仅杨笃生、苏鹏(凤初)、周咏曾(来苏)、何士准(海樵)、胡镇超(晴崖)、汤重希(仲祚)等六人，以杨笃生为首。他们跑到横滨乡间，专心钻研化学，聘请马君武、梁慕光、李植生教授制造炸药。梁、李都是兴中会里制造炸药的行家。暗杀团决心刺杀清廷首要，

---

① 《爱国女学校甲辰秋季补订章程》，《警钟日报》，1904 年 8 月 1 日。

选中西太后为第一个目标。杨笃生利用保皇党人对后党的仇恨，从梁启超手中捞到一笔钱，便和苏鹏、周来苏将炸弹运到天津，设立据点，何海樵则先到上海，把张继从湖南邀来，一同赴津。他们潜入北京，探测形势，制订计划；蛰伏月余，没有找到下手机会，经费告匮，扫兴返沪。

何海樵经过上海时，发展蔡元培加入暗杀团，请他为暗杀团来沪作准备。暗杀团抵沪后，即住入新闸余庆里。在上海，暗杀团又发展了钟宪鬯、章士钊、刘光汉（师培）、陈由己等加入，分别在几个地点学习制造炸弹。当时，华兴会正准备起义，张继返湘，杨笃生、章士钊、蔡元培等组织爱国协会，联络东南志士作响应准备。暗杀团、爱国协会、争存会和吴春阳办的青年学社等机构都设在余庆里，这里一时成了革命党人在沪活动的要地。不久，长沙起义流产，爱国协会解体，但暗杀团仍在继续活动。

1904 年 11 月，《警钟日报》揭载前广西巡抚王之春在沪发表主张割地联俄言论的消息，惹起社会公愤。11 月 19 日，发生万福华刺王之春事件。万福华（1865—1919）字绍武，安徽合肥人，清候补知县，曾为粤闽大吏董理钱财，日俄战争爆发，他激于爱国心而辞职。万得知王之春的卖国言行后，即与同乡吴春阳、高荫藻等商量行刺，经刘光汉、林獬设计，布置了一个诱王上钩的圈套。他们伪造吴葆初的亲笔信，请王到英租界四马路、湖北路口金谷香西餐馆赴宴。王至时登楼，见情景不对，急忙退出。万在店门口持枪迎击，可是他没有打开保险栓，弹不出膛，当即被扭送捕房。万福华被会审公厅判处十年徒刑，至上海光复后方才出狱。

“万福华案”造成的局部破坏，并未严重妨碍上海地方革命活动的开展。东南地区的革命党人被华兴会、暗杀团引入了暴力革命的轨道，但是暗杀团的狭小圈子无法独立领导大规模和大范围的斗争。蔡元培采纳一些人的建议，将暗杀团扩大改组为光复会。“光复会成立之时正万福华枪击王之春不中之时也”①。光复会又名复古会，会址设上海，

① 陶成章：《浙案纪略》，中国史学会主编：《辛亥革命》（三），第 16 页。

推蔡元培为会长,光复会成立后,争存会、暗杀团等组织都归并于光复会,但暗杀团名义并没有立即取消。陆续加入光复会的著名人物,除前列者外,还有赵声、吴春阳、徐锡麟、龚宝铨、蔡谷清、陶成章、孙毓筠、林獬、黄钢之(炎培)、俞子夷、秋瑾、陈去病、柳人权(亚子)、陈伯平、马宗汉等。尚在狱中的章炳麟,曾与闻光复会的创立。光复会和东南各地的革命小团体保持着密切的联系。流亡的华兴会员,也和他们声气相通。

光复会成立时拟定的章程,没有流传下来。但是,光复会的成员却发表了大量的主张。这些人善于著书立说,自己办有报刊、书局,制作了大量革命宣传品。光复会成员对于革命宣传所留下的劳绩,在所有的革命小团体里首屈一指。他们积极地宣传了民族主义和民主主义思想,提出了朦胧的社会经济改革要求,但各自的思想成分很复杂。章炳麟认为光复会"不离吕(留良)、全(祖望)、王(夫之)、曾(静)之旧域"、即单纯排满,代表了一部分成员对光复会宗旨的看法。徐锡麟自称"蓄志排满有十余年",他认为中国人民的开化程度不能实行立宪,但可以革命,即排满。但是,也有人(包括章炳麟)对排满作过很好的解释,他们认为排满并不是排斥一切满族人,而是反对满洲皇帝,反对满汉官僚;反对满洲皇帝,也并不因为他是异族,而是因为他实行专制统治。光复会中有人主张大力发展民族资本主义,还有人曾对农民的土地问题表示过关心,但也有人认为,社会党主义在中国,"其必不能行,即使能行,亦必大乱"①。不过,在各种成分中,反对满洲贵族统治,反对帝国主义列强侵略,建立共和政治的宣传仍然占着主导的地位。光复会成员在宣传民族、民主思想时,有一个显著的特点,那就是他们爱从古典文献中寻章摘句,把新思想打扮成先人之教。这种手法适应着新旧交替之际的知识分子的口味。

蔡元培认为"革命止有两途,一是暴动,一是暗杀"。光复会继续着

① 《论大同平等之说不适用于今日之中国》,《警钟日报》,1904 年 11 月 6 日。

华兴会和暗杀团未完成的实践。

蔡元培一流书生，除了跟知识分子打交道外，不善于接触更广泛的群众，特别是下层群众，他们习惯于文字宣传和利用科学技术专长。蔡元培等把革命热情主要倾注于暗杀活动，暗杀团的事业被继承下来了。他们在报刊上介绍俄国虚无党人的历史，宣传暗杀的功用。制造炸弹的秘密小组因之扩大。蔡元培另在爱国女学讲授外国资产阶级革命史，增设理化课，挑选女生加入小组。此外，还开办了速成训练班，招收社会青年学习理化和催眠术，引导他们参加暗杀活动。不过，这批人始终没有进行过一次暗杀。与光复会有关的一次著名的暗杀活动，是一位安徽青年吴樾干的，地点则在远离上海的北京。

杨笃生在万福华事件后避往日本，1905 年回沪，继续与蔡元培等研制炸弹。为了搞所谓"中央革命"，他于同年去北京活动，以译学馆教习身份作掩护。杨笃生在京得到赵声的信，催他去保定，原来，赵声在保定与安徽人吴樾等相结纳，因故离保，便要杨去从事组织。杨笃生为吴樾等主盟，成立了军国民教育会保定支部(一作北方暗杀团)。这个组织，被光复会认为是自己理所当然的一部分。吴樾(1878—1905)字孟侠，安徽桐城人，保定高等师范学堂学生。吴家是桐城大族，父亲由官入商，结交的多是官僚、幕客。吴樾早年曾应科举，庚子之后，因爱国而主张改革，由赞成立宪转而拥护革命。他认为："排满之道有二：一曰暗杀，一曰革命。暗杀为因，革命为果，暗杀虽个人而可为，革命非群力即不效。今日之时代，非革命之时代，实暗杀之时代也。"他认为铁良是将来亡汉族的巨魁，一心先刺杀铁良。杨笃生带来炸弹让吴樾等看，经过试验，性能良好，吴等喜出望外。1905 年 8 月，吴樾赴京，恰逢清廷实行立宪骗局，选派五大臣出洋考察政治。他认为立宪骗局施行，必将阻碍革命的发展，想以刺杀五大臣来阻止这一行动。9 月 24 日，五大臣启程，吴樾在没有引爆器材的情况下，身携炸弹前往车站行刺。在挤入车厢时，炸弹受震爆炸，吴樾当即牺牲，五大臣中的载泽、绍英受轻伤。刺五大臣一案，震动全国。

暗杀活动是资产阶级革命运动中并不罕见的现象。因对反动统治者极端仇恨而产生的这种暴烈行动，显示了资产阶级革命家无畏的牺牲精神，但也暴露了他们的根本弱点。由于中国历史上把仗义的刺客看作英雄人物，因此把暗杀作为革命的一种辅助手段，用以惩凶除顽，灭敌人威风，长自己志气，是可以起到与战场杀伤不同的政治作用的。但是革命党人夸大了它的作用，甚至认为暗杀可以阻止和改变敌人的政策。他们无法认识革命产生的根本原因在于阶级的对立，而清朝统治者的政策是满汉封建地主阶级利益的体现，要从根本上改变这种政策，只有用革命消灭满汉封建地主阶级的统治。资产阶级革命家不去组织群众性的斗争，过于相信个人英雄的作用。由于这种弱点，革命党人的暗杀活动经常不表现为革命进攻中的辅助手段，而是孤立的行动，甚至是绝望的拼命。有远见的资产阶级政治家也不赞成这种办法，孙中山就认为暗杀手段"不免有缺光明，其结果定不良也"①。不过，光复会始终坚持这一办法。1905 年春《警钟日报》被封后，刘师培逃往芜湖公学任教，化名金少甫，他组织了一个团体，叫黄氏学校，专门准备暗杀，吸引革命分子和青年学生参加。

蔡元培并没有放弃举行革命暴动的准备。要暴动就需要联络会党，他找到三个人来从事这方面的活动，他们是陶成章、徐锡麟、敖嘉熊。

陶成章(1878—1912)字焕卿，浙江会稽人。父亲要他帮助经营石灰店，他不愿意，说是要使天下穷人都有饭吃。1903 年他留学日本，正逢拒俄运动高潮，他的密友龚宝铨加入了军国民教育会，可是，陶并不关心龚的活动，龚也不告诉他。1904 年初，他偕魏兰返国运动会党。他们在杭州探访了关在狱中的白布会首领濮振声，濮介绍他们去见各地会党头目。他们经富阳、建德、龙游、建昌等地，到达魏兰家乡云和，了解了白布等会情况。随后，魏兰留在内地活动，陶成章由温州返沪，

① 田桐:《革命闲话》,《党史史料丛刊》第 4 期,1945 年 11 月。

再去嘉兴联络敖嘉熊。蔡元培此时正在沪准备响应华兴会的长沙起义，邀陶运动浙江会党参加。魏兰在处州、金华认识了龙华会首领沈英、张恭等人后，又赴沪找陶成章。10月，他们同去金华布置龙华会响应起义。由于长沙起义事泄，响应事只好作罢，但龙华会从此成了与陶成章关系最密的会党组织。随后，陶又入永康、天台、黄岩等地，完成了对金、衢、严、处、温、台六府会党的联络。

陶成章等调查了会党、兵营、贫富户、钱粮等情况，传布革命书报进行宣传，并组织会党响应革命。但是，陶的浙江之行还与保皇党有密切关系。当时，梁启超也积极在国内从事军事活动，通过蒋观云派陶回浙。事后，陶通过蒋向梁作了汇报，并亲自写信给梁，梁夸他“坚固刻厉，今之墨子也”，邀他到日详谈。1904年冬，陶成章在上海应蔡元培之请加入了光复会，次年初，赴日。

徐锡麟（1873—1907）字伯荪，浙江山阴人，也是商人的儿子。1901年，他在绍兴府学堂任教。不久升为副监督，掌握该校实权。当时，学堂初兴，新旧斗争激烈，他依靠官府办学设施保守，受到进步人士的指责。1903年，他游历日本，适逢拒俄运动高涨，与革命分子接触后，深受感动，转向革命，回乡开设学堂、书局，宣传新思潮。1904年冬，到上海，应蔡元培邀加入光复会。陶成章这时也在蔡处，便将自己联络会党的情况告诉了徐。1905年春，徐率弟子数人，漫游诸暨、嵊县、义乌、东阳、缙云等县，结纳当地会党。

敖嘉熊（1874—1908）字梦姜，浙江平湖人，出身地主家庭。戊戌变法后，关心时事，研究经世致用之学。1903年入上海爱国学社，参加中国教育会，旋回嘉兴倡设爱国女学社、演说会、教育会，被清吏解散。1904年7月，他倡议组织温、处、台会馆，计划倡办团练以掌握地方兵权，又准备代当地客民缴纳租税，保护客民，以掌握财权。这时，龚宝铨介绍陶成章同他认识，三人一同商议了召集会党在浙江起义的计划。同年秋，会馆成立，陶成章荐魏兰为总理，派人至江浙一些地方调查。敖嘉熊还创立了一个“祖宗教”。蔡元培邀请敖嘉熊加入光复会，敖不愿,但答应有事相助;实则,敖以后的活动与光复会难于分割。

通过陶成章、徐锡麟、敖嘉熊的关系,光复会与浙江会党建立了密切的联系。1905 年夏,温处台会馆因敖嘉熊家庭变故,经费不支而停办。这时,徐锡麟又开始筹办学校,陶成章、龚宝铨参与其事。9 月 23 日,大通学校开学,校内设体操专修科,以训练兵操、倡办团练为名,训练革命人材。他们招来金华、处州、绍兴三府会党入学。陶成章厘定规约数条,规定"凡本学堂卒业者,即受本学堂办事人之节制,本学校学生,成为光复会会友",他们想通过这种办法,加强对会党的教育和约束。可是,大通学校成立时,陶成章又倡议"捐官学习陆军,谋握军权,出清政府不意,行中央革命及袭取重镇二法,以为捣穴覆巢之计"①。徐锡麟赞成这个主意,于是徐、陶、龚等五人很快就离校捐官去了。陶成章、徐锡麟等虽然进行了许多联络会党的活动,但是不耐烦做艰苦细致的工作,而急于寻找捷径。体操班修业期满时,陶成章主张停办,但平阳党首领竺绍康等将它继续办了下去,广招会党入校训练。大通学校的活动为后日秋瑾在浙江密谋起义,准备了较好的条件。

光复会组织较为庞大,成员较多,活动区域较广,规章严密,不过它也存在着很严重的缺点。光复会始终没有形成强有力的领导中心,以统筹全局。它的领袖蔡元培是一位思想激进、品质优秀的革命家,可是在政治斗争方面缺乏魄力,而他所亲近的骨干也多半是些文弱书生,都不足以弥补他的弱点。从事于实际行动的光复会领导人和社会下层有着广泛的联系,但是他们在社会上号召力不够。由于个人经历和活动的地域、历史不同,这些领导人之间的联系和团结也不够,有些人甚至表示出瞧不起蔡元培。这种情况,使得光复会的组织比较松散,行动不够一致,它始终没有能集中自己的力量,进行统一的重大行动。辛亥革命时期,光复会成员领导的起义和斗争,几乎都是区域性的。

光复会独立的活动,一直延续到中国同盟会成立之后。

---

① 陶成章:《浙案纪略》,中国史学会主编:《辛亥革命》(三),第 28 页。

四　其他革命小团体

在华兴会、科学补习所、光复会成立的前后，国内还活动着另外一些公开的或秘密的革命小团体，其中比较重要的有：

江苏：励志学会、知耻学社、强国会。

江苏地方革命小团体发生最早。1901年夏，留日学生杨荫杭回到家乡无锡，聚集同志，创设了励志学会。他们借讲授新知识之机，宣传排满革命。由于旧势力的攻击，杨无法立足，不久再次赴日，学会也就中断了。1902年至1903年间，在爱国潮流影响下，南京水师学堂学生赵声、秦毓鎏、郑权、杨韵珂等，组织知耻学社，畅谈革命。1903年，清廷镇压拒俄运动，学社的成员离散。1904年前后，杨卓林、张通典、赵声、柏文蔚等又在南京组织强国会。他们联合当地会党，密谋推翻清廷，以抗外侮。不久，因事泄而停顿。

四川：公强会。

1902年，四川重庆的一批学生杨庶堪、梅际郇、朱之洪、童宪章、陈崇功等，秘密组织公强会，讨论时政，主张反清革命。公强会的成员在当地参加过创办学堂和其他公益事业，也参与社会运动，但没有公开从事反满宣传。公强会一直存在到1906年，成为重庆同盟会组织的基础。

在成都，1903年至1904年间出现了吴鼎昌、孔庆叡组织的华阳阅书报社，刘汉柏组织的公德社等团体。

上海：旅沪福建学生会。

1903年春，闽籍学生何枚士、萨端在上海发起旅沪福建学生会。该会对外宗旨是挽回福建利权，实际主张反清革命，来往信函均不用光绪年号，只书黄帝纪年。福建学生会发起时，响应者即达一百余人，其骨干有郑权、林森、潘训初、陈子范、史家麟、林述庆、蔡人奇、郑垂等。他们一方面与上海地方的革命党人、爱国志士声气相通，同光复会有一定联系，另一方面又与福建本省的爱国运动、革命活动有着密切的联系。福建学生会曾公开鼓动保护福建领土、权益的斗争，在社会上有一定影响。1906 年，成立福建学生会支会于福州，由林斯琛、郑祖荫、刘元栋等负责。它的成员还在江西、安徽、江苏等地活动。

福建：益闻社、文明社、汉族独立会。

1903 年，江南水师学堂学生郑权回闽，在福州与郑祖荫、蔡人奇、王蔼庐等组织益闻社，设阅报所、益闻学堂，宣传革命。他们公开领导了当地的争回权益运动。同时，另一革命分子林斯琛加入会党以联络军人，于 1903 年春创立新的会党山堂——共和山堂，除了军官、士兵外，学堂师生林觉民等二百余人加入，工商界也有许多人参加。林斯琛鉴于人员复杂，又和郑权、郑祖荫等创立了文明社，作为共和山堂的秘密机关。1904 年春，又发起学生联合会，以利于从事公开的社会活动。师生们与会党首领聚会一堂，受到官厅注意，缇骑四出，林等只好解散文明社，避走他方。1905 年春，他们回福州，组织了秘密团体汉族独立会。这个团体改进了组织方式，会员必须先加入共和山堂，有所表现后，再吸收入会。

1906 年，福州成立福建学生会支部。上海和福州的福建学生会，都公开地活动到辛亥革命爆发。

江西：易知社、我群社。

1904 年 4 月，江西一些学堂的学生在南昌发起组织易知社，推张惟圣、虞维煦为正副社长。易知社社员达六十余人，在外地的江西籍学生也有人加入，其骨干有李儒修、丁立中、蔡突灵等人。易知社发起时是一个诗文结社，成立后从事革命宣传。1906 年南昌教案发生，他们编印了宣传品，激发人民的爱国热情。为了准备反清起义，它的许多成员都投身于军事学校。在易知社组成之时，蔡突灵、蔡锐霆兄弟、熊公福等在家乡宜丰组织了我群社，蔡锐霆联络会党，在家中打造兵器，准备“造反”，后因外出游学而未继续。南丰也有我群社的团体。

安徽：岳王会。

在1903年1904年间，安徽的革命分子就非常活跃，他们借办学堂、结会社而展开反满宣传，在这些活动中，安庆、寿州、合肥、阜阳、芜湖处于显著地位。1905年，原设在长沙的旅湘安徽公学迁至芜湖，仍名安徽公学。公学的创办人李德膏（光炯）及其助手卢光诰（仲农）都赞成排满革命，聘请了许多进步教师，公学便成为革命党人活动的据点。当时，陈由己在该校任教，他和柏文蔚、常恒芳等发起组织岳王会，推陈由己为会长。岳王会认为“岳武穆抵抗辽金，至死不变，吾人须继其志，尽力排满”①。它的中心活动在于运动军队，绝对保守秘密，不作对外宣传。岳王会在安庆、南京先后设立了分会，安庆由常恒芳主持，南京由柏文蔚主持，都在新军中活动，其骨干有宋玉琳、范传甲、张劲夫、薛哲、熊成基、倪映典等。岳王会在安庆还成立了外围组织维新会。1905年至1906年间，芜湖是光复会活动的一个中心，光复会在这里发展了大批会员，岳王会和光复会的活动打成了一片。光复会把岳王会看作自己的一部分。

在以上所述革命小团体之外，1903年至1905年间，广州有朱执信、胡汉民、汪精卫、古应芬等组成的群智社，贵阳有贵州武备学堂学生组织的自治会，等等。当时，南中国的各个省几乎都有革命小团体出现。

此外，分散的革命志士还利用办学堂、报馆、书局、阅书报社、诗文社、公众团体等方法，以及同乡、同学、同事等关系，进行串连和聚集，在一起倡言排满。这一类没有既定政治组织形式的小集团，分布很广，数目极多，难以精确统计。

这许多革命小团体的涌现，广泛地撒下了反清革命的火种。

---

①　柏文蔚：《五十年经历》，《近代史资料》，1979年第3期。

第二节 同盟会的成立

一 逐渐增长起来的联合因素

分散的资产阶级革命小团体的出现，是反清革命力量走向联合的基础，它们各自汇聚着一部分社会上反清的力量。当时有远见的革命党人都清楚，要推翻清朝政府，需要民众的广泛动员，需要革命党人联合一体，需要有指导革命的中心。他们不断地发出呼吁，总企图以自己的团体作为中心来联合全国的革命力量。但是，革命力量的大联合，并不由个人的主观意志来决定，它只能是革命运动广泛深入发展的产物。

每个革命小团体的发展都是有限的。兴中会诞生于华侨之中，与国内社会各阶层特别是资产阶级，关系很浅。军国民教育会的成员包括了近十个省的人士，但实际上只是东京一隅留学生的联合。华兴会、科学补习所、光复会等组织植根于国内反清革命力量之中，但它们的弱点也是非常明显的。首先，它们都是区域性的团体，活动范围限于一省或数省，有些小团体仅在某一个城市活动。它们之间联系薄弱，一些偏远地区的团体，差不多是在孤立地活动。其次，它们在组织形式和活动方式上都保留着很大的原始性，或者明显地受到民间会党组织形式和活动方式的影响，没有达到完全的政治团体的规模。再次，它们都没有明确的政治纲领。这些弱点使得它们中间的任何一个都无法成为革命派的中心。

不过，革命小团体的涌现，是革命运动必经的发展阶段。革命小团体的弱点是由于革命运动发展的不充分造成的，而其深刻的背景则在于资本主义生产关系的不发达状态和各地区经济发展的不平衡状态。但是就在这些具有重大弱点的小团体及其活动中，逐渐产生了革命力量进一步联合的因素。这种因素表现在以下几个方面：

第一，各小团体之间或其成员之间的联系，因革命活动的展开而加强。

华兴会的活动是一个典型的例子。华兴会的某些骨干也就是军国民教育会的骨干;华兴会为发动长沙起义,组织了联络会党的同仇会,推动了武昌革命团体科学补习所的成立,它在长江沿岸还建立了几个联络点。特别是在上海成立了爱国协会,协会的成员包括了中国教育会、争存会、军国民教育会暗杀团的人们,这实际上是随后成立的光复会的班底。光复会也是一个典型的例子。除去同军国民教育会、暗杀团、华兴会、福建学生会、岳王会等团体的联系外,光复会还有一个明显的特点,即它的活动区域较广,涉及江苏、浙江、安徽等省,已不局限于一城一省。鉴于革命力量分散的弱点,小团体的领导者还产生了联合的愿望,武昌群学社和日知会的合并便是一个很好的范例。这些事实表明,反清革命力量的大联合不仅是革命运动发展的客观需要,而且是在革命运动中已经产生出来的实际趋势。

第二,各革命小团体在其活动中,同国内社会各阶层发生了比较广泛的联系。

军国民教育会、华兴会、科学补习所、光复会等团体的建立,突破了兴中会以华侨为主要成分的局限。这些团体的主要成分虽然都是新型的知识分子,但他们出身于不同的阶级、阶层,并且具有很大的活动能力,加强了各革命团体与国内社会各阶级、阶层的联系,科学补习所、光复会、岳王会的成员都包括有相当数量的新军官兵。多数小团体都与会党发生了密切的关系。革命派与农民、工人、士兵、游民之间的联系,主要是通过会党间接实现的。除此之外,各个小团体还在自己势力所及的地区内将大批社会人士直接间接地纳入革命活动之中,这些人士中有官吏、幕僚、军官、资本家、商人、职员、艺人、医生、教士等,至于受革命宣传影响的人们,则更为广泛。可以说,通过革命小团体的活动,一切可能参加反清革命的社会阶级、阶层都已经与革命发生了深浅不同的联系。这种比较广泛的社会联系的建立,造成了革命力量进一步发展和联合的可能,同时,也突出了建立能以调动这些力量的指导中心的需要。

第三,由于革命宣传活动的开展,民族主义、民主主义思想深入人心。

孙中山最早提出的以推翻满清为中心的民族主义思想和以建立民主国家为中心的民权主义思想,在1903年至1904年间,通过章太炎、邹容、陈天华以及其他革命宣传家们独创的发挥,得到丰富和发展。这种宣传使得革命党人、爱国志士的前进方向日益明确,思想逐渐趋于一致。“天下救时之彦、爱国之儒,万喙一辞,众声同应,莫不曰民族主义哉!民权主义哉”①!这段时期革命党人思想演进的最大成就,是孙中山提出了革命组织的誓词:“驱除鞑虏,恢复中华,建立民国,平均地权。”“平均地权”的提出,标志着后来定名为民族、民权、民生三民主义的内容已基本具备。1904年4月26日,《警钟日报》通过发表孙中山的一封信,首先在国内公开介绍了这一誓词。尽管这十六字誓词未能概括当时革命宣传家们的全部成就,但它给革命党人提供了一个简单明确的、可以共同遵循的政治纲领。

第四,反清革命运动的开创者孙中山被革命党人公认为这场革命的领袖。

当十九世纪末,孙中山开始革命活动的时候,在国内人士包括进步人士心目中,他“不过广州湾之一海贼也”。但是,一旦孙中山所开创的反清革命被认为是挽救祖国危亡的根本之路,孙中山也随之被国内的革命志士普遍认为是自己的领袖。1902年,宫崎寅藏写成了记载孙中山革命历史的《三十三年之梦》。很快,这本书就被译为中文。几种译本中,以黄中黄(章士钊)所译的《孙逸仙》影响为最大。章士钊在序言中指出,孙中山是“近今谈革命者之初祖,实行革命之北辰”,“孙逸仙者,非一民之私号,乃新中国新发现之名词也”。“谈兴中国者,不可脱离孙逸仙三字”。章太炎、秦力山、刘光汉等都为该书题词作序。章太

① 《警钟日报》,1904年12月20日。

炎的题辞说："索虏猖狂泯禹绩，有赤帝子断其嗌，揜迹郑洪为民辟，四万兆人视兹册。"他把孙中山比作刘邦那样的创业者和郑成功、洪秀全的后继者。《警钟日报》则指出："有孙逸仙而中国始可为"，"第一之孙起，当有无量之孙以应之，则皇皇汉族庶有复兴之一日。"①孙中山首倡革命的威望使人们自然地拥护他为领袖。梁耀汉在群学社、日知会酝酿联合时明确指出，中国革命党人应以孙中山为"共主"。而章太炎在狱中给孙中山的信中，也尊之为"总统"。有了共同拥护的领袖，互不相属的小团体才有走向联合的可能。

以上这些因素，为资产阶级革命力量联合起来建立自己的中心准备了条件。但是，这种联合并没有迅速和直接地在国内实现，联合的活动是在日本进行的。海外给革命党人提供了较为方便的活动条件，可以免去清政府的直接干涉和镇压；而对于革命派自身，又可以避免由于分散活动和落后的社会关系所造成的不利因素。因此，东京这个 1903 年各省留学生联合建立革命团体——军国民教育会的地方，又成了各省革命党人和留学生联合建立全国性革命团体——中国同盟会的地方。

二　留日学生的政治动向

从 1904 年夏青山革命军事学校解体，军国民教育会暗杀团归国，直到 1905 年夏孙中山返日，在日本的革命党人和留学生中，并没有发生振聋发聩的大事，革命力量在默默地经历着重要的变化。

在此期间，留学生人数的增加是惊人的。据留学生会馆统计，1904 年 5 月为 1189 人，至次年 8 月，则已激增至五千余人。更为重要的是，在留学生中，革命情绪有了显著的增长。

1905 年初，留学生中主张革命者和主张保皇立宪者作了一次有力

① 《警钟日报》，1904 年 12 月 20 日。

的较量。当时,日本报纸有消息说:各国商业统计表在中国领土中没有列入长城以北,意即承认该地已为俄国属地。留学生闻讯大为震动。四川学生邓孝可在梁启超授意下,发起四川同乡开会,通过《要求归政意见书》六条,准备于夏历正月初一电奏清廷,请求"归还大政以一主权"、"宣布立宪以定国是",张澜等并自告奋勇愿意入京伏阙陈奏。当四川同乡会将意见书送交留学生会馆及各省同乡会讨论时,受到了多数人的反对。留学生会馆干事及各省评议员会议,反对者占十分之九。广东、广西、直隶、安徽、福建、浙江、江苏、江西、山东、贵州十省学生宣布反对,湖南学生中仅有二人赞成。留学生会馆的参议簿上,留下了连篇累帙的反对意见。两广学生的态度最为激烈,他们在清风亭集会讨论,发表演说,驳斥意见书。二百名与会学生一致同意,在留学生会馆贴出"两粤学生全部大反对川策六条"的标语。反对意见书的学生并不都是革命分子,多数人的反对出于对清政府的失望和不信任,这种情绪使革命派占了上风。梁启超、邓孝可等将保皇立宪主张强加于全体留学生的计划终于破产。

留学生,特别是留日学生,始终是革命力量发展的重要源泉。主张革命的学生们,少部分组成了秘密的革命小团体,多数人则以同乡等关系,结成为一个个不十分固定的政治小集团。比较活跃的政治小集团有这样一些:

1. 广东学生胡衍鸿、汪兆铭、朱大符、古应芬、张树枏、李文范等,是一个结合得比较紧密的小集团。胡汉民(1879—1939)名衍鸿,字展堂,番禺人,幕僚的儿子。1902 年留学日本,因风潮归国,曾任《岭海报》主笔、梧州府中学堂教习、梧州师范讲习所所长,1904 年冬,重行东渡。胡后来在《民报》上用"汉民"的笔名发表政论,影响颇大,于是便以"汉民"为名。汪精卫(1883—1944)名兆铭,字季新,番禺人,也是幕僚家庭出身,1904 年留学日本。"精卫"这个名字,也是从《民报》上发表文章的笔名来的。朱执信(1885—1920)名大符,番禺人,幕僚子弟,1904 年留学日本。这些人几乎都是大家子弟,过去在广州同学,在东京又同学于法政大学法政速成科，有些人之间还有亲戚、世交关系，部分人在广州时就有过益智社的结合，因此关系较深。他们通过胡汉民的堂弟胡毅生，和兴中会的成员有着联系。

2. 广东人廖仲恺、何香凝、胡毅生、黎勇锡、朱少穆、萧友梅、饶景华、刘维焘等也维持着一个无形的小集团。廖仲恺(1877—1925)名恩煦，归善(今惠阳)人，出身侨商家庭。1903 年初从香港赴日留学。何香凝(1879—1972)名谏，南海人，是廖的妻子，1903 年春赴日。胡毅生(1883—1957)名毅，幕僚家庭子弟，1903 年春赴日，这时，在横滨华侨学校任教。他们到达日本稍早，与孙中山有过直接的接触，有的人还参加过青山军事学校等团体。他们与广东学生联系比较广泛，但团体内部很松散。

此外，香山来的林君复、刘思复等弘文学院学生也自成一个集团。

3. 湖北学生大都来自武昌各学堂，以李书城、耿觐文、时功玖、白逾桓、居正、田桐、余仲勉(诚)、吴昆、但焘等为核心，联系比较紧密。李书城(1882—1965)字小垣，潜江人，父亲是塾师。本人卒业于两湖书院，1903 年入东京陆军士官学校。他与吴禄贞、黄兴都是好友，参加过武昌花园山的革命活动，也加入过华兴会。居正(1876—1951)当时名毓崧，字觉生，广济人，出身地主家庭，两湖书院学生，留学东京弘文书院。田桐(1879—1930)字梓琴，蕲春人，出身农民家庭，父亲是塾师。两湖书院学生，留学东京时与居正同入弘文书院。他俩与白逾桓、吴昆后来在同盟会中被联称为居田白吴，是湖北会员中的骨干。这个集团中的人大都有点革命活动的经历，他们同湖南学生串连一气，都围绕在流亡的华兴会周围。

4. 安徽学生吴春阳、蒯寿枢、王天培、孙棨、潘赞化等也维持着一个政治小集团。他们人数不多，却善于活动。吴春阳(1883—1911)，合肥人，出身地主家庭，光复会成员。早年在皖创办强国会，后在沪办青年学社。学社因万福华案被封，流亡日本。因历史渊源，他们与国内外主要革命小团体都有联系。程家柽则因同乡关系，成为他们的指导者。

程家柽(1874—1914)字韵荪，安徽休宁人，出身地主家庭。1899 年由武昌两湖书院被选赴日本留学，1904 年秋毕业于东京帝国大学，很早就是革命运动的活跃分子。

5. 四川学生邓家彦、黄树中、吴鼎昌、康宝忠(陕西城固籍)、陈道循、林启一等十余人组织了一个团体，但没有名称，只叫做革命团体。这些学生主要来自成都的学堂。邓家彦(1884 — 1966)字孟硕，广西临桂人，出身幕僚家庭。他随父在成都读书，因而成为来自成都学生的中坚。至于从重庆来的童宪章、陈崇功、杨霖等，他们另有自己的小集团。

6. 留日女生不多，革命分子更少，但她们却很活跃。陈撷芬、林宗素、唐群英等数人，友谊很深。秋瑾于 1904 年夏来到日本后，和陈等一同组织了共爱会、女子雄辩学会等公开团体。秋瑾年纪稍长，并且极为活跃，凡有团体，无不参加，因此在陈撷芬赴美后，她就成了这个妇女小集团的头领。

这许多政治小集团通过同学和公开团体等关系互通声气，同时还通过同乡关系联络了更多的学生。在 1904 年至 1905 年间，在留学生会馆的干事、评议员、各省同乡会会长中，保皇立宪分子的数目虽超过革命分子，并且他们也有自己的小集团，但由于革命小集团活动积极，理直气壮，保皇立宪分子无法控制留学生的动向。

留学生中的革命分子很需要进一步组织起来，但当时在日本的革命党人却无法做到这一点。

军国民教育会的组织实际上已不存在，惟一在日本积极活动的会员是程家柽。他主张革命力量实行联合，但孤掌难鸣。

兴中会在日本的组织也早已涣散。在横滨的寥寥几名会员，除冯自由以外，都很少活动。而中和堂这样的团体，又对政治毫无兴趣。冯自由(1882—1958)名懋龙，广东南海人。他是横滨侨商冯镜如的儿子。十四岁即加入兴中会，毕业于东京高等大同学校。冯镜如倒向梁启超之后，他仍然忠实地追随孙中山。冯自由是一个热心于革命活动的人物，他一方面通过胡毅生、李自重、朱少穆等原革命军事学校的成员同广东学生保持着密切关系，另一方面又通过留学生中的老资格程家柽、张继、马君武等和各省留学生保持着联系。冯自由极力想发展革命的组织，1904年春，他与梁慕光在横滨组织三点会，受洗礼者冯自由、胡毅生、李自平、廖翼朋、陈撷芬等五人，胡被封为洪棍，李为纸扇，冯为草鞋。李自平是冯的妻子，她与秋瑾友善，秋听到组织三点会的消息，自愿加入。于是又由李自平约定第二次拜盟，加入者秋瑾、刘道一、刘复权、仇亮、王时泽、曾贞等十人，刘复权被封为洪棍，秋为纸扇，刘道一为草鞋。但三点会的组织以后未再得到发展。当革命运动向前发展时，这种落后的组织形式已经无法吸引更多的留学生。因此，冯自由当时的重要作用，仅在于他是在日本的留学生、革命党人与孙中山、其他各地党人之间联系的桥梁，人们都乐于从他那里了解孙中山的动向。

因苏报案流亡横滨的东南革命人士黄宗仰、陈范等与兴中会的成员联系密切。陈范通过其女撷芬和侍妾在外面活动。孙中山赴美后，陈范想组织一个会馆接纳各方志士，得到孙中山的赞许；不过，他的声望、才能和财力都不能胜任，结果一无所成。因为经济困窘，黄、陈先后归国，东南革命党人未能在日本造成什么势力。

孙中山的日本友人宫崎寅藏依然非常关心中国革命运动的发展，联系了不少革命分子。不过，他也只能充当革命党人之间互通声气的桥梁。

比较而言，在留学生中影响最大的革命小团体是华兴会。华兴会的主要骨干多数流亡到了日本，他们推动革命运动和筹划武装起义的功绩受到留学生们的崇敬。环绕在他们周围的，主要是湖南、湖北学生和学习军事的学生。在这些学生中，也有落后因素的影响，湘鄂学生中有府属、县属的界限，军校学生中有省界的差别。但因为有华兴会的骨干们作为联系的中心，这界限就不像其他学生中那么明显。

华兴会在日本并没有扩大组织，没有将它周围的许多学生纳入自己的团体，而是更多地利用个人影响进行活动。这些学生中也有秘密的革命组织。新华会是1904年春间为响应长沙起义组织起来的，成员有仇鳌、罗杰、余焕东，赵缭、仇亮、葛谦、覃振等两湖学生，其中一部分人曾回国准备参加起义。革命同志会是在1904年12月组成的，成员主要是军校学生，有湖南程子楷、曾继梧、陈强、仇亮、欧阳振声、程潜，云南杨振鸿、罗佩金、殷承瓛、唐继尧，直隶姜登选，江苏章梓，河南曾昭文等，黄兴也是该会成员。1905年，两湖学生还组织了大湖南北同盟会。华兴会没有将这些团体统一起来，没有组织他们从事具体的反清活动，甚至连文字宣传也没有积极开展。

总而言之，留日学生中的革命情绪在增长，但是革命党人却未能因势利导，将这股力量组织起来。比起1903年来，反清革命运动此时在日本的局面是停滞的、沉闷的。这种局面给革命力量的发展带来了许多不利的影响。最明显的问题是无法有力地抵御保皇、立宪派对留学生的争夺。当时，立宪运动萌芽不久，它的主张比保皇更有诱惑力，主张立宪的人也积极在留学生中吸取力量。留学生中发生了这样的情况：许多人初至日本时倡言革命，等到快要毕业时却极力主张保皇或立宪。旧日青年会、拒俄义勇队、军国民教育会、暗杀团中的一些积极分子，一部分已埋首学业，不问政治；另一部分人，如汤尔和、谢晓石、林长民、胡镇超、汪荣宝、陈福颐等则明显地倒向立宪或保皇一边去了。流亡而来的革命分子的队伍也不稳定。这种情况甚至影响到华兴会。到日本后，华兴会骨干彭渊恂、徐佛苏、薛大可等日渐向立宪派靠拢。在革命宣传中崭露头角的章士钊，1905年到达日本后，借口想多读些书以待革命后用，也不愿再从事革命工作。更使革命党人痛心的是，名震一世的革命宣传家陈天华竟然也动摇了。1905年1月，正当留学生群起反对邓孝可的六条意见时，陈天华却受梁启超引诱，暗自起草了一份意见书，要求清廷归政，实行立宪，并准备亲自到北京去呈递。幸亏被黄兴、宋教仁、刘揆一等及时劝止了。陈天华有他自己的弱点，他是一位慷慨悲歌之士，激流之中不会吝惜热血和头颅，却容易被崎岖的道路和腻人的琐务消磨掉意志。他的动摇突出地反映了当时革命运动处于停滞、沉闷状态所产生的危机。

宋教仁想打破这种沉闷的局面，他联合田桐、白逾桓、鲁鱼等人发起组织杂志社，定名为《二十世纪之支那》。宋教仁(1882—1913)字钝初，别署桃源渔父，湖南桃源人。出身地主家庭。在武昌文高等学堂读书时，加入华兴会、科学补习所。流亡日本后，非常活跃，在留学生中声誉日大，因此由他出头办杂志。但是，黄兴、刘揆一、陈天华都不太重视这一行动，仅得到程家柽的大力帮助。6月，《二十世纪之支那》发刊，在留学生中反响并不十分大。

国内革命小团体的发展和留日学生中革命情绪的增长，为革命力量的联合和革命运动的发展创造了有利的条件。但是关键问题在于革命运动的领导者能否发现和利用这些有利条件，克服不利条件，推进这一发展过程。当然，要做到这一点，需要革命家的远见卓识和雄伟魄力。这个历史任务的解决，终于落在了孙中山的肩上。

三　孙中山在留欧学生中建立革命团体

1904年初，署湖广总督端方等为瓦解武昌学生中的革命活动，将主张激烈的学生派去游学，其中一部分人被派往欧洲。武昌进步学生不愿这些中坚人物离开，朱和中安慰他们说："事已至此，岂能自由？然如此伟大革命，我辈群龙无首，岂等夷所能领导？正好借此机会，往西洋觅孙逸仙耳！"①他们抱着寻找真理的愿望离开了故乡。当年春天，湖北以及四川、两江派出的学生都到达欧洲，分往比利时、法国和德国入学。

清政府向欧洲派遣留学生，始于十九世纪七十年代。1875年，两江总督沈葆桢派福州船政学堂学生数人赴法国学船政。次年，直隶总督李鸿章派青年军官数人赴德国学军事。第三年，李鸿章又派福州船政学堂学生十余人赴英国学驾驶。此后，中国游学生即源源西行，但是

① 张难先：《湖北革命知之录》，上海商务印书馆1946年版，第103页。

总人数不多，在九十年代即落于留日学生人数之后。在欧洲留学的中国学生绝大多数学的是自然科学和应用技术，他们远离祖国，对国内发生的政治变动，远不如留日学生关切。在1904年，当受过国内革命风气熏陶的湖北等地学生到达后，留欧学生中的政治状态才有所转变。

湖北赴欧学生出国前经过上海时，在戢翼翚处遇到了湖北留日学生刘成禺。刘因为在癸卯新年学生会上发表革命排满演说而被取消了官费。孙中山抵美后，推荐他出任旧金山《大同日报》主笔，这时正在上海办理出国手续。他们向刘成禺打听了孙中山的情况，并请他向孙中山转达敬意，刘和他们约定经常联系。1904年12月下旬，孙中山从美国纽约到达英国伦敦。刘成禺自美国写信把孙中山赴英的消息告诉在比利时的湖北学生贺之才、史青、魏宸组、胡秉柯，要他们直接与孙中山联系。贺之才等立刻写信到伦敦，邀请孙中山来游欧陆。孙中山此时经济极为困窘，他们又凑集了旅费汇去。1905年春，孙中山从英国渡海到比利时。

孙中山在比利时俄斯敦港受到湖北、四川学生代表的欢迎，随后抵达布鲁塞尔同当地中国留学生会见。孙中山同贺之才、史青、朱和中等人连续进行了几天几夜的长谈，他向学生们介绍了自己的革命经历、政治主张、实行方法和对未来的理想。他们对反清革命中的一些问题进行了讨论，争论得最激烈的，是革命的依靠力量问题。孙中山问学生们革命应用何种方法进行，朱和中等答以"更换新军脑筋，开通士子知识"。孙中山不以为然，他认为秀才不能造反，军队不能革命。朱等详细介绍了武汉地区革命运动发展的经过，孙中山很高兴，但还是认为利用会党暴动最为可靠。朱等却认为"会党之志在抢掠，若早成功，反为所制"。他们指出："革命者，最高之理论，会党无知分子岂能作为骨干？先生历次革命所以不成功者，正以知识分子未赞成耳。"他们还指出，过去虽然有陆皓东、史坚如等追随孙中山，但"人数甚少，无济于事，必大多数智识分子均赞成我辈，则事半功倍矣。"孙中山非常重视这些学生的意见，他开始认为可以会党、知识分子双方并进；在听取了进一步的申述后，得出结论说："今后将发展革命势力于留学界，留学生之献身革命者，分途作领导之人。"①

在距离中国本土万里之遥的布鲁塞尔所进行的这场辩论，是密切关系着中国资产阶级革命运动发展前途的历史性辩论；这场辩论是反清革命运动发展到一定阶段的必然产物。在此以前，孙中山在国内的活动，主要放在运动会党方面，会党是兴中会举行武装起义的主要力量。这种情况是当时国内的阶级关系所决定的。孙中山回忆说，在1895年到1900年间，"内地之人，其闻革命排满而不以为怪者，只有会党中人耳"②。但是，在1900年以后，这种情况改变了，新型的资产阶级、小资产阶级知识分子迅速地倾向革命排满，并在日本和国内形成了以这些人为主体的革命运动。朱和中等的意见正反映着这股刚刚崛起的政治力量的自信心。在1900年以后，孙中山在日本同留学生、政治流亡者的接触日益增加，但他并没有直接参与他们的革命运动，不完全的历史经验还局限着他。1904年在美期间，介绍孙中山赴各埠演说的《致公堂公启》在谈到新型知识阶层的革命活动时说："无如新进志士，虽满腔热血，冲天义愤，而当此风气甫开，正如大梦初觉，团体不大，实力未宏，言论虽足激发一代之风潮，而事实尚未能举而措之。"③这段话和辩论中的说法，反映出孙中山对革命知识阶层的保留态度。这样，就形成了一个矛盾：当革命的资产阶级、小资产阶级知识分子站到孙中山的旗帜之下时，这位旗手却不完全理解这股政治力量。通过这次辩论，这个矛盾解决了。朱和中等人是有辩才的，但更有说服力的是事实，是国内以新型知识阶层为主体的反清革命运动的兴起。

在新型知识阶层中发展革命势力的结论对于反清革命运动的发展有着重大意义，这不仅因为新型知识阶层是这次革命的基本群众队伍

---

① 朱和中：《欧洲同盟会纪实》，《辛亥革命回忆录》(六)，第6页。

② 《有志竟成》，黄编：《总理全集·方略·建国方略》，第64页。

③ 《警钟日报》，1904年7月2日。

中的一支重要力量，更为重要的是，资产阶级对这次革命的领导作用，差不多完全体现在资产阶级、小资产阶级知识分子阶层的活动上。这一结论促进了新的统一的革命团体的建立，并且促进了革命运动在国内更广泛的发展。

但是，这次辩论也有着根本性的弱点，孙中山等人关于革命依靠力量的讨论实际上只进行了半截，即只讨论了领导力量的问题，而没有全面讨论革命的动力问题。朱和中等关于会党的看法具有片面性，这种片面性后来也影响了孙中山。对于新军的作用也没有得到充分的讨论。会党和新军的主要成分都是农民，孙中山等人除了考虑要利用这种已经有组织的力量进行暴动外，并没有进一步考虑到如何直接发动和组织广大农民群众以壮大革命力量的问题。

在连续数日的辩论结束后，孙中山提议举行宣誓，组织革命团体。于是留学生们以“驱除鞑虏，恢复中华，创立民国，平均地权”作誓词进行了宣誓。孙中山在美改造洪门成绩甚微，经济上又十分拮据，他在困境之中获得了新的力量，异常高兴。宣誓完毕，即席演说，“亦若痛饮黄龙即在目前者”①。孙中山在比利时中国留学生中共发展了三十多人加入革命组织。这个团体当时叫什么名称，已无可查考。

5月，在贺之才陪同下，孙中山访问了设在布鲁塞尔的第二国际书记处，同第二国际负责人王德威尔德的秘书进行了长谈。孙中山表示了自己和中国革命党人对西方工人运动的关切和同情，同时详细介绍了自己的社会主义主张——民生主义。

在比利时会见孙中山的朱和中是留德学生，他代表留德学生坚决邀请孙中山去柏林。于是，孙中山又在德国引导了刘家佺、周泽春、宾步程等二十余人加盟。接着，他又到法国巴黎，发展了王鸿猷、唐豸、刘光谦等十余人。至此，在留欧学生中形成了一支有组织的革命力量。

① 贺之才:《欧洲同盟会成立始末》,《中华民国开国五十年文献》第1编,第11册,第385页。

孙中山在欧洲了解到国内和东京反清革命运动发展的情况，决计东归。他在巴黎逗留时，遇到了一起革命组织破坏事件。加盟的留德学生王发科等意志不坚定，害怕因革命断送了升官发财的前途，跑到巴黎和那里的动摇分子汤芗铭等勾结在一起，设计叛卖。他们到旅馆去见孙中山，伪装殷勤，邀孙中山外出，然后偷偷回到旅馆，将留学生们加盟的盟书窃去，送交清朝驻法使馆。但是，公使孙宝琦不愿惹麻烦，没有接受。因为这一变故，比、德、法的革命组织都进行了改组，清除了不坚定的人。改组后的革命组织，成员减少，但却巩固了。他们为孙中山筹集了路费，孙中山便很快于 6 月间离开了法国，前往日本。

四　同盟会的成立

1905 年 6 月 11 日，孙中山结束了历时一年半的美欧之行，自法国马赛登舟东返。他一路经过新加坡、西贡、香港，略事停留，于 7 月 19 日抵横滨。行前，孙中山将归讯告诉了冯自由等。湖北、四川等省留欧学生也将此讯转告留日的同乡。孙中山即将前来的消息在留学生中不胫而走。他在横滨上岸时，受到了程家柽等一百余名留学生代表以及兴中会员、广东同乡的热烈欢迎。

孙中山这次重回日本的目的是十分明确的，就是要组织一个新的联合的革命团体。他很快前往东京，紧张地和留学生中的革命分子进行了广泛而深入的接触。

7 月下旬经宫崎寅藏介绍，孙中山、黄兴两位反清革命的著名领袖会面了。孙、黄的会晤是极富情趣的。宫崎寅藏回忆说："我当时住在新宿，孙来到我的住处说：'近来增加这么多留学生，当中有非同一般的留学生，有否我党之士？'我说：'有，我正要向你介绍一个叫黄兴的湖南人。'他听了名字便要马上去找。我止住他说：'连口茶都不喝就要去，真够性急，而且你是他的前辈，还是我去将他带来见你好了。你就在这里喝点茶等着吧。'他不允许这样，说道：'这样的事没有什么前后辈之分，是我打听到他的消息，所以还是应该我前去拜访他。’当时黄兴在神乐阪的边上租房住着。我带着孙到了那里，打开窗子往里一看，见地上有一大堆拖鞋，一大帮学生围坐成一圈。我看到人太多了，便让孙在外边等着。我向里边喊道：‘小黄，小黄。’黄兴急忙跑了出来。我手指着孙让他看，他一看便认出了是谁。”①黄兴与张继、宋教仁请孙中山在神乐阪凤乐园饭馆入宴，畅谈革命的形势和办法。孙中山建议把革命小团体联合起来，共同致力革命，得到黄兴的赞同。

随后，程家柽又邀集黄兴、陈天华、张继、宋教仁、吴春阳、但焘等在北辰社自己的住所里与孙中山会商组织革命团体问题。

在此前后，湖北留学生李书城、耿觐文、田桐、时功玖等，四川留学生邓家彦、康宝忠、吴鼎昌等，广东留学生何天炯、胡毅生、汪精卫等，以及其他一些省的留学生，也先后拜会了孙中山。他们都拥护组织统一的革命团体的主张。

孙中山所接触到的革命分子，多数是没有参加过革命小团体的青年，但也有相当一部分人是各个革命小团体的成员。当时，只有华兴会在留学生中影响较大。因此，革命的力量能否顺利联合，华兴会的态度具有举足轻重的地位。虽然黄兴同意联合，但会内意见并不完全一致。

7 月 28 日，孙中山偕同宫崎亲往二十世纪支那社，与陈天华、宋教仁晤谈。孙中山在谈话中指出了过去各省的反清起义“不相联络，各自号召”的缺点，强调说明：“现今之主义，总以互相联络为要。”②

次日，华兴会成员在神乐阪黄兴处集会，讨论关于同孙中山联合的问题。会上，陈天华主张以华兴会与孙中山联合，黄兴主张形式上加入而精神上保持独立，刘揆一则不主张加入。最后，作出了加入与否个人自由的结论。

---

① 《宫崎滔天谈孙中山》，原载《宫崎滔天全集》第 4 卷（日本平凡社出版），魏育邻译。

② 《宋教仁日记》，第 90 页。

华兴会的合作态度保证了统一的革命团体得以迅速建成，并且提供了一批经过锻炼的骨干。

7月30日下午，各省革命志士聚集到东京赤坂区桧町三番黑龙会会所，共同讨论发起新的革命团体问题。与会者有孙中山、黄兴、陈天华、张继、程家柽、冯自由、胡毅生、吴春阳、宋教仁、田桐、黎勇锡、朱少穆、马君武、邓家彦、但焘、时功玖、何天炯、康宝忠、刘道一、蒋尊簋、朱执信、古应芬、李仲揆(四光)等七十余人，除孙中山、黄兴等已经成了职业革命者，大部分都还是在校的留学生，他们分别来自国内的十个省。其中，曾经参加过小团体者：兴中会二人，军国民教育会八人，青山军事学校三人，华兴会九人，科学补习所四人，军国民教育会暗杀团二人，光复会一人。此外，日本人宫崎寅藏、末永节也参加了会议。

孙中山首先向大家作了长篇讲话，演说革命形势和实行方法。他提议将分散的革命力量组织成一个大团体，协力从事反清革命。这个建议获得一致赞成。孙中山被推为会议主席，主持讨论新团体的名称和宗旨。有人提议将新成立的组织定名为“对满同志会”。孙中山指出，革命的目标不专在排满，还要反对君主专制，创建共和，因此以叫做“中国革命同盟会”为好。人们认为，使用“革命”字样，对未来这个秘密组织的活动不利，最后定名为“中国同盟会”。大家还接受了孙中山的建议，决定以“驱除鞑虏，恢复中华，创立民国，平均地权”作为同盟会的宗旨。于是，黄兴提议“请赞成者立誓约”，孙中山起草了盟书，内容如下：

联盟人 ××省××府××县××× 当天

发誓： 驱除鞑虏，恢复中华，建立民国，平均地权；矢信矢忠，有始有卒，如或逾此，任众处罚。

天运 年 月 日

中国同盟会会员 ×××

主盟人 ×××

介绍人 ×××

与会者纷纷缮写签署盟书，再进入另一小房间内，由孙中山领导各人同举右手向天宣誓，然后教以各种暗号和秘密口号。宣誓毕，孙中山向会员们祝贺道："为君等庆贺，自今日起，君等已非清朝人矣！"大家又推黄兴、陈天华、马君武、程家柽、汪兆铭、蒋尊簋等起草会章，待成立会时提出讨论。人们正要离开会场时，室内后部的木板忽然坍倒，声如裂帛。孙中山诙谐地说："此乃颠覆满清之预兆！"大家兴奋地鼓掌欢呼。

从这一天起，中国的资产阶级革命党——中国同盟会就出现了。

孙中山到东京后，广大留学生都想一瞻这位革命伟人的丰采。在黄兴的推动下，留学生决定召开大会欢迎孙中山。8 月 11 日，清国留学生会馆门前贴出开会告示，学生们争相传告，相约与会。此前，横滨保皇党听说孙中山在东京顺利组党的消息，派了徐勤到东京，发起组织"青年同学会"，企图以此抵制孙中山和革命派的影响。但是，经过几个党徒千方百计的活动，一无成就。这时，徐见到学生们的情绪已无法挽回，只好在 8 月 12 日下午悄悄地跑回横滨。

8 月 13 日下午二时，中国留日学生在东京麴町区富士见楼开会欢迎孙中山。当时，正值暑假期间，许多留学生他游或回国，可是到会的竟达一千八百余人。会场挤满了人，后到者进不去，却不忍离开，伫立街边仰望楼上者，有六七百人之多。孙中山身穿洁白的西装，从容步入会场，满场立即鼓掌欢迎。站在后面的人，被前面的人遮住视线，跂足以望，挤得更加厉害，但整个会场仍肃静异常。自东京留学生有集会以来，从没有这样的盛况。

宋教仁致欢迎词后，孙中山登台作了近两小时的演说。孙中山以饱满的热情和雄伟的气魄向学生们展示了中国的光明前途。他号召用革命的方法，建立共和国，改变积弱的国势，跃居世界先进国家之林。他说："现在中国要由我们四万万国民兴起，今天我们是最先兴起一日，从今后要用尽我们的力量，提起这件改革的事情来，我们放下精神说要中国兴，中国断断乎没有不兴的道理。”他呼吁人们在改造中国时取法乎上，抛弃不合于中国的君主立宪，而“择地球上最文明的政治法律来救我们中国”，把中国建成一个二十世纪头等的共和国①。孙中山的演说并不十分激烈，娓娓说来，打动了所有企图挽救祖国危亡的青年的心弦，博得一阵阵经久不息的掌声。陈天华欢呼孙中山“是吾四万万人之代表也，是中国英雄中之英雄也”②！之后，程家柽、蒯寿枢、张继、宫崎寅藏、末永节也发表了演说。富士见楼欢迎会实际上是建立中国同盟会的动员大会，是资产阶级革命民主派的示威大会，它的盛况标志着反清革命运动新高潮的临近。这次大会获得了良好的效果。清朝驻日公使馆非常注意孙中山的动向，派人混入会场探听情况，扬言要取消演说者和与会者的官费。但是大家却说“要取消就让他取消好了”。有的人还说：“我无论如何要革命，要参加孙黄一派的革命党。大不了把官费退还回去。”③同盟会在群众革命情绪高涨中得到迅速的发展。

8月20日，同盟会的会员已发展到一百余人，包括了十四个省籍的人士。这天，在东京赤阪区霞关阪木金弥子爵的宅邸召开了成立会。会上通过了黄兴等起草的会章。会章共三十余条，以后(1906年5月6日)经过修改，成为二十四条，这就是今天所能见到的《中国同盟会总章》。总章对会名、会址、宗旨、会员、本部机构和职员、分支机构、会费、会章的修改等问题，都作了具体的规定。同盟会的政治纲领、组织原则等重大问题都在总章中得到了反映。当天，还选举了总部的主要干部。孙中山被一致推选为同盟会总理。黄兴被推为负责执行部的庶务。

同盟会的本部设在日本东京。本部的组织系统如下：

① 孙中山：《中国应建设共和国》。

② 陈天华：《纪东京留学生欢迎孙君逸仙事》。

③ 《宫崎寅藏谈孙中山》。

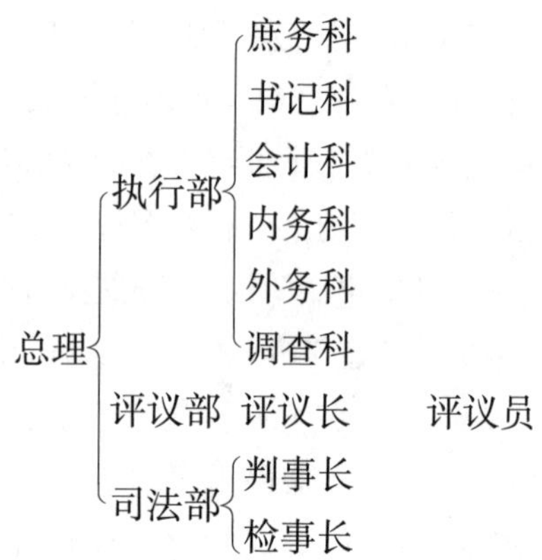

总理是同盟会的最高领导人。依照会章规定:“总理对于会外,有代表本会之权,对于会内,有执行事务之权,节制执行部名员,得提议于议会,并批驳议案。”总理由本部所在地的会员选举产生。同盟会的总理一职始终由孙中山担任。

执行部是本部权力最重的机关,负责组织革命的实际活动。它的职员由总理指定,调查科职员则由总理及该科科长指定。执行部庶务实际是该部负责人,相当于协理。总理他适时,可代行总理职权。先后担任庶务一职的有:黄兴、朱炳麟、张继、孙毓筠、刘揆一。

执行部所属的机构有过多次变动,其名称也说法不同。先曾设过输送部、教育(编纂)部、经理部、参谋部,后来又增设联合部、谍报部、暗杀部。暗杀部实际上在同盟会成立之后就建立了,由黄兴亲自负责。著名的女会员方君瑛曾担任过暗杀部长。

评议部又称议事部,其议员也由本部所在地会员选举,议员“以三十人为限,每年公举一次”。评议会的议长是汪精卫。曾经担任过评议员的有田桐、曹亚伯、梁慕光、张树枬、熊克武、周来苏、但懋辛、朱执信、胡瑛、吴永珊(玉章)、康宝忠、吴鼎昌等。

司法部的职员亦由选举产生。该部判事长为邓家彦,检事长为宋教仁。

同盟会的本部是按资产阶级的民主制度建立起来的,它采取了立法、司法、行政三权分立的原则设立机构，并使用选举的办法推定自己的最高领导和评议员、司法部职员。

在1905年至1906年间，东京同盟会本部的机构逐渐健全起来。当时，为便利起见，三部联合开会多，分别开会少。三部的机构也时有兴革。1906年修改的同盟会总章没有设立司法部的条文，显然这个部被取消了。

同盟会正式成立的第二天，二十世纪支那社移交与同盟会总部。不久，改组为民报社，出版《民报》，作为同盟会的机关刊物。民报社是同盟会的唯一公开机关，它不仅担负着宣传革命宗旨的任务，在孙中山、黄兴离日以后，留在东京的同盟会干部经常把它当作集会议事的地点。

同盟会总部建立以后，便积极地活动起来。从此，中国的反清革命运动有了统一的指导中心。这使孙中山感到无比的高兴。他说："自革命同盟会成立之后，予之希望则为之开一新纪元"，"吾始信革命大业可及身而成矣！"①他兴奋地向在南洋的同志报告说："近日吾党在学界中，已联络成一极有精彩之团体，以实力行革命之事。现舍身任事者已有三四百人矣，皆学问充实，志气坚锐，魄力雄厚之辈，文武才技俱有之。……将来总可待学界之大半。有此等饱学人才，中国前途诚为有望矣。"②

第三节　同盟会的政治纲领——三民主义

同盟会成立时会员的誓词，"驱除鞑虏，恢复中华，建立民国，平均地权"，在总章中被明确地规定为同盟会的宗旨，用条文的形式固定下

---

① 《有志竟成》，黄编：《总理全集·方略·建国方略之一》，第66页。

② 《致陈楚楠函》，1905年9月30日，黄编：《总理全集·函札》，第26页。

来。1905年11月,孙中山在《民报发刊词》中第一次将同盟会的纲领概括为“三大主义:曰民族,曰民权,曰民生”。孙中山提出的民族主义、民权主义和民生主义,随即被同盟会的宣传家们简括地称为“三民主义”,这一名称很快就普及了。

在中国革命由资产阶级领导的时期,即旧民主主义革命时期,三民主义是资产阶级革命的基本的政治纲领。后来在无产阶级领导的新民主主义革命时期,孙中山的三民主义有着重大的发展。由于有这样一个发展,这两个历史时期的三民主义,后来便被区分为“旧三民主义”和“新三民主义”。“旧三民主义在旧时期内是革命的,它反映了旧时期的历史特点”①。

一　孙中山三民主义思想的形成

孙中山“生于畎亩,早知稼穑之艰难,弱冠负笈外洋,洞悉西欧政教”②。无论是对资本主义社会制度的熟悉程度,还是对祖国的落后、民众的无权与苦难的痛切感受,孙中山都超过了他同时代的许多志士仁人。两种不同社会制度的强烈对比,使孙中山很早就产生了救国救民的志向,“一若必使我国人人皆免苦难,皆享福乐而后快”③。正是这种改变祖国落后面貌的真诚愿望和对广大受压迫民众苦难的真挚同情,驱使着孙中山不断前进,努力地去探寻救国救民的真理。

学习西方,发展资本主义,在中国建立资本主义的经济制度和政治制度,是孙中山政治思想的基本路线。但是,他的政治思想并不是西方思想的简单翻版。孙中山说:“余之谋中国革命,其所持主义,有因袭吾

① 《新民主主义论》,《毛泽东选集》第2卷,第654页。
② 《创立农学会征求同志书》,黄编:《总理全集·函札》,第10页。
③ 《非学问无以建设》,黄编:《总理全集·演讲·庚》,第1页。

国固有之思想，有规抚欧洲之学说事迹者，有吾所独见而创获者。”①支配着所有这些思想资料融汇推演的，是他在半封建半殖民地条件下的政治实践。

当孙中山上书“为生民请命”②时，其学习西方的要求是明显的，但发展资本主义的要求还很模糊，更谈不上要求建立资本主义的社会制度。这种浅薄的改良主张一旦受挫，便被反满的“造反”主张所代替。在香港读书时，孙中山就探讨过“国家为什么这样衰，政府为什么糟”？他认为：“推究其故，就是政府的权柄，握在异种人——满洲人手里。如果拿回来，自己去管理，一定可以办好。”③这种朴素的认识是他的民族主义思想的起点，也是他的革命思想的起点。1893 年的革命口号“驱除鞑虏，恢复华夏”便是以这种思想作基础的。“驱除鞑虏，恢复华夏”是元末农民起义军用以反对蒙古族统治者的口号。孙中山袭用它当然不是为使历史简单重演，反满被提上日程是因为清朝统治者腐败得不能抵御外侮。但是，这一口号却说明，孙中山的革命，最初只是反满思想与下层民众反抗封建王朝或官府斗争的历史传统之结合，还没有把革命与建立资本主义经济制度和政治制度的要求结合起来。孙中山那时就认为，只要赶走满洲人，汉人当皇帝也可以。直到 1895 年香港兴中会提出“驱除鞑虏，恢复中国，创立合众政府”的誓词，这一情况才得到改变。

提出“创立合众政府”，是孙中山政治思想的重大发展。提出这一口号的主动者虽然不是孙中山，但以此为起点，不断加以丰富完善，终至形成民权主义思想，却完全是孙中山的功劳。这个口号以对资产阶级国家政权的某一特定形式的追求，表达了建立民主共和国的理想。孙中山在此稍后的作品里都反映了这一点。1897 年 3 月，在英国《双

① 《中国革命史》，黄编：《总理全集·论著》，第 35 页。

② 《上李鸿章书》，黄编：《总理全集·函札》，第 10 页。

③ 陈少白：《兴中会革命史要》，中国史学会主编：《辛亥革命》(一)，第 26 页。

周论坛》上发表的《中国的现在和未来》一文指出："不完全打倒目前极其腐败的统治而建立一个贤良政府，由道地的中国人来建立起纯洁的政治，那么任何改进就是完全不可能的。"该文还说："全体人民正准备着要迎接一个变革，有大多数的诚实的人们准备着而且决心要进入公共民主的生活。"很显然，孙中山所要求的政府，是一个民主政府，是封建专制的对立物。1898 年，他在与宫崎寅藏等的谈话中又明确地说："余以人群自治为政治之极则，故于政治之精神执共和主义。""共和政治不仅为政体之极则，且适合于中国国民，而又有革命上之便利者也。"①他在谈话中使用了"联邦共和"和"共和宪法"的概念。1900 年，由孙中山领衔的《致香港总督书》所附《平治章程》中所规定的正是这样的政权形式：设立中央政府，"举民望所归之人为之首，统辖水陆各军，宰理交涉事务；惟其主权，仍在宪法权限之内；设立议会，由各省贡士若干名，以为议员"；各省设自治政府，"由中央政府选派驻省总督一人，以为一省之首；设立省议会，由各县贡士若干名，以为议员，所有该省之一切政治，征收正供，皆有全权自理，不受中央政府遥制"；省议会之代议士，正常情况下"由民间选定"②。这些事实说明，孙中山的民权主义思想在"创立合众政府"的口号下，已经得到相当的发展。"创立合众政府"的口号赋予反满斗争以近代的意义，它使反对民族压迫的斗争和反对封建专制的斗争结合在一起。这样，孙中山领导的革命活动，才开始和传统的民众自发的反抗斗争区别开来，从而具备了资产阶级革命的性质。

1903 年，孙中山又将革命组织的誓词增改为"驱除鞑虏，恢复中华，建立民国，平均地权"。这一改变，是孙中山政治思想更为重要的发展，它是比兴中会誓词更完全的革命纲领。

1895 年广州起义失败后，孙中山在更为广阔的天地中活动着。他

---

① 《戊戌见犬养毅与宫崎寅藏之谈话》，黄编：《总理全集·谈话》，第 1 页。

② 平山周：《支那革命党及秘密结社》，日文本，第 90—91 页。

游历了资本主义的故乡欧美各国，领导了新的武装起义，同国内更广泛的社会阶层和人士进行了接触，特别是同新型知识阶层开始了日益密切的接触。欧美资产阶级学者的社会改良主义学说和国内先进知识分子探讨革命的论著，引起了孙中山极大的重视。十六字纲领，就是在长期酝酿后，适应国内以及国际政治形势的变化提出的。这段时期，他先后写了《支那保全分割合论》、《敬告同乡书》、《致□□函》（以上 1903 年）、《驳保皇报》、《致公堂重订新章要义》、《中国问题的真解决》（以上 1904 年）等重要作品，将这个纲领的内容展示在人们面前。

"驱除鞑虏，恢复中华"，从字面上看，与先前没有什么变化，实际上，在革命实践的基础上，孙中山已经赋予它越来越充实的近代社会内容。

首先，孙中山明确地把反对清朝统治和反对帝国主义瓜分阴谋的斗争紧密地结合起来，扩大了民族斗争的意义。他深刻指出："曾亦知瓜分之原因否？政府无振作也，人民不奋发也。政府若有振作……外人不敢侧目也。"①他举出俄国军队占领东北的例子说："今满洲为其祖宗发祥之地，陵寝所在之乡，犹不能自保，而谓其能长有我中国乎？此必无之理也。"②因此，"欲免瓜分，非先倒满清政府，则无挽救之法也"③。

同时，孙中山把"驱除鞑虏"的民族斗争和反对封建君主专制统治的斗争进一步结合起来，使民族主义思想深化和丰富了，同民主主义更紧密地联系起来。在《中国问题的真解决》一文中，孙中山列举了清朝政府的罪状，用以证明它是最腐朽的封建统治者，是历史前进的绊脚石。结论是只有推翻它，人们才能平等自由，才能真正获得生存、自主、

---

① 《驳保皇报》，黄编：《总理全集·论著》，第 120—124 页。

② 《致公堂重订新章要义》，转引自冯自由：《中华民国开国前革命史》上编，第 151 页。

③ 《驳保皇报》，黄编：《总理全集·论著》，第 120—124 页。

财产权，保障人们在智力和物质方面的发展，才能使国家不再仅仅服务于一些人的私利，而能认真地维护被统治者的利益。在这里，排满与反对君主专制，已经是一而二、二而一的问题了。

“建立民国”替代“创立合众政府”，使建立民主共和国的要求得到了更完满的表述。它摆脱了以某种政体来表述的局限，而突出了国家与民众的关系这个根本性的问题。什么叫做“民国”？孙中山后来解释说：“何为民国？美国总统林肯氏有言曰：‘民之所有，民之所治，民之所享。’此之谓民国也。何谓民权？即近来瑞士国所行之制，民有选举官吏之权，民有罢免官吏之权，民有创制法案之权，民有复决法案之权，此之谓四大民权也。必具有此四大民权，方得谓纯粹之民国也。”①孙中山理想的民国，是对封建专制主义统治的截然否定。他揭示封建王朝中“国”与“民”的对立说，君主“视国家为一人之产业，制度立法，多在防范人民以保全此私产，而民生庶务，与一姓之存亡无关者政府置而不问，人民亦从无监督之措施者。故国自为国，民自为民，国政庶事，俨分两途，大有风马牛不相及之别”②。革命党人之所以要从事革命，推翻清朝，正是要改变这种“国”与“民”的关系。

这一时期，孙中山政治思想最重要的发展，乃是提出了“平均地权”这一新的纲领。

孙中山漫游欧美各国时，注意考察各国政治社会经济状况，尤其热衷于研究社会问题。当时，世界各主要资本主义国家正从自由资本主义走向垄断资本主义，资本主义经济的寄生性、腐朽性进一步暴露。经济危机的爆发，罢工运动的浪潮，动摇了孙中山原先对资本主义全盘肯定的信念。他发现：“徒致国家富强，民权发达，如欧洲列强者，犹未能登斯民于极乐之乡也，是以欧洲犹有社会革命之运动也。”③怎样认识

① 《民权初步自序》，黄编：《总理全集·方略·建国方略之三》，第1页。

② 《支那保全分割合沦》，《江苏》第6期，1903年11月。

③ 《有志竟成》，黄编：《总理全集·方略·建国方略之一》，第63页。

和解救这些问题呢？正当他急于寻求答案的时候，他读到了亨利·乔治的《进步与贫困》一书。

亨利·乔治（Henry George 1839—1897）是美国加利福尼亚州的一个编辑和报馆老板。在美国，随着资本王义经济的日益发展和人口的逐渐增加，城市地价迅速地上涨，由于可耕的生荒地减少，农村耕地的可租地价也有上涨的趋势。亨利·乔治断言，这种情况就是资本主义陷入危机和社会矛盾激化的总根源。他认为，上帝是把土地当作共同的占有物赐给人民的，把土地、地租和地价据为私人所有，违反了自然公理。据此，他号召把土地从非法占有者的手里夺回来。他所提出的具体办法，是由国家每年向每块土地征收相当于地租额的赋税，使地租归国家所有。在亨利·乔治看来，劳动和资本都是土地垄断者的牺牲品，而经济地租一旦归代表全体人民的国家所有，国家就不必再征收其他赋税。这就是著名的“单一税”的理论。

亨利·乔治的理论给了孙中山以深刻的影响。冯自由说，孙中山“对于欧洲之经济学说，最服膺美人亨利·乔治之单税论，是为土地公有论之一派。总理以为此种方法最适宜于我国社会经济之改革，故倡导惟恐不力。……所提议‘平均地权’一项，即斟酌采用亨利·乔治学说而自成一家者也。”①

为了制订解决土地问题的方案，孙中山在欧游归来之后，曾经反复地进行研究与探讨。

1899 年，他和梁启超在横滨作过讨论。孙中山说：“今之耕者，率贡其所获之半于租主而未有已，农之所以困也。土地国有后，必能耕者而后授以田，直纳若干之租于国，而无复有一层地主从中朘削之，则农民可以大苏。”他还主张：“大乱之后人民离散，田荒不治，举而夺之。”②

① 冯自由：《革命逸史》第三集，第 213 页。

② 梁启超：《社会革命果为今日中国所必要乎》，《新民丛报》第 86 号，1906 年 11 月。

他和梁启超都认为世界必难免经济革命。

1901年至1902年，他又曾与章太炎、秦力山等多次讨论“我国古今之社会问题及土地问题”，“如三代之井田、王莽之王田与禁奴、王安石之青苗、洪秀全之公仓，均在讨论之列”①。孙中山对章太炎说，“兼并不塞而言定赋”，是舍本而治末。因为“兼并”必定导致贫富不断分化，而“贫富斗绝者，革命之媒”。怎样才能遏止“兼并”呢？资本主义工商业的发展也会引起激烈的竞争与兼并，但是孙中山认为，这是不应当阻止的，因为“工商贫富之不可均，材也”。人们的才能不同，应当容许他们在这方面彼此竞争，有所差别。他认为，防止“贫富斗绝”，主要应致力于消灭地主强占大片土地的现象。因为“方土者，自然者也，非材力。席六幕之余壤，而富斗绝于类丑！故法以均人”。他主张：“后王之法，不躬耕者，无得有露田。”场圃池沼可以买卖，其价格只能相当于花费于其上的“劳力”’因为“买鬻者庚偿其劳力而已，非能买其壤地也”。章太炎很赞赏孙中山的意见，根据他们的讨论草拟了一个《均田法》。《均田法》在耕地问题之外还有一特殊规定，不得以土地所有权的分散平均来限制资本主义工矿业的发展，“凡诸坑冶，非躬能开浚哲采者，其多寡阔陋得恣有之，不以露田园池为比”②。秦力山也贡献了意见。他要求使“今日不耕而食之佃主，化为乌有”，主张“不问男女，年过有公民权以上者，皆可得一有制限之地，以为耕牧或营制造业”。以为“苟辨乎此，则智与贫富二者，何愁而不平等”。他并认为：“盖东西各国之资本家，其所以保护其财产之法，今日已达极点，无术可以破坏之，独吾国为能耳。”③

当时，孙中山还曾与日本的土地复权同志会的人物有过来往。该会主要发起人宫崎民藏是宫崎寅藏的哥哥，也是孙中山的友人。该会

① 冯自由：《革命逸史》第三集，第213页。

② 章炳麟：《訄书·定版籍》。

③ 遁公(秦力山)：《〈上海之黑社会〉自序》，《国民日日报汇编》第1册。

的章程规定:“本会以回复人类之土地平等享有权,确认各个人独立之基础为目的”,“本会以人工造成者归劳力者所有,天然力生产者归人类平等均有为原则。”根据这一理论,该会主张“各个人之土地享有额,以人口与面积较计均分定之”①。该会的观点与孙中山极为相近,保留有相互影响的痕迹。

孙中山与其友人关于土地问题的讨论,涉及了这样一些基本内容:(一)讨论的主要对象是中国的土地问题;(二)主张土地国有;土地国有的途径有:国家收买、没收无主地、没收佃主土地;(三)主张土地只能分给耕者,采取定额分配或平均分配的办法;(四)反对侵犯工商业,并且要求在土地的分配和使用上给它们以方便;(五)把土地国有,均等分配作为消灭贫富分化、防止社会革命的根本办法,并认为中国较欧美易行。这些讨论是提出“平均地权”主张的重要准备。孙中山一直关心农民的疾苦和农业的发展,他早年从事乡政改良就反映了这种心情。但是,乡政改良和他关于发展农业的要求都只注意到农业技术和农民的生活条件,没有触及土地问题。这时,孙中山想从所有制的变更方面解决问题,这是一个极大的进步。此前,在发展实业方面,孙中山最关心的是农业,这时,他将土地问题的解决与工商业的发展联系起来了,并考虑在土地分配中给工商业的发展以便利,这也使他的发展资本主义经济的要求达到了新的阶段。

在这段时间的讨论中,孙中山“尚无成算”。1903 年,他终于提出了“平均地权”的纲领。这年 12 月,他在给友人的信件中兴奋地将这一救世方案加以推荐。他说:“欧美演此(贫富)悬绝之惨境,他日必有大冲突以图适剂于平”,“今日吾国言改革,何故不为贫富不均计,而留此一重罪业以待他日更衍惨境乎?”他信心十足地表示,“平均地权”是“吾国可以切实施行之事”,“欲于革命一齐做起”②。

① 《土地复权同志会意见书》。

② 《警钟日报》,1904 年 4 月 26 日。

由于“平均地权”的提出，与孙中山的名字紧密联系在一起的“三民主义”的思想内容已经基本具备。1903年至1905年，孙中山在日本、美国和欧洲，都曾与革命党人细致地讨论三民主义的内容和名称。孙中山认为，建立革命团体“必先有主义，主义定固，乃能成功”，而“主义愈简单明了，愈生效力”①，于是，便借鉴林肯提出的民有、民治、民享，定下了民族、民权、民生主义的名称。

二　三民主义的基本内容

孙中山在《民报发刊词》中提出民族、民权、民生主义的概念之后，1906年，主持制定了同盟会《革命方略》，其首篇《军政府宣言》集中地诠释了同盟会的纲领。同年12月，他又在《民报》创刊周年纪念会上发表了重要演讲，题为《三民主义与中国民族之前途》。这些作品，都是了解三民主义基本内容的重要文献。

三民主义的基本内容是什么呢？

民族主义的基本内容就是“驱除鞑虏，恢复中华”。

《军政府宣言》对此作了如下解释：

> 今之满洲，本塞外东胡，昔在明朝，屡为边患。后来中国多事，长驱入关，灭我中国，逼我汉人，为其奴隶，有不从者，杀戮亿万。我汉人为亡国之民者，二百六十年于斯。满洲政府，穷凶极恶，今已贯盈。义师所指，覆彼政府，还我主权。其满洲、汉军人等，如悔悟来降者，免其罪。敢有抵抗者，杀无赦。汉人有为满洲作汉奸者，亦如之。
>
> 中国者，中国人之中国。中国之政治，中国人任之。驱除鞑虏之后，光复我民族的国家，敢有为石敬瑭、吴三桂之所为者，天下共击之。

---

① 刘成禺：《先总理旧德录》，《国史馆馆刊》第1卷第1号，1948年1月。

简单地说，民族主义就是要求推翻满族人当权的政府，重建汉族人当权的政府。

孙中山对民族主义的有关问题还作了进一步的申述。首先，他指出民族主义是因为民族的自然差别产生的，“是从种性发出来，人人都是一样”，“我们汉人，就是小孩子，见着满人也是认得，总不会把他当作汉人，这就是民族主义的根本”。其次，他强调指出了民族主义“最紧要的一层”，即“民族主义，并非是遇着不同种族的人，便要排斥他，是不许那不同族的人，来夺我民族的政权”。他把政权问题放在民族主义的首位。根据这一基本点，他紧接着批驳了尽灭满人的错误观点。他说：“兄弟曾听见人说，民族革命，是要尽灭满洲民族，这话大错。民族革命的原故，是不甘心满洲人灭我们的国，主我们的政，定要扑灭他的政府，光复我们民族的国家。”“我们并不恨满洲人，是恨害汉人的满洲人。假如我们实行革命的时候，那满洲人不来阻害我们，我们决无寻仇之理。”他断然指出，清兵入关时进行的大屠杀“不是人类所为，我们决不如此”①。这样，孙中山就将他的民族主义与民族复仇主义区别开来了，而将民族革命的目标集中在少数满洲当权者的身上。

民权主义的基本内容就是“建立民国”。

孙中山指出，“民权主义，就是政治革命的根本”；中国仅仅有民族革命是不够的，在进行民族革命推翻清朝的同时，还必须实行政治革命，推翻君主专制。

孙中山认为，君主专制主义是“恶劣政治的根本”。他说：

> 中国数千年来，都是君主专制政体，这种政体，不是平等自由的国民所堪受的。

孙中山举出三条理由说明中国必须“去专制、行民主”。他说：

> 既知民为邦本，一国之内人人平等，君主何复有存在之余地？

---

① 《三民主义与中国民族之前途》，黄编：《总理全集·演讲·甲》，第1—8页。本节内下凡引自该文者，皆不再注明。

此为自学理言之者也；满洲入据中国，使中国民族处于被征服之地位，国民之病，二百六十余年如一日，故君主立宪在他国君民无甚深之恶感者，独或可暂安于一时，在中国则必不能行，此自历史事实而言之者也；中国历史上之革命，其混乱时间所以延长者，皆由人各欲帝制自为，遂相争相夺不已，行民主之制，则争自绝，此自将来建设而言之者也。①

基于这样的理由，他指出了仅有民族革命的不足。他说，民族革命仅能将“现在恶劣政治”一扫而尽，而不能去“那恶劣政治的根本”，要做到这一点，“不是政治革命是断断不行的”。孙中山明确表示，“照现在这样的政治论起来，就是汉人为君主，也不能不革命”。

孙中山进一步强调指出，政治革命应当与民族革命并行，推翻清朝统治即担负着这两重任务。他说：

我们推翻满洲政府，从驱除满人那一面说，是民族革命；从颠覆君主政体那一面说，是政治革命。并不是把来分作两次去作。

政治革命的结果，是建立民主立宪政体。

孙中山明确指出了民权主义的核心问题，他指出，“中国革命之后，这种政体，最为相宜”。《军政府宣言》对“建立民国”的内容作了如下简明的概括：

今者由平等革命，以建民国政府。凡为国民，皆平等而有参政权，大总统由国民共举，议会以国民公举之议员构成之，制定中华民国宪法，人人共守。敢有帝制自为者，天下共击之！

民生主义的基本内容就是“平均地权”。

什么叫做“平均地权”？《军政府宣言》解释说：

文明之福祉，国民平等以享之。当改良社会经济组织，核定地价，其现有之地价，仍属原主。所有革命后社会改良进步之增价，则归于国家，为国民所共享。

---

① 《中国革命史》，黄编：《总理全集·论著》，第36页。

孙中山解释说：

> 兄弟所信的，是定地价的法子。比方地主有地价值一千元，可定价为一千，或多至二千；那地将来因交通发达，价涨至一万，地主应得二千，已属有益无损，赢利八千，当归国家。

根据以上解释，可以看出，“平均地权”是这样一种解决土地问题的办法，对于地主所有的土地，核定其现在的地价，将来地价因经济发展而上涨时，其现价仍属地主所有，超出现价的部分则收归国有，从而为国民所共享。

“平均地权”所包含的内容，前后曾有过变化，“定地价”是最后公开宣布的办法。马君武回忆说，同盟会初成立时只有十六字誓词，三民主义的名词还没有提出来，“不过总理（指孙中山）很坚决主张‘土地公有’，他说：‘土地就等于空气一样，应该为大家公共享受，所以土地不能归诸私人，而应归之国家所有才对。’但过后经过好几次的讨论与修改，才由主张即刻公有改为限制办法，再由限制办法改为报价办法。即无论什么田地，都由地主自己估价报告政府，政府照价收税。同时，为防止‘以多报少’的流弊，政府可以照价收买；防止‘以少报多’的流弊，政府照报价抽一种地价税。总理认这种办法是最妥的”①。

孙中山还倾向于“单一税”的政策，他说：“中国行了社会革命之后，私人永不纳税，但收地租一项，已成地球上最富的国。”

为什么要实行民生主义呢？孙中山说：这是由于“文明越发达，社会问题越着紧”的缘故。孙中山所说的“文明发达”，指的是资本主义的发展；“社会问题”，指的是资本主义社会贫富不均的现象。他把欧美的境况引为前车之鉴，企图在中国预防祸患的产生。孙中山说：“似乎欧美各国，应该家给人足，乐享幸福，古代所万不能及的。然而试看各国的现象，与刚才所说，正是反比例。统计上，英国财富多于前代不止数千倍，人民的贫穷甚于前代，也不止数千倍，并且富者极少，贫者极多”，

① 《孙总理》，《逸史》第1卷第3期，1939年6月。

“凡有识见的人，皆知道社会革命，欧美是决不能免的，这真是前车可鉴。”他主张“预筹个防止的法子”，“取那善果”，“避那恶果”，以免在中国发生社会革命。他说：“社会问题，在欧美是积重难返，在中国却还在幼稚时代。但是将来总会发生的，到那时候，收拾不来，又要弄成大革命了。革命的事情，是万不得已才用，不可频频用之，以伤国民的元气。我们实行民族革命政治革命的时候，须同期想法子改良社会经济组织，防止后来的社会革命，这真是最大的责任。”

孙中山进一步指出：“欧美为甚不能解决社会问题？因为没有解决土地问题”，“文明进步，地价日涨”，“贫民无田可耕”，地主“富与国家相等”，“贫富不均，竟到这地步，平等二字，已成口头空话了”。他认为“平均地权”在中国则易于实行，这是因为“中国现在资本家还没有出世，所以几千年地价，从来无大增加”，易于定地价。

孙中山排除了夺取地主土地以解决土地问题的方法。他说：“闻得有人说民生主义，是要杀四万万人之半，夺富人之田为己有，这是未知其中道理，随口说去，那不必管他。”

他对自己的办法是非常自信的，认为定地价之后，“少数富人把持垄断的弊窦，自当永绝”，“肇建社会的国家，俾家给人足，四海之内，无一夫不获其所”，“确是欧美所不能及的”。《军政府宣言》声明：“敢有垄断国民之生命者，与众弃之！”正表现了孙中山实现民生主义的信心。

以上就是孙中山所阐述的同盟会时代的三民主义的基本内容。

在阐述三民主义基本内容的同时，孙中山在《三民主义与中国革命之前途》的讲演中还首次提出了“五权宪法”的理论。法国启蒙思想家孟德斯鸠提出的三权分立学说是欧美资产阶级建立政权时普遍遵循的理论。孙中山认为三权分立仍然有重大缺陷，主张将来中华民国的宪法应增加考选（考试）、纠察（弹劾、监察）二权，成为“五权宪法”。

孙中山在对负有盛誉的第一部成文的三权宪法——美国宪法的批评中展开了自己的理论。首先，他指出美国从前没有考试制度，官吏盲从滥选、任用私人，致使政治腐败散漫；后来所行考试制度仅适用于下级官吏，并且权属行政部，仍是不完全的。因此，他建议："将来中华民国宪法，必要设立独立机关，专掌考选权，大小官吏必须考试，定了他的资格，无论那官吏是由选举的，抑由委任的，必须合格之人，方得有效。"他提出，共和政体的官吏"是国民的公仆，必须十分称职，方可任用"。其次，他指出各国监督的权限为立法机关所兼有，弊病很多，并且裁判人民的机关是独立的，裁判官吏的机关却隶于别的机关，这是不合理的，所以"中华民国宪法，这机关定要独立"，"专管监督弹劾的事"。在提出考试，纠察权的时候，孙中山曾受到中国古代考试、御史制度的启发，但他指出后者是封建专制的从属品，与前者有本质的不同。

早在 1903 年，孙中山在与友人讨论三民主义的同时，就讨论过五权宪法，但他将之公开提倡，却在 1906 年。此后，孙中山一直将五权宪法与三民主义并称。五权宪法和三民主义中的民权主义是相互补充的。民权主义讲的是主权论，用孙中山的话说，就是"政权"，讨论人民与政府的关系、人民对于政府的权力；五权宪法讲的是职能论，从孙中山的话说，就是"治权"，讨论政府权能的划分。西方政治学家们对"政权"、"治权"的关系争论不休，孙中山主张将"政权"和"治权"分开。

孙中山还探讨了同盟会纲领实施的程序。《军政府宣言》在"俾我国民循序以进，养成自由平等之资格"的原则下，规定了"军法之治"、"约法之治"、"宪法之治"三个递进的时期。

"第一期为军政府督率国民扫除旧污之时代"。反清起义爆发后，"军队与人民，同受治于军法之下。军队为人民戮力破敌，人民供军队之需要，及不妨其安宁"。"地方行政，军政府总摄之，以次扫除积弊"。每县以三年为期限，"皆解军法，布约法"。

"第二期为军政府授地方自治权于人民，而自总揽国事之时代"。"每一县既解军法之后，军政府以地方自治权归之其地之人民，地方议会议员，及地方行政官吏，皆由人民选举。凡政府对于人民之权利义务，及人民对于军政府之权利义务，悉规定于约法"，相互遵守。

"第三期为军政府解除权柄，在宪法上国家机关分掌国事之时代"。

“全国行约法六年后，制定宪法。军政府解兵权、行政权，国民公举大总统，及公举议员以组织国会。一国之政事，依宪法以行之”。

上述程序各时期的名称和内容，孙中山后来作过变动和修正。他始终认为，三民主义的实施必须按程序有步骤地进行。

三　中国资产阶级领导民主革命的政治纲领

三民主义是中国资产阶级革命民主派领导民主革命的基本政治纲领。

孙中山以非凡的气概将三民主义宣诸于世时，是以中华民族和中国全民利益代表的身份出现的。他强调这一思想的基本特征是“三大主义皆基于民”①。他主观地但却真诚地将自己的立足点放在广大民众方面，以“谋四万万人之福祉”②为目的。他指出：

> 我们的革命的目的，是为众人谋幸福。因不愿少数满洲人专制，故要民族革命；不愿君主一人专制，故要政治革命；不愿少数富人专制，故要社会革命。这三样有一样做不到，也不是我们的本意。

他认为，中国只有真正成为所谓“民族的国家，国民的国家，社会的国家”，并且得到“完美无缺的治理”，才能达到“我中国四万万人最大的幸福”。

从这一基本点出发，他提出了“国民革命”的概念，以与古代的“英雄革命”从根本上区别开来。他指出：

> 前代革命，如明及太平天国，只以驱除光复自任，此外无所转移。我等今日与前代殊，于驱除鞑虏恢复中华之外，国体民生，尚当变更。虽经纬万端，要其一贯之精神，则为自由、平等、博爱。故

---

① 《民报发刊词》，《民报》第1号。

② 《军政府宣言》，黄编：《总理全集·方略》，第1页。

前代为英雄革命，今日为国民革命。①

孙中山将三民主义用自由、平等、博爱的精神一以贯之。他以为，民族主义、民族革命、民族的国家，民权主义、政治革命、国民的国家，民生主义、社会革命、社会的国家，正顺次地体现着自由、平等和博爱。他真诚地愿为实现这些在西方已被化为空言的口号而奋斗。孙中山特别强调了“毕其功于一役”的思想，提出“社会革命”的课题，以弥补欧美革命之不足。他说：“近时志士，舌敝唇枯，惟企强中国以比欧美。然而欧美强矣，其民实困。观大同盟罢工与无政府党、社会党之日炽，社会革命其将不远。吾国纵能媲迹欧美，犹不能免于二次之革命，而况追逐于人已然之末轨者之终无成耶！夫欧美社会之祸，伏之数十年，及今而后发现之，又不能使之遽去。吾国治民生主义者，发达最先，睹其祸害于未萌，诚可举政治革命、社会革命，毕其功于一役。还视欧美，彼且瞠乎后也。”②

他不仅强调革命在社会利益上和民众一致，而且强调革命党在其行动上和民众一致。他说：“国民革命者，一国之人皆有自由平等博爱之精神，即皆负革命之责任，军政府特为其机关而已。自今日以往，国民之责任，即军政府之责任，军政府之功，即国民之功，军政府与国民，同心戮力，以尽责任。”③孙中山从民众的觉醒中看到胜利的希望。他说：“翳我祖国，以最大之民族，聪明强力，超绝等伦，而沈梦不起，万事堕坏，卒为风潮所激，醒其渴睡；且人群之间，奋发振强，励精不已，则事功倍，良非夸谩。”④因此，他强调了领导者“策其群而进之”的责任。他说：“惟夫一群之中，有少数最良之心理，能策其群而进之，使最宜之洽法，适应于吾群，吾群之进步，适应于世界，此先知先觉之世职。”⑤在这

① 《军政府宣言》，黄编：《总理全集·方略》，第1页。

② 《民报发刊词》，《民报》第1号。

③ 《军政府宣言》，黄编：《总理全集·方略》，第1页。

④ 《民报发刊词》，《民报》第1号。

⑤ 《民报发刊词》，《民报》第1号。

些言论中反映了孙中山主张由先知先觉唤起民众的愿望。

以上关于三民主义的特征的阐述，反映了孙中山对其阶级地位和历史使命的自我意识。

二十世纪初，孙中山成了中国民主主义革命的旗帜，中国人民杰出的代表。不仅孙中山坚信自己的这种身份，几乎所有拥护这一革命的人们都公认他的这种身份。在近代中国，帝国主义和封建主义的沉重压迫使中国人民迫切需要民族独立和政治民主。这种反帝反封建的要求使得当时中国的农民阶级、小资产阶级和尚未强大的无产阶级把自身的利益和资产阶级的利益结合在一起。正因为如此，资产阶级才得以把自身的利益说成是社会的普遍利益，从而以解放者的面目出现。但客观的事实是，领导革命的资产阶级还是从其特殊的阶级地位出发去谋求解放的。所谓自由、平等、博爱，仅仅来自这样一种需要，即资产阶级如果不把其他阶级也从封建关系下解放出来，它自身也不可能得到充分的发展。即便如此，软弱的中国资产阶级对这种需要的意识也是很模糊的。作为这个阶级的政治上思想上的卓越代表，伟大的孙中山的眼界要比本阶级的一般成员广阔高远得多，可是他的纲领仍然不可避免地浸润着本阶级的特殊利益。三民主义显示着中国资产阶级的性格，显示着它高尚、勇敢的一面，也显示着它平庸、怯懦的一面。

清末的革命运动几乎是伴随着单一的反满（“排满”、“仇满”、“逐满”、“驱除鞑虏”）呼号兴起的。一切正义的不满和大量进步的要求都被凝聚于反满的口号之中。人们在革命实践当中提出了反对君主专制、反对列强侵略、实行社会经济改革的要求，这些要求都远远超出了反满的狭隘意义，但终了还是作为反满的充足理由放在这个单一的口号之下。孙中山逐渐把单一的反满口号分解为民族、民权、民生三大主义，以利于革命内容的丰富和明确，这本身就是一种重大的进步。

孙中山的民族主义是反满口号的直接延续和发展。同样是反满口号，所包含的社会内容并不一致。对于从狭隘意义出发的反满，也不能简单地认为其中没有包含进步的因素。事实上，在封建政权主要由满洲皇帝、贵族掌握的环境下，反满是中国人民反封建斗争的一种难以排除的表现形式。孙中山则努力将反满从它原有的狭隘内容中解放出来，而赋予民主主义的内容。他将反满与抵制列强瓜分联系在一起。他还坚决地排除民族复仇主义，而将斗争的目标集中在少数满洲当权者身上，强调反满的中心问题是将政权由满族当权者手中夺过来。他公开表示欢迎满族人参加“革命排满”。

更为重要的是，孙中山使民族主义或民族革命的政纲集中体现了中国资产阶级建立独立的民族国家的要求。《中国问题的真解决》一文列举了清朝政府的十一条罪状，这些就是孙中山认为应由民族革命一扫而尽的“现时恶劣政治”。其中几条指出：“满洲人的行政措施，都是为了他们的私利，并不是为了被统治者的利益”；“他们把我们作为被征服的种族来对待，不给我们平等的权利和特权”，“他们妨碍我们在智力方面和物质方面的发展”；“他们侵犯我们不可让与的生存权、自由权和财产权，他们不经我们的同意而向我们征收沉重的苛捐杂税”；“他们不能依责保护其管辖范围内所有居民的生命与财产”。孙中山用这些事实证明，满族统治同政治的黑暗、经济的贫穷及国家的灾难是密切联系在一起的，它的全部政策妨碍了中国近代民族国家的形成，而把中国引向贫困、落后并遭受列强欺侮的深渊。孙中山把中国的独立、民主、富强和汉族取得政权（实质上是资产阶级取得政权）联系在一起。

列宁指出：“民族是社会发展的资产阶级时代的必然产物和必然形式。”①“在全世界上，资本主义彻底战胜封建主义的时代，是同民族运动联系在一起的。这种运动的经济基础就是：为了使商品生产获得完全胜利，资产阶级必须夺得国内市场，必须使操着同一语言的人所居住的地域用国家形式统一起来。”②因此，随着资本主义的发展，必定会出现这样的趋向，即：民族生活和民族运动的觉醒，反对一切民族压迫的

① 《卡尔·马克思》，《列宁选集》第2卷，第600页。
② 《论民族自决权》，《列宁选集》第2卷，第508页。

斗争,民族国家的建立。而且"也只有这样的国家才能保证资本主义的发展有最好的条件"①。在中国,民族的形成和发展虽然和列宁论述的西方情况有所不同,但近代民族革命运动的兴起还是和资本主义的产生和发展分不开的。民族资本主义的出现,给古老的中华民族展示了新的发展前途。孙中山的民族主义正是在中国出现的这一进步历史趋向的产物。

孙中山的民族主义有许多弱点。他把民族矛盾的产生简单地归结于民族的自然差别,因袭着中国古代"种姓"和西方的"种族"的说法。他没有提出民族平等的原则,而在中华诸民族之中,孤立地突出汉民族的历史地位。这就使孙中山的民族主义残留着大汉族主义的色彩。但是,它的最根本的弱点却在于它没有提出明确的反对帝国主义的纲领。

帝国主义和中华民族的矛盾是近代中国社会的基本矛盾之一,并且是各种社会矛盾中最主要的矛盾。威胁着中华民族生存、阻碍着中国国家独立的主要危险来自帝国主义列强。中国要取得真正的民族独立,必须清除帝国主义在中国的侵略势力。孙中山在把民族主义作为三民主义的重要部分提出时,恰恰没有把这一最重要的内容概括进去。

资产阶级革命运动集中反对的清朝政府是帝国主义的反动同盟者。孙中山和同盟会的宣传家们曾反复说明过这样一个重要的思想,即中国人民之所以要推翻清政府,就因为它是列强的走狗,"洋人的朝廷",不推翻它,不能使祖国避免瓜分之祸。对清王朝的打击,也无疑是对其主子帝国主义的打击。但是,资产阶级革命民主派没有正面地提出明确的反帝主张,这说明它的觉悟程度和斗争水平还有很大的局限性。

孙中山的反帝思想萌发得并不晚,他不仅指出过只有推翻清朝才能免去瓜分之祸,而且直接谴责过帝国主义的侵略政策。孙中山论证过帝国主义者主张瓜分中国的"分割论"和主张支持清政府的"保全论"

① 《论民族自决权》,《列宁选集》第2卷,第508页。

的虚妄，批驳了他们的侵略理论“黄祸论”。他还表达了中国人民反抗列强侵略的不屈信念。孙中山指出，帝国主义若要瓜分中国，“实大拂支那人之性，吾知支那人虽柔弱不武，亦必以死抗之矣”，“若其举国一心，则又岂义和团之可比哉”①？他在对义和团笼统仇洋的批判中产生了“文明排外”的思想。但是，孙中山的反帝思想一开始就存在着根本的弱点。他把帝国主义的侵略本质仅仅看成少数好侵略的武人的错误政策。他用生存竞争、弱肉强食来解释世界形势。在谈到中国遭受外侮的民族危机时，更多地强调清朝统治造成的国势衰弱，而不是首先揭露列强的侵略。孙中山以为，只要推翻满清，自己振作起来，列强就不会前来侵略而与中国平等相处了。他以为，他学习的是西方，他自己所走的正是西方老师所走过的路，理应得到老师的支持。因此，他不断呼吁欧美政府同情和支持中国革命或保持善意的中立。虽然客观事实并不符合他的主观愿望，但他仍然对帝国主义抱着难舍的幻想。这些弱点阻碍了孙中山反帝思想的健康发展，使它无法升华为明确的反帝纲领。在提出三民主义的时候，孙中山对反帝问题采取了明显的回避态度。除了在说明国势时，提到“异种（满清）残之”、“外邦逼之”②外，没有提出明确的反帝纲领。这就不能不影响到整个革命的进程和结局。

以建立资产阶级民主制度为中心的民权主义，是三民主义的核心。正如列宁所说的，它到处都“渗透了战斗的、真诚的民主主义”。“它充分认识到种族革命的不足，丝毫没有对政治表示冷淡，甚至丝毫没有忽视政治自由或容许中国专制制度与中国‘社会改革’、中国立宪改革等等并存的思想。这是带有建立共和制度要求的完整的民主主义”③。

孙中山在其开始革命活动时就十分重视政权的转移问题。他认为，君主专制是近代中国贫穷、落后和衰弱的根源。仅仅将政权从满族

① 《支那保全分割合论》，《江苏》第6期。

② 《民报发刊词》，《民报》第1号。

③ 《中国的民主主义和民粹主义》，《列宁选集》第2卷，第424页。

人手中夺取到汉族人手中，还不能除掉君主专制这个“恶劣政治的根本”。因而提出了民权主义，号召推翻君主专制而代之以民主共和，建立“国民的国家”。在孙中山的政治思想中，推翻清朝君主专制，建立民主共和国的主张，最集中地代表了中国人民反对封建主义的迫切政治要求。所谓“平等革命”、“国民皆平等”所包含的现实社会内容，就是将中华民族和中国人民从封建主义统治的桎梏中解放出来。

孙中山尽量突出民权主义立足于人民的思想。在“国民的国家”中，国民享有选举、罢免、复决、创制四权。这种民权因政权和治权的分立而得到保证。民众将按照军法、约法、宪法三个循序递进的阶梯，摆脱君主专制而步入完全的民主。所有这些设想都反映了孙中山主观上对人民权利的关切，闪耀出民主主义的光彩。资产阶级在其发展的一定阶段上，为保证资本主义生产关系的长足发展，必须推翻封建地主阶级的政治统治，建立自身的政治统治。民主共和就是适应于资产阶级政治统治的最发达的政权形式。资产阶级专政取代封建地主阶级专政，这在历史上是一个具有重大意义的进步。

提出民权主义，要求建立民主共和制度，是孙中山政治思想的重大成就。它使资产阶级革命民主派的民主主义要求，与农民阶级、资产阶级改良派的民主主义要求区别开来了。它向人们宣示，它进行的斗争是一场争取建立新的社会制度的斗争。辛亥革命之所以成为比较完全的资产阶级民主革命，正是由“建立民国”的政纲作为主要标志的。

和民族主义一样，民权主义也有其弱点。孙中山提出的五权分立并没有改变三权分立的资产阶级性质。它否定了君主专制，却无法防止官吏为资本所收买，假“国民公仆”之名而高踞于人民头上。“政权”、“治权”区分的理论，更导致人民空负拥有主权的虚名，而统治集团则很容易利用执掌“治权”之便把民主变为实际上的专制。实行立宪的三个时期的划分，实质上是要人民接受先知先觉们的恩赐。这种“民权”与人民脱离的弱点，反映出资产阶级革命派的局限性，孙中山无法克服这种弱点。

对于民权主义来说，更为严重的问题在于，它也无从保证中国资产阶级实现自己的政治统治。推翻君主专制、建立共和国的纲领，实际上表达的是资产阶级专政取代地主阶级专政的阶级内容。但孙中山长期间内讨论得最多的“国体”问题，实际上是“政体”问题，即政权构成的形式问题。对于真正的“国体”问题，即社会各阶级在国家中的地位问题，却没有明确地讨论过。这样，他就无法自觉地建立起对待革命所反对的社会阶级的政策。孙中山真诚期待的“国民的国家”，不仅迷惑了人民，也迷惑了孙中山和以他为代表的资产阶级革命派。

由于没有明确的反帝纲领，革命没有触动附庸于国际资产阶级的买办阶级。

对于地主阶级，孙中山也只在反满的民族主义的旗号下将中国地主阶级的一部分——满洲皇帝、贵族排除在政权参与者的行列之外，比满洲贵族更为强大的汉族地主，则被轻易地放过了。革命并非完全不触动汉族地主阶级，但这种触动乃是在反满名义下进行的，仅以“汉奸”的身份提到汉族地主中的一部分人。也就是说，只把他们作为满洲贵族的仆从而加以反对。同盟会《革命方略》中的《招降满洲将士布告》还强调，革命党与这些“汉奸”，“论情谊则为兄弟”，如果这些人能“变仇雠之地位，即复为兄弟”。民族（种族）的界限泯没了一切。

因为忽略了“国体”问题，必然缺乏对待敌对阶级的政策，会使资产阶级在各阶级争夺政权时，处于无防备状态，并缺乏斗争的武器。忽略了“国体”问题的民权主义，使民主共和国变成徒有其表的躯壳。

民生主义反映了中国资产阶级发展资本主义的强烈的经济要求。由于历史条件的特殊性，这种发展资本主义的要求采取了主观社会主义的表达方式。民族主义、民权主义所提出的一切政治要求，本质上都根源于这种发展资本主义的经济要求。

孙中山关于发展资本主义的信念始终是坚定的。在《三民主义与中国革命之前途》的讲演中，他强调指出：“文明进步，是自然所致，不能逃避的。”他这里所说的文明进步，就是资本主义的文明进步。他认为在中国，这种文明进步必然会到来。面对欧美资本主义的社会问题，他并没有改变这种信念。他反对那种因此而产生的“复古”主张，认为“这也是矫枉过正的话”。他主张以改良社会经济组织的办法来解决社会问题。不过，他没有采用“废资本家”的各种方案，而是提出了平均地权、核定地价的方案。他认为：“行了此法之后，文明越进，国家越富，一切财政问题，断不至难办”。在这里，丝毫没有对资本主义在中国发展的畏惧。

孙中山在民生主义的讲演中一再提到的“地价”，其实就是资本化的地租。地租是土地所有权的经济实现形式；现代的地租，也就是从属于资产阶级生产条件的封建所有权。地主凭借土地所有权向租地资本家索取工资雇佣劳动者所生产的剩余价值的一部分。工资雇佣劳动者、产业资本家、地主构成了资本主义社会三个互相对立的阶级。在资本主义条件下，土地所有权和现实的生产过程无关。土地所有权虽然是资本主义生产方式的一个历史前提，但“达到一定的发展阶段，即使从资本主义生产方式的观点看，土地所有权也显见是一个无用而且有害的东西”①。孙中山的“平均地权”、“核定地价”的实质内容，就是以征收单一土地税的办法把地租或土地所有权转交给国家，其实质就是实现土地国有化。列宁在评价民生主义的意义时明白指出：“按照马克思的学说，土地国有就是：尽量铲除农业中的中世纪垄断和中世纪关系，使土地买卖有最大的自由，使农业有最大的可能适应市场。”列宁还说：“在资本主义范围内实行这种改革有没有可能呢？不但有可能，而且是最纯粹、最彻底、最完善的资本主义”②。无论“平均地权”的具体办法在中国是否可行，它显而易见是一个要求发展资本主义的明确的经济纲领和土地纲领。

不过，孙中山的这种发展资本主义的要求并不表现为直接的呼喊，

① 马克思：《资本论》第3卷，人民出版社1966年版，第731页。
② 《中国的民主主义和民粹主义》，《列宁选集》第2卷，第427页。

而是通过为资本主义开列治病良方的曲折形式表达出来的。民生主义的英文对译就是社会主义——Socialism。孙中山随后也明白地说，民生主义就是社会主义。他把民生主义的实现叫做“社会革命”，而“社会革命”达成的理想是“社会的国家”，而不是资产阶级社会。在申诉民生主义必行的理由时，孙中山首先揭露的是资本主义制度下的贫富对立，并且把自己的同情全部寄诸贫苦民众。他对资本及其人格化的资本家进行了谴责。他指出：欧美“富者极少，贫者极多，这是人力不能与资本力相抗的缘故”；“农工诸业都在资本家手里，资本越大，利用天然力越厚，贫民怎能同他相争？自然弄到无立足之地了”。关于这些话，除了可以指谪它对现代政治经济学理解的肤浅混乱外，无法否认它是那些社会主义者的同调。但是，孙中山所倡导的“社会革命”——把土地交给整个社会，却无法消灭他所谴责的不平等现象。他把“没有解决土地问题”、“贫民无田可耕”说成资本主义社会贫富对立的根源是错误的。工人阶级之所以受剥削而日趋贫困，是因为它被剥夺了一切生产资料（包括土地）。因此，要改变工人阶级的地位，就必须把一切生产资料变为公有，而不仅仅是土地，在资本主义生产方式下，地主并不直接剥削劳动者，而诸如“平均地权”等土地国有的办法，并不能触动资本主义生产方式。反之，却极大地促进资本主义关系的发展。这种土地国有主张的阶级实质，正如马克思所指出的，“这不过是产业资本家仇恨土地所有者的一种公开表现而已，因为在他们的眼里，土地所有者只是整个资产阶级生产过程中一个无用的累赘”①。孙中山就是这样曲折婉转地表达了他的发展资本主义的要求。孙中山采取这种表达方式是有其社会历史根源的。列宁指出：先进的中国人向欧美汲取谋求解放的思想，“但在欧美，摆在日程上的问题已经是从资产阶级下面解放出来，即实行社会主义的问题，因此必然产生中国民主派对社会主义的同情，产

① 《哲学的贫困》，《马克思恩格斯全集》第4卷，第187页。

生他们的主观社会主义”①。

和民生主义的提出紧密联系的，是“举政治革命、社会革命，毕其功于一役”的思想。这种思想，企图在中国防止像欧美那样因资本主义发展而产生的贫富悬殊，以及避免由此产生的社会主义革命。孙中山认为“文明有善果，也有恶果，须要取那善果，避那恶果”。他不明白，“善果被富人享尽，贫民反食恶果”是资本主义社会的必然现象，是无法避免的。资产阶级因为占有生产资料就能以“少数人把持文明幸福”，无产阶级因为没有生产资料，也就无法逃避文明的“恶果”。整个资本主义社会的贫富对立，无产阶级和资产阶级的阶级对立，乃是根源于资本主义生产方式的基本矛盾，即生产的社会化和生产资料的私人占有之间的矛盾。要解决这种矛盾，只有用无产阶级社会主义革命的办法，剥夺剥削者，消灭私有制，使一切生产资料为社会公有，才能使文明只有善果，没有恶果。但这些都是只有在资本主义充分发展的条件下才能做得到的事情。孙中山为了避免将来会发生的革命，想利用中国资本主义不够发展来预防这种革命，自然只能是空想。因为当时的中国，不是资本主义多了，而是资本主义少了，不是要防止资本主义，而是要发展资本主义。这种空想不但有碍资本主义的发展，而且对商品经济的发展也是不利的。好在孙中山虽然说了些空想的话，他的实际主张，却是有利于发展资本主义的。孙中山是一个主观的社会主义者，实际的民主主义者，他思想的主流是进步的，革命的。

作为资产阶级革命民主派的经济纲领，民生主义表达了他们发展资本主义的要求。孙中山为了要防止欧美那样的社会问题，他十分强调“土地问题”的严重性。但当时欧美和中国的土地问题的性质是不一样的。在欧美，土地的封建所有权已经成了资本主义生产方式的附庸，而在中国，它却在生产过程和整个社会生活中占着统治地位。中国的地主阶级拥有最大部分的土地，直接占有无地、少地农民的剩余劳动，

① 《中国的民主主义和民粹主义》，《列宁选集》第2卷，第426页。

使广大农民实际上处于依附地位。因此，资产阶级要为自己的发展清除障碍，首务之急就是要废除这种封建土地所有制。但“平均地权”的办法却无力消灭它。当孙中山在日本与章太炎等讨论土地问题时，曾经把中国的土地问题作为主要对象，并且讨论了与取消封建地主所有制和解决农民土地问题有关的内容，但是在提出“平均地权”之时，这些富有积极意义的内容却被抛弃或搁置了。由于没有正确的土地纲领，保留了封建地主所有制，也就无法最终推翻地主阶级的政治统治。同时，也就无法动员广大渴望得到土地的农民投身革命。这一缺点，同样影响了革命的结局。

综上观之，孙中山的以民族、民权、民生为内容的三民主义反映了中国资产阶级关于民族独立、政治民主和发展资本主义的要求，体现出中国资产阶级革命民主派所领导的斗争是一场争取建立新的社会制度的革命。在同时的资产阶级革命政治家和思想家中，没有谁能够像孙中山那样将这些社会要求比较完整地、明确地概括出来，使之成为指导整个斗争的纲领。因此孙中山成为众望所归的革命领袖。但是三民主义根本性的缺点，就是没有明确的反对帝国主义的纲领，没有彻底的反对封建主义的纲领，特别是没有消灭封建地主所有制的土地纲领。

三民主义作为同盟会的行动纲领和指导思想，对推动资产阶级反清革命斗争的发展，起了积极的作用。但是，同盟会是一个由许多不同阶级、阶层、集团和派别组成的革命政党，这些政治属性不尽相同的人们，对于三民主义的态度并不一致。在以后的篇幅里，可以看到这样的趋向：各派在以反满为中心的民族主义这一点上，比较一致，“一言反满，举国同声”。但在反对帝国主义这一点上，就有重大分歧；在民权主义方面，分歧也不少；而在民生主义方面，分歧就更为突出了。这一切，埋下了后来同盟会在政治上、组织上走向分裂的种子。事实证明，没有一个彻底的反帝反封建的斗争纲领，就不可能把各个革命阶级、阶层、集团、派别真正地团结起来，将革命引向彻底的胜利。

第四节 同盟会的分支机构

一 国内各地分会

要在中国这样幅员广大的土地上进行革命活动，同盟会必须在全国范围内把自己建成庞大的有系统的组织。同盟会本部成立后，首先在加盟的留学生中按省区组织分会，管理本省留学生的入会主盟事务，并负责派遣人员，归国活动。同盟会总章规定：本部下设支部，支部下设分会，国内应设南部、东部、中部、西部、北部五个支部。

南部支部：设于香港，下辖云南、广东、广西、福建等分会。

东部支部：设于上海，下辖浙江、江苏、安徽等分会。

中部支部：设于汉口，下辖河南、湖南，湖北、江西等分会。

西部支部：设于重庆，下辖贵州、新疆、西藏、四川、甘肃等分会。

北部支部：设于烟台，下辖蒙古、直隶、东三省、陕西、山西、山东等分会。

1906 年，同盟会本部曾任命黄树中为西部支部长、胡瑛为中部支部长、于右任为东部支部长①，但都没有能成立起来。除 1909 年建于香港的南方支部外，其他称为支部的大多是分会性的组织。

至 1911 年 7 月同盟会中部总会成立前，国内约建立分会组织二十余个。

南部地区：

1. 香港分会与南方支部。

惠州起义失败后，孙中山暂时停止了军事活动，香港兴中会和《中国日报》均由陈少白一人主持。不久，陈少白、郑贯一间发生矛盾，郑离开《中国日报》，另办《世界公益报》。二人间的意见影响了会务的发展，

---

① 《同盟会之回顾》，《民立报》，1912 年 9 月 29 日。

多年不曾接纳一个会员。

香港是革命派对内活动的策源地。同盟会成立后，孙中山决定首先整顿这里的会务。9月8日，派冯自由、李自重二人到香港、广州、澳门一带组织同盟会分会。冯抵港后，与陈少白商议，改组兴中会为同盟会，一律重新填写誓书。加盟者有陈少白、李纪堂、容星桥、邓荫南、郑贯一、黄世仲、邓警亚、卢信、温少雄等多人，举陈少白为会长，郑贯一为庶务，冯自由为书记，黄世仲为交际。会所设于《中国日报》社。1906年9月，《中国日报》改组，陈少白辞去分会会长职务，由冯自由继任。为了加强对香港分会的工作，1907年，孙中山又先后派胡汉民、汪精卫二人驻港。

改组后的香港分会大力开展对华南各地的工作。1907、1908两年，曾派出代理主盟员和军事联络员多名，分赴各地发展会员，筹划起义。至1908年底，约发展会员千余人。

1907年—1908年多次起义的失败使同盟会元气大伤，孙中山被迫再次停止军事活动。1909年3月，香港分会开辟新会所，改取"开放主义"，大量接纳会员；同时在广州、河南设立分机关，由高剑父、潘达微、徐宗汉等主持。这一年，发展会员二千余人。其中，以倪映典所联系的新军士兵占大多数。同年秋冬间，同盟会南方支部在香港成立，划分职权，南方支部主管华南各省会务和起义，香港分会专门管理香港一地会务。1910年春，冯自由去加拿大温哥华编辑《大汉日报》，谢英伯继任分会长。1911年夏，谢英伯赴檀香山，以陈逸川代。

南方支部以胡汉民为支部长，汪精卫为书记，林直勉为司库，下设筹款、军事、民军、宣传各组。它领导了1910年的广州新军起义。

2. 广西支部。

1904年，郭人漳在江西巡防营统领任内，为准备改练新军，办过一个随营学堂，由蔡锷任监督，学生中的陈方度、黄牧等都是革命分子。1905年春，郭人漳调任广西巡防营统领，负责编练新军，仍然邀蔡锷办随营学堂，并聘请谭人凤为文案。学堂内气氛热烈，"自郭人漳以下无不高谈革命”①。同年12月,黄兴由日本经香港到达桂林,在随营学堂内组织同盟会分会,加盟者有郭人漳、林虎、邹永成、葛谦、曾传范、谭道源等八十余人。黄兴原拟策动郭人漳相机起义,因郭与蔡锷不睦,调解无效,不得已于次年春离桂。同年,郭人漳及其所练一营新兵调驻广东钦州、廉州地区,桂林分会会务因之停顿。

在桂林分会之后成立的是南宁支部。

1907年,法帝国主义向清政府要求由南宁到北海的铁路建筑权,激起广西人民反对。南宁商人雷在汉(鲲池)、周仲岐、周君实、潘赋西等组织邕北铁路局,主张自行招股筑路。在这一斗争中,雷在汉等逐渐认识到保护民族权益必须和反清斗争结合起来。1909年,雷在汉加入同盟会,任南宁支部长,周仲岐等也同时加盟。同年,南方支部派施正甫回广西发展会务,雷、施等共同开设“同盛号经纪行”,作为秘密机关②。

1910年,耿毅等成立广西支部。

张鸣岐任广西巡抚期间,为了办新军,于1908年至1909年,罗致了留日士官学校毕业生李书城、孔庚、尹昌衡和内地革命党人耿毅、吕公望等。1910年8月,同盟会员二十余人集会,推耿毅为支部长,何遂为参议,赵正平为秘书长。下设学兵营、陆军干部学堂、陆军小学、谘议局等分部,各举分部长③。

广西支部出版《南报》半月刊,赵正平任主笔。后因巡警道王秉必干涉,改名《南风报》。

1911年广州黄花岗起义后,刘崛回广西活动,又在梧州建立同盟会广西分会,但不久,刘崛即转往浔州④。

---

① 《邹永成回忆录》,《近代史资料》,1956年第3期,第84页。

② 雷沛鸿:《辛亥革命的回忆》;梁烈亚:《同盟会在南宁的活动》;均见《辛亥革命在广西》,广西壮族自治区人民出版社1961年版。

③ 耿毅:《辛亥革命时期的广西》,《近代史资料》,1958年,第4期。

④ 曾树栋:《同盟会在梧州的宣传活动》,《辛亥革命在广西》上集。

3. 福建分会。

1906年春，孙中山任命汉族独立会代会长郑祖荫(兰荪)为同盟会福建分会长，派人由东京专程送给委任状及各种文件。同年夏，汉族独立会取消，全体会员依同盟会誓词宣誓加盟。

4. 云南分会。

云南留日学生中最早加入同盟会的是吕志伊、杨振鸿等人。1906年，杨振鸿奉派回国建立分会机构，任主盟人。7月，在昆明创设体操专修科，遴选志士，教授军事，同时发展李伯东、杨大铸、刘九畴等为同盟会员。11月，杨振鸿被清政府任命为腾越防营管带，即与张文光及干崖土司刀安仁等计划，拟于次年6月在该地起义。因为人告密，出走缅甸，转返日本。

同年冬，李伯东邀集同志二十人组成兴汉会。次年，为反对法国修筑滇越铁路侵略云南，李伯东又联络自越南归国的同盟会员徐濂等组织"死绝会"，宣布"与北京政府断绝关系"，"实行革命"①。1910年，马骧等在大理组织同盟会分会。

东部地区：

1. 上海分会。

同盟会成立时，吴春阳即推荐蔡元培为上海分会会长。1905年9月，黄兴亲自赴沪主盟，接纳蔡元培加入同盟会。蔡用个别介绍的办法使不少光复会员成为同盟会员，但仍然保持了光复会的独立系统，并继续发展光复会员。1906年春，因蔡元培准备赴德留学，同盟会总部指示将上海分会与江苏分会合并，以高旭为会长。

蔡元培任上海分会会长时，曾积极支持中国公学的创办。1905年11月，日本文部省颁布《关于许清国人入学之公私立学校之规程》(简称"取缔规则")，对中国留学生的活动有所限制。12月初，中国留学生

① 《报告第二百六号》，《宗方小太郎文书》，昭和五十年版，第184页；参见《死绝会宣言》，《云南杂志选辑》，第355页。

发动罢课斗争，成立联合会，以胡瑛为会长、宋教仁为外交长、孙武为纠察长，号召全体留学生归国自办学堂，先后返国者约达二千人左右①。1906 年 1 月，十三省留学生代表在沪公议，决定自办学校，定名为中国公学。校址设于吴淞。不久，因经费困难，公学干事、同盟会员姚洪业蹈海殉校，引起各界同情，纷纷捐助，学校规模扩大。因学校为学生自办，实行民主自治的管理制度，校中弥漫革命空气。学生自办《竞业旬报》，宣传革命。同盟会在校中设立了机关，由梁乔山、谭心休、马君武等主持。1907 年，马君武因躲避端方逮捕，去欧洲留学，但同盟会仍坚持利用该校进行活动。

2. 江苏分会。

高旭在反对"取缔规则"的斗争中归国。1906 年 2 月，与朱少屏等在上海老西门宁康里创办健行公学。随后，又由夏允麐在宁康里租屋设立分会机关，号"夏寓"。

健行公学继承爱国学社的传统，以《黄帝魂》、《法国革命史》、《荡虏丛书》等为教材，引导学生积极参加革命活动。1906 年夏，高旭、柳亚子等编辑《复报》，"发挥民族主义，传播革命思潮"②。同年秋，"夏寓"迁至法租界鼎吉里。1907 年初，曾在"夏寓"住过的革命党人杨卓林等被捕。杨英勇不屈，其同伴供出"夏寓"是机关部，朱、高是办事人。这样，分会机关部处境岌岌可危。秋瑾、徐锡麟事起，端方照会租界当局："革命党人多匿迹租界，嗣后有剿捕事宜，不得干涉。"③高旭不得已，解散公学，取消鼎吉里机关。

---

① 与"联合会"并峙的还有"维持留学界同志会"。当时，孙中山担心同盟会员大批归国，有可能被清政府一网打尽，打电报给汪精卫，要他出面劝阻。12 月 24 日，汪精卫、胡汉民、朱执信等组织维持留学界同志会，主张忍辱负重，以求学为前提，不轻言返国。随后，浙江同乡会评议会议决复学。1906 年初，程家柽发起组织学界调停会，两派获得协议，"联合会"解散，电告返国学生回日上课。

② 《复报社广告》，《民报》第 7 号。

③ 《神州日报》，1907 年 8 月 2 日。

3. 江淮别部。

1905 年冬，吴春阳归国，所至发展会员，仅在芜湖的安徽公学，就发展常恒芳等八十多人。因担心事泄后牵连总会，定名为“江淮别部”①。1906 年，吴春阳到江宁，联合新军第九镇军官柏文蔚、倪映典、赵声、林述庆及陆师、将备、师范各校革命分子，密会于鸡鸣寺，加盟者数十人。同年冬，安徽创办新军，春阳投身三十一混成协，与熊成基、范传甲等结交，逐渐展开活动，相继加盟者百数十人。不久，被巡抚恩铭发觉，春阳偕范传甲返回故乡合肥，组织合肥学会，创办城西小学、模范小学及速成师范班，以教育为掩护，宣传革命，发展会员，一时颇有进展。后因清提学告发及当地巨绅的排挤，吴春阳离乡赴沪。

4. 信义会。

1906 年冬，萍、浏、醴起义爆发，张汇滔、程恩普、管曙东等被同盟会本部派遣回国。到安徽后，张汇滔等在寿州、颍州各处进行。为避免清吏注意，所建立的组织定名为信义会。但入会誓词与同盟会完全相同，实际上是同盟会的分支机构②。

寿州北郊四顶山有古庙，每年夏历三月十五日香客云集。1907 年 3 月，张汇滔与吴樾之弟吴楚密谋，拟乘机起义。后因风声泄露，临期停止。

5. 浙江分会。

1905 年 8 月，秋瑾在日本加入同盟会，被推为浙省主盟人。同年冬归国，仍然沿用光复会的名义发展会员。关于此，后来陶成章解释说：“该时浙江内地，势力异常扩张，(光复会)章程发布已久，更改为难，故内地暂从旧名。然重要事务员均任同盟会职事，故又名浙江同盟会分会。”③1907 年初，萍、浏、醴起义失败，秋瑾、徐锡麟相约至杭，发展

① 《吴烈士旸谷革命事略》。

② 《淮上军革命实录》,《辛亥革命回忆录》(四),第 417 页。

③ 《浙江同盟会分会募款简章》,徐市隐:《缅甸中国同盟会开国革命史》。

浙军将校俞炜、周凤岐、夏超、朱瑞、周亚卫等加入光复会。同时,孙中山亦派黄郛、赵正平、吴思豫到浙,在新军中活动,先后发展顾乃斌、冯炽中、葛敬恩等加入同盟会。不久,双方联络一气,在西湖周庄集会,推夏超为会长,顾乃斌为副①。

中部地区:

1. 湖南分会。

通过抵制美货等运动,禹之谟成了长沙商、学界中负有重望的人物。1906 年 4 月,由易本羲主盟,禹之谟加入同盟会②。大约即在此时,他受黄兴密函委托,建立同盟会湖南分会,自任会长。会址设于湘乡会馆内惟一学堂。

同年 5 月,陈天华、姚洪业灵柩到湘。23 日,禹之谟组织长沙学生万余人到岳麓山参加葬礼,引起清吏及顽固派侧目。其后,长沙学务处总监督俞诰庆挟嫌向当局告密,称禹之谟为"革命党魁首","专派送《民报》邪说,勾结军学两界谋起事"③。7 月,湘乡学界抗议食盐加税和盐商浮收,禹之谟积极参预并领导了这一斗争。8 月 10 日,湖南巡抚庞鸿书以"率众塞署"的罪名下令逮捕禹之谟。9 月,移禁靖州。为了从禹之谟身上找到革命党人的活动线索,清吏用遍了各种酷刑。但禹之谟坚毅不屈。他自度必死,写下遗书说:"身虽禁于囹圄,而志自若,躯壳死耳,我志长存!"④1907 年 1 月 5 日,被清政府绞决。

萍、浏、醴起义爆发时,同盟会总部派宁调元归国,除领导起义外,还要他组织同盟会湖南支部。1907 年 1 月,宁调元在岳州被捕,囚禁长沙。狱中,他总结了萍、浏、醴起义失败的经验,认为支部的成立刻不容缓,便委托刘谦、李隆建等代为联系。同年 4 月,刘谦、黎尚雯、李剑

---

① 顾乃斌:《浙江革命记》第三章。

② 据《中国同盟会成立初期之会员名册》,《革命之倡导与发展》,第 1 编第 11 册,第 188 页。

③ 冯自由:《丙午靖州禹之谟之狱》,《革命逸史》第三集,第 184 页。

④ 《湖南历史资料》,1960 年第 1 期,第 119 页。

农等集会于长沙妙高峰，成立同盟会湖南支部①。1910年冬，曾杰、文斐等陆续加入，规模扩大；重开成立会，推文斐、龙毓峻为正副会长②。

2. 湖北分会。

同盟会成立后，各省分会长相继回国组织机构，时功玖、张昉、陈镇藩等迟疑不行，余诚愤然说："革命宜在内地策动，聚他人国都，快口耳之谈，庸有济乎？"③慷慨自请归国，于是同盟会总部便改派余诚回鄂。1906年春，余诚到达武汉，刘静庵率日知会会员多人加盟。二人通力合作，两会逐渐融合，"表面仍称日知会，内容实为同盟会"④。6月6日，孙中山派乔义生偕法国军官欧极乐（C. Ozil）到鄂，日知会开会欢迎。欧极乐等在大操场上面对千余听众发表了激烈演说⑤。这种场面自然没有任何保密可能，清朝政府的侦探混迹其间，日知会的秘密由此暴露，萍、浏、醴起义爆发之后即被破坏。

3. 江西支部。

1906年，孙中山派黄格鸥、魏会英回江西建立同盟会组织。黄到南昌后，成立江西支部，任支部长⑥，易知社的成员大部分加入了同盟会，其中，蔡突灵全家刺血加盟。他和弟弟锐霆奔走于瑞州、袁州、临江、吉安各地。所至建立分部⑦。同年，江西成立新军，不少会员投入军队。

魏会英是赣州人，他在赣州成立了同盟会组织。

4. 河南总分会。

---

① 刘谦：《宁调元革命纪略》，《南社湘集》第6期。

② 《醴陵文斐革命事略》，《革命人物志》第2集，第52页。

③ 《余诚传》，张难先：《湖北革命知之录》，第139页。

④ 《余诚传》，张难先：《湖北革命知之录》，第121页。

⑤ 张难先：《知之录征料来鸿集》，抄件。

⑥ 龚师曾：《辛亥革命前后的回忆》，《辛亥革命回忆录》（四），第328页。

⑦ 蔡突灵：《同盟会江西支部史略》，《革命之倡导与发展》第1编第12册，第193页。

河南留学生加入同盟会的约三十余人。1907年出版《河南》杂志。同年派李炯斋、罗殿卿、刘醒吾三人回国。李等在开封设立大河书社，出售革命书报，招待往来同志，后被清吏查封，李炯斋被通缉。次年，杜潜等归国，召集学界同志杨源懋等二十余人集会于开封中州公学，议决以该校为河南同盟会总分会会所。先后加盟者二百余人，中州公学学生几乎全部成为会员。不久，新蔡等县陆续成立分会①。

西部地区：

1. 四川分会。

当各省分会会长纷纷归国时，黄树中正入迷地在横滨学习制造炸弹。他要陈道循、林启一等先行回川，发展会员②。临行前，陈道循邀同盟会司法部判事长邓家彦到四川工作，得到同意。邓留日前是四川高等学堂学生。他到川后，以教书为掩护，暗中组织同盟会四川分会，任会长。后因被川督锡良察觉，离职他去。1906年冬。同盟会派黄树中为成都分会长，又派荣县人谢奉琦回川从事宣传工作。1907年春，黄树中到达成都，在华阳中学任职，秘密组织同盟会，发展学界会员数百人。军队中，则通过十三混成协督队官龙绍伯活动。短时间，武备学堂毕业生、陆军速成学堂的学生和下级军官，大半参加了同盟会③。

除成都外，重庆也设有分会。

在四川留日学生中，重庆人陈崇功、童宪章都是率先加盟者。陈回国后，立即发展公强会会员杨庶堪、朱之洪、朱蕴章等加盟。1906年初，组成重庆分会，决定先从学校方面着手，以教育界人士及学生为对象，向楚等纷纷加盟④。1907年秋，杨庶堪、向楚、朱之洪等先后奔赴叙永，以叙永中学为据点，展开革命宣传。1908年，清吏在重庆菜园坝

---

① 冯自由：《河南志士与革命运动》，《革命逸史》第三集，第281—284页。

② 林启一(冰骨)：《中国同盟会的组织成立及四川分会之发轫》，手稿，四川文史馆藏。

③ 黄遂生：《同盟会在四川的活动》，《辛亥革命回忆录》(三)，第129页。

④ 向楚等：《蜀军政府成立前后》，《四川文史资料选辑》(一)，第22—25页。

举行工商赛会，部分同盟会员建议乘机起义。经反复讨论，否定了这一意见，仍以积蓄力量为方针。1909 至 1910 年间，杨庶堪、张培爵等又聚集重庆，通过各种关系，掌握了重庆府中学、巴县中学等教育机关，同时也联络工商界人士和袍哥中的知识分子。

2. 贵州自治学社。

1906 年 9 月，清政府宣布“预备立宪”，国内陆续出现了一批立宪团体。1907 年 10 月，贵州法政学堂学生张百麟企图建立一个合法组织，以便秘密从事革命活动。他首先公开发表《意见书》，申述合群救亡宗旨，征集同志，然后向清政府呈请立案。同年 12 月，在贵阳镜秋轩照像馆召开成立大会，到会三十余人，推法政学堂教员张鸿藻为社长。因为“地方自治”是一个为清朝统治者所许可的口号，便定名为“自治学社”。社章声称：“凡个人自治、地方自治、国家自治之学理，皆当次第研究之。同人认定个人自治为单位，务期人人有道德知识，养成善良品行，造就完全人格，以赞地方自治之实行，达国家自治之希望。”①1908 年，经社员彭述文和在日本的革命党人平刚函商，得到同盟会本部同意，承认自治学社为同盟会贵州分会②。但实际上，它是一个公开合法的群众性组织。平刚字少璜，贵筑人，1878 年生。他是贵州倡导革命最早的人。1905 年赴日本留学，加入同盟会，并被举为贵州分会长。

自治学社发刊《自治学社杂志》，每月一册，并经常举行演讲。为了夺取议席，控制谘议局，自治学社先后派出干部多人到各县活动，建立分社四十七个，发展社员约一万四千余人③。

学社初期由张鸿藻、张百麟、周培艺三人共同领导。1909 年，张鸿藻辞职，推留日归国的钟昌祚继任。同年 6 月，创办公立法政专门学

① 胡刚、吴雪俦：《贵州辛亥革命史略》，《近代史资料》，1956 年第 4 期，第 84、90 页。

② 平刚：《贵州革命先烈事略》，见《云南贵州辛亥革命资料》，第 276 页。

③ 胡刚、吴雪俦：《贵州辛亥革命史略》，《近代史资料》，1956 年第 4 期，第 84、90 页。

堂。7月，发刊《西南日报》，以为言论机关。从此社务得到迅速的发展。

北部地区：

1. 山东分会。

反对"取缔规则"运动中，山东分会首任会长徐镜心偕谢鸿焘等归国，在烟台设立同盟会机关部①。谢鸿焘出资创办东牟公学，王学锦等创设师范专修班，以"唤醒民众，倡导革命"为务。其后，徐镜心秘密奔走各地，广事联络，发展会员数十人。1906年，去奉天活动。

继徐镜心之后任山东分会长的是丁惟汾。但他没有回国，委托山左公学创办人刘冠三在济南主持一切。1907年9月，刘冠三发展会员十余人。同年冬，山左公学被清吏破坏，公学中的同盟会员转入青岛震旦公学②。青岛当时为德国租界地，震旦公学名为学校，实为革命机关，创办人为同盟会员陈幹，在校者商震、刘冠三等三十余人。1908年，教员景定成等运动青岛船坞工人，成功地发动过一次罢工③。1909年，清廷出卖山东矿权，陈幹联络全省学界，组织保矿会，遭到德国殖民当局嫉视。不久，震旦公学被封。

至1911年，丁维汾才到济南重设同盟会山东分会。

2. 辽东支部。

到达东北最早的同盟会员是徐镜心、张继和日人末永节。1906年，他们结伴漫游东北各地。结纳"马贼"头目杨二虎等。"马贼"是一种绿林武装，不懂得什么叫"革命"，张继告以"打天下"，才明白所以。他们先后共发展同盟会员三百余人④。1907年春，宋教仁、白逾桓等抵达东北，组织辽东支部。

① 《山东党史稿》，《革命人物志》第3集，第426页。

② 《钟孝先回忆录》，《革命之倡导与发展》第1编第12册，第385—386页。

③ 景定成：《罪案》，《国风日报》刊本。

④ 张继：《回忆录》，《国史馆馆刊》第1卷第2号，第58页；参见《山东党史稿》，《革命人物志》第3集，第426页。

此后，黑龙江分会也在哈尔滨建立，会长为匡一。

3. 河北支部。

1906 年，弘文学院毕业生陈兆雯归国，任保定北关崇实中学教员，先后发展郝濯等为同盟会员。1907 年冬，创办保定育德中学，该校即成为同盟会在保定秘密集会的场所。1909 年陈兆雯病故，由郝濯继任主盟人①。

河北支部在保定学生中建立了外围组织实行会，1910 年改名共和会，参加者有高等农业学堂学生胡新三（鄂公）等。

4. 陕西分会。

在同盟会中，景定成极力主张在北方地区起事。1908 年春，他和井勿幕等在山西太原集议，认为陕西民性强悍，地势雄峻，可以作为西北各省革命的根据地。会后，井勿幕介绍景定成到西安高等学堂任教，和同盟会本部派回陕西的邹子良联络，共同发展会务。为了培养干部，井勿幕又创办了健本学堂。1908 年冬，井勿幕等在西安开元寺内集会，成立陕西分会，推李仲特为会长②。

5. 大同支部。

同盟会成立后，即在日本东京成立山西分会，王荫藩、荣福桐等先后任会长，发展会员百余人。其后，赵戴文、荣炳、荣福桐、阎锡山、王用宾、谷思慎、续桐溪陆续归国，但没有在省内建立分会组织。1906 年，续桐溪派人在绥包一带活动，发展李德懋、刘干臣等为会员。李是大同人，决定在该地建立革命机关。1910 年，成立大同支部。

上述同盟会组织除香港分会及南方支部外，都处于清政府的严酷统治下，因此，经常遭到破坏，存在不易。它们大多数克服了困难，潜滋暗长，动员和组织了革命力量。武昌起义的炮声一响，各地立刻动作，

---

① 刘仙洲：《辛亥革命前后保定革命回忆录》，《辛亥革命回忆录》（一），第 374—376 页。

② 《井勿幕先生公葬纪念册》。

其中不少组织起了重大作用。不过，由于它们都还很弱小，并未扎根于深厚的群众土壤之中，因此，革命爆发后就无力左右局面，应付各种事变。此外，许多分支机构长期各自为战，许多活动还是个人自发搞起来的，步调很难一致。

二 国外各地分会

华侨是革命的重要支持力量。同盟会总章规定，国外应设南洋、欧洲、美洲、檀岛四个支部。

南洋支部：设于新加坡，下辖英、荷属地以及缅甸、安南、暹罗各分会。

欧洲支部：设于布鲁塞尔，下辖欧洲各国分会。

美洲支部：设于旧金山，下辖南北美洲各分会。

檀岛支部：设于檀香山，下辖檀香山群岛各分会。

孙中山一直非常重视同盟会在国外的发展，许多组织都是在他亲自主持下建立的。

南洋地区：

1. 西贡、堤岸分会。

孙中山和西贡侨商很早就有联系。1900年，孙中山初次到达西贡，即与法国银行买办曾锡周、马培生及侨商李竹痴等结识。1905年10月，孙中山偕黎仲实、胡毅生、邓慕韩自日本再到西贡，曾锡周等热烈欢迎。停一二日，孙中山即赶赴堤岸，出席华侨欢迎会，受到闽粤籍商人李晓初、李卓峰、刘易初、颜太恨等人的殷勤招待，随即成立同盟会。刘易初任会长，李卓峰为副。在同盟会发动的历次军事起义中，曾锡周、马培生、李卓峰等均曾捐助巨款。黄景南是个卖豆芽的小商人，他将半生辛勤积蓄数千元全部献作起义经费，又每日将营业所得收益投入扑满中，贮作革命之需。另有挑水工人关唐，每担水钱不过一文，但他也将长期积蓄的三千余元全部捐献①。

2. 新加坡分会。

南洋群岛曾经是保皇党的一统天下，新加坡更是它的重要据点。1900 年初，康有为到新加坡，依靠当地华侨富商丘炜萲，组织保皇会，并通过《天南新报》做宣传，影响了不少华侨。同年 10 月，惠州起义失败，黄福、黄耀廷、邓子瑜等逃亡新加坡，该地开始有了革命党人的足迹。1901 年以后，尢列的中和堂在下层农工两界中做过一些工作，但基本上不脱旧式会党的规模。直到 1903 年，革命浪潮才逐渐冲击到了这里。华侨木厂主陈楚楠和布店老板张永福读了《革命军》和《苏报》，受到教育。二人为被捕的章炳麟、邹容担忧，曾联合打电报给英国驻沪领事，请他援引保护国事犯的条例，勿将章、邹引渡给清政府。此后，二人就到处宣传革命，并通过尢列聘请《中国日报》记者陈诗仲为编辑，出资创办《图南日报》。1904 年春，报纸出版，在新加坡地区喊出了革命排满的第一声。乙巳（1905）春节，报社印发一种有反满词句和革命图案的月份牌，孙中山见到后非常高兴，写信向尢列查询，表示希望合作②。

1905 年 6 月，孙中山从欧洲赴日本，途经新加坡，尢列引陈楚楠、张永福，林义顺等登舟相见。孙中山告知他们：德、法、比诸国留学生已成立革命团体，此行到日本后，将组织革命党总部，南洋各埠可设分会③。

1906 年 2 月，孙中山自西贡重到新加坡。由于殖民当局于 1900 年规定的五年不准入境的限期已过，陈楚楠等遂欢迎孙中山登陆。4 月，成立同盟会新加坡分会④。首次加盟者有陈楚楠、张永福、林义顺、

① 《越南华侨志》，1958 年 10 月版。

② 陈楚楠：《晚晴园与革命史略》，新加坡南洋报社有限公司版。

③ 冯自由：《中国革命运动二十六年组织史》，第 109 页。

④ 据《中国同盟会成立初期之会员名册》，陈楚楠等的入会时间为 1906 年 4 月 6 日，分会的成立时间当与此相近。

许子麟、刘金声、黄耀廷、尢列、邓子瑜、张华丹、吴悟叟、林干廷、张秉庚等十二人。举陈楚楠为会长，张永福为副，许子麟为会计，林义顺为交际，以晚晴园为会所。孙中山满怀激情地鼓励加盟者英勇奋斗，“设使牺牲到剩二个人存在，亦算是同盟会存在的一日”①。其后，陆续加盟者达四百余人，并曾派员分赴英荷两属及缅甸各地设立分会。

同年6月，孙中山离日本再到新加坡，命胡汉民起草会章，扩充组织，改选张永福为会长，陈楚楠为副会长。1907年8月，创办《中兴日报》。

新加坡分会是同盟会在南洋的活动基地，也是和改良派斗争的前哨之一。

3. 槟榔屿分会与马来亚各地的同盟会组织。

槟榔屿又名庇能，是马来亚的著名商埠和采锡工业中心。同盟会新加坡分会成立后，孙中山即偕陈楚楠、林义顺、李竹痴等到达该地，在华侨中发展组织。先后加盟者有吴世荣、黄金庆、陈新政、陈民情等。在有材料可考的三十五人中，计店主二十八人、店员二人、医生三人、学生一人②。会长吴世荣是店主。副会长黄金庆是矿商。

槟榔屿分会设有槟城书报社。1910年，缅甸分会主办的《光华日报》在当地不能立足，移至槟榔屿，成为革命派在南洋的又一重要宣传阵地。

马来亚半岛建立同盟会分会机构的城市尚有：

吉隆坡，加盟者有王清江、陈占梅、阮英舫、阮卿云、阮德三等，以王清江为会长。

怡保，加盟者有区慎刚、李源水、李孝章、郑螺生等。

芙蓉，加盟者有黄心持等。

瓜朥卑那，加盟者有邓泽如等。

---

① 张永福:《南洋与创立民国》，第10页。

② 据《南洋英属海峡殖民地志略》统计，1920年1月版。

此外，金宝、林明、太平、式叻、麻坡、砂朥越、麻六甲、关丹等地也都陆续建立了同盟会通讯处或书报社。其中，书报社达百数十处①。

4. 荷属各地分会。

革命派对荷属各埠华侨的工作开始于教育界。1903 年，当地某校向日本早稻田大学要求介绍教员，该校推荐了董鸿祎。董是军国民教育会会员，他又介绍了王嘉榘等一批革命分子。1905 年—1906 年间，陈楚楠通过冯自由，又介绍了易本羲、张继、李燮和、时功璧、田桐、陈方度等二十余人赴各埠任教。他们在当地宣传革命，为同盟会组织的发展打下了良好的基础。1906 年—1907 年期间，同盟会本部委派谢良牧、李燮和、李天邻、陈方度、曾连庆、梁墨庵等人在各地建立分会。为了避免荷兰殖民者干涉，多以书报社或学堂的名义作掩护。先后建立同盟会组织的有泗水、巴城、八打威甲、文岛、槟港、双溪烈、勿里洋、勿里洞吗吃、武陵、流石、日里棉兰、坤甸、三宝垄等地②。

5. 河内、海防分会。

孙中山与河内华侨的联系始于 1902 年。当时，他应安南总督韬美的邀请，参观河内博览会，曾在该地停留数月。首先结识粤籍洋服商人黄隆生。黄平时喜读《中国日报》，逢人必骂满洲政府，孙中山通过他又结识杨寿彭、甄吉庭、吴梓生等一批华侨，随即组织河内兴中会。

1907 年 3 月，为了就近领导粤、桂、滇三省的起义活动，孙中山自日本到达河内，在甘必达街六十一号设立机关部，同时将原兴中会改组为同盟会。先后加盟者有杨寿彭、黄隆生、吴梓生、张奂池等数百人③。

海防是华侨在安南的另一个集中地区。1905 年反美运动中，由某商号账房陈耿夫发起，组织拒约会，支援国内人民斗争。侨商刘岐山、甄璧、林焕廷等纷纷参加，办事处设于台湾街万新楼。1907 年，在同址

① 冯自由：《华侨革命开国史》，第 89 页。

② 冯自由：《华侨革命开国史》，第 93—94 页。

③ 冯自由：《华侨革命开国史》，第 51 页。

成立同盟会海防分会，刘岐山任会长，甄璧、林焕廷、陈耿夫任干事。

河内、海防地处北越，与广东钦州地区邻近，在1907、1908两年的武装起义中，它们成为同盟会的集结地与补给站。刘岐山招待往来同志，异常周到，被称为“小孟尝”。其他侨商会员或筹措经费，或参加义师，或输送武器，或接济粮食，曾有十余人被法国殖民当局驱逐出境。1911年广州起义中牺牲的烈士中，越南华侨即达十五人①。

6. 暹罗分会。

最早在暹罗华侨中宣传革命的是《华暹日报》，该报由华侨萧佛成和逃亡清吏陈景华创办。1908年，新加坡陈载之在暹罗开设德记栈，与萧佛成创立中华会所，邀请孙中山前来主盟。1908年11月，孙中山偕胡汉民到达曼谷，发展萧佛成、陈载之、陈景华等二十余人加入同盟会。孙中山离暹后，盟务交萧佛成主持。

7. 缅甸分会。

革命党人对缅甸华侨的工作开展得较晚。1905年6月，秦力山因李竹痴介绍，抵达仰光，以自身体验劝说保皇会会长、侨商庄银安参加革命。庄豁然醒悟，宣布和保皇会脱离关系。随后，秦力山在《仰光新报》上发表长达六万余字的《革命箴言》，风动一时。1906年秋，《仰光新报》为顽固派掌握。8月，庄银安等别创《商务调查会月报》，在“振兴实业”的名义下“发挥民族主义”，但影响不大。同年11月，秦力山在云南干崖病逝，缅甸的革命活动失去指导者，陷于停顿。

1908年4月，四川人王群携带同盟会本部委任证书自日本到缅，瑞隆公司股东徐赞周、陈仲赫、陈钟灵等十余人加盟。不久，于仰光召开同盟会成立大会。8月21日，得到当地华侨富商陈玉著等人的资助，出版《光华报》，以孙中山推荐的杨振鸿、居正二人为主笔。报纸出版后，会务大振，会员由三十余人迅速增至四百余人。10月，孙中山派汪精卫、吴应培二人到缅，改订分会章程。同年12月13日，选举庄银

① 《越南华侨志》，1958年10版。

安为会长，卢喜福为副。其后，又派居正、陈仲赫二人赴缅甸各地发展会务，在二十五个城市的华侨中建立了分会，至1911年止，共发展会员二千二百四十三人①。

8. 南洋支部。

河口起义失败后，胡汉民移居新加坡。当时，南洋各埠纷纷成立同盟会分会或通讯处。为了加强联系，统一领导，孙中山于1908年秋在新加坡设立南洋支部，规定分会总章十六条及通信办法三条，以胡汉民为支部长。1909年5月，孙中山起程赴欧。行前，派胡汉民赴香港就近领导国内运动。南洋支部迁至槟榔屿，交邓泽如、吴世荣主持。

邓、吴主持南洋支部后，工作长期陷于停顿。1910年7月，孙中山自檀香山经日本，重到南洋，支部的工作才逐渐恢复旧观。

9. 菲律宾分会。

抵制美货运动中，马尼拉侨商欧阳鸿钧与留日学生杨豪侣组织拒约会，每星期开会一次，借拒约鼓吹革命。1911年春，南方支部派李箕到马尼拉，欧阳鸿钧等六人加盟，以郑汉淇为会长。不久，发刊《公理日报》。

欧洲地区：

同盟会在东京成立后，留欧学界得到孙中山通告，先后设立同盟会通讯处。计有：

法国巴黎通讯处：魏宸组、胡秉柯、王鸿猷。

比国布鲁塞尔通讯处：史青、贺之才。

德国柏林通讯处：朱和中、宾步程、冯承钧。

比国列日城通讯处：孔伟虎、刘文贞。

英国伦敦通讯处：曹亚伯、吴稚晖、杨笃生。

瑞士洛桑通讯处：李仲南。

其中，布鲁塞尔组织了执行小组，由胡秉柯、史青、贺之才等九人负

---

① 冯自由：《缅甸华侨与中国革命》，《革命逸史》第二集，第155页。

责执行会务①。由于当时留欧学生中,有部分人反对“平均地权”这一纲领,也有人反对书写誓词,因此贺之才、史青另组公民党,宗旨为“驱逐鞑虏,恢复中华,创立民国”三项,作为同盟会的外围组织。凡入会者,须先入公民党,经过一段训练,才转为同盟会员②。

欧洲中国留学生不多,华侨也少,因此,同盟会的组织始终没有得到大的发展。

美洲地区:

1. 美洲同盟总会。

同盟会本部曾多次准备派人去美国建立组织,因受移民律限制,领不到入境护照而止。1907 年冬,出生于美国的同盟会员李是男自香港返回旧金山,冯自由便将发展会务的责任交给了他。1909 年夏秋间,李是男联络温雄飞等组织少年学社,出版《美洲少年》,但社员人数不多,规模很小。直到这年 11 月,孙中山自伦敦到达美国,才逐渐打开局面。12 月 25 日,孙中山在纽约召集热心革命的侨商集议,成立同盟会纽约分会,加盟者赵公璧等七人。1910 年 1 月 21 日,孙中山由纽约赴旧金山,途经芝加哥时,在欢迎大会上发表了长篇演说。会后,热心革命的华侨环坐请教,随即成立芝加哥分会。加盟者十二人,推萧雨滋、梅乔林为会长。2 月 10 日,抵旧金山,16 日,改组少年学社为同盟会旧金山分会。加盟者十五人,推刘成禺、黄魂苏、李是男为会长。宣誓时,孙中山将原来的十六字誓词改为“废灭鞑虏清朝,创立中华民国,实行民生主义”等十八字,“中国同盟会会员”则改为“中华革命党党员”。这是孙中山在同盟会内部矛盾加剧后的一次改革尝试,以后曾通知南洋支部照行。3 月,鉴于美国西部葛仑、屋仑、洛杉矶等城市相继建立分会,因此孙中山于旧金山成立美洲同盟总会。8 月 18 日,出版《少年中国晨报》。

---

① 史青:《留比学生参加同盟会的经过》,《辛亥革命回忆录》(六),第 22 页。

② 冯自由:《留欧学界与同盟会》,《革命逸史》第二集,第 134—135 页。

1911年1月,孙中山再到美国。6月,在旧金山建议美洲同盟总会与致公堂联合。经多次会商,双方于6月18日发表联合布告。全体同盟会员加入洪门。这一措施扩大了同盟会的社会基础,大大加速了筹饷的进程。

2.加拿大支部。

加拿大是保皇会的策源地。1899年至1909年十年间,改良主义在加拿大华侨中占有绝对优势。维多利亚虽有吴子垣等七八个年轻人组织击楫社,提倡革命排满,但影响不大。1907年,康有为弟子崔通约主编《华英日报》,因事与保皇会发生讼案,转而鼓吹革命,不久亦因经费不足停刊。1909年冬,温哥华致公堂大佬陈文锡等受革命潮流的影响,创办《大汉日报》,邀冯自由任主笔。1910年6月,冯自由抵埠就任,使报纸面目一新。但加拿大洪门势力深厚,为避免疑忌,冯自由没有公开组织同盟会。1911年2月,孙中山自旧金山抵达温哥华,展开募捐活动,"连日在致公堂及戏院演说,听者二三千人,虽大雨淋漓,亦极踊跃"①。会后,组织洪门筹饷局。3月,孙中山离加赴美,冯自由着手组织同盟会。温哥华加盟者百数十人,维多利亚加盟者数十人。5月,召开成立会,以冯自由为支部长。9月中旬,冯自由赴美,以黄希纯继。

檀香山地区:

1.檀香山分会。

1904年孙中山离檀香山后,中华革命军很少活动。1907年卢信到檀香山创办《自由新报》,会务仍然没有进展。1910年3月28日,孙中山自旧金山抵檀香山。4月4日,在戏院发表演说。引广州新军起义为证,说明全国军人多已趋向革命,如军饷充足,可以随时大举。到会二千余人,情绪热烈。当晚,在《自由新报》楼上召集会议,将兴中会改组为同盟会,按在旧金山改订的誓词宣誓,加盟者二十余人。公推梁海

① 孙中山:《致大埠致公总堂函》,司徒丙鹤藏。

为会长，曾长福为司库，卢信为书记。此后，每晚邀请百余人，“到者皆乐于联盟”①。由于人数众多，不得不简化手续，将亲笔书写盟书的规定改为印表填写。鉴于清政府驻檀香山领事曾移文粤督，查抄兴中会会员家产，因此，在侨商中另设同盟会秘密团。

2.茂宜及希炉两岛分会。

成立于檀香山正埠分会之后，由原兴中会改组而成。

此外，新西兰的首都惠灵顿也建有分会。1908年，华侨吕杰因阅读《中国日报》，致书报社，要求参加同盟会。经冯自由特许，以通讯方式加盟。其后，发展会员十余人。

比起国内组织来，同盟会的国外组织要稳固得多。在以后的历次起义中，它们提供了大量经费，南洋地区并有不少会员归国参加起义，有力地支援了国内斗争。

① 孙中山：《在檀香山致纽约同志各函》，《总理全集·函札》第120页。

第六章　中国同盟会成立后的革命斗争

第一节　革命派和改良派的论战

同盟会的成立是一件划时期的大事。团结在反满旗帜下的各派革命者终于有了统一的组织，有条件整齐步伐，一致号令，向着清政府冲锋陷阵了。

同盟会成立后，迅速展开了和改良派的大论战。经过论战，改良派丧失了在思想和舆论界的领导地位，必须推翻清政府的革命思想日益深入人心，近代中国出现了又一次思想解放的潮流。

一　《民报》的创办和论战的展开

经过了 1903 年至 1904 年的初次辩论，康有为、梁启超的改良主义思想受到了一次冲击。但是，在海外华侨和国内资产阶级、小资产阶级群众中，特别是在舆论界、思想界，改良派及其宣传工具《新民丛报》仍然拥有相当大的影响，销售量达一万四千余份之多。为了进一步廓清保皇毒焰，传播革命思想，迫切需要创办刊物，继续展开论战。

在同盟会成立会上，黄兴即提议以《二十世纪之支那》作为机关报，得到一致赞同。不久，因第二期有《日本政客之经营中国谈》一文，日本政府禁止该刊发卖。为避免干涉，同盟会决定另办《民报》。1905 年 11 月 26 日，《民报》正式出版。在《发刊词》中，孙中山首次公开提出了“民族”、“民权”、“民生”三大主义，表示希望通过《民报》，使之“输灌于人心而化为常识”。在《简章》中，规定了“本杂志之主义”六条，为：颠复现今之恶劣政府，建设共和政体，维持世界真正之平和，土地国有，主张中国、日本两国之国民的连合，要求世界列国赞助中国之革新事业等。

《民报》最初的编辑人为胡汉民，主要撰稿人有陈天华、胡汉民、汪精卫、朱执信等，发行人为张继，经理为陈天华。《民报》创刊不久，反对“取缔规则”的斗争进入高潮，部分日本报纸对中国留学生进行冷嘲热讽，12月7日，《朝日新闻》甚至以“放纵卑劣”四字相攻击①。8日，陈天华愤而投大森海湾自杀。死前遗书说：“我不自亡，人孰能亡我者？惟留学而皆放纵卑劣，则中国真亡矣。岂特亡国而已，二十世纪之后，有‘放纵卑劣’之人种，能存于世乎？鄙人心痛此言，欲我同胞时时勿忘此语，力除此四字，而做此四字之反面，坚忍奉公，力学爱国。恐同胞之不见听，而或忘之，故以身投东海，为诸君之纪念。”②陈天华的性格有激情奔放的一面，也有其脆弱而不耐磨炼的一面，跳海之举正是这两方面性格交织的表现。他的死使《民报》丧失了一个出色的宣传家。

1906年6月，同盟会派龚炼百、时功玖等迎章炳麟出狱东渡。7月7日，经孙毓筠介绍，由孙中山主盟，章炳麟加入同盟会③。15日，东京中国留学生集会欢迎。到会两千人。这天下雨，来晚了的人挤不进会场，就站在雨中。会上，章炳麟发表了长篇演说，认为近日办事的方法，第一要在感情，而要成就这感情，有两件事最重要：一是用宗教发起信心，增进国民的道德；一是用国粹激动种性，增进爱国的热肠。他说：孔教、基督教都不可用，通行的佛教也有许多杂质，必须设法改良。华严宗主张普度众生，头目脑髓，都可施舍与人，在道德上，最为有益。法相宗主张万法唯心，一切有形的色相，无形的法尘，总是幻见幻相，并非实在真有，这在哲学上今日也最相宜。要有这种信仰，才得勇猛无畏，众

---

① 见明治三十八年12月7日该报，中云：“清国学生过于狭义解释省令，此亦清国人特有之放纵卑劣行为所致，他们的团结力量亦甚为薄弱。”

② 《陈星台先生绝命书》，《民报》第2号。

③ 《中国同盟会成立初期之会员名册》，《革命之倡导与发展》第1编，第11册，台北版，第169页。

志成城，方可干得事来。他又说：提倡国粹，不是要人尊信孔教，只是要人爱惜我们汉种的历史，一是语言文字，二是典章制度，三是人物事迹。中国人晓得了这三项，那爱国爱种的心，必定风发泉涌而不可遏抑①。章炳麟是在佛教哲学和中国传统文化方面都有精深研究的思想家，他力图从这两者中找寻为资产阶级民主革命服务的精神武器。但是，它们毕竟都太陈旧了。佛教的主观唯心主义造就不出勇猛无畏的革命军，而那种对“汉种历史”的笼统推崇也容易流为对封建主义的鼓吹。自第七号起，《民报》由章炳麟主编，上述观点即成为他的编辑思想，也部分地影响了革命派的文化宣传活动。当时，国学讲习会、国学振起社一类组织纷纷建立，讲“国学”成为一种时髦。此后，章炳麟一方面发表一系列源本经史、渊雅古朴的排满文章，在士大夫阶层中发生了很大影响；同时也发表不少阐扬佛学之作，被人讥为不作“民声”，而作“佛声”②。

《民报》一创刊就受到广大读者欢迎，至第四号。即销行至万份，至第七号，又销行至一万七千份。它被以各种巧妙而隐蔽的形式运向国内，散发各地。不少号一版、再版、三版仍然不能满足要求，第一号发行六版，第二、三号各发行四版，得到一本的人“如获拱璧”③。1906 年 12 月 2 日，《民报》在东京召开周年纪念会，盛况空前，会场内外水泄不通。宋教仁和宫崎寅藏因为晚到，是从窗口爬进去的，宋教仁挤到主席台时，连鞋子都丢了。会议由黄兴主席，章炳麟读祝词，孙中山、章炳麟、日人池亨吉、北一辉、萱野长知、宫崎寅藏等先后演说。会议一直在如雷的掌声、欢呼声、万岁声中进行。其间，有人提议捐助《民报》经费，“一时投钱者、书名于册者，不知若干人”④。会后散发《民报》临时增刊

① 《演说录》，《民报》第 6 号，1—10 页。

② 转引自章太炎：《答梦庵》，《民报》第 21 号，第 127 页。

③ 恨海：《来函》，《民报》第 5 号，第 133 页。

④ 《宋教仁日记》，第 303—304 页。

《天讨》赠书券，共发出五千枚。这次会议反映出《民报》的巨大影响，也反映出东京中国留学生日益革命化的趋向。

1907年3月，胡汉民、汪精卫随孙中山离日，《民报》主要撰稿人改为刘师培、黄侃、汪东、陈去病等。同年12月，章炳麟因和孙中山的矛盾日益加深，以脑病为理由辞职，第十九号由张继编辑。1908年1月，张继因参加日本无政府主义者的金曜讲演会，被日警追捕，辗转逃往法国，自第二十号改由陶成章编辑。陶对理论不感兴趣，声明“专以历史事实为根据，以发挥民族主义，期于激动感情，不入空漠”①。至第二十三号，再归章炳麟编辑，以汤增璧为副。

1908年10月，由于同盟会所发动的武装起义屡遭失败，汤增璧转而鼓吹暗杀，在《民报》第二十四号上发表《革命之心理》一文，赞扬“虚无党”，“欲以陈师鞠旅，化而为潜屠暗刺，并以组合莅盟，转而为径情孤往”。适值日本政府由反动的桂太郎组阁，加紧镇压日本革命党人和无政府主义者；又值清政府派唐绍仪为中美联盟赴美，道经日本，章太炎在《民报》发表《清美同盟之利病》予以抨击。于是，唐绍仪便嗾使驻日公使出面交涉，要求封禁《民报》。同月19日，日本政府以发表《革命之心理》，激扬暗杀为理由，下令禁止第二十四号《民报》发行。20日，章炳麟向警署提出诘问。次日，致书日本内务大臣平田东助，退还命令书。23日、26日，又连续致书平田东助，指责日本政府的错误政策，声称，“本编辑人兼发行人宁为玉碎，不为瓦全”，“封禁驱逐，惟命是听”②。在宫崎寅藏等支持下，黄兴、章炳麟、宋教仁等延聘律师向日本法庭提出诉讼。11月22日开庭时，东京地方裁判厅门前集中了约两千名激动的中国留学生，“人声骚乱，势甚汹汹”，迫使法庭悬牌延期③。26日第二次开庭时，章炳麟以雄辩家的气概驳斥了日方所加的罪名。

① 《本社特别广告》，《民报》第19号广告栏。

② 《报告〈民报〉二十四号停止情形》，《新世纪》第79号。

③ 《东京〈民报〉之诉讼》，《神州日报》，1908年12月4日。

他说:"我买手枪,我蓄刺客,或可谓扰乱治安。一笔一墨,几句文字,如何扰乱?"又说:"我言革命,我革中国之命,非革贵国之命。我之文字,即鼓动人,即扇惑人,扇惑中国人,非扇惑日本人,鼓动中国人,非鼓动日本人,于贵国之秩序何与? 于贵国之治安何与?"①驳得日方哑口无言,竟悍然宣布禁止出版。其后,黄兴等决定将《民报》社迁往美国,主张"中美两国之国民联合"②,因故未果。

1909年10月,汪精卫由南洋到日本复刊《民报》,伪称在法国巴黎出版,实则仍在日本印刷,仅刊行两期。

1911年7月,南洋华侨在五十一个城市募捐,计划在槟榔屿重刊《民报》,聘宋教仁、戴季陶为编辑,因武昌起义爆发而止③。

《民报》与《新民丛报》是论战的主要对手,在南洋,则在《中兴日报》和《南洋总汇新报》之间展开。《总汇报》原是革命派在新加坡的报纸,1905年冬发刊,由陈楚楠、张永福主持。1906年春,转入改良派之手,改名《南洋总汇新报》。为了与之对抗,革命派于1907年8月20日创办《中兴日报》,由田桐主持。这一时期,清政府"预备立宪"的锣鼓已经敲响,潦倒在海外的改良派感到了希望,国内新出现的立宪派更加兴致冲冲,于是,海内外呼应,共同掀起国会请愿运动。1908年6月,《总汇新报》发表《立宪为今日救国之唯一手段》一文,以向清政府要求召开国会为最高目的。同月,田桐向《总汇新报》发出进行"文战"的通知,黄兴、胡汉民、汪精卫等纷纷赶来参加,改良派则从美洲请来了其地位仅次于康、梁的徐勤,双方展开了又一次激烈的论战。这次论战内容的许多部分和东京相同,不同点是:关于民生主义的争辩沉寂了,而"国会"、"立宪"则成为引人注意的新论题。

在其他地区展开论战,形成对垒的报纸为:

---

① 《太炎最近文录》第110、111页。

② 《东京通信》,《神州日报》,1908年11月5日。

③ 槟榔屿《光华日报》,1911年7月18、29日、9月21日、10月31日。

《自由新报》与《新中国报》(檀香山)

《华暹新报》与《启南新报》(曼谷)

《光华报》与《商务报》(仰光)

《大汉日报》与《日新报》(温哥华)

《美洲少年报》与《世界报》(旧金山)

上述地区论战的激烈程度也不亚于东京和南洋。据有关记载,由1907年至1911年的四五年内,檀香山的《自由新报》几乎无日不与《新中国报》展开辩论,往往因报上一字一句之微涉讼法庭;《大汉日报》和《日新报》之间的驳论竟发展至二百余续,形成马拉松式的笔战。

论战主要环绕着三民主义进行。《民报》期间,孙中山曾口授而由汪精卫执笔写成《驳革命可以召瓜分说》一文。《中兴日报》期间,孙中山又亲自撰写《论惧革命召瓜分者乃不识时务者也》等三篇文章。他领导了对改良派的论战,取得了胜利,是这一斗争的旗帜。

二 论战的基本内容

《民报》于出版第三号后曾发行号外,列述《〈民报〉与〈新民丛报〉辩驳之纲领》共十二条,声明自第四号以下,分类辩驳。实际论战内容与《纲领》相近,概括起来,主要集中在四个问题上。

一、要不要推翻满清政府——关于所谓"种族革命"的论战。

改良派否认民族歧视和民族压迫的存在,因而也就否认推翻满清政府的必要。康有为狂热地歌颂清朝统治者的"功德",称颂康熙的"薄税"不仅为"中国数千年所无,亦为地球万国古今所未有"①。梁启超声称在清朝统治下,"举国人民,其在法律上本已平等,无别享特权者"②。

---

① 《法国革命史论》,《新民丛报》第87号,第20页。

② 《申论种族革命与政治革命之得失》,《新民丛报》,第76号,第58页。

他要革命派“多从政治上立论，而少从种族上立论”①。在《政治学大家伯伦知理之学说》一文中，梁启超问道：“排满者以其为满人而排之乎？抑以其为恶政府而排之乎？”②他一再声称，汉人满人都有好有坏，例如对“立宪”，汉人有赞成的，作梗的，满人也有赞成的，作梗的，赞成、作梗，都与种族毫无关系。又说：满洲是中国国土，不是异国；满族二百多年来早已同化于汉人，满清入关是中国统治者的更迭，是爱新觉罗氏取代了朱氏，建州卫人取代了安徽人，不是中国的灭亡。梁启超批评革命派的排满论是褊狭的民族主义，愚不可及！

梁启超主张“多从政治上立论”，他所提出的某些具体论点也并不错，如满洲是中国国土，满清入关只是中国统治者的更迭等，都是正确的，但他的结论却大错特错了。他认为，满洲政府明明是我“四万万人之政府”③，不应该推翻，只应该监督改良。什么才是中国人民的大敌呢？据说：那是“个人主义”——当大局之利害与己身之利害相反时，宁牺牲大局而顾自身的“个人主义”。他说：“夫此次为改革之梗者，固不独铁（良）、荣（庆）二人矣，即汉员之大僚，亦居大多数焉。若彼者，宁得谓其认改革为利满不利汉而因以梗之耶？毋亦认改革为不利于己一身之富贵权力而因以梗之耳。质而言之，则个人主义者，今日中国膏肓之病也。”梁启超号召人们，以“此病为国之大敌，合全力以征讨之”！④在这里，不仅满洲贵族被梁启超开脱了，汉族官僚也被开脱了，所不能开脱的只是满、汉人人有份的一种思想上的病症。

改良派为清政府的“预备立宪”欢呼。梁启超吹捧光绪皇帝说：“天相中国，诞膺我德宗景皇帝，滂沛德音，布立宪之政，以垂诸无穷。”在他看来，清朝统治者做到了这一步，就克服了任何种族或阶级的偏私，“若

① 《杂答某报》，《新民丛报》第84号，第21页。

② 《新民丛报》第38、39号合本，第30页。

③ 《杂答某报》，《新民丛报》第84号，第13页。

④ 《杂答某报》，《新民丛报》第85号，第3页。

夫公天下之盛心,与夫规模措施之宏远,则未闻有圣圣相继如今日者也”①。徐佛苏保证,只要有了一部宪法,满汉之间的不平等事实,都可以根据法律条文“消化”掉②。《总汇新报》也连连许愿,立宪之后,就满汉平等,不会有什么“种族之嫌贰”了③。

与改良派相反,革命派列举大量事实揭露了清政府所实行的民族歧视和压迫政策。他们说:二百六十年来的政治是不平等的贵族政治,满清政府对汉族的压制可以称得上是无所不至。“虐我则仇”,既然“满洲之对于汉民也,无一而非虐,则汉民之对满洲也,亦无一而非仇”④。

革命派又揭露了清政府的媚外卖国政策,指出自鸦片战争以来,清政府与“洋人”所订大小条约,“无一非损己以益人者”,“大者为领土权、独立权之侵蚀,小则为铁路、矿产、航道等权利之授予,使吾国民触处伤心,穷于无告”。为了拯救中华民族的深重灾难,他们表示,必须坚决推翻“蔑弃我国家权利之异族专制政府”⑤,“满洲去,则中国强”⑥。

革命派还揭露了清政府所谓“预备立宪”的骗局,他们指出:满洲贵族的排汉宗旨并未略改,只不过出现了两派:强悍派主张专门练兵以镇压汉人,如铁良;阴柔派主张变更政体以愚弄汉人,如端方。“预备立宪”的一整套做法是以“立宪为表,中央集权为里”,“阳收汉人之虚望,阴殖满人之实权”⑦,目的在“冀保觉罗氏须臾之残祚”⑧。

当时,革命派中确有不少人具有狭隘的种族主义思想和复仇情绪,

---

① 《叙例》,《国风报》第1年第1期。

② 佛公:《答精卫书》,《新民丛报》第85号,第103页。

③ 觙:《论国会之趋势》,《南洋总汇新报》,1908年8月3日。

④ 豕韦之裔:《普告汉人》,《民报》临时增刊《天讨》,第28—29页。

⑤ 汉民:《排外与国际法》,《民报》第10号,第20、32页。

⑥ 汉民:《〈民报〉之六大主义》,《民报》第3号,第16页。

⑦ 去非(胡汉民):《驳〈总汇报〉论国会之趋势》,《中兴日报》,1908年9月21日。

⑧ 嗣轩:《〈新民丛报〉非种族革命论》,《复报》第3期。

他们自视为“神明之胄”，谩骂满族为“贱种”①，宣扬满洲在“前明时代于中国为敌国”②，甚至否认满族为中华民族的一员。他们念念不忘满洲贵族入关时在扬州等地实行的大屠杀，认为满汉之间“有相屠之史，而无相友之迹”③，仇满是汉人的天职。和上述思想不同，革命派中也有人指出，“种族革命”并不是要杀光满族五百万人，而是“倾覆其政府，不使少数人握我主权，为制于上之谓也”④。他们提出“仇一姓不仇一族”的理论，认为在满族中“据隆崇之地位，握高尚之特权”者是少数。汉族的敌人只是满族中的爱新觉罗一姓，广大满族人民在革命胜利后会愉快地“与我汉族同生息于共和政体之下”⑤，对其贫穷无告者，还要为之谋求生活的保障。这些言论，正确地区分了满洲贵族和一般成员，体现了民族团结的精神。

二、要不要建立共和政体——关于所谓“政治革命”的论战。

改良派认为，中国万不能建立共和政体。理由是：国家是平衡正义、调和利害冲突的团体。若在君主国，君主超然于人民利害之外，所以能调和人民的利害冲突。若在共和国，人民之上没有超然于利害关系以外的人，因此，除盎格鲁撒克逊人种富于自治性质，可以采取这一制度外，长期处于专政体下的人民一旦采取这种制度，必然导致“下等社会”猖獗，各持“个人主义”以营其私，形成阶级争夺，大乱不已，最后，人民不得不将政治自由交给一个人，专制制度因而复活。梁启超把这种情况叫做“革命决非能得共和而反以得专制”⑥。

梁启超的这一套理论并非出于自创，而是对德国波伦哈克思想的鹦鹉学舌。波伦哈克是19世纪末年德国柏林大学教授，写过一本《国

① 精卫：《民族的国民》，《民报》第1号，第19页。

② 思古：《论满洲当明末时代于中国为敌国》，《民报》第20号，第6页。

③ 蛰伸（朱执信）：《论满洲政府虽欲立宪而不能》，《民报》第1号，第32页。

④ 去非（胡汉民）：《纪十一月四日东京满学生大会》，《民报》第9号，第96页。

⑤ 《仇一姓不仇一族论》，《民报》第19号，第108页。

⑥ 《开明专制论》，《新民丛报》第75号，第11—12页。

家论》,狂热地鼓吹君主立宪。1903年,该书由日本早稻大学译出,梁启超如获至宝,认为它壁垒森严、佐证确凿,纵有苏秦、张仪之舌而不能难①,立即以之作为和革命派论战的思想武器。

革命派认为,在进行"种族革命"的同时,还必须进行"政治革命",这就是彻底改造数千年来的君主专制政府,建立实行民权立宪制度的共和政体。他们认为这种政体没有等差,没有阶级,人人平等,"最美、最宜"②。建立了它,国家就"有磐石之安,无漂摇之虑矣"③!

在阶级社会中,国家不是什么"平衡正义,调和利害冲突"的团体,关于这一点,革命派并未能揭穿波伦哈克——梁启超理论的虚伪,相反,倒是跟着跑的。革命派说,共和国以国民为最高机关,但是,在实行代议制的共和国里,国民并不自行统治权,而是以议会为代表机关实行统治权,议会就是最高机关,因此,可以"调和人民之利益冲突"④。

梁启超说:共和立宪制的根本精神是卢梭的"国民总意"说。只有一切立法,行政都原本于全体国民的总意,才能叫纯粹共和。他认为,在实行代议制度的国家里,代议士的意见与代议士选举者之间的意见常常不同。小国可以实行全民的直接投票,大国则不可能;即使实行直接投票,又会出现威逼、愚弄等舞弊现象。而且,国民意见不可能没有歧异,有一个人不同意,就不能叫"总意",他的结论是"国民总意"说根本不能实现,最多只能实现"国民多数"说。但是,他又表示,多数之所在,不一定是国利民福之所在。例如,让数百个儿童按自由意志投票,是好游戏,还是好学习,结果必然是好游戏的占大多数⑤。

革命派说:卢梭的"国民总意"说对共和立宪有影响,但共和立宪并非全以"国民总意"说为根本精神。如北美合众国诸州的权利章典,法

① 《开明专制论》,《新民丛报》第75号,第14页。

② 思黄(陈天华):《论中国宜改创民主政体》,《民报》第1号,第41页。

③ 孙中山语,转引自《民族的国民》,《民报》第2号,第22页。

④ 精卫:《再驳〈新民丛报〉之政治革命论》,《民报》第6号,第89页。

⑤ 《申论种族革命与政治革命之得失》,《新民丛报》第76号,第7—9页。

国1789年的《人权宣言》，1791年的宪法等，都是如此。革命派指出，卢梭的理论分纯理和实用两方面。从纯理方面说，国民全部直接行使主权才是真正的民主政治，但是，这只是一种理想；从实际方面看，则只能实行代议制度，国民通过代议士行使其权利，革命派表示，选举过程中会产生种种舞弊现象，但这是可以采取措施加以防止的，不能因此就废除选举制度①。

资产阶级议会一般具有立法和监督政府的组织与工作等权力，它是封建专制制度的对立物，可以有效地反映资产阶级各个阶层、派别、集团的利益和愿望。它的出现，是一个巨大的历史进步。但是，它毕竟是在“全民”或“国民”的“民主”旗帜掩盖下的一种资产阶级专政，对于被剥削、被压迫的人民说来，还是一种欺骗。当时，中国资产阶级革命派还不认识也不可能认识到这一点，他们真诚地相信议会会成为“国民思想的反映”②。

梁启超又说：共和立宪制的统治形式必然采取孟德斯鸠的三权分立论，但是，立法、司法、行政分立的结果不仅“机关倾轹而缺调和”，“施政牵制而欠圆活”，而且，对于新造之国说来，还会出现不可思议的危险，使国家没有最高主权。他说：“凡一国家，必有其最高主权，最高主权者，唯一而不可分者也。今三权既分矣，所谓最高主权者，三机关靡一焉得占之。然则竟无最高主权乎？苟无之，斯不成国矣！”③

革命派说：如果国家权力总握于唯一机关，专断一切，必然造成为善为恶都无限制的情况，国家秩序、国民自由都没有保证，因此，必须如孟德斯鸠所鼓吹的那样，实行三权分立主义，使国家权力分寓于三机关。它们互相独立于自己的权力范围之内，而不立于他机关的命令之下。这是摧毁专制政体而为立宪制度必不可无的精神。革命派表示：

① 精卫：《再驳〈新民丛报〉之政治革命论》，《民报》第6号，第91—96页。
② 精卫：《再驳〈新民丛报〉之政治革命论》，《民报》第6号，第91—96页。
③ 《申论种族革命与政治革命之得失》，《新民丛报》第76号，第22页。

孟氏之说并非完全无缺。国家的机能复杂相连，所谓分立，不是纯然没有关系，各自孤立，而是不相抵触，各自独立。这样做，对于国家的统一，决无所损①。

三权分立说是资本主义的生产分工在国家机构上的运用。它是法国资产阶级革命的理论武器和资产阶级政治制度的基本原则，目的在于防止权力集中于一人或一个机关。比起封建专制政体来，它同样是一个巨大的历史进步。但是，它也仍然是资产阶级专政的一种形式，而不是普遍的“国民自由”的维护者。

根据波伦哈克思想，梁启超宣扬民族自卑观念，大肆诬蔑中国人民。他说：中国人不是顽固的老辈，就是一知半解的新进，“无三人以上之法团，无能支一年之党派”②，要想追步盎格鲁撒克逊人种，难矣哉！结论是：中国国民没有实行议院政治的能力，中国政治不能采用共和立宪制。不仅如此，他甚至表示，当时中国人民连实行君主立宪的程度也没有，只能实行开明专制，即赋予一个拿破仑式的“开明”圣君以至高无上的权力，然后辅以管子、商君或俾斯麦、加富尔式的贤相，用专断的方式规定国家机关的行动。他说：“专制而为开明，开明而能专制，则其国家机关之行动，极自由，极迅速，而影响于国利民福者极大。”③

革命派坚决驳斥了梁启超的民族自卑观念。他们指出：中国民族的聪明才智不比其他民族差，中国人很早就创造了高度的文化。虽然由于历代暴君污吏的压制，中国民族的能力受到限制，但潜在力量仍然存在，短期内即可恢复。革命派以日本为例说明：日本以四十年的经营，一跃而为头等强国，中国土地、人民十倍于日本，日本能做到的，中国人民为什么不能做到呢？

革命派反问道：如果谈能力，难道（满洲）政府的能力优于国民吗？

---

① 精卫：《再驳〈新民丛报〉之政治革命论》，《民报》第 7 号，第 34—36 页。

② 《政治学大家伯伦知理之学说》，《新民丛报》第 38、39 号合刊，第 23 页。

③ 《开明专制论》，《新民丛报》第 74 号，第 1 页。

今日的皇帝，以世袭得之，不辨菽麦；今日的大臣，以蝇营狗苟得之，廉耻丧尽。这些至不才、至无耻的人，你们希望他们做拿破仑、加富尔式的圣君贤相；相反，对于全国之人，一概目为顽固老辈、幼稚新进，认为不足以言共和，只宜受专制，“何重视政府，轻视国民，至于如此也”？革命派指出：改良派的主张貌似持重，实际上是在打击中国人民的进取心。他们鲜明地表示：“我国民必能有民权立宪之能力！”①

改良派敌视人民，反对给人民以民主权利，认为“家无担石，目不识丁”的“贫民”，不配有选举权和被选举权。他们向革命派问道：你们是准备实行普通选举呢，还是制限选举呢？在改良派看来，如果穷光蛋、大老粗们进了议会或政府，就“不知议会果复成何议会而政府果复成何政府也”②？

革命派直爽地回答：当然是实行普通选举。他们说：“各国制限选举之法虽不同，要以财产之制限为主；而普通选举之特色，即在于不以财产资格为选举之要件。”③他们反问改良派道：“试问贫无担石储者，何以无为议员之资格乎？议员一用贫民羼入，则秩序立乱乎？犹是横目两足，犹是耳聪目明，独以缺此区区阿堵故，不得有此权利，吾不知其何理也？”④革命派当时正处在上升阶段，感到自己和人民站在一起，因此，准备给人民以民主权利。

对人民的不同态度衍化出了两条不同的政治路线。革命派总结道：“《民报》以政府恶劣，故望国民以革命；《新民丛报》以国民恶劣，故望政府以专制。”⑤

改良派的最高要求是君主立宪。清政府下诏宣布“预备仿行宪政”后，梁启超的“开明专制”论立即收了起来，改良派开始酝酿请开国会的

---

① 精卫：《再驳〈新民丛报〉之政治革命论》，《民报》第7号，第7页。

② 梁启超：《开明专制论》，《新民丛报》第75号，第21页。

③ 精卫：《再驳〈新民丛报〉之政治革命论》，《民报》第7号，第57页。

④ 县解(朱执信)：《论社会革命当与政治革命并行》，《民报》第5号，第61页。

⑤ 《〈民报〉与〈新民丛报〉辨驳之纲领》，《民报》第3号号外。

运动。他们说:欲谋政体之改革,不可不从根本上着手。“吾人所宜奔走呼号,与吾国民相将致力者,惟在开设国会而已”①。他们声称:国会为富强之基础,治安之本原,“国会立,则宪政可成,宪政成则百废具举”,就可以“转弱为强,由贫致富,拨乱反治,举危措安”了②。

革命派认为,国会和富强没有必然联系:“一国之国民,有实力则强,无实力则弱,非与于国会之有无也。”他们举例说:俄罗斯在未开国会之前就是强国,开了国会之后并没有更强;意大利、西班牙原来也是强国,开了国会之后,却日渐陵夷③。革命派认为:真正的立宪政体必须“以民权为母”,“由国民大革命而得之”。民权进则君权退。宪法发达,宪政成立,都是民权战胜的结果。如果人民“无毫末之实力”,“万事出于钦定”,那末,“专制之毒,又何能改”④?当改良派被清政府“预备立宪”的“暖风”吹晕糊了的时候,革命派是清醒的。他们懂得,如果没有“民权”作基础,一切宪法、宪政都不过是一纸空文。

革命派比较了国会在民主立宪国和君主立宪国中的不同地位。他们说:“在民主立宪国,则其宪法对于国会宽,故国会之势力能得政治上之活动;在君主立宪国,对于国会刻,故国会之势力难得政治上之活动。”⑤他们豪迈地宣称,要扫除中国四千余年的君主专制,实行民主立宪,“不惟革其政体,并革其国体(即由君主国体变为民主国体)”,“是诚可谓革数千年之命也”⑥。这里,革命派所讲的国体、政体都还是政权的构成形式,并未接触到统治谁和由谁统治这一根本问题,但

① 熊范舆:《国会与地方自治》,《中国新报》第5期。

② 勬:《论国会之趋势》,《南洋总汇新报》,1908年8月10日。

③ 宅仁:《正〈总汇报·定期开设国会为中国自强之基础〉》,《中兴日报》,1908年9月16日。

④ 去非:《驳〈总汇报·论国会之趋势〉》,《中兴日报》,1908年8月10日。

⑤ 宅仁:《正〈总汇报·定期开设国会为中国自强之基础〉》,《中兴日报》,1908年9月16日。

⑥ 辨奸:《驳〈总汇报·论国会与君主之关系〉》,《中兴日报》,1908年10月22日。

是，他们意识到要“革数千年之命”，这是一种对本阶级历史使命的自觉。

还在《民报》创办初期，革命派就宣布，处在二十世纪的历史条件下，如果创设新政体，“必思涤除专制惟恐不尽”①。要求民主立宪，反对任何一点君主专制的余毒，这正是列宁所称颂的“带有建立共和制度要求的完整的民主主义。”中国资产阶级革命派的反封建要求有其软弱和不彻底的方面，但又有其可贵的、值得称道的一面，虽然它以后的实践远远未能做到。

三、要不要实行民生主义——关于所谓“社会革命”的论战。

改良派认为中国不必实行“社会革命”。梁启超说：中国社会的经济组织和欧美不同。欧美贫富悬隔，已经陷于不能不革命的穷境，中国则中产之家多，特别豪富之家少，自古以来就没有贵族制度，行平均相续法，赋税极轻，因此，只须实行社会改良主义，“稍加补苴之力，使循轨道以发达进化”②。

革命派说：社会革命的原因在于“社会经济组织不完全”③。19 世纪以来，欧美君主专制虽除，但贫富两极分化，富者资产骤增，贫者日填沟壑，出现了富豪的“无形专制”④。他们认为，中国虽然不像欧美那样贫富悬隔，但贫富之分仍然存在，埋藏着第二次革命的伏线，绝不能使吾民受资本家之惨害，绝不能使大多数人民蜷伏于少数资本家羁制之下，因此，必须进行社会革命。朱执信说：“贫富已悬隔固不可不革命，贫富将悬隔则亦不可不革命！”⑤

改良派又认为中国不可实行社会革命。梁启超以热烈的语言赞颂资本主义的企业家，认为他们“结合自然、资本、劳力之三生产要素”，

① 汉民：《〈民报〉之六大主义》，《民报》第 3 号，第 9 页。

② 《社会革命果为今日中国所必要乎》，《新民丛报》第 86 号。

③ 县解（朱执信）：《论社会革命当与政治革命并行》，《民报》第 5 号，第 47 页。

④ 冯自由：《民生主义与中国政治革命之前途》，《民报》第 4 号，第 100、109 页。

⑤ 县解：《论社会革命当与政治革命之前途》，《民报》第 5 号，第 57 页。

“冒险以求利润”,是“国民经济之中坚”①。他忧心忡忡地说:中国如果没有大资本家出现,外国的资本家就要侵入我国市场,使我无以自存。他指责革命派道:你们倡导社会革命,“以排斥资本家为务”,将来有人煽惑劳动者要求减少工时,增加庸率,否则同盟罢工,这样闹下去,中国的资本家只能“倒毙”、完蛋,怎么得了!因之,他主张,必须以奖励资本家为第一义,以保护劳动者为第二义。他坚决反对外资输入,声言“吾之经济政策,以奖励、保护资本家并力外竞为主,而其余为辅”,即使在作始数年间,须要“稍牺牲他部分人之利益”,也在所不辞②。

革命派认为改良派的忧心全无必要。他们主张不必奖励资本家,尤其不必希望中国有绝大资本家出现。革命派斥责资本主义的托辣斯为中国未来之大毒物,反对国民经济命脉“为一二私人所垄断”③,要求实行国家民生主义,使邮政、电线、铁道、银行、轮船、烟草、糖酒诸事业均归国家所有,使国家成为大资本家。革命派认为,在中国国家成为大资本家的情况下,外资输入“有利无损”,可补我国资本之不足,并使我国资本增殖。革命派表示,不能置“他部分人之利益”于不顾,必须郑重研究社会产品的“分配问题”,避免欧美贫富阶级悬绝不平,劳动者如在地狱的情况④。

改良派还认为,中国不能实行社会革命。梁启超说:要实行社会革命,必须“体段圆满”,否则不能收到功效,而要“体段圆满”,就必须将一切生产机关收归国有,一切生产事业都由国家独占,国民皆为劳动者,分配极均。但他认为,这样做的结果必然会产生许多麻烦:“有自由竞争绝而进化将滞之问题,有因技能而异报酬或平均报酬孰为适当之问题,有报酬平等将遏绝劳动动机之问题,有分配职业应由强制抑由自择

---

① 《再驳某报之土地国有论》,《新民丛报》第91号,第52页。

② 《杂答某报》,《新民丛报》第86号,第17—19页。

③ 冯自由:《民生主义与中国政治革命之前途》,《民报》第4号,第109页。

④ 民意:《告非难民生主义者》,《民报》第12号,第85、86页。

之问题”，等等。他说：这些问题欧美学者都没有完全解决，中国当然更谈不上。如果政府将全国人的衣、食、住，乃至所执职业都统统包下来，“一切干涉之而负其责任”，这样的政府能够适于存在吗？可以保证不会滥用职权，不“专制以为民病”吗？① 梁启超是狡猾的，他把革命派的社会革命论导向了“体段圆满”的极端化的错路，但是，他又是细致的，确实深入地思考了一些问题。

革命派回答道：我们并不要求绝对的圆满，而只要求相对的圆满，即土地国有、大资本国有，对于某些“可竞争的事业”，则听任私人经营，“不为过度之干涉”，因而，不会发生“自由竞争绝而进化将绝”、“报酬平等，遏绝劳动动机”等问题②。

在当时，革命派把土地问题看作社会问题的根源。他们尖锐地抨击地主阶级，指出其“为害社会”，“使贫民陷于地棘天荆之苦况”，是“商工界之一大障碍物”③。他们认为：要解决社会问题，必先解决土地问题，主张按“定价收买”的方法，实行“土地国有”，废除土地私有制，废除土地买卖，使国家成为唯一的地主。每个人都可以根据自己的需要向国家租用土地④。这里，革命派坚决摒弃了小生产者的绝对平均主义，特别声明，他们所说的平等是“心理”上的平等，而不是“数理”上的平等。“国内人人皆为租地者”，在这个意义上，大家一律平等。但是，租用的土地面积却允许有差异，“用机者，得租可以用机之地；能耕者，得租可以躬耕之地”⑤。你能租多少，就租给你多少；谁出的租价最高就租给谁。他们说：“数理的者，以十人而分百，则人各得一十，无有多寡参差之不齐也；心理的者，以人各起于平等之地位，而其所付与，则各视

---

① 《杂答某报》，《新民丛报》第86号，第23、24页。

② 民意：《告非难民生主义者》，《民报》第12号，第101、102页。

③ 冯自由：《民生主义与中国政治革命之前途》，《民报》第4号，第113页。

④ 民意：《告非难民生主义者》，《民报》第12号，第123—126页。

⑤ 民意：《告非难民生主义者》，《民报》第12号，第101页。

其材力聪明者也。"①革命派设想，国家向土地租用者征收地租，然后用这笔收入经营各项事业，认为这样做既可以使地主强权"绝迹于支那"②，保证"劳动者有田可耕"③，又可以保证社会财富聚于国家，为国民所共享，中国就不会陷于欧美今日的困境了。

"定价收买"触及到地主阶级的土地所有权问题，它使革命派的"土地国有"方针具体化了，较之"划定地价"、"涨价归公"等政策说来，显然是前进了一大步。但是收买土地需要巨额资金，从何而来呢？如果完全废除土地买卖，"涨价归公"又从何说起呢？因此，朱执信又设想，在划定地价的开始阶段，可以允许土地自由买卖，以原价归卖主，增价归国家，然后国家逐渐用公债券或增价收买土地，在事实上实现国家的土地所有权④。

单纯解决土地问题并不能消除社会问题的根源。对此，梁启超曾经大体正确地指出："夫欧美现社会所以杌陧不可终日者，曰惟资本家专横故，使徒解决土地问题而不解决资本问题，则其有以愈于今日之现象者几何也？"⑤革命派以为一实行"土地国有"，伊甸式的乐园就会出现在尘世，未免过于天真了。他们并不了解，按他们所设想的"土地国有"那一套做起来，恰好最便于资本主义的发展。他们所说的"心理"上的平等不过是资产阶级在自由竞争面前的平等。

在对社会问题的观察上，梁启超虽然比革命派老练，但是，他却既不愿意解决"资本"问题，也不愿意解决土地问题。梁启超声言：私有制度为"现社会一切文明之源泉"，如果将"所有权"这一观念除去，必将消减人类的"勤勉赴功之心"，大不利于国民经济⑥，他猛烈地攻击革命派

① 民意：《告非难民生主义者》，《民报》第12号，第102页。
② 汉民：《〈民报〉之六大主义》，《民报》第3号，第13页。
③ 民意：《告非难民生主义者》，《民报》第12号，第102页。
④ 《土地国有与财政》，《民报》第16号，第35、45页。
⑤ 《杂答某报》，《新民丛报》第86号，第34页。
⑥ 《再驳某报之土地国有论》，《新民丛报》第91号，第5页。

的"土地国有"政策,指责其为"掠夺"①,骂革命派提出这一政策是为了博得一般下等社会的同情,冀赌徒、光棍、小偷、乞丐、流氓、狱囚之为我用。梁启超说:这样就要煽动赤眉、黄巾,"屠上流社会之族,赭上流社会之室"②。在《驳某报之土地国有论》一文中,他曾列举三十九条理由,以证明革命派的主义不能成立。在《开明专制论》一文中,他又痛心疾首地表示,即使把匕首插在他胸膛上,也要大声疾呼:"敢有言以社会革命(即土地国有制)与他种革命同时并行者,其人即黄帝之逆子,中国之罪人","虽与四万万人共诛之可也!"③梁启超的言论表明,改良派既想在中国发展资本主义,又力图维护封建主义,特别是封建的土地剥削制度。

革命派为土地单税法的虚幻美景所陶醉,认为实行之后,国家立刻可以获得巨额财源,足够国家各方面的经费开支。他们不了解,近代城市地价或地租的飞速上涨是和资本主义工商业的发展紧密联系的,而广大农村地价或地租的变动则是极其缓慢的。因此,改良派对土地单税法嗤之以鼻。梁启超举英国田租不敷国用为例,说明中国的地租也决不能满足国家的财政需要。他认为,土地单税法决非租税制度之良策。

革命派中有些人是"主观社会主义者"。他们虽然如梁启超所批评的那样,并不懂得"社会主义之为何物",但却企图在民主革命中解决社会问题,表现了对劳动人民生活状态的关心和同情,反映出西方和日本正在发展着的社会主义运动对正在上升的中国资产阶级革命家的影响。这一点,在朱执信身上尤为明显。他曾写作《德意志社会革命家小传》,介绍马克思的生平和《共产党宣言》以及《资本论》的基本观点。按计划,他还准备介绍拉萨尔和必卑尔(倍倍尔),但未能实现。他称颂马

① 《再驳某报之土地国有论》,《新民丛报》第 90 号,第 22 页。
② 《开明专制论》,《新民丛报》第 75 号,第 21 页。
③ 《开明专制论》,《新民丛报》第 75 号,第 46 页。

克思的“资本基于掠夺”的思想：“至于近今，则资本家益恣肆，乘时射利，不耕不织，坐致巨万”，“虽欲不谓之掠夺盗贼，乌可得哉！”①他并粗浅地了解空想社会主义和科学社会主义的区别，在回答梁启超的质难时曾说：“顾自马尔克以来，学说皆变，渐趋实行，世称科学的社会主义(Scientific Socialism)，学者大率无致绝对非难，论者独未之知耳。”②他认为“社会革命”必须以“阶级竞争”为手段，动力是“细民”，对象是“豪右”③。

改良派则对社会主义运动持反对态度。梁启超表示：“麦喀、比比尔辈”所倡导的“社会革命主义”必不可行，即行，也一定在千数百年之后④。他攻击《民报》对社会主义思想的宣传是“一二野心家，思假为煽动之具”⑤，表现出敌视劳动人民利益的立场。

四、关于革命利弊问题的论战。

革命派认为革命有百利而无一害，只有革命才能救中国；改良派则认为革命会引起瓜分和内乱，必然要导致亡国；只有请愿、要求、劝告才是正当的手段。

改良派说：民气如火，善用之可以克敌，不善用之可以自焚，一暴动起来，不管发动者如何文明，各地难免没有闹教案、杀西人一类举动，列强就会以之为借口，假定乱之名，行瓜分之实。

革命派说：这完全是杞人之忧。庚子八国联军之役，列强是有借口的，但是并没有实行瓜分。其原因在于列强之间形成了一种“均势”，“互相牵制而莫或敢先发”，正如投骨于地，众犬相争一样，“其究必至于相嗥相扑而反置所争之骨于不顾”⑥。

① 《民报》第2号。
② 《论社会革命当与政治革命并行》，《民报》第5号，第52、45页。
③ 《论社会革命当与政治革命并行》，《民报》第5号，第52、45页。
④ 《杂答某报》，《新民丛报》第86号，第48页。
⑤ 饮冰(梁启超)：《仲遥〈社会主义论〉前言》，《新民丛报》第89号，第36页。
⑥ 寄生(汪东)：《论支那立宪必先以革命》，《民报》第2号，第4—5页。

革命派又说：倘若革命像义和团那样“高揭扶清灭洋之帜”①，搞“野蛮排外”、“不正当之排外”，使用“国际法”所不许可的手段②，那列强是会干涉的；但是，如果革命仅限于单纯的国内问题，排满而不排外，或者是一种“正当之排外”③，与各国政策无妨，于外人物业无扰，“又善守国际法”④，那么，列强是会保持局外中立的。他们甚至表示，清政府和列强订立的条约、债务、义务，都可以根据国际法承担下来；革命“以维持世界平和为义务”，黜专制、申民权是各国通则，列强怎么会干涉呢⑤？

改良派是软骨头，他们被帝国主义的武力吓住了。康有为说：法国1789年革命时，欧洲工业还没有发展起来，现在情况不一样了，“白人纷纷，虎视逐逐”，“兵舰炮队，皆经百练”，中国人怎么可能打得赢帝国主义呢？其结果必然是“不尽杀四万万人不止”，即使有人幸存，也要成为白人的奴隶牛马，“此则吾国革命后之效果矣，然则呶呶言革命何为哉”⑥！

革命派感到背后有人民支持，因此有些胆量，说是：“外侮愈烈，众心愈坚，男儿死耳，不为不义屈。干涉之论，吾人闻之而壮气，不因之而丧胆也。”⑦他们认为：瓜分之原因，由于不能自立，不能自立之原因，由于满人秉政，因此，只有排满，只有革命，才能免除瓜分之祸。

改良派又说，革命还会引起内乱。他们竭力丑化中国历史上发生的革命，认为有私人革命而无团体革命，有野心革命而无自卫革命，有

① 汉民：《与〈国民新闻〉论支那革命党书》，《民报》第11号，第132页。

② 汉民：《排外与国际法》，《民报》第9号，第80页。

③ 汉民：《排外与国际法》，《民报》第4号，第58页。

④ 辨奸（胡汉民）：《斥保皇党欲借外患防内变之毒计》，《中兴日报》，1908年11月15日。

⑤ 精卫：《驳革命可以生内乱说》，《民报》第9号，第44页。

⑥ 《法国革命史论》，《新民丛报》第85号，第25页。

⑦ 精卫：《驳革命可以瓜分说》，《民报》第6号，第33页。

上等、下等社会革命而无中等社会革命，短则十余年，长则数十年，蒙革命之害者动辄百数十年。康有为并以法国革命为例，说当时人们都如同野兽，结果是流血百二十九万，大乱八十余年。他说："革命之举，必假借于暴民乱人之力，天下岂有与暴民乱人共事而能完成者乎？"①康有为的这段话清楚地表明了改良派仇视人民、害怕人民，竭力反对人民起来革命。

革命派则认为，革命决不会引起内乱。他们自信可以掌握局势，天真地说：现在革命目的不同于过去的农民暴动，不再是帝制自为，而是为了建设民族的国家，建立民主立宪政体和实行国家民生主义，因此，可以尽除历史上群雄相争、相夺、相戕的陈迹，可以尽力于"民党内部之调和"而避其轧轹，为中国革命史开一新纪元②。

改良派竭力渲染革命过程中的流血现象，说是将会出现"杀人盈野"、"以血为渠"、"全国糜烂"的局面，甚至造谣说：孙中山讲过，大革命后，四万万人会死掉一半，至少也要死掉三分之一③。

革命派说：没有那么严重。革命的目的在保国而存种，这是"至仁之事，何嗜于杀"④？他们指出，不革命，每年被满族统治者残杀的同胞也在数百万以上，其他死于租税捐输，脂膏告竭等原因者更不可胜计。据此，他们有力地质问改良派道："革命不免于杀人流血固矣，然不革命则杀人流血之祸可以免乎？"⑤

改良派说：最正当的斗争武器是请愿、劝告，要求不纳税，顶多不得已时采用暗杀。梁启超声言："英人在昔常有'权利请愿'之举，有'不出代议士不纳租税'之格言，真可谓唯一正当之手段，唯一正当之武器也；

---

① 《法国革命史论》，《新民丛报》第85号，第31页。

② 精卫：《驳革命可以生内乱说》，《民报》第9号，第35页。

③ 梁启超：《开明专制论》，《新民丛报》第75号。

④ 孙中山语，转引自辨奸（胡汉民）：《斥〈新民丛报〉之谬妄》，《民报》第5号，第71页。

⑤ 精卫：《驳革命可以生内乱说》，《民报》第9号，第46页。

而俄人虚无党故事，抑亦济变之手段，最后之武器也。”①

革命派说：革命事业专主实力，不取要求；不纳税与暗杀不过是革命实力的一端，革命必须有全副事业②。他们指出：革命必然要遭到统治者极其残暴的压抑，因而，就必须以“相当之能力”反抗。急病不能缓治，英国立宪，日本维新，都免不了要杀人流血，免不了有“恐怖时期”。离开了“黑铁”和“赤血”，就不会有革命的成果③。

革命派和改良派论战的主要方面和内容大体如上。可以看出，改良派顽固地反对革命，而革命派则坚持一个朴素的真理，这就是只有革命才能救中国。

论战也暴露了革命派在中国社会的性质、中国革命的对象、任务和动力等若干重大问题上的认识错误。

在论战中，改良派曾经宣扬过一种中国封建早已废除的谬论。康有为说：“经秦、汉大革之后”，中国久废封建，自由平等已二千年④。对此，革命派未能针锋相对地予以驳斥，却表示，“吾国之贵族阶级自秦汉而来久已绝灭，此诚政治史上一大特色。今惟扑满而一切之阶级无不平”⑤。他们指斥清政府为“异族政府”，认识不到自满洲贵族入关以后，对汉族地主阶级虽仍有猜忌和防范，但清政府已逐渐发展为代表满汉各族地主阶级利益的政府。革命派过分地注意了种族问题，不了解汉族地主阶级同样是革命凶恶而危险的敌人，宣扬“种族为急，政治次之”⑥，“复仇其首，而暴政其次”⑦，甚至说什么政体“微论良恶，要之汉

---

① 梁启超，《申论种族革命与政治革命之得失》，《新民丛报》第 76 号，61、62 页。

② 《〈民报〉与〈新民丛报〉辨驳之纲领》，《民报》第 3 号号外。

③ 寄生（汪东）：《论支那立宪必先以革命》，《民报》第 2 号。

④ 《法国革命史论》，《新民丛报》第 87 号，第 34 页。

⑤ 汉民：《〈民报〉之六大主义》，《民报》第 3 号，第 10 页。

⑥ 伯夔：《革命之心理》，《民报》第 24 号，第 35 页。

⑦ 蛰伸（朱执信）：《论满洲虽欲立宪而不能》，《民报》第 1 号，第 32 页。

族之设施，非满虏之践踏，心愿毕矣”①！在“社会革命”的论战中，革命派曾经尖锐地批判过地主阶级，但是，他们竭力声明，“社会革命，固欲富者有益无损也，决非夺富民之产以散诸贫民”。他们幻想有一种“善良之制”，以“至合理之方法”使“富者愈富，贫者亦富”②。这表明资产阶级革命派没有也不想发动人民群众去打击中国封建社会的支柱——地主阶级。

二十世纪初年，帝国主义彼此之间的斗争加剧，革命派分析了当时的国际形势，认为列强不会轻易出兵瓜分中国，这一认识，证以武昌起义后的情况，有其正确的一面。但是，革命派不了解干涉决不限于军队入境，而军队入境也决不是干涉的主要特点。在外国军队直接入境可能引起许多抗议和冲突的时候，干涉常常采取比较圆滑和比较隐蔽的形式。他们幻想帝国主义会同情和支援中国革命，甚至企图以让步来换取这种同情和支持。

改良派百般丑化中国历史上的农民起义和包括义和团在内的人民斗争，对此，资产阶级革命派也未能作出正确的批判和分析。他们看不到或很少看到农民起义、人民自发斗争的积极作用，相反，却较多地看到了消极的一面。例如对义和团运动，就被其笼统的排外主义吓住了。他们向改良派表示：“自然的暴动无益于国家，固亦吾人所深虑者也。”③他们认为，当时的“急务”是：通过普及民族主义、国民主义的宣传，唤醒国民之责任，“就自然的暴动而加以改良使之进化”，“为秩序之革命”④。使人民群众的斗争脱离自发的水平，这是必要的，但是，不敢放手发动和依靠群众，力图将人民群众的行动限制在资产阶级所允许的“秩序”内则是错误的。革命派中还有人

① 伯夔：《革命之心理》，《民报》第24号，第35页。

② 县解（朱执信）：《论社会革命当与政治革命并行》，《民报》第5号，第59—60页；民意：《告非难民生主义者》，《民报》第12号，第102—103页。

③ 精卫：《驳革命可以召瓜分说》，《民报》第6号，第35—36页。

④ 精卫：《驳革命可以召瓜分说》，《民报》第6号，第35—36页。

说:“革命之主动皆中等社会而无乱民”①,这就将人民群众排斥在革命动力之外了。

由于革命派在上述一系列重大问题上认识错误,这就使它无法正确地指导革命取得胜利。

三　论战的结局和影响

经过论战,改良派惨败,革命派大胜。

最初,梁启超并不把《民报》作者们放在眼里,认为都是浮薄少年,理论上不堪一击,及至辩论起来,才感到不是对手。不仅为清政府辩护的许多论点站不住脚,连援引的法律条文、译述资料也出现了无数纰漏。1906 年 5 月,他写信给徐佛苏求援,告以要和《民报》“争舆论之动力”,不能不辩,但对《民报》上的一篇文章“尚未得所以驳之之道”,要徐帮他“思索”,“并速见复”②。徐原是华兴会会员,后投入改良派。他担心继续辩论会有利于革命派,建议梁启超停止辩论。梁虽然认为“与革党死战,乃是第一义”③,但为摆脱窘境,不得不表示赞同。此后,徐一面拉拢汪精卫,一面发表《劝告停止驳论意见书》,攻击《民报》“秽恶狠毒”,表示希望在归章炳麟编辑后能“回复秩序”④。1907 年 1 月,徐又找到宋教仁,声言梁启超愿与宋一见,说辩驳出于不得已,“苟可以调和,则不愿如是也”。他要求以后和平发言,不互相攻击⑤。次日,宋教仁和章炳麟商量,章觉得《民报》“辞近诟谇”⑥,同意调和;宋又和孙中山、胡汉民商量,孙、胡及黄兴

---

① 寄生(汪东):《正明夷〈法国革命史论〉》,《民报》第 11 号,第 71 页。

② 《与佛苏我兄书》,《梁任公先生年谱长编初稿》上册,第 211 页。

③ 《致蒋观云、徐佛苏》,《梁任公先生年谱长编初稿》上册,第 218 页。

④ 《新民丛报》第 83 号,第 76、79 页。

⑤ 《宋教仁日记》,第 322 页。

⑥ 《太炎先生自定年谱》,《近代史资料》1957 年第 1 期,第 120 页。

均表示反对。

在论战中,《民报》方面士气旺盛,《新民丛报》方面则愈益困难。《丛报》实际上成了梁启超一个人的“独夫”杂志,经常愆期,亏累越来越大。1907年5月,梁启超写信给蒋智由、徐佛苏,恳求助以一期之稿,说是“总须有一两篇为论著者,若全属译述,未免太难看了”①。反映出孤身应战,陷于绝境的惶急心理。7月,为筹备在武汉创办《江汉公报》,梁启超将《新民丛报》收歇。

在其他地区,改良派也都纷纷溃败。

南洋方面,徐勤就任《南洋总汇新报》主笔后,气焰嚣张,开战第一篇就是《论革命必不能行于今日》,但色厉内荏,遭到革命派驳斥后文不终篇而逃。曾经被孙中山批评过的记者“平实”不愿就主笔之职,一些自署为“勇”、为“粅”的文战者也都销声匿迹,连当地一家极守旧的《叻报》也认为革命党理长,改良派理短。

仰光方面,改良派的《商务报》编辑张石朋表示愿皈依革命真理,脱离该报;另一编辑李牙聪则缄口无声。时人戏撰一联曰:“生公(居正笔名)说法,顽石(指张石朋)点头;天民(吕志伊)示威,聋子(李牙聪绰号)投地。”不久,《商务报》宣告歇业。

真理是无敌的。在二十世纪初年的中国,革命反映了历史发展的必然趋势。改良派没有真理,巧言强辩,违背历史潮流,一经交锋,当然只能弃甲曳兵而走。

在论战的带动下,各种革命报刊如雨后春笋般涌现出来,出现了革命宣传活动的新高潮。

以期刊为例,自1899年的《开智录》至同盟会成立前的《二十世纪之支那》,革命派创办的期刊不足三十种,而在同盟会成立后至辛亥革命前,则创办了四十种以上。著名者有《醒狮》、《复报》、《鹃声》、《云南》、《洞庭波》、《汉帜》、《中国新女界》、《大江七日报》、《豫报》、《粤西》、

① 《致蒋观云、徐佛苏》,《梁任公先生年谱长编初稿》上册,第241页。

《河南》、《晋乘》、《四川》、《国报》、《夏声》、《关陇》、《江西》、《支那革命丛报》、《安徽白话报》、《竞业旬报》、《中国女报》、《南社丛刻》、《民声丛报》、《越报》、《学林》、《民心》、《克复学报》等。

又如报纸，同盟会成立前仅创办十余种，而同盟会成立后则创办了六十五种以上。其分布地区及名称为：

上海：《神州日报》、《民呼报》、《民吁报》、《民立报》、《中国公报》、《天铎报》。

奉天：《大中公报》。

哈尔滨：《东陲公报》。

长春：《长春日报》、《长春时报》、《长春公报》、《国民新报》。

广州：《南越报》、《国民日报》、《平民报》、《军国民报》、《齐民报》、《中原报》、《人权报》、《天民报》、《可报》。

汕头：《中华新报》。

福州：《建言日报》。

贵阳：《黔报》、《西南日报》。

开封：《国是日报》。

北京：《帝国日报》、《国光新闻》、《国风日报》、《国维日报》。

武汉：《武昌白话报》、《商务报》、《雄风报》、《大江报》、《政学日报》。

西安：《兴平星期报》、《帝州报》。

新加坡：《中兴日报》、《星洲晨报》、《南侨日报》、《阳明报》。

槟榔屿：《光华日报》。

缅甸：《光华报》、《进化报》、《缅甸公报》。

曼谷：《华暹日报》。

菲律宾：《公理报》。

日里：《苏门答腊报》。

泗水：《民铎报》、《泗滨日报》。

旧金山：《美洲少年报》、《大同报》、《少年中国晨报》。

温哥华：《华英日报》、《大汉日报》。

利马:《民醒报》。

檀香山:《民生日报》、《自由新报》、《大声报》。

雪黎:《民国报》。

墨尔本:《警东新报》。

东京:《日华新报》。

可以看出,这一时期革命派的报纸不再集中于少数沿海城市,而是逐渐向边远地方和海外,同时也向清朝的腹心地区发展,《国光新闻》、《国风日报》等甚至就办在清政府的鼻子下边。其中不少报纸具有顽强的生命力。上海《民呼报》于1909年7月27日被封后,10月3日改名《民吁报》出版;四十八天后再被封禁,1910年10月11日又改名《民立报》出版。其他如《长春日报》、《长春公报》、《国民新报》,以及缅甸《光华报》、《进化报》、槟榔屿《光华日报》之间的关系也是如此。

1909年11月13日成立的南社是资产阶级革命文学队伍的集结,也是资产阶级宣传队伍的集结。发起人为陈去病、高旭和柳亚子,它"以文字革命为职志,而意实不在文字间"①。"南者,对北而言,寓不向满清之意"②。至武昌起义前夕,社员发展至二百二十八人,大部分是资产阶级报刊宣传活动中的积极分子。

伴随着报刊宣传活动新高潮的是革命力量的进一步壮大。南社的成立和发展,正是这种情况的反映之一。

论战暴露了改良派保皇立场的反动和理论观点的荒谬,"向之与《新民丛报》有关系者,莫不倒戈相向而敌国之"③,许多人转而看《民报》。感到革命派的观点"切实"、"透彻",站到革命派的旗帜下来。当时在东京的中国留学生中,人前谈革命,理直气壮,谈保皇,就口怯气

① 高旭:《无尽庵遗集序》,见周实:《无尽庵遗集》卷首。

② 陈去病:《南社长沙雅集纪事》,《太平洋报》,1912年10月10日。

③ 恨海(田桐):《来函》,《民报》第5号,第140页。

虚。如1907年10月17日东京政闻社开场时，梁启超登台演说："今日之中国，只可行君主立宪。今我们政府立宪，我们大家都欢迎的。"鼓掌附和者仅二十余人，其余虽同党亦不敢鼓掌①。正在此时，张继突然起立，指着梁启超说："你胡说八道，东京是什么地方？岂容你这妖怪来出卖风云雷雨！"接着大喊："打！打！打！"于是，棉垫、草鞋一齐向台上飞去。四百余人蜂拥而上，梁启超等狼狈逃窜②。徐勤在新加坡也有类似的遭遇。上述情况，反映了改良派已失去人心，处于劣势。又如美洲，这是康有为等经营多年的一块基地，但经论战之后，华侨纷纷登报脱离保皇会，改良派势力一落千丈，而革命派的力量则与日俱增。到1911年黄花岗之役，美洲华侨所捐款项竟达募捐总数的一半。对于这种情况，《新民丛报》撰述人黄与之有一段描述，他说："数年以来，革命论盛行于国中……其旗帜益鲜明，其壁垒益森严，其势力益磅礴而郁积，下至贩夫走卒，莫不口谈革命而身行破坏……革命党者，公然为事实上之进行，立宪党者，不过为名义上之鼓吹，气为所慑，而口为所箝。"③论战的胜利鼓舞了革命党人，增强了他们的决心和勇气，推动了革命形势的进一步高涨。

伴随着革命派在论战中的节节胜利，就出现了以萍、浏、醴起义为开端的武装起义高潮。

第二节　萍、浏、醴起义

历史上的反动派大都迷信自己的屠刀，而其效果总是适得其反。马福益被害后，湖南哥老会的革命倾向更为强烈。

---

① 《保皇党演说大失败详志》，《中国日报》，1907年11月4日。

② 但懋辛：《同盟会会员与保皇党分子在日本的几场战斗》，《辛亥革命回忆录》（六），第34页。

③ 与之：《论中国现在之党派及将来之政党》，《新民丛报》第92号，第23—24页。

1906年春，长江流域洪水成灾，米价大涨，不少地区处于饥馑状态。因之，同盟会总部派刘道一、蔡绍南回湖南运动军队，重整会党，作起义的准备。到长沙后，刘道一等数十人在水陆洲畔的船上集议。刘传达了黄兴的意见，主张"以军队与会党同时发难为上策，否则，亦必会党发难，军队为响应之"①。他建议首先到萍乡、安源等地利用矿场组织机关，集合会党，同时，运动新军和巡防营。会后，与会者分头进行：刘道一留驻长沙，负责和总部联系，蔡绍南则前往江西萍乡一带联络会党。

到达目的地后，蔡绍南得到明德学堂学生魏宗铨的帮助，很快和萍乡、浏阳、醴陵一带的会党头目龚春台等取得了联系。龚春台，浏阳西北乡百家山人，农民成分，爆竹工人出身。"少不学，能以死生许人"②。在清军中当过兵，曾参加唐才常的自立军起义，失败后在浏阳帮零工为生。经过龚春台、蔡绍南等的联系奔走，哥老会与另一个会党——武教师会决定联合，成立洪江会，公推龚春台为大哥，以忠孝仁义堂为最高机关，誓词为："誓遵中华民国宗旨，服从大哥命令，同心同德，灭满兴汉，如渝此盟，人神共殛。"③在"大哥命令"之上，冠以"中华民国宗旨"，表明哥老会这一传统的帮会组织被灌输进了新的内容。忠孝仁义堂下设文案、钱库、总管、训练、执法、交通、武库、巡查等，称为内八堂，又设一至八路码头官，负责发展会员、联络、侦察等事，称外八堂。

洪江会成立后，贫苦农民和附近的安源矿工纷纷加入，组织迅速壮大。于是，龚春台、蔡绍南等开始策划起义。

7月，蔡绍南在桐木、上栗市一带发表演说，动员革命，得到群众热烈响应。清朝官吏惊呼："民心被惑，蚁附甚众。"④同月，龚春台、蔡绍

① 刘揆一：《黄兴传记》，中国史学会主编：《辛亥革命》(四)，第285页。

② 《龚春台传》，萧作霖：《浏阳烈士传》。

③ 《魏宗铨传》，邹鲁：《中国国民党史稿》第4篇。

④ 《萍乡知县张之锐和驻萍巡防营管带胡应龙禀赣抚文》，《时报》，光绪三十二年十二月二十六日。

南召集各路码头官在距上栗市二十里的慧历寺密议，决定一面密造军火，一面联络洪福会的姜守旦，同时派蔡绍南、魏宗铨往日本，请示孙中山，要求接济军械，确定起义日期。

由于会员日众，人言庞杂，10 月 2 日（八月中秋），麻石酬神演戏，聚众万人，传说洪江会即将起义，引起清朝官吏警觉。10 月 7 日，清军突袭麻石，第三路码头官李金奇被追踪，投水而死。这时，蔡、魏二人行至上海，正拟东渡，听说麻石之变，立即赶回，决议于年底清吏封印时分三路起事。21 日，深受安源矿工拥戴的会党头目张折卿被捕，不久被杀。此后，萍乡东北萍实里，浏阳上东张陈坊一带，先后有会党聚集，准备开山祭旗，约期起义，均被清军驱散，首领被捕。12 月 3 日，当醴陵会众正在板杉铺、邓家渡赶制旗帜、号衣、刀矛的时候，清兵又前往捕拿了一人。

形势紧迫，当晚，龚春台、蔡绍南等在萍乡高家台集会，讨论起义问题。龚春台、蔡绍南、魏宗铨等认为军械不足，主张稍缓，码头官廖淑保等则认为会党有十余万人，完全可以和清军一决胜负。双方争论了一夜，没有结果，廖淑保便独自跑到麻石，召集二、三千人，举起“汉”字白旗，宣布起义。这样，就迫使龚春台、蔡绍南不得不通知各路同时发动。12 月 4 日，起义全面爆发。

起义军定名为中华国民军南军革命先锋队，龚春台为都督，蔡绍南为左卫都统领兼文案司，魏宗铨为右卫都统领兼钱库都粮司。廖淑保为前营统带，沈益古为后营统带。随即发布了《中华国民军起义檄文》。檄文列举了清政府的“十大罪状”，宣称要“破数千年之专制政体，不使君主一人独享特权于上。必建立共和民国，与四万万同胞享平等之利益，获自由之幸福。而社会问题，尤当研究新法，使地权与民平均，不致富者愈富，成不平等之社会”。檄文声言：未来社会的“幸福”，“不但在鞑虏宇下者所未梦见，即欧美现在人民，亦未能完全享受。”①这一檄文

① 冯自由：《中华民国开国前革命史》上编，第 249 页。

表述了以孙中山为代表的资产阶级革命派的全部纲领，使起义具有和旧式农民起义截然不同的新色彩。

洪江会的义旗一举，群众如潮水般涌来，迅速发展至三万余人。在醴陵，主要为农民、巡防营士兵、沩山一带的碗厂工人；在浏阳，主要为会党；在萍乡，主要为恂及、萱溪一带的矿工。“浏阳揭竿，咸往附从”①。12月6日，龚春台部攻克上栗市，每天有数以百计的矿工投入义军。但是，由于清朝官吏的严密控制，安源矿工未能按计划起事，使得起义一开始就失去了一支重要的力量。

安源是工人近万的大矿。领班萧克昌，外号老龙王，“能左右窿工”②。11月27日，醴陵义军头领曾派袁南亭持函赴安源约萧克昌带一千人，夹攻醴陵，时间为12月7日。萧当时觉得条件尚未成熟，“未允轻动”③。至期，清军到安源逮捕萧克昌，要袁侦查萧的动向，袁不允，被捕，并被解往醴陵。萧克昌随即发动矿工斗争，于是矿工“大哗噪”④，“其情形言语与平日大异”⑤，迫使萍乡矿务局不得不电醴陵将袁索回。此后，清朝官吏对安源矿工和萧克昌的防范日益加紧。

在洪江会之后，浏阳洪福会的姜守旦也宣布起义，起义军定名为新中华大帝国南部起义恢复军。在《布告天下檄文》中，姜守旦等宣称，不要拘泥于“立宪、专制、共和之成说”，只要汉族中有人能首倡大义，推翻满清政府，就可以拥戴他为万世一系的“中华大皇帝”，“我同胞即纳血税，充苦役，犹当仰天三呼万岁”⑥。这篇檄文充满了种族复仇思想和封建观念，反映出旧式会党的落后一面。姜守旦等并表示，不受洪江会

① 《萍乡知县张之锐和团防局绅李有如会禀电》，《时报》，光绪三十二年十一月十八日。

② 汪文溥《醴陵平匪日记》，《时报》，光绪三十三年一月十九日。

③ 汪文溥《醴陵平匪日记》，《时报》，光绪三十三年一月二十一日。

④ 汪文溥《醴陵平匪日记》，《时报》，光绪三十三年一月二十日。

⑤ 《萍厂林道电赣抚》，《时报》，光绪三十二年十一月五日。

⑥ 冯自由：《中华民国开国前革命史》上编，第254页。

的约束。

起义军一开始就和平时热心办团、镇压人民的地主绅士处于尖锐对立地位,“专烧杀向来办匪出力绅士人家”①。在浏阳三口地方,有黄姓团总等多人被杀。在萍乡,官僚地主欧阳煦“向办团练,捕匪得力”,因此,群众起事之后,“将其家属八人概行杀毙,宗族祠屋焚毁无遗”②。义军所过之处,“正绅”们一逃而光③。

清政府得到消息后,极为震动。江西巡抚吴重熹、湖南巡抚岑春蓂、湖广总督张之洞先后派出精锐军队镇压。

12月9日,张之洞致电清政府军机处说:“萍矿及路已值银数百万。若成燎原,为患更大,不止矿路而已。”④次日,军机处电饬张之洞、岑春蓂、吴重熹等,“赶紧分头剿捕”,“迅速扑灭,毋任蔓延,致贻后患”⑤。13日,端方派新军第九镇统制徐绍桢率步、炮、马、辎重各队新军二千余人赴赣。前后,清政府共派出五万余人。

起义也引起了帝国主义国家的惶惧。德国、日本政府先后向清政府“问讯”⑥,并派出军舰上驶岳州。据有关资料,当时在长江流域观察“动静”的英、美、俄、法、德、意各国军舰在二十三艘以上⑦。

面对全副新式武装的敌人,起义军英勇奋战。他们除从团防局夺获二、三千支枪以外,大多数用鸟枪、抬炮、木竿及旧式刀枪为武器。12月9日,起义军数十人手持扁担击败了清军百余人,夺获枪械多支。有个青年妇女名秀姑娘,甚至以空拳迎敌清兵。但是,由于仓促起事,缺

---

① 《萍乡县上赣抚电》,中国史学会主编:《辛亥革命》(二),第482页。

② 《时报》,光绪三十二年十一月十八日。

③ 《时报》,光绪三十二年十一月二十三日。

④ 《湖广总督张之洞致军机处请代奏电》,中国史学会主编:《辛亥革命》(二),第499页。

⑤ 《军机处致湖广总督张之洞等电旨》,中国史学会主编:《辛亥革命》(二),第502页。

⑥ 《午帅电湘、赣抚》,《时报》,光绪三十二年十一月十五日。

⑦ 《时报》,光绪三十二年十一月二十八日。

乏统一领导，枪械又少，又始终困守萍、浏、醴三县，被清军四面围攻，有生力量逐渐消耗。12月8日、11日，龚春台部两次进扑浏阳，均未得胜。12月10日，清军进攻上栗。起义军多以徒手肉搏，或以土枪射击。沈益古左手执锅盖，右手执大刀，在锋镝丛中出入冲杀，连斩清军十余名，终因没有应援，鏖战半日后不支，上栗失守。12日，醴陵方面西路总统谭石基部被清军巡防营击败。同日，清军猛攻浏阳境内的起义军，龚春台、蔡绍南战败，往投普迹市哥老会大头目冯乃古请援。中途，蔡绍南被捕，旋遇害。龚春台到达普迹市，冯乃古已被清军诱杀，龚春台不得已潜往长沙。14日之后，姜守旦的洪福会起义军与清军交战数次，均不利，进入江西义宁。25日，清朝官吏捕杀了安源矿工首领萧克昌，在矿区设立巡警局，实行清查和连环保。1907年1月，姜守旦部被堵击，姜守旦逃亡。

萍、浏、醴起义失败了。

在开赴江西镇压起义的徐绍桢新军中，赵声、熊成基、倪映典都是革命党人。从江宁出发前，赵声曾派人通报萍、浏、醴起义军。12月25日，徐部到达江西，起义已经失败，因此，赵声等均无所作为。

起义失败后，清军大举“清乡”，搜捕革命群众，一直进行了三个月。12月下旬，刘道一在长沙被捕。31日，被杀于浏阳门外。1907年3月7日，魏宗铨也被捕杀。总计，起义军前后被杀者一万余人，群众被杀者二万余人。

当起义消息传到日本时，东京中国同盟会会员纷纷请命，要求身临前敌；孙中山也认为“时不可失”①，先后派宁调元、龚国煌、胡瑛、朱子龙、梁钟汉、孙毓筠、段云、权道涵等回国，分赴湖南、湖北、江西、江苏、安徽等省策应，先期归国的杨卓林等也积极活动，准备起事。

宁调元回国后，先在上海与陈其美、杨卓林、秋瑾等密谋，发动长江

---

① 梁钟汉：《我参加革命的经过》，《辛亥首义回忆录》第2辑，湖北人民出版社1957年版，第11页。

一带会党响应。定议后回长沙,得悉萍、浏、醴义军已经失败,便去醴陵寻访龚春台,没有见到,乘船至岳州时被捕。

龚国煌回湖北襄阳、樊城,准备发动当地会党,事败仍返日本。

胡瑛、朱子龙、梁钟汉回武昌,正值张之洞悬赏通缉起义人员。计开姜守旦、刘家运、黄庆武、刘林生、李燮和、朱子龙、萧克昌等十五名。1906 年 12 月 26 日。刘静庵召集日知会员与胡瑛、朱子龙、梁钟汉等会议于汉阳伯牙台。与会诸人担心财政困难,日知会员、留日学生郭尧阶声称六合锑矿经理刘小林愿出资十万元,骗得众人信任。事后,郭向巡警道告密,诬指刘静庵即刘家运。1907 年 1 月 7 日、8 日,清政府缇骑四出,搜查日知会,先后逮捕朱子龙、刘静庵、胡瑛、梁钟汉、季雨霖、李亚东、吴贡三、殷子衡、张难先等九人。审讯中,清吏必欲刘静庵自承为刘家运,静庵抵死不承,只自认为革命党。他在堂上慷慨演说,痛斥承审官梁鼎芬,受到残酷的笞刑,被鞭一千四百,自头至脚,体无完肤,仍然劲挺不屈,被称为铁汉。其他人也个个坚贞无畏。李亚东对着清吏笑骂:“干天下事,是我们的天职,难道有怕死的革命党吗?!”清吏想用推出去斩首来威胁朱子龙,朱却厉声回答:“革命党遍天下,杀之难,杀尽更难。不杀不多,不多不速,不速则革命不成。革命党人的血是灌溉自由的肥料!”殷子衡被绷住左右手,跪在铁链上,用藤鞭抽打,他毫无怯容,大骂清吏想用鲜血来染红自己的顶子。1907 年 5 月,朱子龙瘐死狱中,张难先、季雨霖因病保释。胡瑛被判处永远监禁,吴贡三、殷子衡、李亚东、梁钟汉被分别判处十五年、十年、五年、三年各种徒刑。其中,吴贡三和梁钟汉被解回原籍监禁。刘静庵本已判处死刑,经圣公会主教吴德施等营救,改判永远监禁。他在狱中饱受折磨,三十多岁的人就须发尽白。后于 1911 年 6 月病故。

孙毓筠归国后在南京新军中活动,不久即被跟踪拿获。他原是清朝军机大臣孙家鼐的侄孙,被捕后受到端方的“优待”。他在供词中向端方乞怜,竟无耻地说:“午帅怜才,有意保全,身非木石,宁不知感。”①被判监禁五年。和他同时被捕的权道涵、段云则被判永远监禁。

杨卓林原是湖南革命党人。1906 年与李发根、廖子良先后回沪。萍、浏、醴起事时拟乘机谋刺端方，在南京一带起事。因误识端方密探萧亮、刘炎，被诱至扬州逮捕。供词中，自称是“孙文之副将军”，并引卢梭“不自由，毋宁死”和佛家“众生一日不出地狱，即余一日不出地狱”等语以明志。1907 年 3 月 20 日被杀。

对于萍，浏、醴之役的失败和刘道一的死，孙中山、黄兴等极为沉痛，各有诗志哀。孙中山诗云：

半壁东南三楚雄，刘郎死去霸图空。尚余遗孽艰难甚，谁与斯人慷慨同？塞上秋风悲战马，神州落日泣哀鸿。几时痛饮黄龙酒，横揽江流一奠公？

萍、浏、醴起义爆发于中国腹心地区，以劳动人民为主体，具有深厚的群众基础，参加人数之多，为历次起义所无，是同盟会成立后第一次大规模的起义，激起了巨大的反响。

第三节　孙中山领导的南部起义

在领导论战的同时，孙中山即着手筹备新的武装起义。他懂得，处于清政府的暴力统治之下，要想夺取政权，建立民国，不可能依靠别的斗争形式。广东是他早就选定的“起点之地”②，在筹备新的武装起义时，孙中山的目光仍然注视在这里。

1906 年 4 月，孙中山在新加坡建立同盟会分会。6 月，吸收华侨富商许雪湫为会员，委任为中华国民军东军都督，负责在广东潮州、嘉应一带发动起义。10 月，自西贡返日，和黄兴、章炳麟一起制定

① 《孙毓筠供》，《神州日报》，1907 年 5 月 1 日。

② 《笔谈残稿》，《宫崎滔天全集》第 5 卷，第 172 页。

《革命方略》，包括《军政府宣言》、《军政府与各地民军关系条件》、《略地规则》、《对外宣言》、《招降满洲将士布告》、《扫除满洲租税厘捐布告》等文件，供起义时动员群众，鼓舞士气、瓦解敌军，指导对外关系之用。次年 3 月，日本西园寺内阁应清政府要求，驱逐孙中山出境。孙中山便于同月 4 日与胡汉民、汪精卫离日赴安南（今越南），在西贡，会见了广西三合会首领王和顺，吸收他加入同盟会，并一起经海防到达河内，在甘必达街六十一号设立机关。孙中山的设想是：先取广东，次取广西、云南，占领南部七省，然后北出长江。

4 月，广东西部的钦州、廉州一带人民抗捐起事，孙中山决定乘机在该地举义并和东部的潮州、惠州一起发动。他派胡汉民往香港策应，并函招在东京的黄兴南来。5 月，黄兴到达河内。其时钦、廉人民抗捐起事已被镇压，孙中山毫不气馁，即派黄兴、胡毅生二人分赴清军郭人漳、赵声军中活动，并委任王和顺为中华国民军南军都督，关仁甫为西军都督。

正在积极筹备之际，黄冈地区因故提前发动。

一　黄冈之役

黄冈是广东潮州府饶平县的一个大镇，地处岭东，市况繁荣，为闽、粤两省交通孔道。当地三合会势力很盛，其重要头目为许雪湫。

许雪湫①（1875—1912），潮州海阳县人，华侨富商，喜击剑舞拳，与江湖会党广有联系，有“小孟尝”之称。1903 年受到福建人黄乃裳的影响，立志革命。1904 年邀同志陈宏生、黄乃裳等归国，立坛歃血，宣誓推翻清朝。其后，经营数月，联络黄冈、丰顺、饶平、揭阳、惠来、澄海各地会党头目余丑、余通、陈涌波等数十人，于 1905 年 2 月 15 日集会，计

① 湫，一作秋。

划于4月19日起义,许被推为司令。旋因事泄未成,重赴南洋。1906年,被孙中山委为中华国民军东军都督后,立即归国,以汕头为基地,运动会党,散发票布。票布正面绘一鹰一龙,并写"地道光明"四字,背盖一印,书炎兴堂字样①。愿入会者,每人给银四元。

萍、浏、醴事起,许雪湫跃跃欲试。他到香港见冯自由,介绍余丑、余通加入同盟会,要求电告孙中山,起义条件已渐次成熟,请派人协助。孙中山接电后,派出了廖仲恺、方瑞麟、方次石及日人萱野长知、池亨吉等人。起义订于1907年2月19日(正月初七)分头大举,聚集饶平、揭阳等处会党合攻潮州。届期,浮山一路因将"四时齐兵"误听为"十时",未能集合②,其他各路也因之未能发动。数日后,浮山一路召集人薛金福等被清吏捕杀。许雪湫到香港,通过冯自由向孙中山请示,孙中山复电:此后起事,必须与惠州及钦、廉等地约定同举,以便牵制清军,切勿孟浪从事,致伤元气。于是,许雪湫便留驻香港,等候消息。

此后,许雪湫得到新加坡张永福、陈楚楠等人所捐巨资,孙中山又计划派萱野长知运械至黄冈附近的汫洲港,便订于5月25日再次起事。不久,风声渐露,清黄冈都司隆启发现会党数十人形迹可疑,要求潮州镇总兵黄金福派兵缉捕。5月初,清吏捕去会党二名,余丑、陈涌波到港报告,要求举事,为胡汉民、冯自由劝阻。同月21日,黄金福派守备蔡河宗带防兵二十名进驻黄冈,适值当晚商民演戏,防兵在台前调戏妇女,捕去出面干涉的党人二名,并拟搜查余通所开设的泰兴杂货店总机关。因此,矛盾激化,余丑、陈涌波认为不能坐以待毙,主张先发制人。

5月22日晚,余丑聚集七百余人于黄冈城外,誓师起义。陈涌波

① 《时报》,光绪三十三年一月二十五日。

② 关于浮山一路未能集合的原因,说法不一。刘士辉等《潮州黄冈革命事实》认为是由于"丘松、薛金福等机谋不密";冯自由《革命逸史》认为是由于"风雨大作",此据许雪湫《致孙中山电》,见张永福编《南洋与创立民国》。

为前锋，由北门攻入，围攻都司衙门。战斗中，忽降阵雨，义军所用多为旧式鸟枪，弹药尽湿，陈涌波便改用火攻。在熊熊烈焰中，陈涌波叱咤冲突，冒着枪弹指挥，血战一夜，攻克黄冈，生擒都司隆启等。次日，在旧都司衙门成立军政府，以陈涌波、余丑为正副司令，同时，以“大明都督府孙”或“广东国民军大都督孙”等名义发布文告，宣称“为官府苛税，民甚难堪，专欲除暴安良”，并颁发纪律十余款，大体仿照《革命方略》。内有“私藏口粮者罚”一款①，显然是下层贫民极端平均思想的反映。军政府通令各商店照常营业，无须惊扰。由于当地米价昂贵，每升售钱八十文，军政府限令以五十文出粜，不得多取，因此，“附近贫民从之者甚众”②，并有滨海渔民乘船前来参加，起义军迅速发展至五、六千人。此外，军政府并要求地方殷富交献银米，据报道，“富室均被勒提军费，为数甚巨”，“一廖姓者二次被勒，至有三四千元之多”③。

由于余丑等并不了解通盘计划，攻克黄冈后，革命党人或主速攻潮城，或主进攻诏安，久未决定，这就给了清军以从容备战的机会。粤督周馥一面电责黄金福，令其立功自赎；一面派水师提督李准率水陆队伍继进；同时要求闽浙总督松寿拨队防堵。25日，许雪湫的助手陈宏生赶到，被推为临时司令长。当夜，陈涌波出击进驻汫洲港的黄金福军。黄军据垒顽抗。起义军所用土炮，威力不大，至第二日午，死伤数十，命人向黄冈乞援。于是，余丑披发痛哭，动员群众，义军大受感动，身带双刀，背着湿被棉胎，准备肉搏。战斗中，人人奋勇争先，在即将胜利的时候，清军援兵赶到，起义军腹背受敌，加以弹药告罄，不得不下令退却。

5月27日晨，经陈涌波、余丑等会议决定，为保存实力，解散义军。余丑等由海道逃往香港。

当起义军发动之际，许雪湫于25日赶到汕头，与萱野长知等计议

---

① 《神州日报》，1907年6月5日。

② 《京报》，光绪三十三年四月二十七日。

③ 《神州日报》，1907年6月16日。

发动丰顺、揭阳、惠来、澄海各地会党响应。27日,得悉起义失败,便计议炸毁李准所乘运兵轮船,以图再举。因防范严密,未能得手。

5月28日,清军进入黄冈,搜获余丑等遗落的党人名册,按名逮捕,惨杀二百余人。东灶乡民因曾为起义军煮粥,被黄金福用炮轰击,"惨毙多命",事后,黄竟以"攻破匪乡,击毙匪党,尽获全胜"上报①。29日,李准率军赶到黄冈,下令"追剿",又捕杀起义军多人。

为了了解黄冈起义的经过及其失败情况,孙中山命许雪湫和萱野长知同赴河内汇报。许雪湫认为,黄冈起义失败的主要原因是土炮不敌洋枪。他表示,倘能从外国购买新式军械,可在海陆丰沿海一带再次发难。孙中山同意这一意见,派萱野长知回日购械租船。10月12日,萱野购得村田式快枪二千支,乘幸运丸驶抵汕尾海面。由于许雪湫没有做好接运准备,轮船停泊时间较久,引起清军兵轮注意,驶近侦察。在此情况下,幸运丸开赴香港,粤督周馥又通知港吏扣留。日领事得讯,令其开返日本。许雪湫在海陆丰起事的计划因而成为泡影。

战争中的失败有各种各样的原因,须要细致地加以分析。此次事败,许雪湫受到各方责备,胡汉民曾将当时布置计划详情写了一份万余言的报告书,指责许雪湫"妄言无实,不负责任"②。从此以后,许雪湫对同盟会就逐渐离心离德了。

二 惠州七女湖之役

为了分散清军注意,孙中山派出许雪湫筹划潮州起义之后,又派邓子瑜等在惠州地区发动。

邓子瑜,惠州归善人,在香港、新加坡经营旅馆业,惠州会党逃到南洋时大都投靠于他。1907年4月,邓子瑜从南洋到香港,委派陈纯、林

① 《论黄冈剿匪之办理不善》,《神州日报》,1907年7月30日。

② 《胡汉民自传》,《革命文献》第3辑,总398页。

旺、孙稳等在归善、博罗、龙门等处分三路起事。6月2日，陈纯等在距惠州二十里的七女湖集众竖旗，劫夺清军防营枪械，击毙巡勇及水军巡船哨弁多人。檄文云："洋洋中国，荡荡中华，千邦进贡，万国来朝。夷人占夺，此恨难消。招兵买马，脚踏花桥，木杨起义，剿绝番苗。军民人等，英雄尽招，正面天子，立转明朝。"①狭隘的种族主义和封建意识都突出地表现出来了。显然，这一支会党队伍还不曾受到同盟会多少革命思想的影响。5日，起义军进攻泰尾。7日，克杨村。8日至柏塘，计划攻取博罗县城。各处会党纷纷响应，吓得归善、博罗的清朝官吏只能紧闭城门。义军来去飘忽，所向披靡，多次击败清军，"如入无人之境"②。后因接济军械不到，李准又率领进攻黄冈的清军来攻，不得已埋枪解散。

一支无后方的军队是不能持久作战的。惠州地区的会党以强悍著称，兴中会成立以来，革命派在该地发动起义，每次都取得相当的胜利，但结果都不得不以"散伙"告终。

除归善一路外，其他两路因为清吏发觉，戒备严密，未能发动。

陈纯于失败后逃亡香港，转赴南洋；邓子瑜则被香港华民政务司勒令离境；孙稳于1909年被香港当局引渡给清政府广东当局杀害。

三　防城之役

当许雪湫、邓子瑜在潮、惠一带起义的时候，广东西部钦州地区人民的抗捐斗争正如火如荼地发展着。

1907年4月下旬，钦州三那墟（那黎、那彭、那思）人民因要求减免糖捐，推派代表十余人见钦州府吏，被囚。三墟人民大愤，组织万人会，聚众抗捐，推豪富刘思裕为首，入城抢出代表。同时，"乡民停耕，钦商

① 《华侨与中国革命》，台北，1963年9月版，第117页。

② 《惠州大骚动续纪》，《神州日报》，1907年6月28日。

罢市”①。钦廉道王秉恩派兵镇压，周馥也派巡防营统领郭人漳、新军标统赵声率兵驰往围剿。孙中山认为，郭、赵都是自己的同志，便派同盟会员邝敬川潜入钦州，游说刘思裕，同时派胡毅生进入赵声营中，约郭、赵同时起义。

邝敬川到钦州后，与刘思裕接谈，刘等欣然同意。当即推举刘思裕为元帅，黄世钦为副元帅，邝敬川为参军，择期举事。孙中山随即派人带信给胡毅生，要胡转告郭、赵，抗捐民团已与吾党联合，勿加攻剿。因带信人延误，此信郭人漳等未收到。5月12日，郭部攻下那思。14日，以炮队猛攻那彭、那黎，击毙刘思裕及乡民无数，血洗村庄。同时，清军进犯良屋村，黄世钦、梁少廷、邝敬川率兵迎拒，鏖战多日，因缺乏弹药，退入山中。其后，邝敬川、胡毅生先后返回安南，向孙中山汇报了有关情况，孙即派萱野长知赴日购械，同时派黄兴、王和顺随胡毅生归国，准备再次发动。

王和顺(1869—1934)，字德馨，号寿山，广西邕宁人。壮族，行伍出身。曾在刘永福部为哨官，后弃职参加三合会。1903年至1904年之间，曾和陆亚发一起在广西起义，与清军相持两年，陆亚发牺牲。1905年，王和顺逃亡香港，转赴安南。1907年3月加入同盟会。接受归国发动起义的任务后改名张德馨，直至那桑。其时，梁少廷等已组织起一支军队，有枪百杆。王出示了孙中山的委任状，任命梁瑞阳、梁少廷为革命军副都督。此后，王和顺即率领着这一支队伍来往于三那一带。当地人民热烈欢迎革命军，“沿途供给粮食，惟恐不力”②。但王一直寄希望于运动清军，久无动作，以致刘思裕之侄刘显明又率部离去。后来，王得知驻防城清军有反正之意，决计在该地发动。孙中山因防城近海，接济饷械较易，也表示同意。

8月13日，为了配合王和顺，关仁甫奉孙中山之命围攻广西上思，

---

① 《寄军机处电》，《周悫慎公全集·电稿》，第16页。

② 《丁未钦州防城革命军实录》，《革命逸史》第5集，第119页。

未能得手①。9月1日,王和顺率领二百余人起义于钦州王光山。3日,以"中华国民军南军都督王"的名义发布《告粤省同胞文》及《招降满洲将士布告》。其中,王和顺叙述了自己从"奋入洪门","以反清复明为职"到接受孙中山民主主义革命纲领的过程。他说:"及从孙先生游,得与闻治国大本,始知民族主义虽足以复国,未足以强国,必兼树国民主义,以自由、平等、博爱为根本,扫专制不平之政治,建立民主立宪之政体,行土地国有之制度,使四万万人无一不得其所"②。他号召粤省同胞"共矢忠贞,以图大业"③。4日,攻防城。次日,得到清军刘辉廷、李耀堂的内应,入城,擒杀知县宋鼎元等,发布《告海外同胞文》,宣称"誓使五岭以南,无复胡马之迹,进而与长江之中军,燕蓟之北军会合"④。

起义得到人民的热烈拥护,当地群众用烧猪、爆竹来欢迎义军。

攻克防城的当日,王和顺率部五百人进攻钦州。9日晨四时,起义军抵达城下,但郭人漳已经变卦。起义军不得入城,改攻灵山,取道入桂。沿途地方民团投入者三、四千人。9月8日,起义军在通向灵山的云秀桥与清军发生战斗。至第二日,仍不能下。其后,又在狮子口与清军宋安枢部激战一日夜。至9月13日、14日,饷械均缺。王和顺声称向孙中山请示,率二十人退回安南。团民也渐渐散去。余众一部由刘瑞阳、梁少廷率领,另行屯扎;一部由刘辉廷、李耀堂率领,退入那琴、大绿,在十万大山中隐蔽起来。

郭人漳原是华兴会会员,1905年12月任桂林巡防营统领时,黄兴曾专程自日本赶来动员他起事,并发展其为同盟会员,但郭一直首鼠两端,存心投机。这次起义,革命党人寄希望于他,一开始就走错了棋子。

---

① 关仁甫述:《四十年来革命回顾录》,《逸史》第1卷第2号。

② 香港《中国日报》,1907年9月28日。

③ 香港《中国日报》,1907年9月28日。

④ 香港《中国日报》,1907年9月13日。

四　镇南关之役

广东方面失败了，孙中山的活动重点逐渐转向广西和云南。

对广西的军事经营开始于1907年夏历五、六月间。其时，关仁甫已与清军驻镇南关(今友谊关)营长黄瑞兴、边防统领总教练易世龙及龙州厅幕友陈晓峰等联系好，计议定期大举。不料，事为广西巡抚张鸣岐侦悉，易、陈被害，关仁甫于7月15日返回安南，被法兵拘押。经孙中山运动华侨保释①。

9月，孙中山命王和顺负责镇南关军事。10月26日，王和顺致书清广东水师提督秦炳直，要他“立功赎罪”。11月6日，又致书清广西边防统领陆荣廷，劝其反正。其后，王和顺前赴那模与凭祥土司李祐卿联系，订于11月18日率游勇夺取镇南关炮台。届期，因广西绿林、游勇本分两派，王出身绿林，李祐卿所部游勇与王发生意见分歧，不听调动。王和顺无奈，折返河内。孙中山改命黄明堂为镇南关都督，以李祐卿为副。

黄明堂(1870—1938)，广东钦州人，壮族，排行第八，人称为八哥。因愤于清政府腐败，投身会党，曾聚游勇数百人，呼啸山林，多次击败清兵，八哥之名不胫而走。被委任为镇南关都督后，进行顺利，迅速与镇南关炮台守兵联络成熟。12月2日，黄明堂、关仁甫率乡勇八十人，携带快枪四十二杆，潜袭镇南关。起义军披蒙茸，拨钩藤，跨越断涧危崖，直进右辅山第三炮台，呐喊而入。守兵百余人略事抵抗，即相率投降。接着，第二炮台、第一炮台相继夺得。

12月3日，孙中山亲率黄兴、胡汉民、日人池亨吉、法国退职炮兵上尉狄氏等至关，登上炮台，全军鼓舞，黄明堂奏乐欢迎。

次日，清军援兵开到，发起攻击，起义军发炮反击。经试发后，击中

---

① 关仁甫:《四十年来革命回顾录》,《逸史》第1卷,第2号。

敌方阵地。孙中山也发了炮，并且打得很准①。他感慨地说："反对清政府二十余年，此日始得亲发炮击清军耳！"②其时，有一炮台尚未攻克，清兵恃险向起义军炮位射击，击中一人。孙中山亲自为之裹伤，并命人抬他下山。

当日，孙中山又和黄兴一起来到山下的弄尧村，访问壮族同胞。据当时人回忆，孙中山非常和蔼可亲，对人们说："炮台现在是我们的了，大家可以上去玩玩。我们不久一定能够推翻满清，那时大家就可以自由自由，不受压迫欺负了。"③

同日下午，清军参将陆荣廷派一樵妇持函登台，表示愿以所率六百余人投入麾下，并告以次日有清军五百自凭祥来，后日有清军二千自龙州来，事急万分。祈自重。孙中山读函后和黄明堂等讨论，认为山上大炮虽多，但只有一个炮可以打，枪只有七十多支，都已老旧，难于进取，决定回河内筹款筹械，命黄明堂坚守五日，一俟饷械运到，即便进取龙州。决定后即复函陆荣廷，使为内应。当晚，孙中山、黄兴等下山回安南。

12月7日，清政府军机处指责张鸣岐失去重隘，"交部议处"，责令他督饬各路将官，"优悬赏格，严申纪律，协力进攻，即日克复"④。其时，清军丁槐、龙济光等各路援军齐集，以四千人的优势兵力四面围攻。当夜，陆荣廷等在大炮配合下向北台猛扑，黄明堂等悉力抵拒，由于枪弹告罄，不得已于8日夜弃台，退至安南燕子大山。

孙中山回安南后，曾与一法国银行家洽谈，由该行在法国代募军债二千万元，于占领龙州之日交付第一批款项。正在协商条件时，9日晚，得悉炮台失守，谈判遂即停顿。

---

① 宫崎滔天：《孙逸仙其仁如天》，日本《中央公论》1911年11月号。

② 《胡汉民自传》，《革命文献》第三辑，总395页。

③ 郑惠琪等口述：《镇南关起义见闻》，《辛亥革命回忆录》(二)，第435页。

④ 《寄两广总督张人骏、广西巡抚张鸣岐电旨》，军机处电寄档。

五 钦、廉、上思之役

防城之役中，郭人漳的投机面目已经暴露，但是，黄兴对他仍有幻想。回安南后，再次归国进入郭营，郭人漳阳为应酬，阴怀歹意，被黄兴察觉，借故脱身。其后，谭人凤赶到，黄兴正为缺少弹药焦灼，因谭与郭有旧，便派谭于 1908 年 1 月 28 日往郭处求接济，几经反复，郭人漳表示应允，但以后并未践约。

同年 3 月，安南法国殖民当局应清政府要求，驱逐孙中山出境。为了向华南地区扩张势力，安南法国殖民当局曾经和孙中山拉过关系，但是，他们决不允许这种关系危及法帝国主义的利益。1908 年春，安南中部发生大规模抗税运动。法国殖民当局担心中国革命党人的活动会促进越南人民的斗争，因此，方针逐渐发生变化。2 月 12 日，鲍何向法国殖民部报告说："革命党人在我们的领地里进进出出，在中国境内彼伏此起的起义，会激起不幸的趋向，同样会在我们治下的人们中引起骚乱。"①驱逐孙中山出境正是由于这个原因。

孙中山临行前，命胡汉民留守河内机关部，同时命黄兴为总司令，再次在钦廉地区发动，并命黄明堂规划进取云南河口。

黄兴奉命后，向法商购得匣子炮百数十杆，组织云南旅越青年二百余人为"中华国民军南路军"，于 3 月 27 日向钦州进发。

29 日至小峰，清军管带杨某以为郭人漳至，派兵出迎，黄兴发动攻击，毙五人，逃三人，其余均降。杨某得报，倾营而出，依山布阵。黄兴乃率部佯退，诱清军离山，然后分一路兵从正面攻击，一路埋伏田间，一路兵出清军背后暗袭。清军只顾正面迎敌，没有顾及身后。猝不及防，顷刻大溃，杨某仅以身免。30 日、31 日，又先后击溃清军三营。4 月 2

---

① 《印支总督致殖民部》，1908 年 2 月 12 日，法国国家档案馆档案，印支，B11(37)。

日，黄兴列阵于马笃山。郭人漳派最骁勇的管带龙某率三营兵来攻，黄兴发枪遥射，龙中弹落马，起义军欢声雷动，黄兴挥军进攻，清军营官带头逃跑，三营全溃。

由于连战皆捷，起义军发展至六百余人。正准备取道那楼、大绿，向广西边境移动的时候，郭人漳合兵尾追，以数千人包围起义军。在处于劣势的情况下，黄兴募敢死队夜袭清营，清兵自相惊扰，不战而溃。黄兴率部追击，清军几乎全部覆没，郭人漳的军旗和战马均被起义军缴获。自此，起义军纵横于钦、廉、上思一带，迫使敌钦廉道龚心湛、统领郭人漳不得不频电告急。

由于转战四十余日，缺乏后援，弹药告罄；广西边防营勇虽允投降，但未行动；龙济光所部分统黎天才亦曾准备归顺，但因起义军方面无力交付奖赏花红，事亦未成。因此，黄兴下令解散起义军，除率少数人回安南外，其余退入十万大山。

此次起义，黄兴率数百人转战月余，所向皆捷，但因是一支游离于人民群众之外的孤军，最后还是失败了。

六　河口之役

在镇南关之役以前，河口起义的准备工作即着手进行。

河口地处中越边界，有滇越铁路经过，北可达昆明，清政府在此建有炮台四座，重兵防守。孙中山的机关部设在河内，计划在云南发动起义，河口是必争之地。

1908 年 4 月，孙中山委派黄明堂筹划云南起义事宜，以王和顺、关仁甫为辅。事先，关仁甫潜入境内，与清军防营约定，凡携械投降者，给银一元。29 日夜二时，黄明堂等率所部二百余人从安南边界渡河，得到清军防营一部响应，共约五百人，向河口进攻。四时，占领河口。城内警兵相率反正，清军管带岑得贵等逃入半山炮台，与防务处督办王镇邦合力死守。4 月 30 日，起义军奋力攻山，管带黄元桢投降，王镇邦也诈称愿降，暗命亲随射杀上山说降的党人黄华廷。起义军大愤，全力进攻。清军守备熊通用枪押着王镇邦，率部反正，清军全部投降，河口四座炮台均为起义军占领，得枪千余，子弹七万发。革命军处死了王镇邦，成立云贵都督府。黄明堂以中华国民军南军都督名义出示安民，声称："本军政府因义讨暴，为民请命"①，宣布军律若干条，同时向各国发表宣言，声称"本军政府今起国民军，拟欲推倒现今之清政府，建造社会主义之民主国家，同时对于友邦各国益敦睦谊，以维持世界之和平，增进人类之幸福"②。其条文主要有：

军政府占领地内之外国人民财产一体保护；

军政府占领地内，外国人于条约上已得之权利，皆得继续有效力；

外国人若直接援助清政府妨害国民军者，国民军即将其认作敌国；

外国人若以战争用品接济清政府，则国民军立即没收之③。

制定正确的对外政策是保证革命胜利的重要条件。河口于1895年后辟为通商口岸，法国政府在这里设立了副领事署。革命军所颁布的条文注意保护外侨的生命财产，反对帝国主义者和清政府勾结，是正确的。但是，完全承认"外国人于条约上已得之权利"，则是对帝国主义过分的让步。

义军得到了河口商人和越南华侨的资助。河口商人资助一千七百余元，越南华侨资助四千余元，并运来大米四百余包④。5月2日，关仁甫率军四百人左趋曼耗，准备进兵个旧，攻取蒙自。一路连克巴沙、田防、安定、新街、万河等地。4日，王和顺率兵沿铁路北攻，清军纷纷来降，王部占领南溪。

---

① 《神州日报》，1908年5月13日。

② 《中兴日报》，1908年6月6日。

③ 《中兴日报》，1908年6月6日。

④ 关仁甫述：《四十年来革命回顾录》，《逸史》第1卷，第3号。

河口起义的主力是变兵，哗变的原因是欠饷与禁赌。对这支队伍，胡汉民不放心，建议孙中山派黄兴节制各军。5 月 3 日，孙中山在新加坡电委黄兴为云南国民军总司令。7 日，黄兴进抵河口，力催黄明堂沿铁路进攻昆明，黄明堂担心粮食不继，犹豫迟疑。黄兴焦急，准备亲率各军前进，黄明堂仅派兵百人。由于缺乏思想基础，行军不到一里，士兵便向天开枪，齐呼疲倦；再行半里，便一齐哄散。黄兴无法，只好折回河口，派人至前敌找王和顺商量。王也以兵疲弹缺为虑。在此情况下，黄兴仍拟率军先取蒙自，而将士多不听命，并要求再发一个月的饷。不得已，黄兴于 5 月 9 日返回河内，准备多买一点驳壳枪，成立一个司令部或敢死队，强制士兵服从命令。住一日，复乘车北上，过老街时，被法警截留，解送出境。

河口起义过程中，清政府曾多次向法国外务部交涉。5 月 6 日，法国政府表示，“自当竭力相助”①。21 日，法国驻蒙自代领事罗何(R. Reau)声称：“尽快结束目前的骚乱实为至要，否则它会给我们带来不祥的后果。”②这一时期，安南法国殖民当局封锁边界，禁阻起义人员及粮械进入云南。26 日，在清军白金柱部进攻下，河口失守，黄明堂率六百余名战士突围撤入安南，被法国殖民当局解除武装，强行押送到新加坡遣散。

在此期间，比利时中国留学生传闻清政府电驻法公使，将借法兵平滇乱，便电告东京《云南》杂志社。5 月 24 日，杨振鸿、赵伸、吕志伊等以云南留日同乡会名义，邀请全体留日中国学生召开云南独立大会，宣称“云南人绝对的不受清廷之支配，亦绝对的不受他国之干涉”③。会后，杨振鸿邀同志数十人秘密返国，拟入滇援助义军。行至香港时，得

---

① 《驻法公使刘式训致外交部电》，光绪三十四年四月初七日，军机处电报档。

② 《蒙自法国代领事致法国驻香港领事》，1908 年 5 月 21 日，法国外交部档案，中国，n. s. 238。

③ 《云南留日革命党之宣言》，《中兴日报》，1908 年 6 月 22 日。

悉起义失败,南行至仰光。

至此,孙中山在中国南部亲自领导的六次起义全部失败。

1908 年 11 月,光绪帝及西太后二人相继死去,杨振鸿曾联络土司刁春园,计划于 12 月 23 日在永昌起义,也未成事。

两广和云南都是近代中国社会动荡剧烈的地区,会党势力深厚,人民富于反抗精神。1903 年的云南周云祥起义、1904 年的广西陆亚发起义,都曾给资产阶级革命派以巨大鼓舞。这一地区距离清政府的统治中心遥远,统治力量相对薄弱;又有漫长的海岸线或国境线,便于从国外输入饷械和人员。因此,孙中山选择这一地区作为"起点之地"。但是,他没有看到,由于清政府的残酷镇压,这一地区人民群众的自发斗争形势到 1907 年前后已经转为低潮。加上革命派又不善于发动群众,未能把推翻清朝政府的革命斗争和当地人民反对封建压迫、剥削的斗争结合起来,这样,起义就只可能在个别地方突破而不可能有大片区域的发展,必然无力抵御清军的四面围攻,也应付不了外援断绝后的艰难局面。

孙中山在南部地区发动的多次起义,既没有从根本上威胁到清政府的生存,也没有在更广大的范围内扩大革命的政治影响,而起义的连续失败,却使部分革命党人产生了沮丧情绪,加深了他们对孙中山领导的怀疑和不满,成为此后同盟会上层涣散和分裂的重要原因之一。

第四节　东北、安徽、浙江、四川各地的起义

一　运动东北"马侠"之役

和孙中山、黄兴注意经营南方不同,宋教仁注意经营东北。

还在《二十世纪之支那》创刊时,宋教仁就曾特撰《二十世纪之梁

山泊》一文，鼓励东北绿林武装——"马贼"抗俄反满。为了与"马贼"这一轻蔑性的旧称相区别，宋教仁称之为"马侠"。1906 年 9 月，黄兴自广西、南洋、香港等地活动后回到东京，宋教仁担心他"冒险心、激进心太甚"，"将来恐有孤注之势"，特别提出了经营东北的设想①。1907 年 2 月，日人末永节、古河（古川清）访问宋教仁，详细谈到了"马侠"的有关情况。宋教仁认为，如能约得"马侠"共同起事，则易于摇撼清廷根基，便和孙中山商量，孙中山表示赞同②。当时正值萍、浏、醴新败之余，黄兴也希望能开辟出一个新地区来，便邀约宋教仁、张继、末永节、古河等商谈，决定派人赴东北运动。

3 月 23 日，宋教仁与古河自东京启程，至门司与白逾桓会合，渡过鸭绿江，于 4 月 1 日抵达安东。3 日，以中国同盟会孙文、黄兴名义致书大孤山马侠李逄春等③，肯定其"扶弱抑强、抗官济民"的志气，鼓励他们集合辽河东西、黑水南北的义军合为一团。信中着重分析了"西渡山海关则永平不守，南出喜峰口则北京告危"的有利战略位置，表示说：

> 仆等向在南方经营大业，号召党徒已不下数十万众，欲扶义兴师久矣。而山川隔绝，去京绝远，欲为割据之事则易，欲制清廷之死命则难；视公等所处之地，形势不及远矣。欲与公等通好，南北交攻，共图大举……④

"欲为割据之事则易，欲制清廷之死命则难"，这里，实际上是对孙中山的战略思想提出了批评意见。4 月 8 日，李逄春邀宋教仁上山面谈，表示赞成同盟会宗旨，愿一致行动。于是，宋教仁即组织同盟会辽东支部，主要负责人为吴禄贞、蓝天蔚、张绍曾及张榕等。其后，宋教仁

---

① 《宋教仁日记》，第 248 页。

② 王以贞：《记与钝初赴满洲联络马军革命事》，全国政协文史资料未刊稿。

③ 王以贞：《记与钝初赴满洲联络马军革命事》，全国政协文史资料未刊稿。

④ 《宋教仁日记》，第 356 页。

曾至北满联络著名的绿林首领刘单子，又曾深入长白山延吉地区联络当地武装首领韩登举。

6月，得到惠州起义消息，宋教仁即拟发兵响应，先占辽沈，再逼榆关，进窥北京。不料，清政府早已得悉有关情况，电令东北各省防范①。白逾桓在碱厂招兵，被清督赵尔巽击败；潜入沈阳举事，又被徐世昌所捕②。在这种情况下，宋教仁见形势不利，又因同盟会内部矛盾爆发，张继打电报要宋教仁返日，于是，宋教仁便改装回到东京③。

在北方或首都发动是宋教仁战略思想中的所谓上策，运动“马侠”之役失败后，仍然有一些革命党人在北方地区活动，但宋教仁等的注意力则逐渐转向中部地区。

二　秋瑾、徐锡麟之役

萍、浏、醴起义也鼓舞了在长江下游活动的革命党人。在上海的光复会员和归国的胡瑛、宁调元、杨卓林等同盟会员集会，计议协同动作，秋瑾承担了在浙江方面发动起义的任务。

秋瑾，字璿卿，号竞雄，又号鉴湖女侠，浙江山阴(今绍兴)人。1877年生④。出身小官僚家庭。工诗文，好骑马击剑。八国联军入侵后，忧愤时事，即以身许国。1904年，冲破封建家庭的束缚到日本东京留学，先后参加“共爱会”、“横滨三合会”等组织，并倡办《白话》杂志。年底归国，在绍兴经徐锡麟介绍，加入光复会。次年，再去日本。过黄海时，有诗明志：

---

① 《京报》，光绪三十三年四月十二日。

② 白逾桓：《程家柽革命大事记跋》。

③ 《雪生年录》卷1。

④ 关于秋瑾生年，有1875、1877、1879三说，此据《秋瑾自书兰谱》，《历史研究》，1979年第12期，第65页。

万里乘风去复来，只身东海挟春雷。
忍看图画移颜色？肯使江山付劫灰！
浊酒不销忧国泪，救时应仗出群才。
拼将十万头颅血，须把乾坤力挽回。
——《黄海舟中日人索句并见日俄战争地图》

全诗充满了爱国主义激情。到日本后，加入同盟会，被推为评议部评议员和浙省主盟人。她每会必赴，每赴必演讲。同年冬，日本文部省颁布“留学生取缔规则”，中国留学生奋起斗争，秋瑾力主全体归国革命。她曾于讲演激昂时拔出倭刀，插在讲台上，声言：“如有人回到祖国，投降满虏，卖友求荣，欺压汉人，吃我一刀！”①

1906 年春，秋瑾回到上海，协助创办中国公学。9 月，与公学教员陈伯平租屋于虹口祥庆里，秘密制造炸药。次年 1 月，创办《中国女报》，宣称“欲结二万万大团体于一致，通全国女界声息于朝夕，为女界之总机关，使我女子生机活泼，精神奋飞，绝尘而奔，以速进于大光明世界”②。共刊行两期。

其后，秋瑾回到绍兴，住大通学堂，和金华、处州、绍兴等地会党约定，在湖南革命党人起事后即出为应援。2 月 1 日，秋瑾亲至金华，联络会党首领。不久，回到绍兴，获悉刘道一及杨卓林、胡瑛、宁调元等先后失败的消息，决计独力行事。

3 月（正月），秋瑾接任大通学堂督办。开学之际，为了表示自己开明，绍兴知府贵福及山阴、会稽两邑县令均到堂祝贺，贵福并赠“竞争世界、雄冠地球”一联。以此为掩护，秋瑾畅所欲为。她往来于杭州、上海之间，运动军队和浙江武备、陆师、弁目等学堂学生，介绍朱瑞等参加了光复会。4 月间，再次游历金华、处州。回绍兴后，函招金华、处州一带会党首领到体育会学习兵操，前后到者约百余人。她将职员分为十六

① 徐双韵：《记秋瑾》，《辛亥革命回忆录》（四），第 210 页。
② 《发刊词》，《中国女报》第 1 期。

级，用七绝诗“黄祸源溯浙江潮，为我中原汉族豪；不使满胡留片甲，轩辕依旧是天骄”作标志，黄字为首领，徐锡麟等五人担任：祸字为协领，秋瑾自任；源字为分统，会党王金发、竺绍康、张恭、吕熊祥等分任；溯字为参谋，以洪门“红旗”担任；浙字以下为部长、副部长等职。5月中旬，秋瑾编各地会党为八军，用“光复汉族，大振国权”八字为记号。她和大家商定，7月6日金华首先起义，然后处州响应，趁杭州清军出攻之际，以绍兴义军奔袭杭州，军、学界中的同志为内应；如果杭州不能拿下，就返军绍兴，由金华、处州进入江西以通安庆，和徐锡麟呼应。未几，秋瑾将起义日期更改为7月19日。

6月中旬，绍兴会党裘文高不待命令，突然召集台州义军，于嵊县西乡集合，树起革命军旗帜，杀死清军数十名。这一过早的行动打乱了起义计划。22、24日，陈伯平、马宗汉先后自安庆到沪，秋瑾自绍兴来会，告以浙江会党有败露迹象，再次约定于7月6日同时起义。7月1日，上海侦探捕获光复会员叶仰高，叶供出了部分党员的别名或暗号。端方将这一材料电告恩铭，恩铭转示徐锡麟，徐发现自己的别名赫然在内，感到形势紧张。5日，陈伯平、马宗汉抵达安庆，与徐锡麟密议后定于次日安徽巡警学堂举行毕业典礼时起事。当夜，陈伯平起草了《光复军告示》①，以“光复汉族，翦灭满夷”相号召。《告示》指斥清朝政府种种罪由，宣称欲“与我同胞共复旧业，誓扫妖氛，图共和之幸福，报往日之深仇”。徐锡麟所拟“杀律”则提出“遇满人者杀”；“遇汉奸者杀”，“不杀汉官”等条，表现了狭隘的种族主义思想②。徐锡麟始终不肯参加同盟会，和孙中山的思想分歧是原因之一。

7月6日晨，徐锡麟召集巡警学堂学生训话，声言来安庆“专为救国”，要学生“行止坐卧咸不可忘”救国二字③，但学生并不明白徐锡麟

---

① 《马宗汉供》，《神州日报》，1907年7月17日。

② 《革命党首领徐锡麟示》，《神州日报》，1907年7月29日。

③ 《丁未安庆徐锡麟之役》，冯自由：《中华民国开国前革命史》中编，第40页。

的意旨。随后，巡抚恩铭、藩司冯煦、臬司联裕等到堂。九时，典礼开始。恩铭等刚就座，收支委员顾松急步趋前，意欲告密。徐锡麟见事急，向前行举手礼说："回大帅，今日有革命党起事！"恩铭正惊愕间，徐锡麟已从靴筒内拔出手枪两支，以左右手同时向恩铭施放。因为近视，不知道是否命中，便连续发枪。恩铭身中七弹，被侍从匆匆背走。徐锡麟等处死了顾松，拔刀而出，走到礼堂，拍案大呼："抚台已被刺，我们去抓奸细！快从我革命！"诸生不知所为。徐、陈、马三人执刀、持枪，挟持着学生进至军械所，取出枪炮，多不能使用。这时，清兵已将军械所包围，冯煦等悬赏七千金捕拿徐锡麟。自十二点钟激战至下午四时，陈伯平战死，徐锡麟、马宗汉被俘。

审讯中，徐锡麟抗对不屈。毓朗令徐跪，徐说："你还在洋洋的，若慢走一步，即被余毙！"继而徐锡麟问："恩铭如何？"联裕等骗以仅受微伤，徐气泄，低头不语。联裕接着说："尔知罪否？明日当剖尔心肝矣！"听到这句话，徐锡麟忽然领悟，大笑说："然则恩铭死矣！恩铭死，我志偿！我志既偿，即碎我身为千万片，亦所不惜。区区心肝，何屑顾及！"他手指联裕道："尔幸不死！"联裕震惊，几乎倒下。接着，徐锡麟执笔自书供词，指斥清政府立宪其名，而集权、专制其实，声言"专为排满而来"，"杀尽满人，自然汉人强盛。再图立宪不迟"。供词中，徐锡麟也暴露了他和孙中山的矛盾，声言："我与孙文宗旨不合，他也不配使我行刺。"①

当晚，徐锡麟被杀。临行前，先拍小影，神色自若地说："功名富贵，非所快意，今日得此，死且不悔矣！"死后，清吏竟把徐锡麟的心挖出来，祭祀恩铭，肝则被恩铭卫队炒食，表现了无比的野蛮。

8 月 24 日，马宗汉被杀。

徐锡麟事前几乎没有做任何发动和组织工作。"一士披猖海岳

---

① 《徐锡麟供词》，冯自由：《中华民国开国前革命史》中编，第 46 页。

惊"①,徐锡麟个人的英雄行为使清政府不少官僚惶惶不可终日,端方声称:"令人防不胜防,时局如斯,惟守死生有命一语,坐卧庶可稍安。"②但是,这种少数人脱离群众的冒险,根本不可能取得革命的胜利。

安庆方面既失败,秋瑾就岌岌可危了。

还在徐锡麟被捕之际,绍兴知府贵福就得到劣绅胡道南的告密,于7月7日赶赴杭州,面告浙江巡抚张曾敭。由于秋瑾社会影响大,张曾敭下不了决心,征询了巨绅汤寿潜等人的意见,才决计逮捕秋瑾。

7月10日,秋瑾从报上看到安庆起义失败的消息,忧泣内室。校中诸生计议早日举事,先杀贵福,占领绍城,而后再图其余,秋瑾坚主须待王金发嵊县兵到。此后,秋瑾分遣学生二十余人往杭州城埋伏。7月12日,秋瑾得到杭州密信,知清兵将到,就指挥大家掩藏枪弹,焚毁名册,疏散学生。次日,王金发从嵊县来,和秋瑾商量,定于7月18日统军入绍兴。午后,杭州清兵进入绍兴,有人劝秋瑾离校暂避。秋瑾决心殉难,拒绝说:"我怕死就不会出来革命,革命要流血才会成功,如满奴能将我绑赴断头台,革命至少可以提早五年。"③她遣散了最后一批同志,毅然留守大通。不久,贵福率领清军,包围大通,秋瑾等被捕。当贵福提审时,秋瑾百问不答,仅云:你也常到大通,并送过对联。贵福不敢再问。次日,交山阴知县李钟岳审问,秋瑾书"秋雨秋风愁煞人"七字。贵福又改派幕客余某严刑逼供,秋瑾只说:"革命党人不怕死,欲杀便杀。"7月15日清晨四时,秋瑾就义于绍兴轩亭口。

秋瑾牺牲后,舆论哗然。浙江进步人士筹议上控,江苏进步人士和留日浙江同乡会通电抗议,上海《神州日报》发表《论吾侪对于浙江省黑案应有之办法》等论说。8月15日(七月七日)陈去病拟在上海召开秋

① 景墨:《皖警》,《神州日报》,1907年8月8日。

② 《大事记要》,《云南》第9号。

③ 王璧华:《秋瑾成仁经过》,《近代史资料》1957年第2期。

瑾追悼会未成，组织神交社，成为革命文学团体南社的前身。1908 年 2 月 25 日，徐寄尘、吴芝瑛、陈去病为秋瑾营葬于杭州西湖西泠桥畔，并组织秋社。

秋瑾是旧民主主义革命中牺牲的一位杰出的女英雄，中国人民永远地尊敬和纪念她。

三　四川泸州、成都、叙府之役

孙中山虽然把武装起义的重点放在中国南部边疆地区，但是，也没有忽视四川。同盟会成立不久，孙中山即指示四川主盟人黄树中：扬子江流域将为中国革命必争之地。四川位于长江上游，更应及早图之。并说：应以新旧同志与民间会党并力举事。此后，黄树中等即邀请泸州哥老会首领佘英来日本与孙中山会谈。佘英(1874—1910)，贫民出身，"家务农"①。自幼参加袍哥组织，青年时撑船为生。后考中武秀才，任泸州团练局队长。在革命风潮影响下，读到《革命军》、《警世钟》二书，深受感动，"拿在泸州茶馆酒店讲演，想唤醒汉人起来革命"，受到禁止后，又持书到乡场讲演②。1906 年 7 月，佘英到达东京，加入同盟会，会见孙中山、宋教仁等。他表示："我们总欲作一番事业，以为我同胞复仇，惟才力不及，一举事时，内政、外交皆不能办，故不得不连合海内英雄志士，同力并举。"③孙中山委任其为西南大都督，并嘱谢奉琦、熊克武等协助。

同年 9 月，同盟会员李实谋在江油起义，事泄未成。李实为四川绵州人，到上海经商时加入同盟会，不久弃商回川，遍历龙安、绵竹、保宁、顺庆等地，宣传排满革命，散财募集数百人。江油事泄后率众退至剑州

---

① 《佘俊英传》，《革命人物志》第 2 集，台北版，第 377 页。

② 《佘竟成自述》，《近代史资料》，1958 年第 2 期。

③ 《宋教仁日记》，第 211 页。

小燕山，旬日之间，发展至千人以上。清四川总督锡良闻讯，调巡防营围攻。李实率部拒战数日，不幸牺牲。

江油、剑州之役是和同盟会组织没有联系的孤立起义。之后，佘英、谢奉琦、熊克武等先后回到四川，在成都草堂寺集会，议决分头发动：黄树中、张培爵、谢持等联络学界，秦炳、饶国樑、程德藩、伍安全等联络新军武备学堂及弁目队，佘英、曾省斋、黎靖瀛、余切等联络会党。

佘英、熊克武等确定的第一个发难地点是泸州。该地为川南重镇，交通便利，又是佘英的家乡，会党实力雄厚。为了活动方便，熊克武经佘英介绍加入了哥老会。初时计议乘端午赛龙舟时起事，后因成都党人要求，改于1907年11月14日（十月初九）清吏庆贺西太后寿辰时同时并举。

准备过程中，熊克武、黄树中等在永宁兴隆场黄方家制造炸药，不慎爆炸，黄树中重伤，经医治得活，自此改名黄复生。兴隆场的爆炸事件引起了清吏注意。同时会党以为革命就是做皇帝，上自叙府，下至宜昌的船夫中纷纷传言："佘大哥的星宿现了，不久做了皇帝，我们就好了。"①仅泸州一地旅馆中就挤满了乔装商贩的数千会党，风声日大。泸州知州杨兆龙闻讯，在衙内密布持械堂勇，邀佘英议事，阴谋擒捕。在单人赴会时，佘英得堂勇密语："水涨了！"乘机逃出。起义因之提前到11月6日，首在泸州近城江安发动。

先一日夜半，江安县署刑房典吏戴皮举火为号，不料县令事先已有戒备，一面扑火，一面闭城搜捕，并用站笼绞死戴皮父女。同时，泸州也闭城戒严，大索党人。佘英等放舟江中聚议。因外援已失，敌人又已有备，佘英主张放弃原订计划。但有人主张立即举事，并讥笑佘英怕死。佘英是个热血汉子，受不得这种讥笑，立即跳江自明，旋被救出。

① 杨兆蓉：《辛亥革命四川回忆录》，《近代史资料》，1958年第2期，第31页。

泸州起义夭折，熊克武等即奔赴成都。按清例，11 月 14 日夜，总督以下大员都将于会府集合，庆贺慈禧太后生日。革命党人计议于此时炸毙全部与会官员，同时四门放火，一举占领成都，传檄而定各府州县。余切保证，只要一声令下，数万会党立刻可以招致。他的话给了众人以勇气。

至期，新军、巡防营、督署卫队中的同盟会员做好了战斗准备，余切招致的会党四千余人也分别在各旅馆整装待命，起义号火已经泼油升发。但清吏突然改变了朝贺地点，并于附近戒严，断绝交通。谢持闻讯，奔到革命党人住处，下令扑灭号火，并召开紧急会议。黄方坚主按原约发动，如失败，就率队南下，和佘英等会合。多数与会者认为官府已有戒备，不必作无谓牺牲，决定改期。当即通知各路停止发动，并千方百计筹措银两，遣散会党。

事后，熊克武、谢持等被通缉，伍安全被杀，黄方、杨维、黎靖瀛、张治祥、江永成、王秉璋六人被捕，时称“六君子”。

成都起义失败，四川革命党人又决定在叙府举事。以 1908 年 1 月 26 日为期。推谢奉琦入叙主持，推佘英、熊克武赴井研、荣县、富顺等地发动会党。并由曾省斋联络叙府堂勇管带刘绍峰等，希望得到二百余名堂勇的助力。预定起义的这一天傍晚，谢奉琦通知熊克武，刘绍峰等已被知府逮捕，起义无成功希望，只好停止。其后，谢奉琦回到家乡自流井，被清吏收买叛徒诱捕，英勇牺牲。

一连串的失败使四川革命党人冷静了下来。同年 2 月，佘英、熊克武等集会隆昌，总结失败教训，决定赴日购械，建立同盟会自己的武装，以便起义时作为先锋和主力军。

自萍、浏、醴起义开始，同盟会发动的武装起义达十余次，遍及中国南方大部分省区。就其规模、声势和发展的速度而论，它远远比不上太平天国一类旧式农民起义；但和兴中会时期相较，显然有了相当的进步。它显示出，资产阶级革命派已经形成了一支不容忽视的力量，清朝统治者的宝座已经是摇摇欲坠了。

这一时期,同盟会发动起义的主要依靠力量仍然是会党。会党具有较强烈的反满意识,但是,不可避免地也具有小生产者以至流氓无产者的弱点。革命党人对会党利用多,教育和改造少,往往在没有做好充分的思想和组织工作的情况下,就匆匆发动他们起义,因此,经常出现盲动冒险、自由散漫、不能坚持乃至贪利忘义等现象。这样,就使得革命党人日益对会党感到失望,片面地认为他们"太无战斗力,太无训练"①,而不能正确地、恰当地认识和发挥他们的作用。此后,革命党人把主要的注意力逐渐转向新军。

① 《胡汉民讲述南洋华侨参加革命之经过》,《革命逸史》第五集,第229页。

第七章　各阶层人民自发反抗运动的蓬勃发展

第一节　城乡人民的广泛斗争

伴随着同盟会领导下的民主革命斗争形势的发展，广大群众自发的反抗斗争也普遍高涨起来，达到了空前广泛的程度。在这期间，群众斗争的次数更加频繁，据不完全统计，1905 年 103 次，1906 年 199 次，1907 年 188 次，1908 年 112 次，1909 年 149 次，到 1910 年则上升为 266 次。斗争的形式也是多种多样的：抗捐抗税和抢米骚动遍及全国各地，许多地方甚至掀起了武装暴动；罢工、罢市层出不穷；反教会压迫的斗争也时有发生。这些连绵不断的反抗斗争，预示着民主革命的狂风暴雨即将来临。

资产阶级革命党人对风起云涌的群众斗争的重视程度，与同盟会成立之前比较，有一定的提高。他们不仅曾利用群众斗争造成的有利时机，发动过几次武装起义：如萍浏醴起义、钦廉防起义以及饶平黄冈起义等，而且一些革命党人还多次试图将群众的自发斗争引入民主革命的轨道。但是，一般说来，他们对群众斗争的重要性仍然认识不足，尤其漠视同农民结成联盟的重大意义。中国农民占全国人口的百分之八十以上，在他们中间蕴藏着深厚巨大的革命潜力，他们一直是反对帝国主义和封建势力的主力军。而革命党人过多地注意了农民斗争中表现出来的落后性，因而忽视了在农民群众中展开长期的革命宣传鼓动工作，当然更谈不到从组织上进行强有力的领导。由于上述原因，这个时期的群众斗争仍然缺乏明确的革命纲领，呈现出明显的自发性和分散性。历史证明，农民群众的自发斗争，只有在先进阶级的领导下，才能克服自身的弱点，发展到较高的水平。而软弱的资产阶级革命党人担负不起这个艰巨的历史任务，因此，尽管自发的群众斗争和革命党人领导的武装起义交错迭出，互相激荡，造成了浩大的声势；但是，两股力量始终未能结合成为一个有机的整体，组成浩浩荡荡的大军，向帝国主义和封建势力冲锋陷阵。这是资产阶级民主革命力量无力战胜强大反革命势力的重要原因之一。

一　抗捐抗税和莱阳民变

清末的最后几年，民族灾难日趋深重，国内阶级矛盾进一步激化，整个社会陷于动荡不安的局面。腐败的清政府为了偿还外债和举办“新政”，不断增加捐税，大大地加重了全国各阶层人民的经济负担。除了正常的地丁粮税、盐斤、田房契税、茶、烟、酒、糖等税和中央施行的八省土膏统捐、印花税等外，各省举办的新税、附加税的名目之多，不胜枚举。以江苏苏州牙厘局为例，单是它所经办的各种捐税名目就有：百货捐、茶业捐、茧捐、丝经捐、用丝捐、黄丝捐、米粮捐、花布捐、烟酒捐、皮毛捐、牲畜捐、竹木捐、磁货捐、药材捐、厂纱捐、加抽二成茶糖捐、加抽二成烟酒捐、烟酒坐贾捐、续加二成烟酒捐、续加烟酒坐贾捐、烧酒灶捐、新加烟酒坐贾捐、船捐、随丝带抽塘工捐、随丝带抽工帐捐、随丝带抽饷捐、茧行分庄印照捐、机捐，计达二十八种①。其中单是烟酒捐就有六种之多，可见诛求何等苛酷。这里主要涉及的是工商业者。至于对农民更是不能放过。在正常的地丁粮税、盐斤、田房契税项下，多次加抽附加税，而附加税总是没有限制的。例如盐斤一项，清政府规定盐斤加价不过两次，每次加价四文，这个负担已经不轻。但各省在盐斤项下，另外又有许多加征和复征。如直隶就有豫引加价二文，本省加价一

---

① 《时报》，宣统元年十二月十二日。

文，抵补药税加价四文，新增加价四文，津浦路加价四文等名目。粮捐也是这样，各省都可随意征收铁路粮捐加价，自治经费粮捐加价，学务、警务粮捐加价等，超过明文规定不知多少倍。

统治者为了解决财政困难而横征暴敛，其大小官吏也就借机贪污中饱，充实宦囊，所以捐税名目便越来越多，越来越奇，已经完全没有什么制度可言。如广西梧州实行"遇物加抽"，江苏甚至鸡鸭鱼虾猪肉茶栈，"几乎无物不捐"。赵尔巽在东北巧立名目，有斗秤捐、厘捐、河口粮税、河防税、营口八厘捐，东边粮货、山货各税，各边门门捐，沿铁路火车税，等等。总之，在清末几年中，人民的负担空前加重，造成农民、手工业者、小商贩经常面临破产的威胁，因而不断激起他们的反抗。抗捐抗税斗争几乎无地不有，无时不有，成为群众自发斗争最普遍的形式。斗争的次数与日俱增，规模也有越来越大的趋势，卷入斗争的群众极为广泛，社会成分也相当复杂。基本群众是负担捐税最重的农民，手工业者和小商人，正是这些阶层的生活状况显著恶化，表现出非常积极的反抗情绪。一些中小地主由于苛捐杂税严重损害了他们的经济利益，也参加到斗争中来。在某些地区，斗争是在受地主绅士控制的联庄会之类的合法组织领导下进行的。这种情况，深刻地反映出清政府的统治基础已经相当薄弱了。

在清政府统治比较严密的北方各省，由于滥征捐税，人民普遍郁积着对政府的不满情绪。1906 年，山东省"细民无以餬口，思乱者十室而九"①。山西省各地流传着一首民谣说："三月四月旱，五月六月乱，七月八月烂(时事糜烂)，九月十月换(换朝代也)。"②民谣的内容明显地反映出广大人民要求改变现状的强烈愿望。就在这一年，直隶省元氏县会党散发揭贴，号召抗税暴动。同时，东北三省各地也不时发生抗缴

① 《宗人府汉主事王宝田等为山东盗贼益炽关系大局安危恳请代奏呈》，光绪三十二年十一月十八日，故宫军机处档，卷 72—73。

② 《汇报》，光绪三十二年五月二十三日。

捐税的斗争。奉天岫岩县农民反对加征盐税，聚众打死督销委员。营口附近农民要求减捐，“沿河七十八屯村民往往自缚请命，如是者约有半年之久”①。虽然这是一种和平请愿，但反映出当地农民对苛捐杂税的深恶痛绝。凤凰厅、安东一带，官吏借清查地亩敲诈勒索，农民先是聚众向官府恳求，后来忍无可忍，终于揭竿而起，参加者达数千人。吉林酒商全体“歇业”，抗议烟酒税加征。

同年，在南方各省也掀起一系列的抗捐斗争。江西瑞昌县乡民聚众数千人将厘税分卡捣毁，当知县领兵前往弹压时，乡民揭竿而起，与兵勇格斗。安义县农民抗议地方官征收钱粮附加税，千余人将县署拆毁。贵州都匀府苗民结伙闯入府衙门，抗议征收杂税。浙江武义县会党率领乡民反对加税，进城大闹县署，将兵勇和差役赶走，并释放了囚犯。后被清军镇压。

浙江余姚县北乡农民于1907年拆毁捐局。同年，萧山、嘉兴一带农民抗缴丝捐，殴巡丁，砸厘卡。定海厅农民反对加征捐税，四千余人冲进城内，毁官署、学堂及教堂。黄岩县农民将土捐局夷为平地。平湖县商人罢市，反对加征茶捐。淳安县农民抗学捐，围县署。海宁州官吏借漕折勒索农民，激成民变，万余人进城捣毁厘卡、警局，并抢店铺及富绅住宅。附近桐乡农民闻风而起，二千余人闯入县城，将县署捣毁。奉天辽阳地方由于课税过重，“人民愤激，聚众三万余人，起而反抗”②。全省因之震动。1908年，福建建阳县农民在五谷会（又称神农会）的领导下，聚集二千人，要求蠲免各项苛捐，“袭近城郊”，被守城清军击退③。

为了创办巡警，加强对人民的统治，各省大都开办了警捐。直隶省

① 《盛京时报》，1907年2月23日。

② 《申报》，1907年6月18日。

③ 《福州邮政司李蔚良致北京邮政总局帛黎函》，1908年9月15日，清政府邮政总局档案。

办巡警比较有“成效”，警捐十分繁重。因而反对征收警捐的斗争也非常激烈。1907 年，先是蔚县巡警传习所被群众捣毁。接着，平山、灵寿等县农民抗缴警捐，痛殴下乡催捐的差役。有些州县地主控制的联庄会也卷入斗争，如冀州联庄会拒绝纳捐，掀起轩然大波。这次抗警捐风潮，此伏彼起，延续数年之久，直到 1910 年，青县、遵化等地还屡有发生，其中遵化县农民万余人一度包围县城，其激烈程度可以想见。这一连串的反抗斗争，充分表明广大人民对清政府创办巡警、强化统治机构的深刻不满和仇恨。

同时，由于清政府搞立宪骗局，各省相继举办所谓“地方自治”，借调查户口、钉门牌等，按户敛钱，骚扰群众。因此激起普遍反抗。据不完全统计，仅 1909 年至 1910 年就有三十余起。主要发生在江苏、福建、广东、广西、安徽、浙江、江西等省。其中规模较大的有：江苏吴县各村镇农民反对调查户口，将自治分局及办事员房屋捣毁，殴伤调查员。如皋县乡民聚众数千人索取调查户口册，拆毁调查员房屋。该县县丞前往弹压，官轿被砸烂，县丞仅以身免。安徽南陵县警察局被群众捣毁，被迫停办户口调查。因反对钉门牌和查户口，广西归顺、镇边、天保各县农民“骚动”，“扰及城厢”。广东连州乡民在李观海的领导下，聚众数千人，与清军对抗。江西丰城商人罢市，抵制调查户口。直隶迁安自治局董事借调查户口为名，向乡民勒索规费不遂，无理拘押乡民，因而激起民愤，数千乡民围城“滋闹”。这一系列的斗争说明，清政府所搞的“预备立宪”和“地方自治”在人民的心目中是没有任何价值的，遭到了普遍的反对。同盟会的领袖孙中山注意到这一斗争，曾计划乘机发动起义。1910 年，他由日本抵新加坡后，致邓泽如函中说：“近日内地因钉门牌，收粱税，各处人心不服，皆思反抗，机局大有可为，吾党不可不乘时图大举。”①

这个时期，各地砸学堂的事件也屡有发生，浙江、江苏、直隶等省尤

① 《革命倡导与发展》，第 63 页。

为严重。如1910年,浙江上虞县农民反对征收学捐,聚集两千余人将城内学堂、劝学所、教育会等机构全部捣毁,办学绅董房屋亦被焚。江苏盐城县劝学所及附设小学堂多所均被群众拆毁。直隶易州农民四五千人冲进县城,将自治局、中学堂付之一炬,并提出“归还义仓积谷,不再敛派钱文”等八项条件,迫使知州应允。此外,发生捣毁学堂的地方还有:浙江会稽、奉化、慈溪、处州,江苏太仓、宜兴、扬州等州县。清末创办新式学堂,客观上对民主革命思想的传播和民族文化的提高起了积极作用,本来是应得民心的好事。但是清政府官吏和劣绅往往借口办学,抽收学捐,徇私枉法,因而激起群众的不满。群众反抗苛捐杂税完全是正义的,但捣毁学堂的做法,则反映了群众斗争中的自发性和落后性。

各省人民的抗捐抗税越来越激烈,至1910年达到高潮。据不完全统计,仅这一年较大规模的斗争就有109起,其中以山东莱阳人民的斗争规模最大,坚持时间最久。

自清政府推行新政以来,莱阳地区除缴纳正赋之外,还附加地亩捐,农民种麻一亩,缴大钱五千文,花生一亩缴四千文,瓜芋蔬果之地均加税有差。此外,苛捐杂税,层出不穷。如学捐、戏捐、警捐、户口税、油坊捐、染房捐、牲口捐、修庙捐等等,不胜枚举。在新政筹办前,全县正杂各款不过数万,自新政实施后,人民负担“骤增至数十倍”①。加上1910年春又遇荒歉,农民“缺食者十之八九”②。更为严重的是县令朱槐之与该县号称“四魔”的大劣绅王圻、王景岳、于赞扬、张相谟等勾结在一起,狼狈为奸,借兴办“新政”,派差役巡警赴四乡催缴捐税,敲诈勒索,额外多收,逼得人民走投无路,求生不得。各乡农民议提历年积谷救急。这些积谷摊自农民,各村社自行存储,以备荒歉时取用。但发现

---

① 《御史王宝田奏莱阳、海阳二县相继煽变请简派大臣驰往妥筹折》,《大公报》,宣统二年八月十三、十四日。

② 《莱阳事变实地调查报告书》,《近代史资料》,1954年第1期。

积谷已为劣绅王圻等贪污盗卖，亏损甚多，于是乡民哗然。这件事便成为抗捐风潮的直接导火线。

这次斗争是在联庄会领导下展开的。这年春天，城北柏林庄社长曲士文首先组织联庄会抗捐。曲士文曾当过塾师，是一个素负众望的人物。他对劣绅王圻等人早已不满，便挺身而出，联合城北永庄社长于祝三等，在唐家庵地方聚众五十余人，拜盟立会，宣布反对“新政”，抗不交捐，形成了这次斗争的领导核心。村民闻风响应。5 月 21 日，五六千人在城西关帝庙集会，群情激忿，纷纷要求清算积谷，追回各项捐款。群众集会后，便在曲士文的率领下，冲进县城，将县署团团围住，提出悉免杂捐，清查积谷，征收钱粮铜元不折扣，革除劣绅及不许巡警出城鱼肉乡里等项要求。朱槐之见众怒难犯，吓得藏匿起来，不敢露面，派一名绅士代表他答应了农民提出的各项要求。农民各自散去。但是，这只是朱槐之的缓兵之计，暗中他却“飞禀请兵”①。乡民闻讯，怒不可遏，万余人于 6 月 12 日又冲进城内，包围县署。朱槐之见农民的声势浩大，便将过去的一切扰民苛政都推到劣绅身上。于是，农民一齐拥到巡警局董王景岳的家中，将其住宅付之一炬。

不久，朱槐之因“弹压不力”被革职。继任知县奎保到任后，将朱槐之答应农民的各项要求一律取消，下令照收各项捐税。同时出示缉拿曲士文等，并致电山东巡抚孙宝琦，说“莱民抗拒新政倡乱，勾结匪党滋事”。孙宝琦立即派候补道杨耀琳督率巡防军两营和常备军两营到莱阳镇压。巡防营分驻各村庄，奸淫抢掠，大肆骚扰。各乡农民在联庄会的领导下，“执耰锄以为抵御”，城北十三社乡民“闻兵至，益愤”，曾聚众围城②。此后，为防清军报复，乡民数万人自带食物，聚于九里河一带。6 月初，杨耀琳率清军血洗九里河、柏林庄、马山埠等村，屠杀乡民千余

① 《莱阳事变实地调查报告书》，《近代史资料》，1954 年第 1 期。

② 《柯劭忞等沥陈莱阳官激民变后复纵兵焚掠戕毙无辜实在情形恳请代奏呈文》，宣统二年五月十三日。

人,焚毁房屋八百余间,将抗捐斗争镇压下去。侥幸生存的农民“露宿风餐,靡所栖止”,“老幼男女,嗷嗷如鸿,饿殍蔽野”。清军的残暴达到了极点。

曲士文被迫逃离家乡,长期流亡在外,直到辛亥革命后1914年日本军队占领胶东半岛,他才潜回莱阳,准备聚众抗日,不幸被捕遇难。

清军血洗莱阳人民的暴行,使全国各阶层震动。山东省谘议局为此开会讨论,议员王志勋、丁世峄、周树标、张介礼、尚庆翰等五人,以同情莱阳人民,被议长指为“曲党”,愤而辞议员职。山东旅京官绅柯劭忞等也联名递公呈给都察院,指出莱阳“酿成祸乱,当归咎于贪官劣绅”,并要求将有关官吏“分别撤职严办”①。孙宝琦被迫自请罢黜,清政府未予批准。但是,清政府不得不于11月7日颁发上谕,承认“官绅办理不善”,“激成变端”,将候补道杨耀琳、知县奎保等“即行革职”,以平息各方的愤怒。

封建统治者残酷地镇压了莱阳人民的抗捐斗争,却无法扑灭全国各地的抗捐烈火。正如当时报纸所论述的:“二十二省之中,乱机遍伏,是以半岁以来,变乱四起,长沙之事,举国震动。乃者,莱阳民变之事又见告矣。夫区区一县之乱,何损于天下之大势?顾不能不懔懔过虑者,盖察事变所由起,验今日之民心,近征之道光之末年,远鉴之秦、隋之季世,则土崩之势,今已见端。月晕知风,础润知雨,窃恐踵莱阳而起者,祸变相寻而未有已也。”②就在莱阳民变期间,与莱阳连界的海阳县农民因不堪贪官“私行加赋,纵役骚扰”,同时掀起了反抗斗争。起事农民七百余人自乳山口登岸,“潜入莱阳,分赴各村,自愿相助曲士文起事”③。荣城农民骚动,与莱阳“连成一气,互相援助消息”④。福山、潍

① 《柯劭忞等沥陈莱阳官激民变后复纵兵焚掠戕毙无辜实在情形恳请代奏呈文》,宣统二年五月十三日。

② 《论莱阳民变事》,《国风报》第1年第18期。

③ 《申报》,宣统二年七月十六日。

④ 《汇报》,宣统二年七月一日。

县一带贫民四出抢地主囤粮。曹州府濮阳县城东王家店一带农民千余人"骚动"，声称"为曲士文等复仇"①。与此同时，直隶易州，云南昭通，广东香山、连州，河南永宁、密县、长葛，广西南宁府，湖北汉阳，浙江武康、嵊县、黄岩，以及江苏北部各州县，到处燃起熊熊的抗捐烈火。如火如荼的抗捐抗税斗争，与遍及全国各地的饥民"抢米骚动"互相激荡，有力地震撼着清政府的统治基础。

二　抢米骚动和长沙饥民暴动

在抗捐抗税风起云涌的同时，饥民抢米骚动又席卷了全国。

自1905年以后，全国许多地区灾荒频仍，如1906年春夏间，长江中下游淫雨连绵。湖南各地堤岸溃决，洪水横流，仅衡州、永州、长沙、常德四府死者三四万人，被灾者三四十万人。由于灾荒破产的农民流离失所，变为所谓"饥民"、"游民"，成群结队，流入城镇，以乞讨为生。同时，城镇米价暴涨，贫民求生无路。岌岌不可终日的景象弥漫于社会各个角落。饥民人数的迅猛增加，是清末政治腐败、经济破产的突出反映。各地饥民，为了从绝路中谋求生存，聚众抢米和吃大户的事件迅速蔓延开来，遍及全国各地。斗争的规模小则数百人，大至数千人或数万人不等，而且次数也愈来愈多。据不完全统计，1906年至1909年每年不过十余起，至1910年骤然增至五十余起。其中尤以灾荒严重的长江中下游各省最为激烈。在这些省里，引起"骚动"的直接原因往往是地主粮商囤积居奇或外运粮食。

1906年5月间，杭州城内爆发了大规模的抢砸米店风潮。5月22日，数以千计的贫民徘徊于杭州街头，等待购米为炊。米商为抬高物价，拒绝售米。贫民忍无可忍，遂以搜查为名，抢砸米店，全城立即陷入混乱，并波及到萧山县临浦镇等地。后来，官吏被迫出示平价，禁

---

① 《申报》，宣统二年七月二十六日。

止米商囤积，抢风才平息下来。6月初，安徽米商赴江北采购漕米三十船，在靖江六圩港被抢。南陵县饥民聚众拦抢运粮船，当官吏镇压时，群起捣毁衙署。江西奉新县饥民强行阻止米谷外运，并抢富户及当铺。江苏宝应县富绅囤米居奇，贫民恨之入骨，于7月间聚众捣毁其住宅，又围攻县署，痛殴官吏。8月，震泽县（今吴江县震泽镇）饥民捣毁平粜局，抢米店。在这一年里，扬州、苏州、无锡、金坛等地普遍出现粮荒和“饥民骚动”。

此外，佃农的抗租斗争也时有发生。据报载：苏北丰、沛及砀山等县，佃农“聚众滋闹”，拒不纳租①。长州知县贴出告示，命令佃农按时交租，并威胁说：“如敢聚众造谣，定必访拿严办。”但广大佃农“借口荒歉”，仍然恃众“抗不完租”②。昭文县也发生所谓“愚佃抗租”事件③。松江县佃农联合起来，拟定抗租章程，约定粒米不交，如有违章者，“众必碎其舟，火其庐”④。类似的抗租斗争，在此后数年间全国各地农村屡有发生，其中尤以江、浙两省为激烈。这表明在广大农村中（特别是地租剥削最重的江浙地区）地主阶级和农民阶级之间的矛盾日趋尖锐化。

1907年春，江苏、安徽及浙江的灾情更趋严重。苏北淮海一带，因上年秋季颗粒无收，灾民以树叶和草根充饥，甚至发生“食婴之惨闻”⑤。饥民求生不得，四处流动。3月初，饥民万余人哄抢高邮大地主杨某家所藏粮米，捣毁其宅院。扬州、南通一带饥民结伙吃大户成风。上海及其附近各县饥民成群结队，抢富户，拦截米船。在号称中国四大米市之一的芜湖，饥民张贴匿名揭帖说：“年岁饥荒，米价高昂，官

---

① 《时报》，光绪三十二年十月三十日。

② 《时报》，光绪三十二年十月十一、十六日。

③ 杜元穆：《海岳轩丛刻》，《寄螺行馆》卷1，第13页。

④ 佚名：《杞人之言》，《皇朝经济文编》卷21，第39页。

⑤ 《汇报》，光绪三十三年三月三、六日。

富无状，贫苦难当，约期已定，砻坊供粮，若有阻隔，拚命抵偿。”①

此外，在1907年至1909年间，发生抢米风潮的地方还有：浙江余杭、绍兴、萧山、奉化、长兴、仁和、富阳，江苏江阴、阜宁、丹徒、丹阳、镇江，安徽霍山、六安、寿州、繁昌、当涂，以及广东东莞等地。其中有的地方由抢米发展成为暴动。如1909年丹阳灾民数千人冲进县城，捣毁县署，焚烧盐栈和豪绅房屋，后来被清军残酷镇压下去。

1910年夏秋之际，南北各省又遭水灾，灾区广袤达数百州县，灾情极其严重。东三省水灾遍地，黑龙江省被淹地共三十余万垧，难民达十五万余人。奉天省安东、宽甸、凤凰厅、庄河厅一带灾民流离失所，饥寒煎逼，纷纷铤而走险，四出抢粮。官府弹压无效，只好“任贫民盘查照分，一般粮户只有忍气吞声以听之而已”②。长江中下游各省淫雨连绵，河水陡涨，漫堤决口，致成巨灾。因此灾民数量猛增，抢米抢粮风潮不断扩大。在江苏省，这一年最突出的是苏北一带饥民抢面粉公司的事件。

由于灾荒和投机商人的操纵，苏北各地粮价暴涨。小麦每石光绪初年售钱两千数百文，而今涨至八千余文。加以传言面粉公司将粮食“尽行运往外洋”③，各地饥民遂蠭起围抢面粉公司。首先，海州、安东、沭阳等地饥民四万余人流入海州城内，将海丰面粉公司包围，“求食滋闹”。厂勇开枪打死饥民九人，伤二十余人。饥民怒不可遏，截夺该公司运麻袋车，放火焚毁，并将赣丰饼油公司豆船八艘，“爬抢净尽”④，全城秩序大乱。海州知州一面急忙请求调拨马步营队弹压；一面广设粥厂，分批资遣饥民出境。与此同时，清江浦附近饥民万余人流入城内，向大丰面粉厂索麦，遭厂方拒绝后，遂冲入工厂抢夺，并将厂房机器

① 《时报》，光绪三十三年三月十六、二十一日。

② 《中国时事汇录》，《东方杂志》1910年，第6期。

③ 《黎经诰复两江总督张人骏禀》，宣统二年三月，清政府农工商部档。

④ 《两江总督张人骏等奏报面粉公司专利病民迭滋事端折》，宣统二年四月二十六日，清政府农工商部档。

捣毁。江北提督王士珍一面派兵驱逐饥民，保护工厂；一面命令该厂将存麦制成粗面，尽数平粜，事始平息。接着，宿迁城内贫民和附近饥民万余人聚集永丰面粉厂门前，要求借麦，厂方不允，饥民遂纵火焚毁厂房机器，抢取存麦。护厂巡兵见饥民来势汹汹，均不敢放枪弹压。地方官亲往现场劝谕，“饬令该厂司事将存麦交县平粜，群情始服”①。

与江苏比邻的安徽更是“饥民遍野”。皖北一带往往数十里炊烟断绝，饿死者不计其数，而官绅竟不闻不问。因此，和州、当涂、铜陵、南陵等地抢米、吃大户成风。在皖北还发生大规模的饥民暴动，饥民首领李大志于 1910 年 9 月在蒙城起事，开始“仅百余人，逾二日，聚众数千”②。同时，涡阳、怀远、凤阳及宿州等地饥民纷纷响应。他们分路抢粮，劫富济贫。安徽巡抚急忙咨调河南常备军防堵。各地饥民英勇抗击清军。至 10 月，李大志不幸被团练捕杀，饥民星散。

长江下游的抢米风潮，很快波及中游两湖地区。在这里出现了更为激烈的群众斗争场面。

1909 年，湖北省洪水泛滥，灾区广达三十余县，灾民近三百万。各地灾民流入城镇，踯躅街头，以乞讨为生，靠赈济过活。仅流落汉口的饥民就有二十万，“均栖息于沿途墙屋之下，遇风雪日，多遭冻毙”③。清政府害怕饥民与革命党人结合，急忙在各属设立粥厂，进行赈济。但所施放的赈米，又多被贪官污吏“浮冒侵蚀”。因此，饥民抢米夺食事件层出不穷。如：枣阳饥民群起“抢劫富户”，三四千人聚集县署门前要求赈济。天门、潜江一带饥民约三千人流入沔阳新堤镇，向商店“勒索米

① 《两江总督张人骏等奏报面粉公司专利病民迭滋事端折》，宣统二年四月二十六日，清政府农工商部档。

② 《清第二十九混成协统领马福增防堵皖北涡、蒙、怀、凤一带饥民抢米致陆军部申文》，宣统二年九月十日，清政府陆军部档。

③ 《时报》，宣统元年十二月十七日。

粮，恶讨盘费”①。湖广总督瑞澂派新军分驻各州县弹压，仍然不能制止抢风。有些参加革命党的新军士兵，便趁机联络饥民，播下了革命火种。如二十一混成协四十一标，于 1911 年春被派赴沔阳州，该标所属士兵即往潜江一带，“日与饥民联络，鼓吹革命”②。1910 年初至 1911 年春，先后发生饥民抢米索食的地方有：汉阳、石首、京山、潜江、天门、武穴、广济、光化、随州等州县。

湖南省的灾情虽然不如湖北严重，但受灾面积也有二十多县。长沙、宝庆、衡阳等地闹旱灾，常德、岳州、澧州一带遭水灾。全省饥民十余万人，冻饿疾疫而死者，指不胜数。官吏借赈济之名，加紧搜括，更增加了人民的痛苦。如安乡县令赵延泰以救济为名，将五千石平粜粮全部按高利贷放出，每石收息二斗。湖南巡抚岑春蓂利用职权，支持其亲信朱祖荫、冯锡嘉等挪用公款，搜购各乡米谷，勾结帝国主义洋行运往外地，以牟暴利。藩司庄赓良和岑春蓂有权力之争，遂利用本地绅商的不满情绪，迫使岑春蓂下令禁止米谷出境。但洋行、米商又哄抬米价，平时每石米一二千文，至 1910 年 4 月涨至八九千文。不必说饥民无力购买，一般城镇居民都有断炊之虞。因此常德、宝庆、岳州、湘潭、安化、宁乡、益阳、祁县、武陵、澧州、安福、郴州、湘阴、巴陵、芷江、武冈、新化、永顺、桑植、晃州等数十州县都不时发生吃大户或抢米事件。有些地方饥民与会党结合，聚众起事，“竖旗倡乱”。其中规模最大的是 4 月间长沙发生的抢米暴动。

1910 年 4 月上旬，长沙米价一日数涨，“各粮店皆悬‘早晚市价不同’”的牌子，惹起人心惶惶，社会更加动荡。4 月 12 日，长沙南城鳌山庙附近贫民聚集在本地巡警分局门前，要求开粜场，减价售米救命。岑春蓂闻讯，认为是“痞徒闹事”，立即派消防所长龚培林带巡勇前往缉拿。次日，把木匠刘永福逮捕，押往内城巡警厅。这件事激起群众的极

① 《时报》，宣统元年六月九日。

② 章裕昆：《文学社武昌首义纪实》，第 13 页。

大义愤。于是,泥木匠工人立刻联络铁路工人与饥民千余人奔赴鳌山庙巡警分局,要求释放刘木匠和降低米价。群众越聚越多,有农民、手工业者及被裁营勇等数千人,“势甚汹汹”。长沙协统杨明远、善化县令郭中广、长沙县令余屏垣及巡警道赖承裕等相继赶至,威胁群众说:“如不解散,即照乱民严惩!”并指令差役殴打,企图将群众驱散。群众遂与之搏斗,秩序大乱。各官吏见势不妙,急忙逃走。群众乘势追赶进城。当时长沙城里两湖饥民甚多,均以乞讨为生。群众进城后,便与饥民和城市贫民汇合,为数在一万以上,声势迅速扩大。他们聚集巡抚衙门周围,要求释放被捕诸人和减价粜米。面对这一意外的情况,岑春蓂十分惊恐,遂采取欺骗手段,先出牌示五日内开仓平粜,价六十文一升。群众不答应。于是又改牌示明日平粜,五十文一升,当即被群众将牌示砸毁。群众见要求得不到满足,乃“拥入头门,并打辕门,毁照壁,锯桅杆,捣石狮”。岑春蓂见欺骗无效,便公然调派常备军镇压,打死数十人,伤者甚多。

军队镇压的枪声,立即变为群众暴动的信号。当晚,愤怒的群众揭竿而起,捣毁城厢碓房、米店一百余家,“警兵站岗之木棚,打毁净尽,并分别派人至各街道鸣锣,勒令各铺户每家悬灯门首,以便往来,次日不准开市……”①。14 日,全城果然罢市。起事群众又放火焚烧巡抚衙门。岑春蓂被迫逃往臬司衙门躲避。同时,群众到处搜查囤积米谷,将教堂、洋行、学堂以及洋货商店等都捣毁或付之一炬。一些大官僚和富绅的住宅也被抢一空。各国传教士、洋商都逃上轮船,或避住武汉。

岑春蓂见风潮扩大,束手无策,被迫自请免职。布政使庄赓良署理巡抚后,立即派出巡防队四出巡逻,对所谓“放火拆屋者”,“格杀勿论”。同时,湖广总督瑞澂调遣湖北巡防营两营于十七日来长沙,镇压群众;另外又续调新军第八镇二十九标及炮队两队,在次日赶来相助。长江水师营也调来军舰二十余只,向手无寸铁的群众开炮示威。英、美、法、

---

① 《湖南省城乱事余记》,《东方杂志》1911 年,第 5 期。

日、德各国纷纷从汉口、上海调来军舰十余艘,协助镇压。在中外反动军队的武力攻击之下,起事群众被杀害或被拘捕者不下数百人。缺乏组织领导的群众暴动,很快被镇压下去。

长沙饥民暴动由要求减价平粜米谷开始,逐步扩大深化,最后发展到烧抚署、洋行、教堂等等,它充分地表现了人民对清政府和帝国主义的仇恨与坚决反抗的决心。这次暴动给了清政府以沉重的打击,使其不得不对人民作出一些让步。4 月 26 日,清政府被迫发上谕说:沿江各省米价腾贵,人心浮动,命张人骏、瑞瀓等采办米粮,设局平粜。同时,将"肇衅酿患"的地方官吏作了惩处:岑春蓂、庄赓良革职,有关道府县官吏及劣绅也都分别给予处分,或降级调用,或革去功名。继任署理湖南巡抚杨文鼎接印后,一面奉令"严拿倡乱之徒,尽法惩治"①;一面为了缓和群众的反抗情绪,成立善后总局,赶办平粜,凑集银约百万两,从外地采购粮食数十万石,会同长沙总商会设平粜坊八处,平价发售,定价每升四十文,仅准贫民按日携带执照购买。平价米谷,终于在人民英勇斗争流血牺牲下得到了。

这次暴动规模比较大,影响比较广。当饥民焚烧抚署时,湖南新军第四十九标二营统带陈强、三排排长陈作新奉命到省城担任警戒,二陈均为同盟会会员。陈作新曾要求陈强乘机起义,但陈强对当时斗争形势估计不足,担心起事不成功,累及身家,不但不表赞成,反借故将陈作新革职。当时,焦达峰等也准备趁机发动起义,并约湖北革命党人同时发动。因群众暴动迅速被镇压下去,未能实现。各地立宪派官绅控制的报刊,也屡次以长沙事件警告清政府,要求尽快实现立宪政治。同时长沙饥民的斗争也影响到国外。如伦敦社会党机关报社论,对长沙人民深表同情,曾说:"黑铁已伤中国黄汉之心,赤血将洒神州白日之下。"②说明人们已注意到长沙的饥民暴动,预示着中国将有更大的风

① 《宣统政纪》卷 33,第 16 页。

② 曹亚伯:《武昌革命真史》正编,第 255 页。

暴来临。

三 工人的罢工斗争

在这一时期,群众的自发斗争仍以农民为主力军。可是,城市各阶层人民也日益增多地参加进来,积极地展开活动,除资产阶级的活动之外,产业工人的罢工斗争也日渐频繁。

中国产业工人诞生在十九世纪四十年代,最早出现在外国侵略者在中国开设的工厂里。六十年代以后,在洋务派创办的企业和民族资本经营的近代工业里,产生了另一批产业工人。中国工人阶级是中国新的生产力的代表者,是近代中国最进步的阶级。而且,由于近代工人的前身主要是破产农民和手工业者,所以工人与广大农民有一种天然的联系,便利于他们与农民结成亲密的联盟。

二十世纪初年,随着中国各大城市资本主义经济的发展,工人阶级的队伍也逐渐成长壮大。到 1912 年,现代产业工人已有五六十万,主要集中在资本主义经济比较发达的沿海和长江沿岸各城市,特别是江苏、上海一带。工人的劳动条件极其恶劣,工资水平很低,工作时间长,一般每日工作时间长达十二至十六小时,而且在雇佣剥削里,保持着浓厚的封建残余,所受压迫极其沉重。

由于工人阶级所处的社会地位和所受的切身痛苦,所以他们从出现之日起就不断地展开斗争。资产阶级革命运动兴起之后,他们积极地参加了资产阶级倡导的爱国运动和武装起义。如在 1905 年抵制美货运动中工人曾起过十分重要的作用,1906 年萍浏醴起义时安源煤矿工人也曾参加战斗。同时,他们为自己的生存不得不经常展开罢工斗争。据不完全统计,规模较大的罢工次数:1905 年 9 次,1906 年 11 次,1907 年 6 次,1908 年 3 次,1909 年 9 次,1910 年 5 次,1911 年 12 次。在这七年间共爆发 55 次,主要集中在上海。这些斗争都是自发的、散漫的,斗争往往失败,无所得或所得甚微。其中影响较大的有:

1905年，上海杨树浦集成纱厂四千余工人罢工，反抗工头的压迫和剥削，并要求发足工资。厂方拒绝开除工头。在“骚动”过程中，工人捣毁了机器，用一些原始的行动来泄忿。厂方叫来大批巡捕镇压，将为首的两个工人拘捕，斗争被镇压下去。同时，上海华新纱厂工人为反对盛宣怀将该厂卖给日本资本家，发动罢工，遭到虹口捕房的镇压。汉口铜货业三千多手工业工人联合罢工，反对资本家减发工资。1906年，上海虹口德商开办的瑞纶丝厂无理扣发工人工资，全厂女工近千人举行罢工，终于迫使厂方照付工资。1907年山东坊子煤矿发生爆炸，一百一十名工人死亡，引起工人罢工，坚持数星期之久。上海元丰、长纶、新大、协祥、勤昌、裕慎、瑞纶各丝厂工人于1909年先后都发生罢工，要求清偿积欠工资或反对增加工时。1911年8月，上海晋昌、长锦、伦华、协和等四厂共两千余工人罢工，要求增加工资，与厂方发生冲突，被巡警镇压。

综观上述，由于工人数量的增多和生活苦难的加重，罢工斗争日趋频繁。不过，这时的工人群众还没有作为一个觉悟的、独立的阶级力量登上政治舞台，他们或者是作为资产阶级革命的追随者参加反帝反封建的斗争；或者仅仅是为了改善难于忍受的待遇，进行一些自发的斗争而已。但是，随着工人阶级的逐渐成长壮大，它必然要觉悟起来，组织起来，变为一个独立的强大的政治力量，担负起伟大的历史使命。

四　反教会压迫的斗争

这个时期，反教会斗争仍然此伏彼起，连绵不断。由于帝国主义和清政府越来越紧密地勾结在一起共同镇压人民，所以反教会斗争和反清起义常常交织在一起。许多地方从反教会斗争开始，很快就发展到攻打州县衙门，把斗争的矛头同时指向媚外的清朝官吏。

1906年2月，福建漳浦县天主教堂借故拘留农民，引起公愤。四乡农民聚众拆毁教堂，知县前往弹压。“乡民乃迁怒县令，挟之入城，并破县狱，囚犯走散一空，城内之耶稣教堂亦被攻毁”①，全城大乱。闽浙总督崇善急忙派兵前往镇压，捕杀乡民十五人，赔教堂款三万两。同月，河南淮宁县“仁义会”首领吴太山率领群众反抗教会压迫，捕杀仗势欺人的教民多人。“仁义会”又称“大刀会”，是淮宁、西平、遂平、泌阳等地的民间秘密结社。参加的成员以农民为主，另外还有贫苦知识分子和小商贩等。据《西平县志》记载，“仁义会”“以扫清灭洋为帜”。吴太山是山东人，曾参加义和团运动，失败后逃到河南，创立“仁义会”。当河南巡抚派兵前往淮宁镇压“仁义会”时，吴太山等见寡不敌众，乃避往西平县，后又投奔遂平县“仁义会”首领苗金声。苗金声是遂平八里铺人，家有七八亩地，当过兵，拉过戏班。他和吴太山决定于3月29日在西平县金刚寺起义，部众“千余人，马七八十匹”。后来，转移到遂平县嵖岈山，凭据石寨，抗击清军，并推举张廷得为“开国大元帅”，苗金声为副元帅。不久，南阳总兵率领清军进攻嵖岈山。义军在苗金声指挥下，奋勇迎战。最后因寡不敌众，不幸失败。苗金声逃至鹿邑，被清军捕杀。与此同时，湖北罗田人张正金聚众焚毁安徽霍山教堂。当清军前往镇压时，群众高擎“官逼民变”、“辅清灭洋”旗帜，英勇抵抗，曾一度围攻县城。安徽巡抚咨调河南、湖北两省军队“会剿”，才将群众镇压下去。

这一年，在江西又发生了轰动一时的“南昌教案”。南昌县知县江召棠因办理荏港民教械斗一案赴教堂交涉，法籍传教士王安之逼迫江在他事先拟好的条款上签字，由于江严词拒绝，被王刺伤，因流血过多致死。血案发生后，激起南昌各界人民的愤慨，前往痛哭吊祭者达数万人。一幅哀挽写道：“会垣重地而敢戕官，目中尚有人哉！吁！同僚之耻也，同宗之慼也，同乡之疚也，同种之忧也。”②学界代表散发传单，揭露惨案真相，号召各界人民于2月25日在百花洲沈公祠召开特别大

① 《各省教务汇志》，《东方杂志》1906年，第4期。

② 《时报》，光绪三十二年三月三日。

会，讨论对策。南昌革命团体易知社人士积极宣传鼓动，投身斗争。在爱国心的驱使下，各界群众络绎不绝，前往沈公祠。一时百花洲畔人山人海，所谓“下流社会”的劳动群众占了绝大多数。主持会议的绅士害怕引起暴乱，临时宣布改期集会。江西巡抚胡廷幹又派兵监视会场，不准伸张正义，深恐得罪洋人。这样，已经到会的各界群众便更加愤怒。于是，群众一哄而起，捣毁了沈公祠。随后，便举火烧教堂，城内外英法四所教堂一日之间尽成废墟。杀人凶手王安之被击毙。英法传教士及其家属八人亦被杀。

此案发生后，法国公使大肆咆哮，说中国人排外。英、法军舰驶入鄱阳湖示威。清政府急忙宣布将胡廷幹撤职，派津海关道梁敦彦偕同法国使馆人员往江西查办。经过近三个月的磋商，签订了《南昌教案合同》，清政府被迫把江召棠的被害说是“情急自刎”，竟杀害六名中国人抵命，将地方官吏多人撤职，赔偿教堂银二十五万两。这个消息传到日本后，中国留日学生非常愤慨。同盟会员宋教仁从日本报纸上翻译了《痛诋法人之无道》的论文一篇，名《南昌事件概论》，寄回国内“报馆登之，以壮国人之气”①。

1906 年以后的三四年间，“焚教堂，戕教士”的案件仍然时有发生。1907 年 5 月，浙江象山县乡民捣毁教堂，掀起反教会压迫斗争。6 月，四川开县谭汝霖率众“打教堂”，将城内教堂、学堂及教民房屋拆毁。知县率兵镇压，被群众击退。群众很快转向抗捐斗争，将酒捐肉厘各局一概捣毁。9 月，江西南康天主教民因勒买攘抢耕牛起衅。农民黄太盛等为了报仇，设坛学习神拳，并将教堂付之一炬，杀死法籍传教士一人，教民数十人。反教会斗争很快波及赣州、崇义等地。清军前往镇压，群众被捕杀十余人。于是，各乡习神拳群众迅速结成队伍，“黄衣执祯”，围攻赣州城。不久，被清军残酷镇压下去。1908 年，安徽英山县乡民烧毁教堂。此外，先后发生反教会压迫斗争的地方还有：湖北随州、蕲

---

① 《宋教仁日记》，湖南人民出版社 1980 年版，第 178、179 页。

春，山西左云等州县。

综上所述，1906 年以后，全国反教会斗争的次数有逐渐减少的趋势，社会影响也不如以前显著。这一方面是由于南昌教案发生后，清政府颁发上谕，再次严命各省文武官吏，切实保护外国人财产及教堂，又命张之洞会同外务部“妥筹民教相安之法”，千方百计地压制人民的反教会斗争。另一方面，同一时期内各省收回利权运动蓬勃发展起来，广大劳动人民纷纷卷入了新的斗争，并在斗争中起了很大的促进作用。这表明，随着国内资产阶级民主革命形势的进一步发展，农民自发的反教会斗争，已开始让位于资产阶级领导的反帝爱国运动。

第二节 收回利权运动的普遍高涨

从二十世纪初年开展起来的收回利权运动，一直持续发展，到1906年至1911年间达到高潮。在这几年里，随着爱国主义思想的广泛传播，各省人民对帝国主义列强控制中国经济命脉的严重性有了更加深刻的认识，纷纷成立路矿公会或协会，奔走呼号，进行了激烈的抗争。本省利权为本省人民所有，不允许帝国主义列强染指的呼声响彻全国。其斗争的锋芒既指向掠夺中国利权的帝国主义列强，也指向出卖利权的清政府。在斗争中，各省路矿协会互相支援，试图“联合二十二省组织一国民路矿团体”①，以便团结一致地进行斗争。这表明收回利权运动已由各省分散的、自发的斗争，有逐渐联合的趋势。在斗争激烈的省份，由于广大劳动人民的卷入，形成具有广泛群众基础的爱国运动。

与初期一样，运动的领导权仍然在以绅商为代表的资产阶级上层手中，他们对内要求实行宪政，对外主张收回利权。这些人与各该省路矿利权的存亡利害攸关。他们不仅往往是收回利权的倡议者，而且在

① 《江苏铁路协会开会纪事》，墨悲编：《江浙铁路风潮》第 2 册，“开会认股汇记”，第 12 页。

整个运动中居于代表一省人民的重要地位，直接影响清政府和地方督抚的决策。当交涉陷入僵局时，他们又常常借助广大下层群众的力量对帝国主义或清政府施加压力，从而达到废除旧约的目的。可是，他们又十分害怕群众斗争危及他们自身的安全，所以他们始终坚持合法手段，把自己的行动限制在函电请求、据法交涉的范围之内，即所谓"文明抵制"。他们宁愿忍痛付给帝国主义者以"赎款"，也不愿脱出和平请愿的轨道。资产阶级上层的这种软弱性、妥协性，在斗争尖锐的时刻表现得更为淋漓尽致。但是，资产阶级革命派的态度则与这些上层人物大不相同。许多同盟会员投身于收回利权运动，他们不满足于合法斗争，在江浙铁路风潮中，甚至企图取得领导权，将斗争引向革命排满的轨道。因此各地斗争比以前更趋激烈。革命党人对斗争的影响不断扩大，是这一时期收回利权运动的显著特点之一。

一　各省收回矿权的斗争

山西收回福公司霸占的矿权

在全国各地收回矿权的斗争中，山西人民收回盂、平、泽、潞各属矿权的交涉时间最久，影响深远。

自同治年间李希霍芬（Von Richthofen，德国人）的勘矿报告发表后，山西省的丰富矿藏便为列强所垂涎。英、意、商人于1897年合股成立了福公司①，专门揽办中国路矿企业。次年它通过山西商务局签订了承办晋矿合同，获得在盂县、平定州、潞安、泽州、平阳等州县的开矿权，限期六十年。合同订立后，福公司一直没有进行勘查开采。义和团

①　福公司（Peking Syndicate Ltd.）又译北京银公司，开办资本二万英镑，至1900年增至一百五十万镑。该公司名义上是由英国和意大利资本家共同组织，但在英国伦敦注册，并由维多利亚女王的孙女婿罗翁侯爵担任总董，所以它实际上是一家英国企业。它在中国所进行的投资活动，构成英国对华经济侵略的重要一环。

运动后，山西绅商发现与福公司原定合同有碍华人生计，成为山西人民自办矿业的巨大障碍，曾多次与福公司谈判，试图挽回已失利权，但均遭拒绝。于是，在山西巡抚张曾敭等支持下，绅商即于1905年集资购买矿地，自行开采，借以抵制福公司。然而，福公司依靠英国公使萨道义的支持，公然不准中国人自己开矿，说它在盂县等地有“专办”矿务的权利，无理要求山西商务局封闭各地已开土窑，并径自到处插旗开矿。萨道义照会清政府外务部，声明非经福公司允许，“无论华洋何人何公司皆不准在该处开采煤矿”①。

帝国主义分子的蛮横态度，激起山西人民的愤慨，商务局也不敢答应福公司的要求。平定州各界于1905年组织“矿山会”，约定矿地不售给外人。同年12月，晋绅解荣辂、梁善济等三百余人联名上书，痛陈丧失矿权的严重性，要求废除与福公司签订的合同。山西大学堂和武备、师范、商矿、警务等学堂学生共千余人联名具禀，声明山西主权属于山西人民所有，福公司采矿合同未经山西人民同意，不能发生效力，并主张筹款赎回矿权。太原商会通电痛斥福公司垄断矿权，指出山西人民有优先开采之权。留日学生创刊《晋乘》杂志，以收回矿权为杂志的“六大主义”之一。同盟会员景梅九以山西籍留学生代表的名义回国，积极参加斗争，借争矿问题“做了许多文章，暗地鼓吹革命”②。《民报》第四期曾刊载他写的《清政府决意卖送汉人矿产》一文，揭露清政府卖矿的罪行，号召人们把收回利权同反满革命结合起来。山西留日学生李培仁对清政府卖矿深感恚愤，竟于1906年10月13日蹈海自杀，在绝命书中他悲愤地说：“政府如放弃保护责任，晋人即可停止纳税义务，约一日不废，税一日不纳，万众一心，我晋人应有之权力也。”③此后，东京留日学生和太原、平定州等地群众先后为李培仁召开追悼会，出现了一个

① 《矿务档》，第1470—1471页。

② 景梅九：《罪案》，第56页。

③ 李庆芳等编：《山西矿务档案》，第90页。

群众争矿的热潮。

在此期间，山西绅商一面举派代表前往北京，与福公司直接谈判废约；一面将原有山西同济矿务公司改组，筹备创设保晋矿务公司。

保晋公司于1907年正式成立，推举著名富商渠本翘为经理。渠本翘，祁县人，山西票号大股东。1892年中进士，曾为内阁中书。1902年在太原创办双福火柴公司，以后又陆续投资于新式工业。保晋公司成立后，立即在平定州、盂县、潞安各地开煤井数十处，又按照太原矿业公会的办法，规定矿地不准售予外人。

在谈判过程中，福公司迫于形势，为缓和山西人民的反抗情绪，提出中外合办矿务的方案，表示可以容纳华股并选晋绅一名担任福公司董事。绅商代表坚持废约自办，可是由于担心下层群众"排外"，引起"国际交涉"，遂表示愿付"赔偿费"，以便尽快达到"赎矿自办"的目的。尽管如此，福公司仍不肯答应。嗣后，竟然又提出只许中国人用土法开采，不许使用机器的无理主张。这种殖民主义者的逻辑，充分暴露出福公司妄图扼杀中国民族矿业的野心，理所当然地遭到山西代表的驳拒。因此谈判一度陷入僵局。

山西绅商学生各界闻讯，于1907年11月在太原召开群众大会，到会者万余人，各界代表演说，一致主张抵制福公司开矿。会议决定，如福公司执迷不悟，强行开采，则有矿地之家不准售地，附近之人不得为之作工，不得与之贸易。有违背此决议者，开除其山西籍。同时，平定州等地绅民大会也相继通过决议，禁止出售矿地给福公司。山西人民的斗争，得到全国各地人民的支持。福公司无技可施，见势难开采，遂被迫接受了赎矿的原则，转而凭一纸合同，进行讹诈。经过长期交涉，1908年1月20日，山西商务局与福公司议定以银二百七十五万两作赎款，将盂、平、泽、潞各属矿权全部收回。

安徽、山东收回矿权

英商华伦公司与安徽商务局于1902年5月签订勘查歙县、铜陵、潜山等处煤铁各矿的合同，规定以八个月为限，逾期不办，原合同作废。以后展期四次，直到1904年1月又届满期，华伦公司仍未进行勘矿，而且再次要求展期。安徽各界人民遂提出收回矿区，自行勘矿。留日学生也派代表回国力争。全省人民爱国情绪极为高涨。安徽巡抚诚勋害怕舆论指责，不敢再议展期，遂让华伦公司代表凯约翰（John L. Kaye）赴京直接与外务部交涉。同年6月5日，外务部与凯约翰签订开采铜官山矿的合同，期限一年。

当1905年5月开矿限期已满时，安徽各界人士再次掀起收回矿权的热潮，纷纷致电外务部，要求废约。革命党人房宗岳、陈独秀创办的《俗话报》，以口语式的文字，揭露英商掠夺安徽矿山土地的罪行，鼓动群众奋起反抗，起了很大的作用。在外务部与凯约翰谈判过程中，凯约翰故意拖延时间。至1907年，他又拉中国驻英公使李经方（李鸿章之子）担任公司华董，妄图以中英合办为名，长期霸占。李经方主张用款赎回，凯约翰要价四十万，多次谈判，均未达成协议。后来，安徽各界人士反对李经方插手，声明“铜官山矿合同逾期应废，已成铁案”，断难更改①，并要求直接参加谈判，以便尽快争回矿权。凯约翰为了达到要挟中国官绅的目的，于1908年又玩弄新花招，竟然私招日本三井洋行商股，并由英国驻华公使朱尔典和日本驻华公使阿部守太郎分别照会清政府外务部。外务部迫于舆论的压力，据理反驳英、日公使。两江总督端方因见案情有扩大的趋势，便屈服于帝国主义的压力，建议中英合办该矿。

端方的建议传出后，安徽绅商各界一致反对，全省再度出现要求收回矿权的高潮。安庆、芜湖等地报纸，广泛展开了反帝爱国宣传，大大促进了各界人民的觉悟。革命党人韩衍在安庆创办《通俗报》，支持铜陵人民驱逐英国工程师麦奎的斗争，持论尤为激烈。因此得罪于买办，韩衍竟被歹徒刺伤。同时，安庆绅商集会，决定一面派代表入京与英商

---

① 《京外近事述要》，《东方杂志》1909年，第3期。

直接谈判，坚持无条件废约，并要求外务部“抵死力争”；一面筹组全省路矿公会。1909年4月30日，路矿公会在安庆召开大会，由会长兼津浦铁路公司协理洪思亮主持，全省绅商学界代表和上海、南京、南昌等地代表均来参加。会上各代表演说，一致表示坚持“废约自办”的宗旨。接着，芜湖商会、皖南教育会及各学堂联合于5月8日召开大会，群情激昂，大会决议，如凯约翰拒绝废约，则“必当联合沿江各省实行文明抵制之策”①。与此同时，上海安徽路矿公会邀集各省旅沪团体，举行特别大会，筹组“铜官山矿共济会”，拟定自办矿山方案。留日学生也电呈外务部，支援安徽人民的斗争。

这时，清政府外务部不顾安徽各界人士的反对，坚持赎矿方案，与英商谈判六个月，至1911年春议定以五万英镑赎回，由安徽绅商筹资组成“泾铜矿务公司”，自行开采。

德国于1898年强占胶州湾之后，立即成立德华煤矿公司，取得了胶济路沿线三十里以内的采煤权，开采沿线坊子、马庄、博山等处煤矿。1899年又组成德华山东采矿公司，将沂州、沂水、诸城、潍县、烟台等五处共十余万方里地区内的勘矿权攫为己有。茅山矿在烟台境内，最为著名，因此，当时人们称上述五地为茅山五矿矿权。至1907年，原定勘矿期限已逾多年，该公司借口“实未探竣”，要求延期。于是，这年8月山东巡抚杨士骧派矿政调查局道员朱锺琪与该公司代表郭思曼谈判，签订新合同。合同虽然规定缩小矿地范围，但却“加展探矿期限两年”②，这样，该公司就得以继续霸占。

山东各界人民对德国霸占矿权的侵略活动早已不满。当山东省地方当局与德华采矿公司签订新合同的消息传出后，群情激愤，纷纷设立保矿会。保矿会不仅提出收回茅山等五矿，而且大声疾呼保卫津浦路

---

① 《记皖绅力争铜官山矿案事》，《东方杂志》1909年，第5期。

② 《议定华德采矿公司勘办山东五处矿务合同照缮清单》，见《山东近代史资料选集》，山东人民出版社1959年版，第142页。

沿线各矿区，因为当时德国正觊觎津浦铁路沿线矿权。1908年，同盟会员陈幹、周树标等联络各界人士递上公呈，声明签订茅山五矿合同时，“东省人民全未预闻，断不承认”，并表示如不废约，“当限制开矿，抵制德货，以为后盾”①。同时，山东籍旅京官商范之杰、柯劭忞等也屡次集会，发起成立路矿研究所，联络各省路矿协会、上海路矿共济会及山东省商会等团体，以便协力抵制德商开矿，还吁恳清政府借绅士之力与德商作强硬交涉，勿稍退让。

德商迫于山东省各界反对，又发现各地矿苗不足，恐开采亏损，遂转而要求中国赎矿，“赔偿银八十万两”②。对于德商的讹诈，本来应当据理驳斥，但是，新上任的山东巡抚孙宝琦害怕引起外交纠葛，便答应了德商的要求，与其进行谈判。1909年12月以三十四万两银子将五矿赎回。合同签订之后，孙宝琦立即向省谘议局提出加税案，企图将赎款直接加到全省人民的头上。谘议局绅商一致反对加税，散发“抵制加赋，反对赎回废矿”的传单，指出“种种失败”，都是由于“孙抚一味迁延媚外”③。最后，孙宝琦只得奏准由山东省库分期拨付赎款，了结此案。

四川、云南及河南等省收回矿权

帝国主义列强早在十九世纪末年就觊觎四川的矿产。它们组成各种矿务公司，与四川矿务总局所属的“保富公司”、“华益公司”等签订“合办”合同，巧取豪夺，攫取了许多重要矿权。利权的不断丧失，给四川人民以极大的刺激。于是，绅商各界一边筹资自办矿业，以求抵制；一边则展开了收回利权的斗争，并取得了比较显著的成效。因洋商未能按原采矿合同如期开办，1906年首先收回了法商利华公司揽办的巴县和万县的煤油矿权。同年，法商福安公司所取得的重庆等六府矿权，

---

① 《矿务档》，第1201页。

② 《中外近事述要》，《东方杂志》1909年，第7期。

③ 《记山东士绅对路矿之计议》，《东方杂志》1909年，第12期。

法商福成公司开办天全、懋功两县五金的矿权，以及英国矿业资本家摩赓(Pritchard Morgan)所组织的开东公司勘办四川煤油各矿的权利，都因逾期而被迫放弃。其中尤以收回江北厅矿权的交涉最为曲折。

江北厅盛产煤，矿脉绵延数百里至合州。早在嘉庆年间，当地商人就竞相开采，创建五窑六厂。1904 年，英商立德乐见采煤的利润很厚，遂与四川矿务总局订立合同，取得了江北厅属龙王洞矿区的采矿权和运煤短程铁路的修筑权；接着又兼并了五窑六厂，成立了“华英煤铁公司”。公司成立后，任意划范围，广插标竿，越界侵占了不少田地。因而激起群众公愤。“全川绅士、海外留学生拍电争执，政府畏葸，不敢谁何，人情汹汹，将酿交涉”①。为了抵制华英公司，当地士绅桂荣昌、杨朝杰、赵城壁等乃于 1908 年创办江合矿务公司。英商立德乐企图挤垮江合公司，公然捏造伪证，强指江合公司所购石牛沟矿权在其龙王洞矿区之内。重庆英国领事也照会川东道，责令江北厅将石牛沟矿交立德乐开采。江合公司股东忍无可忍，四出奔走呼号，要求官府强力制止，其上江北厅禀说：“外人之据我矿地，夺我利权，违约狡谋，祸患日迫，厅境民穷财困，力难与之抗衡，灾受剥肤，无门呼吁，一旦群情激动，终恐酿出衅端。”②后来，在川东道陈遹声和重庆英领事的监督下，江合与华英两公司代表在重庆直接交涉，时断时续，拖延一年之久。最后，在铁的事实面前，华英公司代表理屈词穷；立德乐又看到四川民气旺盛，不敢漠视，遂于 1909 年 7 月以二十二万两银子的代价，将其所占的江北厅各矿转卖给江合公司。江合公司作为民族资本企业，一直经营到民国期间。

云南人民同样展开了收回矿权的斗争。1902 年，法商兴隆公司攫

① 《江合公司总理赵城壁呈覆减免重属矿商加征煤铁费归结库款办法要录》，《巴县志》1931 年刊，卷 16。

② 《清末江北厅人民从英商手中收回矿山主权的胜利斗争》，《四川文史资料选辑》第 4 辑，1962 年 8 月。

取了云南昆明、澂江、临安等七府厅的开矿权,合同经清政府外务部核准。由于合同规定,如遇矿产不佳,准允该公司更换矿地。所以,实际上云南全省矿权都落入法商之手。云南留日学生鉴于矿权的丧失,首先通电揭露地方官吏颟顸昏聩、出卖利权的劣迹。云南绅商各界屡次集会演说,表示"非将滇人杀尽,不能任外人开矿"①。兴隆公司不顾人民反对,于 1910 年准备开矿,从而激起人民的愤怒。归国留日学生胡源、李德沛等组织"保矿会",于 7 月 10 日、17 日在昆明召开两次大会,到会数千人,一致力主废约。7 月 17 日大会后,陆军小学堂学生二百人整队赴谘议局请愿,议长拒不支持争矿,学生赵永昌当场断指,表示废约争矿的决心。个旧厅锡矿工人也积极参加斗争,"椎牛饮血,誓以身命争之"。云贵总督李经羲一面压制群众争矿,一面不得不组成"矿务调查会",并与法商交涉。至 1911 年 9 月,清政府外务部与法国公使交涉议定,用银一百五十万两赎回七府矿权。

在各省收回矿权斗争中,河南是比较激烈的省份之一。英商福公司早在 1898 年就和官办的豫丰公司签订合同,取得了黄河以北怀庆等府的开矿权。义和团运动后,福公司首先在修武县焦作地区开采,1909 年开始出煤。当时,"豫省民窑林立,河北尤多","依煤矿为生者不下数百万人"②。福公司用机器大规模开采的煤比较民窑以人力挖出来的煤价格低廉,若福公司在当地售煤,势必影响民窑业主和工人的生计。因此,河南巡抚吴重熹派交涉委员杨敬宸等与福公司交涉,于 1909 年 2 月议定福公司不在内地设行栈卖煤。但是,福公司不久就推翻前议,与杨敬宸重开交涉,于原议定书外附加二条,主旨是允许福公司在当地售煤。

消息传出后,全省舆论哗然。开封各界人士纷纷集会,筹商抵制之策。在同盟会员杨源懋等鼓动之下,高等学堂和法政学堂的学生、教习

① 《国风报》第 2 年,第 7 号。

② 《河南交涉局委员杨敬宸擅与福公司订约案》,《东方杂志》1909 年,第 5 期。

尤为激烈。他们联络绅商各界，发起组织保矿公会，一面派出代表入京请愿，一面以学生为“宣传员”，派往黄河以北各州县，劝说人民不购买福公司煤炭，作为实际抵制①。与此同时，“黄河以北三府人民无可如何，遍发传单，希图肇事”。焦作一带民窑业主和工人聚众数千人，“声势汹汹，欲与公司为难”②。河南巡抚深恐引起“国际交涉”，不得不同意与福公司重新谈判关于禁止内地售煤问题。同时，又派出代表入京，要求外务部废去原议定书附加二条，并说否则“恐豫中商学绅民别有要求，更难措手”。但是，外务部在福公司的压力下，不敢答应河南代表的要求，而于 8 月 9 日上奏清廷，批准百吨以上之煤准福公司在本地销售。实际上满足了福公司的要求。参加争矿斗争的广大群众，由于缺乏组织领导，也没有坚持原来的斗争目标，后来便不了了之。

此外，在 1911 年以前，各省人民经过激烈的斗争，还收回了奉天锦西暖池塘煤矿，黑龙江都鲁河及吉拉林河砂金矿，湖北阳新炭山湾煤矿以及山东中兴煤矿等处矿权。另外，还有一些矿区排除了外商的股份，促进了民族矿业的发展。

二　收回苏杭甬路权的斗争

当各地收回矿权运动方兴未艾之时，全国收回路权的斗争也迅速高涨起来。如苏杭甬铁路废约自办，滇越铁路、广九铁路争议废约，津镇铁路速筹还款，粤汉铁路和川汉铁路坚持商办原则，京汉铁路又议价收买，等等。其中江、浙两省人民要求废除苏杭甬路借款合同的斗争，是一次激烈的争路浪潮，四川保路运动就是在这个基础上爆发的。

甲午战后，江、浙两省变成英国的势力范围，这里的铁路干线都被英国所控制。1898 年盛宣怀与英国银公司签订代筑苏杭甬铁路草约，

---

① 王敬芳：《福公司矿案述略》（稿本），河南省档案馆存。

② 《汇录外部与督抚往来电文》，《东方杂志》1909 年第 9 期。

英公司并未照规定期限勘测路线。到 1903 年，盛向英公司催促过一次，并声明如六个月之内再不勘路估价，过去所议即作罢论。至 1905 年，已超过六年，英方仍毫无动作，亦未签正约，照理草约早成废纸。在商办铁路高潮中，浙江绅商 1905 年 7 月 24 日集会于上海，议决组织“浙江铁路公司”，公举道台衔前署两淮盐运使汤寿潜和在籍候补京堂、南浔富商刘锦藻为正副总理，奏请自办全浙铁路。汤寿潜（1857—1916），学名震，字蛰仙，浙江山阴人，1892 年中进士，早年鼓吹改良主义，著有《危言》行世，曾署两淮盐运使。辞官后，投资近代工商企业，专力鼓吹实业救国。他担任浙江铁路公司总理后，立即筹备集股筑路。当年，经清政府核准后，浙江铁路公司决定先筑苏杭段。这时英方闻讯，由驻华公使萨道义急忙照会外务部，凭已经无效的草合同，要求商订正约，企图借款夺路。这当然引起浙省绅民的同声反对，作为浙江铁路公司总理的汤寿潜就自然成为这一斗争的领导人。清廷责令盛宣怀与英方赶紧磋商撤废旧约事宜。但盛宣怀推诿延宕，同时又布置障碍，从中阻挠。当年 11 月全浙绅商控诉盛宣怀“视废议如割肉”，提出盛宣怀如收不回草约，当重治其罪①。为抗拒英国夺路，浙江绅民一面继续抗争，一面加紧集股，即时开工筑路，先修杭州至嘉兴段。

与此同时，江苏绅商于 1905 年 11 月集会讨论筹建全省铁路。次年 5 月组成江苏铁路公司，公举苏南巨绅王清穆为总理，张謇为协理，并决定先修沪嘉线与浙公司的杭嘉线相衔接。这时，英国新任驻华公使朱尔典，接连向清廷施加压力，妄图迫使清廷收回商办成命，停止苏浙路工。清政府害怕影响东南漕运，不敢遽然答应，遂电令外务部右侍郎汪大燮与英“磋磨”两全之策。汪大燮把借款与筑路“分为两事”：筑路的事，不列入合同，算是“中国自办”。但向英国借款一百五十万镑，存入邮传部，再由邮传部转拨给苏浙两公司，并由两公司负担各项折扣

① 《申报》，光绪三十一年十月十六日。

利息。同时筑路仍选用英总工程师并由英方代购器材。英方欢迎汪大燮的方案，于1907年10月，双方定议。清政府于10月20日谕令江、浙两路公司接受这种拨款，“以昭大信，而全邦交”①。清政府这种自欺欺人的办法，把两省的爱国者更加刺激起来。江浙两省留日学生首先起来反对，绅、商、学各界纷纷集会演说，斥责清政府：“宁令国人死，勿触外人怒”②，“拂舆情，玷国体”。人们大声疾呼：“路权之去不去，吾浙之亡不亡，其权不在外部，不在政府，亦不在外人，在吾国民。”③各地相继成立拒款会。浙江全省“国民拒款会”，拟“联合全省国民公禀大吏，将主持借款之京官汪大燮、吴士鉴、章梫、许宝衡四人削去浙籍，永不认为浙江人”④。

同时，浙路业务学校学生邬钢因抗议清政府接受英国借款，绝食呕血而死。其绝命书悲痛地说：“款成而路去，浙江片土，已为国贼断送……此身将与浙路同尽。呜呼！吾身即死，吾心不死，吾愿吾浙人勉为其后，倘此事得有挽回，则鄙人虽死犹生。”⑤这件事轰动了两省，杭州铁路学堂、浙江高等学堂和上海高等学堂师生纷纷集会，电请清政府拒款。接着，浙路副工程师汤绪也绝食殉路。各地集会追悼邬、汤两烈士，群情激愤，风潮更加扩大。北京、湖南、直隶、福建等地学生都表示要以实际行动来支援江浙保路斗争。

江、浙两省铁路股东公推代表团入京请愿，抱定“遵旨商办，不认借款”的八字宗旨。与此同时，江、浙人士连续举行筹款筑路的集会，每次都有千百人参加，纷纷认款，形成群众性的爱国热潮。两省各妇女学堂及团体，如家政会、天足会等联合成立“女国民拒款公会”，也参加了斗

① 《清德宗实录》卷579，第15页。

② 《申报》，光绪三十三年九月二日、二十二日。

③ 墨悲编：《江浙铁路风潮》第2册，光绪三十三年十二月出版，两省拒款函电，第2页。

④ 墨悲编：《江浙铁路风潮》第1册，光绪三十三年十一月出版，杂录，第2页。

⑤ 墨悲编：《江浙铁路风潮》第1册，光绪三十三年十一月出版，杂录，第2页。

争，发布公启说："可恨！可恨！这个英国银公司居然看得我们铁路生意好，又眼热起来了。……该英国人想了一个法子，叫做借款，那晓得英国人的款比砒霜还毒，向来英国人灭人家的国度，都是从借款起的……所以我们国民已经起了一个拒款公会，一定不承认借款的事！一定要请皇帝收回成命！一定要把这个卖国贼明正典刑。"①表现了妇女界高度的爱国热情。11 月 9 日，江苏铁路协会在上海张园召开大会，到会两千余人。李平书为主席。马相伯讲演说："国民对于此问题非争路也，争人权也。人家卖奴婢亦当问其愿否，今不问我江浙人而卖江浙人身家性命所关之路，直卖鸡狗耳。"②闻者无不落泪。同时，浙江各学堂学生不仅积极展开宣传，而且认购路股共达二十六万元。苏州、杭州等地挑夫、轿夫、小贩也踊跃认股。上海、杭州、嘉兴、松江、苏州等地商会、同乡会相继召开集股大会。浙江旅沪同乡会于 11 月 10 日在西门外浙绍公所召开集股大会，到会绅商有张元济、周金箴、何阆仙、杨信之等。周金箴为议长。会上，杭州拒款会代表何阆仙曾提出"如强迫借债，则不纳练兵费及各项杂税"，并举行"同盟罢工"。张元济反对罢工的主张，他说应"力请朝廷收回成命"③。绅商当场认股二千二百余万元。浙江各地股东一致通电表示："路之存亡，即浙之存亡，亦国之存亡！""宁死不借外债"④。13 日，江苏铁路公司股东在上海愚园开特别大会，会上共认股一千三百余万元，并一致推举王文韶、许鼎霖为代表入京，要求不借款。又推举杨廷栋、雷奋为随员。此后，王文韶向清政府报告江浙人民集股的情形说：不到一个月，"苏得一千五百余万，浙得两千七百余万，较之部议借款，数且逾倍。佣贩妇竖，苦力贱役，亦皆激于公愤，节衣缩食，争先认购"，"民气之感奋，实所仅见"⑤。

① "女国民拒款会公启"，原件存中国革命博物馆。

② 墨悲编：《江浙铁路风潮》第 2 册，"开会认股汇记"第 12 页。

③ 墨悲编：《江浙铁路风潮》第 2 册，"开会认股汇记"第 17 页。

④ 《汇报》，1907 年 11 月 9 日。

⑤ 《政艺通报》，光绪丁未年(1907)卷 5，第 4、5 页。

两省的争路拒款斗争，得到各省商办铁路公司、海外华侨和留学生的声援。革命党人也曾试图对运动加以领导。1907 年 11 月 3 日，章炳麟、陶成章等在东京锦辉馆召开苏杭甬路事研究会，到会者除浙江籍人士外，还有江苏及其他各省人士，共八百余人。章炳麟演讲说：目前苏杭甬路事非口舌舆论所能挽回，只有派代表回国鼓动人民摆脱立宪派绅士的控制，举行全体罢市，"罢市以后，要占据电报局，打破抚台衙门"，宣布"江浙两省，同时自主"①。11 月 17 日，由留日学生组织的豫晋秦陇路矿协会发起召开留学生大会，锦辉馆内外聚集四千余人。章炳麟再次提出罢工罢市。还有人主张"欲救中国之路矿皆不亡，非组织暗杀不可"②。但与会大多数人不主张采取非常手段，而主张组织拒款会，支援江浙拒款，以便将来"组织全国共同拒款会"③。接着，浙江全省于 25 日召开国民拒款大会，同盟会总部寄来两千份宣传品，由同盟会浙江分会副会长顾乃斌在会场散发，提出了"不完粮，不纳税，谋江浙独立"的口号。可是，会场全为立宪派绅商所控制，所以罢市暴动的倡议没有被接受。

尽管立宪派绅商极力主张"文明争路"，把自己的行动限于函电请求，据法争辩，但是中下层人民的行动越来越激烈，"商贾则议停贸易，佣役则相约辞工，杭城铺户且有停缴捐款之议，商市动摇，人心震骇"④。正在这时候，江浙两省饥民抢米风潮迭起，会党乘机活动，一时城乡情况都相当紧张。两江总督端方赶紧向清廷奏报说，"两省人心嚣然不靖，苏、松、嘉、湖枭匪方炽，设若附合，深为可虑。上海宁波帮人最多，工商劳役皆有，向称强悍，屡有路事决裂、全体罢工之谣"⑤。这些，都是清廷发布谕令后两个月内的事。运动再向前发展就有可能发生暴

① 《中兴日报》，1908 年 2 月 20 日。
② 《神州日报》，1907 年 12 月 4 日。
③ 《神州日报》，1907 年 12 月 4 日。
④ 《政艺通报》，光绪丁未年(1907)卷 5，第 4、5 页。
⑤ 光绪三十三年十二月《外务部档案》。

动了。

历史的发展证明,广大人民从反对帝国主义掠夺路权,发展到反对清政府卖路,最后起而推翻这个"洋人的朝廷",这是收回利权运动发展的必然趋势。同盟会的一些领导人不满意于合法斗争形式,在斗争中及时地提出了罢工、罢市、不纳税以至"谋江浙独立"等口号,反映了中下层群众的动向,有其一定的积极意义。可是,他们没有认识到中下层群众在斗争中的作用,更不善于在总的革命进程中利用合法的斗争形式发动和组织群众,不断提高群众对帝国主义和清政府的认识,而在由绅商控制的群众大会上,仅仅一般地号召群众暴动,这样不仅不能达到预期的目的,反而使他们自己陷于孤立的境地。

到 1908 年 3 月,由于一部分绅商代表怕重演"庚子之乱"的怯懦心理,承认了在一定条件下的部拨借款①,并由邮传部奏定了一项"章程",作为存借清还的依据。但是,按"章程"第一批"部拨存款"领到后,两省公司相约,存入银行,不用分文,准备随时缴还;同时不让英总工程师过问路事。这样,英国就不肯如期交付借款,邮传部也无法如期拨款。"章程"规定:到期不拨或拨付不全,"章程"就作废。于是两公司于 1909 年上半年向邮传部提出退款废约,邮传部只能搪塞支吾,不加理会。1910 年 8 月 17 日,清廷令盛宣怀回邮传部右侍郎本任②,这是准备对外借债和官夺商路的危险信号。汤寿潜于 22 日致电军机处直斥盛为浙路风潮的"罪魁祸首",要求把盛"调离路事,以谢天下"③。这一下激怒了甘心与民为敌的清廷当权派,汤寿潜立即遭到"革职"的处分。

汤寿潜被革消息,又一次把浙省人民激荡起来。杭州"茶寮酒肆,以及衢巷之间,所谈者无非路事,有三两成群切切私语者,有对众扬言

① 承认部拨借款的条件是:借款不用江浙厘税作抵押,销除英方查账名目;选用英工程师须两公司认可等项。

② 盛宣怀于 1908 年 3 月被任为邮传部右侍郎,但未到任,到 1910 年 8 月,召回本任,并"帮办度支部币制事宜",是要用他出面向外国大规模借债。

③ 《申报》,宣统二年七月二十二日。

大声疾呼者”①。宁波“有数万人齐拥至道署，要求电禀抚宪，代奏留汤，保全商办”。“声言若不收回成命，必暴动云”②。这是小股东和下层群众的情绪。大股东们怕“汤去路危”，又怕人民闹起来，“后患不堪设想”。他们要求资政院按照商律和公司律任免总理的规定向邮传部力争。交涉半年，邮传部不予理睬。1911 年 2 月 18 日，苏路公司突然呈报邮传部称：“存款章程，久失时效”，即行作废；“所雇英总工程司，亦尽月内辞退”；同时声明因邮传部强迫借款影响集股，以致停工待料，使公司蒙受损失，以前所领部拨存款，“作为赔偿苏路损害之费”③，不再退还。七天后，浙路公司也以同样决定报部，清政府万没料到两路公司会来“先斩后奏”的一著，同时英公使朱尔典，又亲到外务部抗议威胁，声称“不能再事容忍”④。清廷官员一时非常狼狈。最后，还是盛宣怀与英方协议，将苏杭甬路借款移作开(封)徐(州)路借款，才使持续六七年之久的苏杭甬路权风潮平息下去。这场斗争赢得了维持商办的胜利。

三　收回路权斗争的日益激化

当全国收回路权的风潮正在澎湃进行的时候，清政府一方面筹备立宪，借以拉拢资产阶级上层绅商；一方面为解决财政困难，以官办铁路的名义，加紧推行“借债筑路”的政策。当时，一部分绅商鉴于商办铁路弊病丛生，“成路之期终无望”⑤，便附合清政府的主张，认为只要清政府立宪，接受议会监督，借款筑路并非不可。但是，大多数绅商和广大中下层群众都看到了清政府假立宪、真卖路的阴谋，社会舆论对借债

① 支南玉一郎：《汤寿潜》第八章。

② 支南玉一郎：《汤寿潜》第八章。

③ 清政府外务部档案。

④ 清政府外务部档案。

⑤ 《借款筑路问题》，《东方杂志》1910 年，第 8 期。

筑路莫不深恶痛绝，视“如鸩毒蛇蝎”。《大公报》刊载《论官办铁路之恶果忠告邮部警醒国民》一文指出：“综观已往，默计将来，凡官办铁路，无一不与外人有密切之因缘，即无一不得丧权失利之恶果。”“呜呼！官办铁路欤？官卖铁路欤？吾敢质之当局。”①一语道破了清政府“官办铁路”的真相。

由于各地人民坚决抵制官办铁路，因此发生了一连串的官商争路事件，诸如江苏、河南两省的徐开路、山东的胶沂路和烟潍路，云南的滇桂路和滇蜀路，以及最为突出的川汉路和粤汉路，等等。

如本书第四章收回粤汉路所述，1905 年粤汉路赎回时所借英款，是由鄂、湘、粤三省摊还；在这一情况下，清政府允许三省自行筹款办路。当年 12 月，三省代表会议：关于修筑粤汉路，三省“各筹各款，各从本境修起”，同时并举②。第二年 8 月，当三省绅民正集议招股进行时，清政府改变了主意，忽然谕令湘路公司说“铁路系国家要政，仍应官督商办”，并“着张之洞查明办理”③。当时三省情况是：湖南绅商最积极，铁路公司成立最早；广东有侨商资本，集资最快；湖北在张之洞的直接控制下，他一贯主张铁路官办，只许商人搭股。因此，三省中只有广东争得商办，两湖则由张之洞禀复清廷，遵旨“以官督商办法行之”，而湖北境内的铁路实际是官办。湖北人民一直反对官办，但扭不过张之洞，直到张之洞调入军机处，湖北的商办集股，仍受其影响，未得开展。

1908 年 7 月，清政府忽然任命张之洞以军机大臣兼充粤汉路督办大臣，立即引起两湖人民的疑虑。10 月，清廷特颁谕令，命张之洞通筹粤汉路全局，专其事权，12 月又命张之洞兼督鄂境川汉路。这步步紧逼的谕旨背后，实际是清廷在国际银行团的唆使下，准备借外债，夺商

① 《东方杂志》1908 年，第 8 期。

② 三省会议议定：赎路款湘、粤各认三分，鄂认一分。各修各境，但湘省路线较长，自宜章以下至郴州永兴县，湘省让与广东代修。

③ 《清德宗实录》卷 561，第 6 页。

路。清政府越来越和人民站在对立的方面。在1905年赎回粤汉路的斗争中，表面上是“官民合作”，人民推动张之洞等官吏向列强收回路权，而今清政府公然勾结列强向人民夺路了。

张之洞受命之后，立即向外商洽谈借款。1909年6月与英、法、德三国银行团达成借款协议，后来又加入美国，成为四国银行团，议借六百万镑。在达成借款草约后，张为迷惑人民视听，宣称“由官借款，而预定分其事，准商民买股”①。但是人民是根本反对借款的。消息传出，湖广人民一片反对之声。两湖留日学生通电上书，出版《湘路警钟》，宣传拒款保路。湖南谘议局议员八百二十人联名呼吁“铁路借款，湘人决不承认”②。龙璋、谭延闿等组织“湘路集股会”，加紧募股，抵制借款。此后，革命党人文斐、文经纬、王猷、吴作霖等联合部分绅士在长沙发起组织铁路协赞会，以争路为名，暗中进行革命工作。

湖北方面发动较迟，至1909年10月初张之洞病死后，民气突然高涨。这时适逢谘议局成立，湖北留日学生代表张伯烈、夏道南回到武昌，于是拒款运动顿时沸腾起来。11月5日、14日，连续召开绅商军学各界大会，从社会名流到医卜星士、工农士兵，都踊跃与会，登台演说，探囊捐钱。会后公举张伯烈、刘心源为入京请愿代表。送行时，军人陶勋臣拔刀断指，以示决心。刘、张等到京联合两湖京官向邮传部尚书徐世昌进行说理斗争。1910年1月底，大清银行副监督黎大钧等也上书要求鄂路准归商办。3月19日，徐世昌在私宅召见黎大钧、刘心源、张伯烈等，声称湖北集款不足，必须借款。代表据实驳辩，遭到徐的责骂。代表被逐出大门，张伯烈等不肯退去，一连几天几夜，踞坐徐门，哀号痛哭，“不饮不食，不遂其志不止”③。与张伯烈的“哭廷”同时，“湖北有可能酿成大乱”的消息，不断传到北京，而且传说有陆军将校参加。清政

① 《张之洞致陈夔龙电》，詹文琮编：《川汉路过去及将来》，第47—48页。

② 《湘路纪闻》。

③ 宓汝成编：《中国近代铁路史资料》第3册，第1207页。

府这才着了慌，3 月 24 日，邮传部批准设立商办鄂路公司。略早于湖北，清政府也被迫同意了湖南粤汉路商办。

两湖人民的斗争似乎胜利了，但清廷与四国借款协定并未废除，“批准商办”不过是缓兵之计；不久，就又施展出扼杀“商办”的手段来了。邮传部限令湖北铁路协会于六个月内筹足路款，成立公司，到期无成则仍借款官办。这样苛刻的条件当然很难做到。到 9 月时，湖北商办铁路公司才勉强组成，路款也没有筹足。不久，股东间又因故发生纷争，公司宣告解散。这样就给清政府造成了取消商办原案的借口。这期间，四国银行团向清政府催逼就前成草约正式签押。到 1911 年 5 月，清政府就正式宣布“干路均归国有”的政策，撤销了全国所有商办铁路干线的成案，从而激起了更大规模的保路风潮。